吴昌硕

（增补本）

洪亮　编著

西泠印社出版社

图书在版编目（CIP）数据
吴昌硕 ： 增补本 / 洪亮编著. -- 杭州 ： 西泠印社出版社，2024. 9.（2025.5重印） -- ISBN 978-7-5508-4590-9
Ⅰ. K825.72-53
中国国家版本馆CIP数据核字第2024WT7641号

吴昌硕（增补本）

洪亮　编著

策　　划　殷文豹
责任编辑　徐　岫
责任出版　杨飞凤
责任校对　曹　卓
装帧设计　刘远山
出版发行　西泠印社出版社
（杭州市西湖文化广场32号5楼　邮政编码310014）
经　　销　全国新华书店
制　　版　杭州如一图文制作有限公司
印　　刷　浙江海虹彩色印务有限公司
开　　本　720mm × 1000mm　1/16
字　　数　320千
印　　张　29.75
印　　数　1001-1800
书　　号　ISBN 978-7-5508-4590-9
版　　次　2024年9月第1版　2025年5月第2次印刷
定　　价　168.00元

西泠印社出版社发行部联系方式：（0571）87243079

序

安吉县政协主席徐序培

吴昌硕（一八四四——一九二七）是近代驰名中外的艺术大师，他出生于我们安吉县鄣吴村。

安吉原为故鄣之地，处在浙皖边隅，背靠天目山，面向沪宁杭。境内山峦叠翠，修竹连绵，西苕溪如绢，纵贯其间，潺流太湖。其历史悠久，名贤辈出，可谓“物华天宝，人杰地灵”，昌硕先生乃璀璨群星中的一颗“明星”。有《缶庐印存》《缶庐集》及大批书画作品传世，为后人留下了宝贵的民族文化遗产，值得安吉人民自豪。对此，县政府于一九八六年在县城递铺建起了吴昌硕纪念馆，先生在鄣吴的故居也修葺依旧，供后人瞻仰。

纵观我国书画艺术历史长卷，昌硕先生是中国文人画史上迟发的、且是近代最高的一树奇葩。他出身书香门第，虽作“酸寒一尉”，却是布衣终老。然而先生对艺术真谛的追求有着一种执着的精神，既善取众长，融会贯通，又敢于破旧立新，不为因袭模仿所囿，而独辟蹊径，形成了“诗书画印四美具，传统创新并蒂开”的艺术新境，成为我国画史上，特别是近代艺术史上继往开来的典范、开创新风的一代宗师。他的诗赋，清新淳朴，旷逸纵横；他的书法，笔力遒劲，气势磅礴；他的印章，意境高古，质朴苍莽；他的绘画，熔书、印于一炉，古艳朴茂，郁郁醇厚。先生一生对艺术的执着追求，那种“蹋天一磨”“直探造化根”的精神，正是中华民族坚韧不拔、所向无前的民族精神的一种体现，他的内在艺术力量，正反映了时代的节奏和气势，为后人所欣赏、继承并发扬光大，这也是安吉县政协文史委员会出版此专辑的宗旨。

今值昌硕先生一百四十八周年诞辰之日，安吉县政协文史委员会嘱我写序，因我并非书画行家，原不敢受命，但出于对先贤的纪念和敬仰，便乐以为之。借作序之际，祝愿先生的艺术“长留太古春”，望先生艺术所展现的力和美，与长江、黄河共存并流。

壬申年（一九九二）八月初一

《吴昌硕（增补本）》序

洪亮

时光荏苒，岁月如梭。今年，我们迎来了吴昌硕先生一百八十周年诞辰纪念。吴昌硕先生是中国艺术史上的巨擘，以其独特的书画篆刻艺术风格，影响了一代又一代的艺术爱好者和研究者。值此重要时刻,西泠印社出版社决定再版我们三十年前编著的《吴昌硕》一书，实乃对这位艺术大师最好的致敬。

吴昌硕先生的艺术成就，不仅体现在其书画篆刻的精湛技艺上，还在于他独特的艺术理念和深厚的文化底蕴。他的艺术影响力之大，跨越了地域和时代的界限，成为中国艺术宝库中的瑰宝。

《吴昌硕》一书，汇集了一批名家回忆、研究吴昌硕的文章，其中包括潘天寿、刘海粟、王个簃、沙孟海、诸乐三、吴东迈等艺术界的前辈。这些文章不仅回顾了吴昌硕先生的艺术生涯，还深入地探讨了他的艺术风格和创作理念。这些宝贵的资料，对于我们今天学习吴昌硕先生的艺术精神，具有重要的指导意义。

此次再版的增补本，将三十多年来对吴昌硕先生生平、诗书画印研究的最新成果增补进去。我们删除了原版中个别分量较轻的文章，使整本书的内容更加丰满、精练、有价值。这既是对原书的完善和提升，也是对吴昌硕先生艺术精神的进一步传承和发扬。

在吴昌硕先生一百八十周年诞辰之际，我们希望通过这本再版的《吴昌硕》，让更多的人了解这位艺术大师的生平和艺术成就，感受他独特的艺术魅力。同时，也期待未来有更多的学者和艺术家，能够继续深入研究吴昌硕先生的艺术思想，为中国艺术的发展贡献更多的智慧和力量。

最后，我们要感谢西泠印社出版社的精心策划和辛勤付出，让这本珍贵的书籍得以再次呈现在读者面前。我们相信，这本再版的《吴昌硕》一定会成为广大艺术爱好者和研究者的宝贵财富。

是为序。

二〇二四年四月于北京

目　录

吴昌硕生平

吴东迈

吴昌硕（一八四四——一九二七）生活的年代，是我国处在一个大动乱、大变革的时代。他诞生前四年，即一八四〇年，鸦片战争爆发，帝国主义的大炮轰开了近代中国的大门，给中国人民带来了深重的苦难，也激起了广大人民风起云涌英勇顽强的反帝斗争，同时由于帝国主义经济势力的节节侵入，我国的社会经济基础起了变化，从封建社会逐步变成半殖民地半封建的社会。吴昌硕七岁那年（一八五一），爆发了我国历史上规模最大的一次农民起义——太平天国运动，运动的浪潮席卷全国，也曾波及他的故乡。后来，经过第二次鸦片战争、中法战争和中日甲午战争，清朝政府一再遭到惨败，紧接着到来的是一次又一次的割地赔款，形成了帝国主义瓜分中国的危险局势。于是中国人民在十九世纪与二十世纪之交进行了前仆后继的自发反帝斗争。一九一一年爆发的辛亥革命表面上虽然取得了胜利，但革命胜利的果实仍然落入封建地主阶级手中，形成了南北军阀封建割据、长期混战的局面，弄得乌烟瘴气，民不聊生。直到一九一九年，五四运动爆发，我国无产阶级登上政治舞台，紧接着中国共产党成立，中国人民反帝反封建的革命斗争得到了正确的领导，如火如荼的新民主主义革命从此拉开了序幕。就在他逝世前三年，第一次国内革命战争爆发，中国革命更深入地发展了。

在这个时期，正由于社会经济基础的急剧变革，作为经济基础的上层建筑，我国文化科学、文学艺术，也跟着起了重大的变化，其中如文字训诂、金石考据等艺术研究的发展，对当时的文学艺术也曾产生不小的影响。

清乾（隆）嘉（庆）以后，由于古代重要文物的相继出土和外来技术的日益影响，我国的文学艺术也发生了很大的变化。

在刻印方面，邓顽伯从书法入手，精研篆刻，其印刚健婀娜，戛戛独造，出入秦汉，自成一家。他的弟子吴让之刻印本其师法而能稍出新意，所作印稳练自然，别张一帜。赵㧑叔篆刻融会汉印，能以六朝碑志之体化入，别开生面，与顽伯、让之鼎足而三。

书法方面，由于包慎伯、康长素等人的竭力鼓吹，碑学大盛，几乎取帖学原有地位而代之。书法家们眼界既广，作品也就有了新的创造。例如，邓顽伯以篆隶笔法写真书，于姿媚之中别饶古厚之趣；伊墨卿以篆书笔法写隶，颇有清刚之气。

绘画方面，着重神韵气魄、强调意到笔不到的写意画，几乎压倒了力求工细、纤毫毕肖的工笔画。画家们开始重视明清之交才气横溢异军突起的青藤（徐渭）、雪个（朱耷）、清湘（石涛）的传统；特别是“扬州八怪”，在学习和继承传统的基础上，更能充分发挥自己的创造性，形成独特的风格。

至于诗文方面，在当时也出现了知名的诗人施愚山、郑板桥、赵瓯北等，都或多或少写下了一些比较有价值的诗篇，在一定程度上反映了社会现实，抒发了自己的思想感情。同时，袁子才反对桐城派复古主义的倾向，提出直抒性灵、表现个性的主张，在当时也曾起到过一定的进步作用。

吴昌硕就是生长在这样的历史条件下。作为一个受过封建思想深度熏染的知识分子，他对当时人民的革命斗争缺乏正确的见地，但却不能不受到时代浪潮的冲击。他出身于中间阶层，目击上层统治阶级生活的穷奢极侈及他们对广大人民的无厌诛求，心中感到非常不满，同时又由于个人找不到出路，更感到苦闷和彷徨，迫切需要发泄自己胸中积压着的一股郁勃不平之气。在怀才不遇的情况下，他便集中自己毕生精力从事文学艺术活动，希望能在这一方面有所表现于当世。

吴昌硕，清道光二十四年（一八四四）八月一日生于浙江省孝丰县鄣吴村（今属湖州市安吉县）一个读书人家。

鄣吴村是一个峰峦环抱、竹木葱茏的山村，风景十分清幽。他在这样的山村中度过了童年时代。吴昌硕幼年时求知欲很旺盛，好学不辍。起初跟着他父亲念书，后来去邻村的一个私塾就学。每天翻山越岭，往来十多里路，虽遇风雨从不间断。他十多岁时即嗜刻印，磨石奏刀，反复不已；他父亲见他精于此道，加以指引，他遂得门径，益乐此不疲。

十七岁那年，太平军从安徽直指浙西，清军尾随而来，杀人放火，奸淫掳掠，无所不为，人民不堪清兵蹂躏，四处逃亡，流离颠沛，辗转于荒山野谷之中，此时，吴昌硕的弟妹先后死于饥馑。后来他又与家人失散，独自一人到处流浪，替人家做短工、打杂差过日子，时常以野蔬野果和树皮草根充饥。他在湖北、安徽等地流亡达五年之久，历尽千辛万苦，到二十一岁那年才回到家乡，与老父相依为命，躬耕度日。

吴昌硕于耕作之余酷爱读书。但家里藏书不多，为了满足日益增强的求知欲望，他常千方百计去找更多的书来读。有时为了借一部书，常常来回步行数十里路，也不以为苦。他借到了书，就废寝忘食，燃膏继晷，读了又读。阅读中摘了许多笔记，有时甚至把整部整卷的书抄录下来，以便反复研读。遇到疑难，必请教师友，绝不含糊过去。

正由于书籍难得，他对之非常珍爱。直到晚年，他看到一些断编残简，必设法加以收集和补订，慎重地保存下来，这个习惯正是在早年的艰苦条件下养成的。

他早年就极爱钻研与篆刻、书法有关的文字训诂之学，对于当时一般人视为做官“敲门砖”的八股文，却不大感兴趣。二十岁那年，在县里学官的迫促下，他勉强去应了一次考试，中了个秀才以后，就绝意场屋，不再赴考，一直以游幕和鬻艺为生。到了五十三岁那年，他一度被举为江苏安东（今江苏省涟水县）县令，因不惯于逢迎长官、鞭挞百姓，到任只一个月，便毅然辞去。从此他就厌弃官场，专心致志地钻研文学艺术。

二十九岁那年，他离开家乡，到人文荟萃的杭州、苏州、上海等地去寻师访友，刻苦学艺。起初，他从俞曲园学辞章和文字训诂之学，为时约两年，为他后来的深厚学养打下了扎实的基础。在苏州，他结识了当时知名的书法家杨藐翁，向他请教书法和辞章。藐翁工八分书，尤善写擘窠大字，于汉碑能遗貌取神，着笔欲飞，而古茂之气溢于纸墨。他博学多闻，对经学有精湛研究，所作诗文也简练凝重，为人尤耿直，不谐流俗。吴昌硕敬佩他的为人和治学，曾诚意备函要求列于门下。藐翁复信婉谢，表示愿以换帖弟兄相称。书中有“师生尊而不亲，弟兄则尤亲矣。一言为定，白首如新”等语，措辞极为恳挚。尽管藐翁这样坚决地谦辞，吴昌硕仍然以师尊之礼相待，在所作诗篇中有“藐翁吾先师”之句，并自称“寓庸斋内老门生”，足见其尊师重道之礼。

正由于他待人以诚，求知若渴，各地艺术界知名人士都很乐意与他交往，其中任伯年、张子祥、胡公寿、蒲作英、陆廉夫、施旭臣、诸贞壮、沈石友等人与他交谊尤笃，相互切磋，几无虚日。同时他又从知名收藏家郑盦、吴平斋、吴窓斋等人处看到不少历代彝器文物和名人书画真迹，临摹欣赏，摘录考据，经年累月，孜孜不倦，既开阔了视野，又拓展了胸襟，学术修养有了提高，艺事也随之大进。

吴昌硕早年学习刻印，初师浙派，后又融合浙、皖两派之长，参以邓（顽伯）、吴（让之）、赵（㧑叔）诸家，而归其本于秦汉，发扬秦汉人“胆敢独造”的精神，深得纯朴浑厚之趣；既能融会前人法度，又善于变化，绝不为清规戒律所囿。正如他自己所说：“铤险医全局，涂歧戒猛驱。”

他于书法最重临摹《石鼓》文字，毕生精力尽瘁于此。他写《石鼓》常参以草书笔法，不硁硁于形似，而凝练遒劲，气度恢宏，每能自出新意，耐人寻味。所作隶、行、狂草，也多以篆籀笔法出之，别具一种古茂流利的风格。偶作正楷，挺拔严毅，自始至终一笔不苟，尤见功力。

三十多岁时，他始以作篆籀的笔法绘画，苦无师承，后经友人高邕之介绍，求教于任伯年。伯年要他作一幅画看看。他说：“我还没有学过，怎么能画呢？”伯年道：“你爱怎么画就怎么画，随便画上几笔就是了。”于是他便随意画了几笔，伯年看他落笔用墨浑厚挺拔，不同凡响，不禁拍案叫绝，说道：“你将来在绘画上一定会成名。”吴听了很诧异，还以为跟他开玩笑。伯年却严肃地说：“现在看起来，你的笔墨已经胜过我了。”此后两人成了至交，始终保持着师友之间的交谊。

在师友们的热心指引和鼓励下，吴昌硕对作画有了信心，根据他平日细心观察、体验积累起来的生活经验，再加上广泛欣赏与刻苦练习，他所作的画不断地出现崭新的面貌。

吴昌硕对作画虽着重创新，但也不反对模仿，不过他认为取法要高。他对青藤、雪个、清湘、石田（沈周）、白阳（陈淳）诸大家极为推崇，每见他们的手迹，必悉心临摹，吸收精华。他又能熔晚清各家长处于一炉，然后遗貌取神，加以创造革新，以极度简练概括的笔墨来表现深邃的意境，抒发丰富的思想感情。他所作的画笔恣墨纵，不拘成法，外貌粗疏而内蕴浑厚，虚实相生，能纵能收，疏可走马，密不容针，这正是“大处着眼，小心收拾”的结果。

吴昌硕也善作诗文，苦吟数十年，未尝间断。所作诗篇以傲兀奇崛、古朴隽永见长，用典较多，不甚通俗，但有些绝句纯用白描手法，活泼自然，接近口语，具有明丽俊逸的特点，风格上与民歌很相近。所作题画诗寄托深远，颇有浪漫主义气息；评论前人书画，尤多独到见地。早年所作五古，有一部分含有讽刺意味，揭露了当时社会某些不公平现象。他的散文作品写得不多，大都是序跋、考证和题画小品之类，都很质朴淳厚，平易近人。题画小品中尤多精心之作，发抒生活实感，鞭挞丑恶现象，颇能以少胜多；读时好似与作者一灯相对，娓娓而谈，意味非常深长。

光绪三十年（一九〇四）夏，篆刻家叶为铭、丁辅之、吴石潜、王福庵等聚于杭州西湖人倚楼，探讨治印艺术，决定创立一个研究金石篆刻的学术团体，定名为“西泠印社”，邀请吴昌硕参与其事。一九一三年重阳节，印社正式成立，各地金石学者纷纷参加，公推他为社长。当时他为印社撰联云：“印讵无源？读书坐风雨晦明，数布衣曾开浙派。社何敢长？识字仅鼎彝瓴甓，一耕夫来自田间。”这正是他一贯谦虚的具体表现。

印社成立后，每逢春秋佳日举行学术研究和艺术创作活动，吴昌硕必参与，并先后作《西泠印社图》《西泠印社记》《隐闲楼记》等。任伯年为他作的一幅像《饥看天图》和吴昌硕自题的长古勒石保存在社中。日本雕塑家朝仓文夫为吴昌硕铸的一座铜像也由他移赠给印社，庋藏在闲泉上方的缶龛中。此外，特别值得提出的是：印社所藏珍贵文物之一《汉三老讳字忌日碑》，也是他和社友们一起大力抢救下来的。此碑为东汉时期的石刻，距今已有一千九百余年。清咸丰二年（一八五二）在余姚客星山周家出土，为浙江省现存的两种汉代石刻之一，《光绪余姚县志》曾称其为“浙东第一石”。碑额残缺，碑文完好者共二百十七字，字体浑朴遒劲，介乎篆、隶之间，海内考古学者竞为著录，视同瑰宝。此碑被辗转盗卖，一九二一年运到上海，为陈某所得。一个日本商人准备以重金购买此碑，运往日本。此事为旅沪浙人所知，与吴昌硕商量后，他遂毅然以抢救这一珍贵文物为己任，邀集同志，撰文发启，奔走呼吁，不辞劳瘁。经过几个月的努力，好不容易积沙成塔，募齐八千银圆的巨款，才将这块碑石赎回，由西泠印社建造石室永久保存。

吴昌硕原配夫人章氏，安吉县过山村人。未及成婚，病殁于乡里。他曾作《感梦》长诗，刻“明月前身”闲章以志怀念之情。石一边刻有章氏背面像，直到晚岁，还时常把它钤在自己的画幅边角上。

同治十一年（一八七二），他在安吉城内与施氏结婚。夫人名酒，字季仙，归安县菱湖镇（今属浙江省湖州市）人。结婚后不久，为了谋生，也为了寻师访友，求艺术上的深造，他时常远离乡井经年不归。光绪八年（一八八二），他才把家眷接到苏州定居，后来又移居上海。

其夫人生三子一女。长子育，字半仓，十六岁殇。次子涵，字子茹，号臧龛，擅书画，尤精篆刻，克传家学，惜寿不永，五十二岁那年（一九二七年）先其父而卒。三子迈，字东迈，一字东曼，亦能书画。女丹姮，字次蟾，能隶书，出嫁后中年去世。

吴昌硕毕生从事艺术研究和创作，专心致志，数十年如一日。他晚年在艺术创造等方面有很高深的造诣，但他不仅不骄矜，反而比先前更加谦虚。他时常对人说：“我学画太迟，根基不深，天资也不高，仅仅做到多看、多画而已。”他自谦地把所作的画比作“健药”，又说：“学画未精书更劣，似雪苔纸拼涂鸦。”（《余疑庵草书为一亭》）

直到七八十岁的高年，还以读书、刻印、写字、绘画和吟诗作为日课，乐之不疲。诚如他自己在一首题画诗中所描述：“东涂西抹鬓成丝，深夜挑灯读《楚辞》。风叶雨花随意写，申江潮满月明时。”

古人常用“铁砚磨穿”来形容一个人为学的勤奋，这当然是一种夸张的说法。吴昌硕晚年却确实曾经把友人赵石农所赠一个虞山（今属江苏省常熟市）砂石制成的砚池磨穿一个小孔。

吴昌硕自小养成了艰苦朴素的生活习惯。反对奢靡，凡衣、食、住各方面都十分简单，对物力非常珍惜。在上海时，他住在北山西路吉庆里九二三号（今山西北路吉庆里一二号）。住的是一幢极普通的三上三下的“弄堂房子”，因此有许多友人认为这样的房屋与他当时的“身份”太不相称，不止一次地怂恿他另觅新居，迁往沪西一带的“高等住宅区”去住；最好自己造一座花园洋房，以娱晚景。事实上在当时这样做也不太难。可是他往往莞尔一笑，说道：“我有这样的楼房住，已经心满意足了。想当初我刚到上海的时候，跟张子祥一道租一间小房住，连阳光也很少照到；里面摆了两张床和一张画桌，就塞得满满的，两个人没有回旋余地，那才真狭窄呢！”

尽管他自奉俭约，待人却一点也不吝啬，乐于助人。如遇亲友有病，他就出钱帮助医疗；对身后萧条人，他就毅然以料理丧葬和抚育遗孤为己任。这样的事例有很多。

他对劳动人民的态度，跟一般士大夫阶级迥然不同。记得在他寓居苏州时，有一次从友人家里回来，途中遇雨，在一个废园中避雨，遇到一个卖豆浆的人。交谈之下，卖浆者知道他是一位画家，就要求他为自己作一幅画，他即慨然允诺。过了几天，卖浆者到他寓所里去取画，他果然早已认真地绘了一幅，并且题诗一首，叙述这次邂逅经过，以作纪念。

吴昌硕非常珍视青年人习艺的积极性，在仔细观赏过他们带来的作品之后，必先肯定它的优点，再三予以鼓励，然后再婉转地提出一些中肯的批评，指点今后努力的方向。即使作品确实十分幼稚，他也绝不全盘抹杀，而是诚恳地加以诱导，绝不使他们灰心。正由于他能这样恳挚而剀切地教人，青年们在受到教益之后，往往会终生不忘，受用无穷。当代卓有成就的国画家潘天寿早年即曾受过吴昌硕的鼓励和指导。

吴昌硕曾历尽艰辛，他对贫苦的青年艺人更乐于加以掖助，使他们能实现自己的愿望。当时他认识了一个青年人，在一家药铺当学徒，爱好刻印而苦于所见不广、无人指点。看了他的篆刻作品，吴昌硕觉得他很有才华，便授以刻印要诀，并且把他介绍到老友沈石友家中去学艺。沈家收藏古印、古砚、法书、名画极多，这个学徒在沈家住了几年，所见既广，艺事也就大进。经过长期的刻苦钻研，终于成为一位知名的篆刻家，他就是别号“泥道人”的赵石农。

当时，各地有志于艺术的青年，辗转托人介绍，前来执卷问学的日多。他忆及自己早年学艺的艰难，同时更为了给艺术界培养新生力量，只要他们有一定的天赋和毅力，他就欣然地加以启迪，不辞劳瘁。他的及门弟子很多，其中造诣尤为突出的早期应推陈师曾，晚期要数王个簃。

此外，与他纳交的友生还有齐白石、梅兰芳、王一亭等。齐白石曾作诗道：“青藤雪个远凡胎，老缶衰年别有才。我欲九原为走狗，三家门下转轮来。”将吴昌硕的名字与徐渭、朱耷并列，其敬慕之忱溢于言表。

一九二七年十一月六日，吴昌硕突患中风，在沪寓谢世，享年八十四岁。一九三三年十一月，迁葬于浙江省余杭县塘栖古镇附近超山报慈寺西侧山麓，墓地坐落于宋梅亭畔。墓门石柱上刻有沈淇泉所撰联语：“其人为金石名家，沉酣到三代鼎彝，两京碑碣；此地傍玉潜故宅，环抱有几重山色，十里梅花。”墓右有墓表，由吴昌硕生前挚友冯君木撰文。墓左有一座石像，高与人等，手执书卷而立，栩栩如生。墓侧有《缶庐讲艺图》刻石，为王个簃、沙孟海等所建。

新中国成立以后，在党的“百花齐放、百家争鸣、推陈出新、洋为中用、古为今用”方针的指引下，吴昌硕毕生心血所萃的金石、书画和诗文作品，回到劳动人民手里，放出前所未有的光彩。他晚年在军阀跋扈、生灵涂炭的处境中，无时无刻不在渴望着太平盛世的来临。如今，经过翻天覆地的人民革命，创造了崭新的社会主义制度，人民成为国家的主人。吴昌硕虽不及目睹这个真正美景的到来，但他那大批珍贵的艺术遗产，却在当前的文化建设中起着一定的作用，也是可以告慰的。十多年来，他的遗作不止一次在京、沪、杭各地展出，供艺术界人士观摩学习；其中一部分最精粹的作品已被选入国家博物馆绘画馆，与我国历代许多艺术大师的珍贵作品并列，这更是无上的光荣。由于他生前与杭州西泠印社有密切的关系，党和政府于一九五七年在印社内建立了“吴昌硕纪念室”陈列他的遗物和遗作，以便广大群众参观；同时又将他的墓地修葺一新，以便后人瞻仰。国内出版社也屡次用极精美的图书形式刊行他的遗作选集和研究他的艺术的著作，特别是用木刻水印的画幅，简直与原作丝毫无异，更为国内外艺术爱好者所珍视。这种种事实正有力地证明：只有在中国共产党和人民政府的英明领导下，吴昌硕的作品才有可能在他逝世三十多年以后的今天，为广大人民欣赏，给人们以鼓舞和滋养。

编者按：本文辑自一九六三年十二月上海人民美术出版社出版的《中国画家丛书·吴昌硕》第一章，原题为《东涂西抹鬓成丝——吴昌硕生平》。原文有删略，有关吴昌硕经历时间有误差，待考。

吴先生行述

王个簃

先生讳俊卿，字昌硕，晚以字行，姓吴氏。世居浙江安吉鄣吴村。明弘治中，分置孝丰县，村隶之，而仍旧籍。文学行义，著闻先世。曾祖讳芳南，国学生。祖讳渊，举人，浙江海盐县学教谕。祖妣严恭人。考讳辛甲，举人，截取知县。妣万恭人。先生以道光二十四年（一八四四）八月一日生。自幼颖异，服长上之训，严恭人钟爱之。迨就傅，经史而外，益研讨形声故训之学。性不好弄，独好刻印，诵习余暇，辄砻石，从牖侧无人处鉴之，束干程课，不敢竞学。弱岁，值洪杨之乱，广德既陷，进犯孝丰。村之族数千，死亡、流离无算。先生展转穷谷中。岁又大饥，濒死者数矣。乱平，仅奉知县公还。知县公续娶杨恭人，未久而殁。先生哀恸惨怛，益念严恭人、万恭人殉难事，中夜彷徨饮泣，不得成寐。壮岁，服官江苏，由佐贰叙劳累转至直隶州知州。生平忠爱，根于天性，每值时变，辄咨嗟扼腕，若有促迫于其后者。甲午中日之役，吴中丞大澂出师榆关，奏调先生赞画军事。先生被命即行，亲友沮厄，不以自馁。尝任安东县知县，一月谢去。盖先生自成诸生，即倦意进取。为贫而仕，非其志也。居恒肆力文艺，书画刻石，皆自辟户牖，而隐合于古。师友往还，有杨岘

（见山）、施浴升（旭臣）、谭献（仲修）、吴云（平斋）、吴大澂（清卿）、潘祖荫（伯寅）、任颐（伯年）诸先生。证向探索，学日益进。顾绝不以此自多，与人语，则曰："我无好，我无能也。"夙昔不治生产，自解组归，寒素犹昔。端居杜门，日与配施恭人摩挲金石，以为娱乐，盎无见粮，弗问也。辛亥而后，伏处海滨，藉鬻艺自赡给，年已七十矣。后十载，上颁"福寿"二字赐之。先生感念时局，益托于歌诗，以抒悲愤。性故淡退，穷达得丧，从不措意。独其伤时忧国，危疑耿耿之意，虽老矣，犹无能一日以释也。晚病重听，不复与闻世事。故人弟子，朝夕过从，往往语蝉不倦。七十后，名益盛，书画流传遍于国内外。日本士大夫至辇金求之，东瀛之岛得先生单缣片纸，珍若璆璧。尝为先生范金铸像，置之西湖孤山。先生天性最挚，厚于待人，鬻艺所得，贫交亲属，时时得被沾溉。杨见山先生后嗣凌夷，则为修理其墓道。沈石友先生瑾死，则为刻其遗诗。其笃亲不遗故旧，大率类此。人谓先生书过于画，诗过于书，篆刻过于诗，德性尤过于篆刻，盖有五绝焉。识者以为实录云。春秋八十有四，以丁卯（一九二七）十一月六日卒。门弟子上私谥曰"贞逸先生"。所著曰《缶庐诗》若干卷，《缶庐别存》一卷，《削觚庐印存》若干卷。初聘于章，未娶，殉粤寇难，先生迎其柩归。配施恭人，前先生十年卒。恭人生男子子三：育、涵、迈。先生两兄皆殉难，先生命以育、涵分后之。育早卒，先生命立涵之子志洪为之子。涵前先生五月卒。女子子一，适归安邱培涵。孙一志源。章、施二恭人前葬鄣吴村之凤麟山，以道路之僻左，将为先生别营兆葬焉。贤事先生有年，知先生最详，不揆梼昧，辄为撰次行义如右。文儒巨子，幸垂鉴焉。门弟子王贤谨述。

缶庐钩摭四则

吴民先

一、迁浙吴氏源流概述

公元一一二七年，宋高宗赵构建炎元年，吾祖吴瑾避兵燹自淮安，游荆襄，陟五岭，历八闽，转徙钱塘，拿舟泛苕水，曲折寻其源，抵浙江安吉之鄣吴村定居，为吾吴氏迁浙之始祖。

鄣吴村原名归仁里、半日村，亦称鱼池乡。村中原住土著“麻”姓氏族，村民习俗善良，故曰“归仁”。吴昌硕曾刻有“归仁里民”一印，跋曰 :“归仁，吾鄣吴村里名，亦里仁为美之意。”(《吴昌硕印谱》，上海书画出版社）“半日”则喻山陵高昼时之短促也。明朝中叶，“麻”姓氏族日渐衰落，竟至靡有孑遗者；而吴氏子姓繁衍，家道日隆，乃易村名为鄣吴村。“鄣”，古郡名，意为古鄣吴氏之村也。

吴瑾迁浙，传至吴昌硕为第二十二世孙。兹将自吴瑾至吴昌硕直系一脉考录于下，可见迁浙吴氏世系源流之一斑。

始祖，吴瑾，娶姚氏，生二子。

二世，吴千九（瑾之子），配杨氏，继娶姚氏，生一子。

三世，吴万一（千九子），字寿秀，配万氏，继娶杨氏，生四子。

四世，吴念久（万一三子），配施氏，生六子。

五世，吴智二（念九次子），配姚氏，生五子。

六世，吴孟四（智二次子），字庭芳，配姚氏，生二子。

七世，吴灵七（孟四次子），配王氏，生三子。

八世，吴童四（灵七次子），配巫氏，生二子；继配孙氏，生二子。

九世，吴玒八（童四四子），名杰时，字公祥，号爱竹，邑庠生，配李氏，生四子、女一，生于洪熙乙巳（一四二五），卒于弘治癸亥（一五〇三）。

十世，吴顺（玒八四子），字仲和，号西圃，晚更双柏，入太学，授广东海阳县丞，配张氏，生五子、女二，生于成化己丑（一四六九），卒于嘉靖辛丑（一五四一）。

十一世，吴一良（顺长子），字东塘，生二子。

十二世，吴生贤（一良次子），字岐峰，生一子。

十三世，吴朝吉（生贤之子），号两峰，生一子。

十四世，吴月将（朝吉之子），号为素，岁贡，历任东阳县教谕，著有《清远阁文集》载郡志，配陆氏，生三子。

十五世，吴宏谋（月将次子），号孙贻，邑庠生，配俞氏，生二子。

十六世，吴之栋（宏谋长子），字汝宇，号月湾，廪生，著有《月湾诗稿》四卷，配沈氏，生二子。

十七世，吴玉谦（之栋长子），号次宜，府庠生，配陈氏，生二子。

十八世，吴树址（玉谦长子），字单厚，乾隆甲子科副贡，著有《苦根记言》《金刚经补注》，配巫氏，续配施氏，生六子。

十九世，吴芳南（树址次子、树址弟树垣之嗣子），号涵芬，国学生，例赠文林郎，敕赠修职郎，配陈氏，继配沈氏，生一子、女一。

二十世，吴渊（芳南之子），原名应保，字和甫，号目山，清嘉庆戊午科举人，截取知县，改授嘉兴府海盐县教谕，本邑古桃书院山长，著有《天目山房诗稿》，配章氏，继配李氏、严氏，生四子、女一。

二十一世，吴辛甲（渊四子），号周史，又号如川，邑廪生，咸丰辛亥科举人，截取知县，钦加同知衔，著有《半日村诗稿》，配万氏，生三子、女二，继配杨氏，生于道光辛巳（一八二一），卒于同治戊辰（一八六八）。

二十二世，吴俊卿（辛甲次子），略。

二、出生之地初考存疑

吴昌硕生于何地？流行的说法是鄣吴村。此乃根据先叔祖吴东迈的《中国画家丛书·吴昌硕》（上海人民美术出版社，一九六三年版）一书而来。数年前，安吉县据传说将鄣吴村一民房定为吴昌硕诞生之处，并将其辟为“吴昌硕故居”供人瞻仰。于是，吴昌硕诞生于鄣吴村小屋似成定论，在海内外广为流传。

一九八五年先父吴瑶华自美国寄来台湾版《吴昌硕彩墨精选》一书，该书第六页载有胡岂凡《艺坛巨擘吴昌硕》一文。笔者发现先父对胡文有所删改。其中最令人注目的是将吴昌硕“出生于浙江省安吉县鄣吴村”改为“出生于浙江省安吉县东街”。当时笔者正准备赴美探亲，拟去美后详问此事。然而先父不幸于一九八六年四月病逝。于是吴昌硕出生于鄣吴村还是安吉县东街这一问题便成了悬案。

先父在一九八〇年曾有一函，详述吾吴世系相承，且曰：“自从父祖弃食，其中部分事迹仅先叔迈公与我洞悉。”然而，恰恰在吴昌硕诞生地这一重要问题上二人说法不一。先父之依据，现已不可知；先叔祖之依据至今亦从未得以披露。笔者曾留心公开发表的先曾祖的遗作，近来又仔细检阅家藏资料，均未发现吴昌硕自述生于何地，诗集、书法、题画、尺牍、谱牒悉未提及。吴昌硕逝世后，一九三三年安葬时的纪念文献也都未具体说明吴昌硕的出生地。甚至包括陈三立的《吴昌硕墓志铭》和冯君木的《安吉吴先生墓表》等重要文献均未提及吴昌硕的出生地。这确实发人深思。吴东迈的著作《吴昌硕》具有重要的知识价值。但该书的侧重点在于从总体上介绍吴昌硕之生平艺术，而非史实之考证，因而偶有欠精确之处，亦属正常。譬如，吴昌硕任安东令的年代，吴昌硕本人在其诗《岁己亥十一月摄安东县偶成》(《缶庐集》卷二，第十五页）之标题中便可了然。己亥即一八九九年，吴昌硕是年五十六岁。然而吴东迈在其书中则说在“五十三岁那年”任安东令，前后误差三年。何况吴昌硕从未提及自己的出生地，后人误差就更难避免。

目前，笔者尚无确凿之资料足以证实吴昌硕诞生于安吉东街，然已发现一点线索，可供参考。

第一，吴昌硕出生及其前前后后一段时间，其祖父吴渊肯定居住在安吉县城，其父吴辛甲也极有可能居住在安吉县城。吴昌硕很有可能是在其祖父、父亲居住在安吉县城时诞生的。

吴渊的生卒，在谱牒上只注明月、日，而未写年份，此或系前人未作精确考订之故。近读吴昌硕所撰《吴氏列祖诸传》一文。文中说，吴渊“嘉庆戊午举于乡，年甫弱冠”，嘉庆戊午为一七九八年，吴渊是年中举，年方二十。由此可以大致推算出吴

一致，唯在具体时间上各家稍有出入。潘德熙、童衍方在《吴昌硕年表》中说：“一九一一年，宣统三年辛亥，六十八岁，自苏州迁沪定居。”（《书法》一九八四年第五期，第二十七页）吴长邺在《吴昌硕年谱（简表）》中说：“一九一一年辛亥，六十八岁，夏到上海，在吴淞觅屋居住。”“一九一三年癸丑，七十岁，春初，迁到上海北山西路吉庆里九二三号定居。”（《西泠艺丛》一九八四年第九期，第三十六页）日本鹤田武良在《吴昌硕评传》中说：“翌年，民国元年（一九一二）吴昌硕从长住的苏州移家上海。”（转引自《美术译丛》一九八一年第二期，第八页）然而，在一九二五年吴昌硕自己却在《白龙山人小传》一文中写道：“余于甲寅秋国变后，移家上海，始晤山人。”（《王一亭书画集》，上海书画出版社）甲寅为一九一四年，“国变”为吴昌硕专指辛亥革命之用语。可见，吴昌硕定居上海只能在辛亥革命后，而不可能在此之前；是秋天，而不是春夏。至于具体年代，他自己说是在甲寅一九一四年，那么诸家一九一一、一九一二、一九一三年之说又怎么解释？确需进一步考订。

在此笔者所要着重介绍的是吴昌硕一八八七年首次迁居上海。对此研究家尚未引起足够重视，有的没有提到，有的只说“到沪”“觅居小住”。唯上海丁羲元在《任伯年》一书中说吴昌硕那年“初冬移居上海”，此说准确。该书因是研究任伯年，故未曾亦无必要对此展开说明。笔者经考订以为一八八七年吴昌硕移居上海是全家迁居，而非单身游学。其理由如下：

首先，一八八七年丁亥农历八月二十七日吴昌硕在苏州作《赠内》一诗，祝季仙夫人四十寿辰。不多日又作《移居舟中赠季仙》

二首。诗云：“苏儿索果壶儿争，福儿欲攫猿臂撑。兄弟罗欢至性古，鸡犬富有移居荣。谓我何求金石刻，善抱不脱风波声。来日大难尔弗厌，会计盐米持权衡。”“万间广厦何足贪，东坡只羡弥陀龛。书生意气尽吾有，老姑食性唯尔谙。荒荒大野挥涕泪，泛泛一水游东南。芜园花鸟待归去，苦铁之苦终回甘。”（《缶庐诗》光绪癸巳版第二卷，第三页）

“移居二首”是吴昌硕首次迁居上海的明证。诗中苏儿即吴东迈，生于苏州而称苏儿，其时二岁；壶儿即吴涵臧龛，生于湖州而称壶儿，其时十二岁；福儿即吴育半仓，其时十五岁。两首诗写出了吴昌硕移居上海途中的复杂心情，既担心“来日大难”，又期望“苦终回甘”。如果不是全家移居到繁华而又富有冒险性的上海，是不会有此种心情的。诗中虽未写明迁居地点，但与同时期其他诗联系起来读即可明白。

其二，一八八七年吴昌硕的老师杨藐翁六十九岁时，他曾作《将之沪上留别藐翁先生》二首。诗中“七十明年至”“白发秋逾落”“明日在吴淞”等句（《缶庐诗》光绪癸巳版第三卷，第四—五页），从另一侧面点明了吴昌硕迁居的年代、季节和地点。一八九一年端阳节任伯年为吴东迈画小像一幅，吴昌硕即题《书苏儿小影》一诗。诗中说：“两岁呱呱啼，随父适海国。”（《缶庐集》一九二三年版第二卷，第十七页）此与“移居二首”相印证，可知一八八七年全家迁居到上海是无疑的。

其三，丁亥（一八八七）岁暮虞山沈石友作《岁暮寄昌硕》一诗云：“薄宦怜君健，移家逼岁除。租船冒风雪，海上卜新居。日短饶人事，河冰迟尺书。长吟看云立，空谷剧愁予。”（《鸣坚白斋诗存》第二卷，第四页）次年春，沈石友又作《闻昌硕病久无书来》一诗云："吟诗海上客，多病似相如。买药添新债，看花忆旧居。三秋将过半，孤雁不传书。静居槁梧坐，荒斋谁起予。"（同上书第二卷，第八页）

沈石友的两首诗是吴昌硕第一次迁居上海的有力旁证。第一首中的"移家""海上"说明是迁居而不是旅行；第一首中的"冒风雪""逼岁除"，第二首中的"三秋将过半"，说明迁居的时间在丁亥一八八七年冬。而且诗中连吴昌硕到上海以后的健康状况和境遇都提到了。沈石友的诗唯在迁沪的季节上与吴昌硕稍有出入。吴昌硕诗中是"秋"，而沈石友是"冒风雪""逼岁除"——冬。这或许是因为移居经历了一过程，始于秋末而终于初冬。加之"河冰迟尺书"，沈石友得到的消息是比较晚了。然而从吴昌硕"移居二首"看，确实没有"冒风雪"的情节和"逼岁除"的气氛；唯有"泛泛一水游东南"的环境烘托和合家心理状态的描写。

至此，我们可以明确地断定，在丁亥一八八七年秋末冬初之季，吴昌硕首次从苏州全家迁居上海。此一事件是至关重要的，它标志着吴昌硕游学时代的结束，探索时代的开始。在游学时代，吴昌硕以苏州为活动中心，全面奠定了诗、书、画、印四个方面的坚实基础；而在一八八七年迁居上海以后，吴昌硕则开始了他对人生道路和艺术道路的艰难探索。

四、艺术生平分期初探

将吴昌硕的艺术生平分成若干时期来研究，对于揭示缶庐艺术发展之规律，或许有一定意义。研究家们对此所论似不多见，笔者不揣谫陋，提出拙见以为引玉。

吴昌硕的艺术生平大致可以分成六个时期：

（一）勤奋耕读的少年时代（一八四四——一八六〇）：自诞生至十七岁太平军进鄣吴村。

婴幼年住安吉县城（今安吉县安城镇），童年从父启蒙识字，后在鄣吴村进乡村私塾，始学印得父指点金石之学，参加田间劳动。在少年时代吴昌硕奠定了最初的文化基础，养成了勤俭、好学、奋发的良好习惯，对艺术开始产生浓厚的兴趣。

（二）动荡流离的青年时代（一八六〇——一八六八）：自十七岁太平军进鄣吴村至二十五岁其父吴辛甲去世。

遇战乱，一八六一年母万氏、弟祥卿、妹二均死于兵燹，未婚过门章氏刚到吴家不久病殁；背负慈父避兵逃亡于深山野谷，旋又只身流浪，历尽艰辛。后回安吉县城，与父相依为命躬耕度日，父继娶。一八六五年二十二岁中安吉县补试庚申科秀才。一八六八年二十五岁时父辛甲逝世。青年时代磨炼了吴昌硕刻苦坚韧的性格，进一步充实了传统文化艺术的基础知识。

（三）艰苦游学的壮年时代（一八六八——一八八七）：自二十五岁父亲逝世至四十四岁第一次全家迁居上海。

在父亲去逝后第二年，吴昌硕即开始游学，先在杭州诂经精舍从俞曲园（俞樾）学辞章文字之学约二年。短期回安吉，一八七二年二十九岁娶施氏季仙夫人。不久，即离家去杭州、嘉兴、上海、湖州、苏州等地游学。在苏州时间最长，三十九岁合家迁居苏州，苏州是吴昌硕游学活动的中心之一，在苏州曾课吴平斋（吴云）子，识吴大澂，见识增广，金石之学大进；与任伯年交并请教学画；拜杨见山藐翁为师学书法辞章；与沈石友交切磋诗艺并得经济资助；三十九岁一八八二年壬午四月九日得金俯将赠一古缶，即以缶为庐；四十三岁一八八六年潘瘦羊赠汪郎亭手拓《石鼓》精本,自此其一日不离《石鼓》。在苏州曾任小吏以资生活，参加过怡园画会活动。在苏的主要居住地在葑门内南园附近帝师莲桥畔之西亩巷，与杨藐翁为邻。

近二十年的游学时代，吴昌硕对传统文化艺术知识的积累至为丰厚，篆刻、诗文、书法水平得到全面的提高，篆刻已取得引人注目的成就，而绘画亦已入门径，且有一定修养。有《削觚庐印存》问世，编《元盖寓庐偶存》诗集。吴昌硕的艺术基础已全面奠定。

（四）奋发探索的中年时代（一八八七—一八九九）：自四十四岁第一次迁居上海至五十六岁任“一月安东令”。

这一时期往返居住于上海、苏州两地，且去各地游历。在上海曾住吴淞,在苏州曾住铁瓶巷。吴昌硕广交艺友,参加雅集活动，创作了大量艺术作品。一八八九年四十六岁编《缶庐别选》四卷；一八九三年癸巳五十岁编《缶庐诗》《缶庐别存》；一八九四年甲午五十一岁随吴大澂北上山海关抗击日军侵略；一八九八年戊戌回故乡主持重修《吴氏宗谱》，共十卷，工程浩大；一八九九年己亥农历十一月任安东（今江苏省涟水县）县令，仅一月挂去。

这一时期是吴昌硕在人生道路和艺术风格上的艰难探索时期。他曾有中国传统文人士大夫的入世济世之想，任“一月安东令”是实现此种理想的最高点，亦是走向幻灭和出世之起点。他的广泛交往和吸收，他的勤奋创作，使他在艺术上的积累愈益博厚，他正在酝酿着把诗、书、画、印有机地结合起来，开创一个崭新的艺术风格。

（五）风格成熟的老年时代（一八九九——九一三）：自五十六岁“一月安东令”挂官而去至七十岁被推为西泠印社首任社长。

辞官而去绝望仕途，以陶渊明作为心理解脱，曾刻“弃官先彭泽令五十日”。自此，埋头艺事十数年。主要活动地点在上海、苏州两地。曾在苏州置屋于桂和坊十九号（今桂和坊四号一），最后定居在上海北山西路吉庆里九二三号（今山西北路吉庆里一二号）。一九一二年六十九岁刻“吴昌硕壬子岁以字行”一印，似自况其艺成熟，风格确立。一九一三年秋，西泠印社正式订立社约，公推吴昌硕为首任社长。

在这一时期，吴昌硕最终完成了把诗、书、画、印融为一体，在艺坛独辟蹊径，形成了雄视古今的独特的艺术风格，取得了卓越的成就，并为社会所公认。

（六）艺术高峰的晚年时代（一九一三——九二七）：自七十岁被推为西泠印社首任社长至八十四岁逝世。

晚年时代吴昌硕成果累累，声誉日隆。一九一四年日本友人白石六三郎在其经营的上海六三园首展吴昌硕书画；同年商务印书馆印《吴昌硕花卉册》；一九一五年《缶庐印存》四集编成，西泠印社出版《苦铁碎金》四册；一九二一年日本雕塑家朝仓文夫铸铜像赠吴昌硕；一九二二年、一九二三年西泠印社编《缶庐近墨》；一九二五年商务印书馆出版《吴昌硕书画集》、上海西泠印社出版《吴昌硕花果册》。一九二七年春吴昌硕赴超山赏梅，自觅长眠之所，是年农历十一月初六（公历十一月二十九日）在沪与世长辞。

同时，吴昌硕在日本的影响亦越来越大。一九一二年大正元年田中庆太郎首刊《昌硕画存》；一九二〇年大正九年东京文求堂出版《吴昌硕画谱》，同年长崎首次展览吴昌硕书画，双树园编印《吴昌硕先生画帖》；一九二一年东京至敬堂刊印田口米舫所编《吴昌硕书画谱》；一九二二年大阪高岛屋吴昌硕书画展开幕，谷上隆介据此编印《缶翁墨戏》第一集；一九二五年大阪高岛屋再次举办吴昌硕书画展，堀喜二编《缶翁近墨》第二集；等等。

晚年时代，是吴昌硕艺术发展最为辉煌的巅峰时期。他的艺术达到了炉火纯青的地步。他以非凡的成就和独特的风格超迈前人，雄视宇内，蜚声海外，为世人瞩目，对后世产生了极其深远的影响！

将吴昌硕的一生分成上述六个时期来研究，抑或有助于了解缶庐之全貌和真谛。

一九九〇年八月于苏州寒瓢书屋

缶庐先生小传

诸宗元

先生吴氏，名俊卿，字昌硕，浙江安吉县人。岁壬子，寿七十后以字行。尝自署曰缶庐，曰苦铁，故海内外识先生者，亦以缶庐与苦铁称先生也。曾祖讳芳南，隐居不仕。祖讳渊，父讳辛甲，世父讳开甲，皆举于乡，先生遂以文学世其家。然少遭丧乱，初不措意仕进，中岁以一官居吴中，积资劳至直隶州知州，曾任安东县，一月即谢去，则先生无意于仕宦可知矣。初先生以篆刻名于世，晚复肆力于书画，盖于文艺有笃嗜焉。书则篆法《猎碣》，而略参己意，虽隶、真、狂草，率以篆籀之法出之。画则以松梅，以兰石，以竹菊及杂卉为最著。间或作山水，摹佛像，写人物，大都自辟町畦，独立门户。其所宗述，则归墟于八大山人、大涤子，若金冬心、黄小松、高且园、李复堂、吴让之、赵悲盦辈，犹骖靳耳。于篆刻，研习为尤深。所用刀圜干而钝刃，异于常人用以治印者。分朱布白，结字构体，一本于秦汉印玺。宗元尝谓：先生治印，当代诚无其匹。即王元章始创花乳石印以还，镌削之妙，能齐于先生者，不数觏也。是以得者争藏弆之。先生复耽志于诗歌，奇气坌溢，时以真朴排奡胜。宗元尝以拟杜于皇、吴野人，论者许为知言。文不苟作，然其考核金石，或自为书画题记，下笔缅缅数千言，虽工于文者，见辄叹服。盖先生始居于乡，既客海上，官吴下，所与为师友者，如杨藐翁岘，任伯年颐，吴瘦绿山，施旭臣浴升、均甫补华，谭仲修献，吴退楼云、窸斋大澂，潘郑斋祖荫，胡公寿之佗，皆为东南一时之雄彦，相与讨论评骘，故所得为独多也。其平昔所服膺者，惟藐翁与伯年，以书画师承在二君耳。先生躯短，颐颊丰皙，细目而疏髯，今年逾七十，鬓发无白者，望之若四十岁许人。自晦以聋，然词令谐妙，见可喜之客，倾谈忘倦。宗元曾戏诘先生："聋以自晦，其有托耶？"先生亦笑而颔之。初聘妻章氏，咸丰十年安吉被兵，与先生母万夫人、先生之弟妹同及于难。先生每值忌日，感悼不置。后娶施夫人，生丈夫子三：育早殇，涵、迈皆儒雅尚学。涵刻印，迈画山水，亦均有先生风。女子子一，工隶书。婿乌程邱培涵，学农于美利坚，行毕业矣。有孙五人。先生所著《缶庐诗》四卷，已刊；其未刊者有若干卷。题画诗、洎杂文铭跋之属，则编为《别集》。又《缶庐印存》若干卷。

诸宗元曰：吾于岁己酉在吴下，始见先生于癖斯堂，明日以赠诗来。继此数数相见即相别，无逾三月者。先生嗜吾诗，吾所得于先生者，刻印及书画，搜聚可充箧。然其言行醇穆，忘年相友，其有厚于吾者，非常人所可几也。先生自言三十始学诗，五十始学画，积数十年之日力，所成如此，亦云勤矣。我国人通文艺者，固无不知先生；然海外慕先生书画，挚金以求者，踵相接。近东人且欲乞先生小传以传之。吾用举所知以著于篇，其他行谊之荦荦大者，吾他日更当为文以贻先生也。

安吉吴先生墓志铭

陈三立

义宁陈三立撰文，归安朱孝臧书丹，闽郑孝胥书盖。

丁卯岁（一九二七）之十一月六日，安吉吴先生卒于沪上。居沪士大夫与其游旧、诸门弟子及海东邻国游客侨贾慕向先生者，类相率奔走吊哭。盖先生以诗书画篆刻负重名数十年。其篆刻本秦汉印玺，敛纵尽其变，劖镵造化，机趣洋溢。书摹《猎碣》，运以铁钩锁法。为诗至老弥勤苦，抒摅胸臆，出入唐宋间健者。画则宗青藤、白阳，参之石田、大涤、雪个。迹其所就，无不控括众妙，与古冥会，划落臼窠，归于孤赏。其奇崛之气，疏朴之态，天然之趣，毕肖其形貌节概情性以出。故世之重先生艺术者，亦愈重先生之为人。先生讳俊卿，字仓硕，后以字行，缶庐、苦铁咸所自号，浙江安吉人也。少遭寇乱，所居村屠杀，编户几尽。祖母氏严、母氏万并弟妹及聘妻章氏皆殉之。先生持父转徙，亦屡脱于濒死，由是茹痛习苦终其身。既补诸生，贫困甚，乃出为小吏江苏，寻晋直隶州知州，摄安东令，一月即谢去。久留吴会，尽交当世通雅方闻擅艺能之彦，于杨叟岘、任叟颐磋磨尤笃。晚岁转客沪上，艺益进，名益高。日本人士争宝其所制，挹其风操，至范金铸像，投置孤山石窟，为游观胜处。前此遇中国名辈所未有也。先生内峻洁而外和易，洒然物象之表，别蕴神理。老病聋，然接对宾友，恣谈不倦。复数结侣入歌场，危坐端视，默揣节奏低昂，曲终而后去。既鬻艺播闻海内外，求索者相属弗绝。先生不忧贫，遂时推所获恤交游戚党。客有过述市人鉴赏择取，类以耳为目，颇怪之。先生笑曰："使彼果皆用目者，吾曹不几饿死耶？"虽戏语，亦可窥见先生不自护其能而矜所长也。先生卒年八十有四。岁壬申某月日葬杭州塘栖之超山。曾祖讳芳南，国子监生；祖讳渊，举人，官海盐教谕；考讳辛甲，举人，截取知县。所聘章恭人已死寇难，乃娶施恭人，精勤慈俭，能佐先生成其志，前先生十年卒。子育、涵、迈，女一。育殇，涵出为从父后，能刻印与绘事，迈及女并工篆隶，互传先生一艺以自名。著《缶庐诗》若干卷，《别集》若干卷，《缶庐印存》若干卷。先生卒之岁逢重九，尚集群流为登高之会。酒罢，揖别先生层楼上，对之竦然，若古木，若瘦藤寒石，缥缈出霄光霞气中也。未几，而先生死矣。铭曰：古有绝艺群所宗，杂糅蕃变尊养空。灵清出跃与天通，山海四照一秃翁。濯溉培根插鸿蒙，骈罗朱实灿而丰。光气腾跃扶桑东，浩浩盘拿万怪胸。独立只手掷虬龙，奏刀弄笔夺化工。襟抱恢疏谁与同，超世奋翮谢樊笼。国能不灭讯无穷。

回忆吴昌硕先生

潘天寿

我在二十七岁的时候，到沪任教于上海美术专科学校。得老友诸闻韵的介绍，始和昌硕先生认识。那时候，先生的年龄，已近八十了；身体虽稍清癯，而精神却很充沛；每日上午大概作画，下午大概休息。先生和易近人，喜谐语；在休息的时间中，很喜欢有朋友和他谈天。我与昌硕先生认识以后，以年龄的相差，自然以晚辈自居，态度恭敬，而先生却不以此而有所距离，因此谈论诗画，请益亦多。回想种种，如在眼前——一种深情古谊，淡而弥永，真有不可语言形容之概。

昌硕先生诗、书、画、金石、治印，无所不长。他的作品，有强烈的特殊风格，自成体系。书法尤工古篆，以石鼓文成就为最高。郑太夷评他的石鼓文说：

邓石如，大篆胜于小篆。何子贞，只作小篆，未见其作大篆。杨沂孙、吴大澂，皆作大篆。邓何各有成就，杨吴不逮也。缶道人以篆刻名天下，于《石鼓》最精熟。其笔情理意，自成宗派，可谓独树一帜者矣。

有一天下午，我去看昌硕先生，正是他午睡初醒之后，精神甚好，就随便谈起诗和画来。谈论中，我的意见，颇和他的意趣相合，他很高兴。第二天就特地写成一副集古诗句的篆书对联送给我。对联的句子，上联是“天惊地怪见落笔”，下联是“巷语街谈总入诗”。昌硕先生看古今人的诗文书画等，往往不加评语；看普通晚辈的诗文书画，只说好，也往往不加评语。这是他平常的态度。他送给我这副篆书集联，自然是奖励后进的一种办法。但是这种奖励的办法，是昌硕先生平时所不常用的。尤其他所集的句子，虽系出于褒奖勉励，实觉得有些受不起，也更觉得郑重而可宝贵。很小心的什袭珍藏，有十多年的长久。抗日战争中，杭州沦陷，因未随身带到后方，而遭遗失，不识落于谁人之手，至为可念！回忆联中所写篆字，用“如锥画沙”之笔，有“渴骥奔泉”之势，不论一竖一画，至今尚深深印于脑中而不磨灭。

昌硕先生对于古篆方面的成就，和他在印学上的成就是一样的，可说举世皆知，无须加以详述。

楷书方面，昌硕先生曾谈起：“学钟太傅二十余年。”故他在八十高龄的时候，尚欢喜写小正楷扇面，严毅精纯，一丝不苟，使吾辈年轻人望而生畏。足以知道昌硕楷书的渊源，及他功力的深至。行草书方面，是用他的篆书楷书相参而成，如枯藤，如斗蛇，一气相连，不能遏止；用它题写绘画上的款识，极与画风相配合，而成绘画上的新风格。

昌硕先生在绘画方面，也全运用他篆书的用笔到画面上来，苍茫古厚，不可一世。昌硕先生自己，也以为用钟鼎篆籀之笔入画，是他的特点。而且他的题画诗上，也常常提到这点。

例如挽兰匄的诗中说：

画与篆法可合并，深思力索，一意唯孤行。

又如题画梅说：

山妻在旁忽赞叹，墨气脱手椎碑同。

蝌蚪老苔隶枝干，能识者谁斯与邕。

又如《为诸上人画荷赋长句》说：

离奇作画偏爱我，谓是篆籀非丹青。

同时，他作画方面，极力主张气势。他常说："作画时须凭一股气。"

实在昌硕先生不论对诗、书、治印等，都以气势为主。故他的题画诗上，也往往谈到气势方面。兹摘录他的题画诗句如下：

为诸上人画荷赋长句

墨池点破秋冥冥，苦铁画气不画形。

沈公周书来索画梅

梦痕诗人养浩气，道我笔气齐幽燕。

得苔纸醉后画梅

三年学画梅，颇具吃墨量。

醉来气益粗，吐向苔纸上。

浪贻观者笑，酒与花同酿。

法疑草圣传，气夺天池放。

勖仲熊

我画非所长，而颇知画理。

使笔撑槎枒，饮墨吐畏垒。

山是古时山，水是古时水。

山水饶精神，画岂在貌似。

读书最上乘，养气亦有以。

气充可意造，学力久相倚。

荆关董巨流，其气乃不死。

昌硕先生的绘画，以气势为主，故在布局用笔等各方面，与前海派的胡公寿、任伯年等完全不同。与青藤、八大、石涛等，也完全异样。如画梅花、牡丹、玉兰等布局时，不论横幅直幅，常常从左下面向右面斜上；也间有从右下面向左面斜上；它的枝叶也作斜势，左右互相穿插交叉，紧密而得对角倾斜之势。尤其欢喜画藤本植物，如紫藤、葡萄、南瓜、葫芦等，或从上左角而至下右角，或从上右角而至下左角，奔腾飞舞，真有蛇龙失其夭矫之概。它的题款并多作长行，以增布局之气势。可说独开大写花卉画藤的新生面。

昌硕先生绘画设色方面，也与布局相同，能打开古人的旧套。最显著的例子，是喜用西洋红。西洋红的颜色，原自海运开通后来中国的。吾国在任伯年以前，未曾有人用它来画国画，用西洋红画国画可说开始自昌硕先生。因为西洋红的红色，深红而能古厚，可以补足胭脂淡薄的缺点。再则深红古厚的西洋红色彩，可以配合先生古厚朴茂的绘画风格，因此极欢喜用它。昌硕先生把早年专研金石所得的成就——以金石的古厚质朴的意趣，引用到绘画用色方面来，自然不落于清新平薄，更不落于粉脂俗艳。他大刀阔斧地用大红大绿而能得到古人用色未有的复杂变化，可说是大写意花卉最善于用色的能手。然而他却常说：

事父母，色难。作画亦色难。

他又常说：

作画不可太着意于色相之间。

昌硕先生长于设色，却作以上的说法，这大概是中国的绘画到了近代，每以墨色为主彩，就是“画家以水墨为上”的原理。因为墨色易古不易俗，彩色易俗不易古。故说“色难”及“作画不可太着意于色相之间”，这全是昌硕先生深深体会到用色的艰苦而有所心得才这样说的。近时白石老先生绘画上的设色布局等，也大体从昌硕先生方面而来，加以自己的变化，而成白石先生的风格。表面上看，他的这种风格可说与昌硕先生无关；但仔细看，实从昌硕先生的统系中支分而出。这点，白石先生自己也在他的绘画诗中说得十分清楚：

青藤雪个远凡胎，老缶衰年别有才。
我欲九原为走狗，三家门下转轮来。

昌硕先生，无论在诗文、书、画、治印各方面，均以不蹈袭前人，独立成家为鹄的，故在他的题画诗上或谈论上，常常很随便地提到。他在《刻印》的长古中曾说：

今人但侈摹古昔，古昔以上谁所宗。
诗文书画有真意，贵能深造求其通。

又题画梅说：

画之所贵贵存我，若风遇箫鱼脱筌。

又题葡萄说：

吾本不善画，学画思换酒。
学之四十年，愈学愈怪丑。
草书作葡萄，笔动蛟龙走。
或拟温日观，应之日否否。
画当出己意，摹仿堕尘垢。

即使能似之，已落古人后。
所以自涂抹，但逞笔如帚。
世界隘大千，云梦吞八九。
只愁风雨来，化龙逐天狗。
亟亟卷付人，春醪酌大斗。

又白石先生自嘲诗下注说：

吴缶庐常与吾之友人语曰："小技拾人者则易，创造者则难。欲自立成家，至少辛苦半世；拾者至多半年，可得皮毛也。"

然而有一次，我画成了一幅山水画，自己觉得还能满意，就拿去给昌硕先生看看。他看了以后，仍旧只是说好。但是当天晚上，却写成了一首长古，第二天早晨，就叫老友诸闻韵带交给我。诗里的内容，可说与平时不同，戒勉重于褒奖。在此也知道昌硕先生对于研究学术的态度，极重循序渐进，不主冒险速成。兹录长古如下：

读潘阿寿山水障子

龙湫飞瀑雁荡云，石梁气脉通氤氲。久久气与木石斗，无挂碍处生阿寿。寿何状兮欣而长，年仅弱冠才斗量。若非农圃并学须争强，安得园菜果蓏助米粮。生铁窥太古，剑气毫毛吐。有若白猿公，竹竿教之舞。昨见画人画一山，铁船寒壑飞仙湍。直欲武家林畔筑一关，荷篑沮溺相挤攀。相挤攀，靡不可。走入少室峰，蟾蜍太幺幺，遇着吴刚刚是我。我诗所说疑荒唐，读者试问倪吴黄。只恐荆棘丛中行太速，一跌须防堕深谷，寿乎寿乎愁尔独。

我在年轻的时候，便很喜欢国画。但每自以为天分不差，常常凭着不拘束的性情，和由个人的兴趣出发，横涂直抹，如野马奔驰，不受缰勒。对于古人的“重工夫、严法则”的主张，特别加以轻视。这自然是一大缺点。昌硕先生知道我的缺点，便在这幅山水画上明确地予以指出，就是长古末段中所说的“只恐荆棘丛中行太速，一跌须防堕深谷，寿乎寿乎愁尔独”。他深深地为我的绘画“行不由径”而发愁。

昌硕先生谢世以后，每与诸旧好谈及近代诗、书、绘画、治印等项，总是要谈到昌硕先生。因此也常常忆起昔年与昌硕先生许多过往的情况。抗日战争中，流离湘、赣、滇、蜀，笔砚荒废，每怀念昌硕先生诗、书、绘画、治印的卓绝而特殊的风格，为左右一代的大宗师，不禁时有所怀念。也因怀念而咏之于诗篇，兹将拙作忆缶庐先生的诗录下：

月明每忆斫桂吴，大布衣朗数茎须。
文章有力自折叠，情性弥古眸清癯。
老山林外无魏晋，驱蛟龙走耕唐虞。
即今人物纷眼底，独往之往谁与俱。

吾国近年画坛，殊感寂寞。黄宾虹先生亦归道山，齐白石先生因年高，也不能多作画。在谈谈吴昌硕先生过往情况之下，吾将拭目有待于吾辈以后的可畏青年了。

一九五七年一月

编者按：本文编校参考潘天寿发表于一九五七年第一期《美术》繁体版本，与一九九五年《美术》简体版本字句稍有异。

回忆吴昌硕

刘海粟

一九一九年残冬，我从一位河南来客手中买下两张旧画，一幅是陈中立作的绢本青绿山水，较为平庸，被我束之高阁；另一幅长一九九厘米，宽一八八厘米，双丝绢本，虽然颜色黑旧，但是光彩未减，画面危峰巍立，幽谷深邃，岚气浮动，水木精华，堪称笔力雄放，墨韵浑朴。便挂在书房朝夕观摩，越看越美。

有一天，我无意间在画中的石头附近发现了“关仝”两个字，大为震惊。关仝是世界美术史上屈指可数的大画家，难道我能如此轻易地获得他的作品！我简直不敢相信自己的眼睛。不久，友人唐吉生来看此画，认为是了不起的佳作，但是否出于关仝手笔，还不敢下断语，提出请高邕之、何诗孙等名家过目以后，再烦请吴昌硕老先生看看，我欣然同意了。

三天后，吉生喜孜孜地跑来对我说：“昌硕老先生反复看过，认为是无价之宝，还问我：‘刘海粟很年轻，哪里弄到这么好的画呢？’”

我听了很兴奋，便同吉生一起去拜访昌老。老人表情温和而略带幽默感，用不着什么介绍，一下子就把拘束打消了。昌老十分亲切地对我说：“你是美术学校校长，画模特儿的，对古画这样钟爱，太难得了。关仝生于五代，其手迹是凤毛麟角，我快八十岁了，也还是第一回见到呢。应该妥善珍藏！”

我指着关仝的题名又补上一句，问老先生，为什么这款名题在很不显眼的地方呀？

老人惇厚地回答我说：“唐朝和五代画家，以不题名而被人认出作者为荣，所以名字多题在不惹人注目的地方。画是真的！宋人山水画中，有关仝的弟子，错不了。”

我见他兴致很浓，便向他提出请求在画上题一首诗。他严肃地摇摇头说：“我哪里够格呢？这张名贵的古画快一千年了，要是佛头着粪，把画题脏了，就愧对古人了！”

不久，吉生来我家传达了昌老的心话：“不是我珍惜几个字、一首诗，古画是历尽磨难的劫后幸存之物，一题就弄坏了。告诉刘海粟，千万别找人题字。”

这件事对我很有启迪。许多古画便是让皇帝大臣之流题得体无完肤，打满了欣赏图章，破坏了构图。昌老的态度是对的，所以我至今不轻易给古画题跋。此画后来只是由叶恭绰先生写了“举世仅存之关仝真迹”几个字裱在旁边。

二十世纪二十年代初，昌老曾对我说：“你的洋画有吴仲圭和沈石田风味，我劝你洋画莫丢手，还要画好中国画！”我听了十分感动。他为了鼓励我学好国画，还讲起自己学画的经历，来给我增加勇气。

昌老学画的经历给了我很深的启示，此后，我除了继续作油画外，还认真练习中国画。到一九二四年，创作了一幅《言子墓》国画，特送去向昌老请教。昌老眯起眼睛，将画从上到下看了几个来回，嘴里不知低吟着什么古诗。这时我的心很紧张，深悔不该将这样不成熟的习作来麻烦他老人家。不料，昌老揭开砚台盖认真地对我说："很好,一点也不落俗套！"接着就题了两行字："吴中文学传千古,海色天光拜墓门。云水高寒,天风瑟瑟,海粟画此,有神助耶?""神助"，无非说笔墨较圆熟。我看了很感不安地说："我不会画，竹子的层次就没有处理好。"老人眯起双眼笑了："海粟，这张画好就好在你不会画！许多人画不好，就是因为太会画，总是套用陈法，熟到甜媚俗气的程度！"

前辈的嘉勉，没有使我陶醉。今天，我在国画上有点成绩，是与昌老的教诲分不开的。

怀念吾师吴昌硕

王个簃

昌硕先生谢世已有五十余年了，然对先生的敬慕之情，却是有增无已。近日翻阅我早年所作旧诗稿，内有不少先生与我的唱和之作,又见悼诗《哭缶师》一首,更增添了我的思念之意。诗云：“公爱我甚为可教，善诱循循期深造。公今一病遽长瞑，师恩无量将何报？病前一夕尚论诗，摩诘东野中心好。三更侍坐兴不孤，变生仓卒宁所料。……寒夜思公公不复，心眼恍惚留形貌。魂魄一去日远遥，我欲往招云窅窱。匠石不作臣质死，静言思之躬自悼。”我第一次见到先生时的情景还历历在目。那时我还在南通省立第七中学任教，由缶师的老友诸宗元及学生李苦李介绍，到上海参加昌硕先生八十寿庆活动，见到了自己仰慕已久的艺术家。此后，我便不顾一切地辞去了报酬尚优的南通教职，只身来到上海，投在昌硕先生门下学艺。两年后，得先生看重，做了缶师孙儿吴志源的启蒙老师。自此，得随先生左右，直至吾师去世。

我入先生家时，他对外已号称封笔，但应酬的作品仍然不少，给了我观摩学习以得天独厚的条件。不但先生对我的关切教导，使我铭记于心，他那高深的艺术造诣和治学精神，更是我终生学习的榜样。

先生熔诗文、金石、书、画于一炉，博采众长，蹊径独辟，形成了重要的艺术流派，对后世产生了重大的影响。且不说他沉潜于刻印“自少至老，与印不一日离……”(《西泠印社记》)，融浙、皖两派之长，参以邓、吴、赵诸家而归其本于秦、汉，达到了纯朴浑厚、出神入化的艺术境地。也不说他“曾读百汉碑，曾抱十石鼓”和“强抱篆隶作狂草”，笔势奔驰，书法艺术苍劲雄浑，凝练遒劲，貌拙气酣。单说他敢于以籀之笔入画，给写意花卉的运笔带来了新的生机，就足以给后学者以新的启示。

先生作画，笔恣墨纵，不拘成法，外貌粗疏而内蕴浑厚，齐白石说他：“余见缶庐六十岁前后画花卉，追海上任氏，得名天下，后参赵氏法，而用心过之，放开笔机，气势弥盛，横涂竖抹，鬼神亦莫之测，于是天下叹服矣！”他以极度简练的笔墨来表现深邃的意境，虚实相生，神完气足，所作花卉、瓜果、山水、人物，缘物寄情，充分表现出物体内在的气质和生命力！

他充分发扬了中国画浪漫主义与现实主义相结合的创作传统，既突出了对象的神韵，又增添了诗意。你看他在一大片绿色的芭蕉叶上画上了几颗黄澄澄的枇杷，背景又补了一支亭亭而立的淡墨荷花，是何等的清新诱人！尽管这两件东西并无太多的关联，但谁也不会觉得这样配置不自然与不合理。再看那两幅水墨《枇杷》与《桃》，尽管不施一笔颜色，然而那水果质感、果树的生机，不是全都跃然纸上了吗？读者不是能感受到画上丰富的“色彩”吗？我还看到先生的另一幅《双钩枇杷》，行笔很不经意，以狂草笔法为枝叶，画个圈为果实，题款云：“唯双钩一无师承，未免为识者笑耳。”又一幅《墨枇杷》，二尺长的枝干不见一叶，枝梢果实透熟，枝旁凭空画了一块大石，先生通过巧妙的题字，把它们诗意地结合在一起了，体现了他丰富多样的艺术手法。

昌硕先生设色，同样有其独到处，艳而不俗，强烈而又和谐，浓重典雅，浑然天成。他极重视色彩的配置，他把洁白的玉兰和嫣红的牡丹画在一起，也画红蔷薇映绿芭蕉，或画五彩缤纷的菊花，衬托、对比相映成趣。

先生善作诗文，有的古朴隽永，也有的活泼自然，接近口语。尽管日常诗友酬唱时他总是捷足先得，但在正式定稿时，他总要反复推敲，十分慎重，他对诗作精益求精，苦吟数十年未尝间断。

“深思力索”是先生一贯的学习方法，他主张思而后学，对各种不同的意见，亦不以尊卑为准绳。平时，常有一些老友来探望先生，并出示一些书画求教，先生总要我认真地看，待客人走后，他就要我谈出它们的优劣，然后把自己的看法告诉我，使我得到教益。先生自己画完画，亦要我提出意见。一次他画了幅四尺大松，有个朋友建议他在左上方加几笔，那人走后，先生问我的看法如何。我以为这株松姿态很美，用笔潇洒，点染随意，是一幅在不经意中颇具匠心的作品，要是再加上几笔，就多此一举了。先生听后，仔细考虑一下说：“启之说得对，这正合我的想法，不加了！”

先生极重视作品的“神气”，力求做到气脉贯通，他在不少题画诗中都讲到了气势的问题。

昌硕先生为人冲淡、谦和，他常说要“不薄今人爱古人”。他不但对青藤、白阳、八大、石涛、赵之谦、吴让之诸家极为推崇，对同时代的任伯年、蒲作英、陆廉夫等，亦是待人以诚、求知若渴，因而能博采众长。他平日诙谐、达观，与我这个小辈之间亦常戏作一些富于生活情趣的小诗；他在我俩合影的照片旁题上："手扶藤杖陟山级，个簃从之防我跌，龙泓莞尔而笑曰：印不藏锋书退笔，老而不死是为贼。"先生热爱艺术也热爱生活，虽年逾古稀，还保存着可贵的童心。有件小事，使我至今不能忘怀：就在先生逝世前数月，我们去超山赏梅，回杭时途经塘栖，对着明媚的春光，先生不顾八十四岁高龄，与我在河边捡石削水，当他看到自己甩出的瓦片能在水面上跳五下，而我削出的瓦片跳不起来时，便爽朗地大笑，连说："启之还削不过我！"仿佛回到了童年时代！

而今，我已年逾八旬，献身艺事近六十年，在长期的艺术生涯中，甘苦备尝，深感缶师精湛的艺术造诣，得来绝非偶然，这与他坚韧不拔的意志，对艺术事业锲而不舍、赤胆忠心是分不开的，益觉先生的可敬与可亲。

一九八一年五月于上海

谈谈吴昌硕的艺术

钱君匋

立身峰顶未知高，远望昆仑云系腰。

读史论人皆若是，个中深味似《离骚》。

——柯文辉《怀古》

每一位伟大的人物，和我们在同一空间呼吸的时刻，我们未必能理解他的价值；等到他一朝谢世，时间造成了历史的距离，后辈才能看出他的精光异彩。

伟大，不是指地位、财产、浮名，而是指人品和贡献。

吴昌硕先生是中国近代史上最有独创性的大艺术家之一。我接触到他的作品已经六十余年，这在历史上不过短暂的一瞬，就人的一生而言已是漫长的岁月，可惜功底浅薄，每登宝山，多属空手而归，论述大师其人其艺，就难免惶悚而不知所云了。

一

我与缶庐大师，荣幸有过一面之缘。

一九二四年，我在上海随吕凤子先生读书，酷爱书法篆刻，课余时间，不是临写《龙门二十品》，便是奏刀摹刻吴昌硕、赵之谦印谱。吕师是诲人不倦的导师，给了我很多的鼓励，叫我买一套有正书局出版的《吴昌硕印谱》来仿刻，终因修养欠缺，仅得雏形，极少神韵。

大约是初夏时分，天气不冷不热，院子里浓荫遍地，碧草如茵，吕师对我说："我要去吴昌硕老先生家里，你想和我一道去吗？"吕师了解我的宿愿，这样安排，使我铭感。

我陪同吕师来到了北山西路吉庆里，房子很陈旧，家具却色调淡雅，卷起的帐子有点微黄色，帐额露出几枝苏绣的梅花，显然是以他自己的作品为蓝本的，笔趣雄健老辣，花的颜色艳而不俗。

当时昌老大名中外皆知，日本也有学生，影响颇大。由于吕师和缶老很熟，因而未经通报，便走上楼去。

过去我精读过他的作品，那壮阔夺人的气度，使我把缶老想象成俨然伟丈夫。还未入门，他咳嗽一声，响若巨钟，人未见着，气势慑人，使我的呼吸益发紧张。我们径入先生画室，他正在凝神画着葡萄，一管大笔，边画叶子，边蘸清水，越画越淡，然后用焦墨钩出叶脉，如籀如隶，笔笔扎实。因为桌子要比常见的画桌高几寸，他站着作画，大笔驰骋砍削，我看得大气也不敢出，根本没有注意到他的身材。吕师也在分享老人创作的喜悦，直到他停笔才和老人打招呼。他含笑向我们走来，我才看清楚：老人仪表完全出我所料，精干矮小的个子，很少占领空间，灰色眉毛，十分慈祥，目光炯炯，机智而略带幽默感，眼角笑纹翔舞，流露出乐天、谦逊、平易、洞察力很强，自有一种光风霁月净化他人杂念的魅力，迫使我总想多看他几眼，捧着热茶杯也忘记烫手了。

"坐吧！"老人招呼过一句，便和吕师谈论浙派、皖派印章方面的学问，我只能一知半解，所以不曾记住，又是晚辈，更不敢插嘴。兀坐在吕师下首，比较局促。

“我这个学生钱君匋，也在练习治印！”吕师怕我受到冷落，有意打破僵局。

“你很喜欢刻印吗？”老先生向我点点头。“是的！”我起立作答，垂手鞠躬。

“坐下来说话，这么拘束干什么？你刻的印是不是带来呢？”他的询问少许带点鼻音，浓烈的乡土风味，混杂在赣东浙西的语声中。

“老先生！我带来了！”

“拿来我看看！”

“请您老人家指教！”我双手奉上拓本。

他把拓本往桌上一放，戴上老花眼镜，默默地看着，左脚脚尖轻轻地叩击着楼板，仿佛在打着节拍。

他的双眉渐渐向鼻梁挤过来。

我的心往下一沉，真是太冒昧了：这样幼稚的习作怎么能拿出来占用老先生的时光呢？

拓本放在桌子上了，我也更加后悔。

他沉吟片刻，两腮又绽出了笑影说：“就是太嫩了，刻个十几二十年会老辣起来的。刻下去好了！”

“他刻过您的印谱，对您老很钦佩！”吕师也有点兴奋，目光奕奕地喝着龙井茶。

“我的印不好，没什么道理，古往今来，大家名手太多，就是刻得跟我一样也没有什么意思。要破陈法！你学我的东西感觉到什么地方最难呢？”

“清楚的地方难，模糊的地方反而容易刻得像！”

“哈哈哈哈！你不懂，再过几年你就会反过来讲了。等你到了一定的火候，明晰也好，浑沌也好，都难都不难，气韵要贯注在每一刀每一画之中，全印要无懈可击。但是不要怕难，功到自然成！”

……

过了一会儿，他同吕师谈到昆曲的发声韵律，我完全听不懂，但是拘束已被他洒脱和蔼的长者风度所扫除。

在归途中，吕师对我说：“今天老先生对你不错，当面说出了你的不足之处，这是看得起你！一般后生来请益，多数只说‘不错’‘好嘛’‘还能刻下去呵……’。极少面折人过，你要终生发愤治学，才对得起老先生啊！”

“是！我要终生努力！”

长期的劳动实践，证明了大师的论断。二十世纪三十年代中期之后，我感到模糊处的布局运刀比明晰处难得多，它更要涵养和匠心。现在，更觉得下刀之难。突破前人，突破自己，都要花大气力。艺术应是知难而进，于大苦中获得大欢喜！

我对昌老的垂教历六十余年而不忘，至今忆及，历历在目，可见当年印象之深。我千方百计收罗他的墨迹，积至一九四八年，已有百余件，便请高手精裱成册。午夜静对，清晨展读，其乐无穷，仿佛老人就活在我的身边，发出动人的微笑。

二

元代的赵孟頫、明代的董其昌都是淹通古今、功力深厚的大书法家，他们承前启后，成就很高。后来的统治阶级出于自己的政治需要和审美偏见，提倡赵董书法，强调他们委婉柔媚的一面。加上八股取士，馆阁体风行，形成清代书法格调不高、迎合宫廷趣味、奄奄无生气的僵死局面。代表清王朝上升时期的康熙、乾隆二帝，统治中国一百二十余年，文治武功，自命不凡，而写字也宗董其昌，缺少壮美气度。

就在书坛万马齐喑的年代，秦汉文物陆续出土，启悟了有志之士起来变革。包世臣倡导碑学理论；邓石如以篆隶笔法写真书，刚劲古拙，篆刻出入秦汉，卓然别树一帜；伊秉绶以篆草法写隶书，清淳古健，独具风神；吴让之师邓而不泥邓，自出新机，酣畅凌厉，秀不掩朴；赵之谦以六朝碑法入书画，吸收汉印之长，戛戛独创。等到吴昌硕走上艺苑时，他的同时代人康有为撰成《广艺舟双楫》，总结前人经验，为碑学大声疾呼。前辈大家的艺术成就，迫使吴昌硕要另辟蹊径走自己的路，才不致和古人面目雷同。

作为艺兼众美的一代大师吴昌硕，影响最大的是画，功夫最深的是书，印是书画的发展，反过来加强了书画的表现力。诗和画跋虽是画之余，却是他艺术思想的生动记录，此四者浑然一体而又各有千秋。构成四者的基础则是气。

气，在外国人看来颇为抽象，在我们炎黄子孙来说却是很具体的东西。孟子说："吾善养吾浩然之气。"可见此说来源古远。

气，不仅是艺术家个人的气质，还包括民族气质、时代气息。一切纵的、横的，社会学、心理学方面的因素。

吴昌老书法的基本特征是挥洒雄肆，沉着率真，气足神旺，情趣在笔墨之外。

自从启蒙至于晚年，他的书法作品形成一条长河，回环奔泻，每段不同。

经我过目的书法作品，以《元盖寓庐偶存》为最早。这是师法钟繇的小楷书，形圆意方，遒迈稳重，去汉隶木简未远，捺皆藏锋，横竖落笔如剑尖，收笔垂中有缩，内涵蕴藉，不求态而清气扑人。无雕饰，不浮躁，属于他自我怡情之作，旨不在示人。天姿天籁，非求名者可达之境。

三十岁左右，他曾致力于黄山谷书法研究，追本溯源，用《龙门二十品》中《杨大眼》等北碑神龛，冶炼升华，字体刚劲婀娜，楷书为之一变。现存三十六岁所写诗卷，隶法入真，气息高古逸宕，可见一斑。

缶翁三十五岁写的“缉裳荷轻，补屋萝密；碧梧秋晚，红杏春深”一联，形是隶书，笔画间却有篆书意味，工稳而不凝滞，曲折垂缩，心气和平。在字的造型上，化扁为长，把《褒斜》《裴岑》《大三公山》《太室石阙》等古碑笔法冶为一炉，随意取舍，自具面目，境界超脱。另一联小篆“司马名高文纪汉；隃麋光重字临王”，略带甲骨文意态，冲淡挺秀，中锋运笔，时而洋溢出刀味，是长期刻印的结果。

同样是篆书联文，表现方法上变化跌宕，各有妙趣。六十岁写的“豆新襄散鬲；柳绿骍边墙”，萧散舒展，竖笔颤动，不失遒挺，上下款紧贴联文，章法紧凑，大气不泄，纵横恢宏；“金钟大镛在东序；青海黄河卷塞云”，端凝浑朴，古气森然，金文本色，力度惊人。七十一岁所书“云卧北极；雪钓南溟”，顾盼多姿，爽利饱满，密而不挤，回旋的韵律，有老年人所罕见的朝气。

先生写《石鼓文》近七十年，用他自己的话来说是："一日有一日之境界。"逆水行舟，不进则退，如鱼饮水，冷暖自知。《石鼓文》自唐代初叶在陕西被发现以来，由于杜甫、韦应物的题咏，又是秦代以前石刻，故而摹写者特多。千余年间，名手辈出，吴昌老前凌古贤，无人与之抗衡，至今也无人超越。我们研究他的遗墨，可以看出他走过的路多么漫长而又艰辛！

学习古人书法，得形易，得神难，得其神化旧为新而不失古意则更难。

书家字讲究法则，容易拘谨板滞；画家字追求趣味，容易畅滑失神，优孟衣冠。

青年作书，气力外露，剑拔弩张，内涵不足，求态失态；老年作书，每伤衰飒，抛筋露骨，难得天真。

吴昌硕先生五十岁前临《石鼓》，谨守古貌，一点一画，无不毕肖，个人特色，并不显著；六十前后，遗貌取神；七十以后，率真坦荡，不求态而态美，意境横生，骨力郁勃，飞腾沉着，兴来法至，品味既久，起讫俱忘，人书皆老，而长者风神，兀立面前，达于化境。

在周代遗留下来的钟鼎文当中，以矢、散两国勘定疆界的契约《乙卯鼎》最雄浑，三百五十个字，完整无缺。清人阮元定名为《散氏盘铭》，钱大昕称为《西宫盘》，因为"西宫"二字三见于文中。吴玉搢取铭文中"岁在乙卯"一语，才称为《乙卯鼎》。工此体者甚多，何蝯叟写得夭矫，吴窸斋写得刚劲，清道人写得峻谲，曾农髯写得俊逸。独缶翁体兼众美，力可扛鼎，朴不掩腴，拙不掩秀，一片天倪，流韵千古。你反复读去，初则似丑，愈观愈美，神来魅力，如银河仙露，沁人心脾，挹之不竭，满纸蜿蜒，化为云锦，不愧绝艺。

吴昌硕的行书，运笔仍似篆隶，晚年喜用藏锋，擒纵疾徐，龙飞虎跃，在法度中求得跌宕多姿，不履不衫，笔势动人心魄，写小楷也有大开阖，正欹难测，余味无穷。

四十五岁所写诗册，行书而得隶楷风味，老梅夭矫，怪石槎枒。时有干笔，舒展敦厚，和矮方结体有关。等到八十二岁为少楚所书题画一绝，字体狭长，老辣奔放，洗尽铅华，一片苍茫，波诡云谲，熟中有生，气长神旺，一代大家。

有了这样的笔力，治印作画，自然举重若轻了！

三

昌老的印，源于书法，不同于书法，某些地方超过书法。如果他从来不曾作画写诗，仅仅是刻印，也照样可以永垂不朽。

他本人尝谓：“人说我善作画，其实我的书法比画好，而我的篆刻更胜于书法。”

可以肯定，刻印对他的书画创作起过推动作用。

自六朝以后，包括艺术创作方面鼎盛的唐代，直到明末，都没有出现惊人的篆刻大家。宋代的几个皇帝、赵孟𫖯等均以藏印出名，然极少奏刀。文彭、何震而后，印学中兴，至丁敬、邓石如、黄牧甫而昊日中天，名家很多，各以绝技，超过前哲。其源多出于秦汉铜印及封泥，虽有己意，终于有点复古色彩。赵之谦把研究对象扩大到秦权、诏版、汉灯、镜铭、钱币、砖瓦、六朝造像等方面，路拓宽了，对后来的作者既有启示，也提出新的要求。

昌老面对这样的现实，要继承，更要发展。

昌老治印，从陈曼生处得纵恣爽利之气，从吴让之处得舒展流丽、圆转婉约之趣，取邓石如的劲挺圆润、浑穆超越，取封泥匋瓦的简练，加上《石鼓文》的陶冶，百川入海，自开生面，体貌厚重，以气取势，因势传神的风格，影响中日两国印学。“自我作古空群雄”，不是自我标榜，而是客观的自我评价。

自吴派印学风行之后，妍柔光洁的刻法便不为人所喜，壮美风格代替了华美与素美的境地。

对吴派刻法有两种议论：一种是五十年前盛行的，即缶老刀刃，入石过浅，邓散木说：“……不知大书深刻，亦嫌过犹不及，吴氏盖用佛门之旁参法以校其失也。”我不懂佛学，以浅救深，是否合乎神理，不敢妄议。但细观遗作，也有深刀重刻的印，以他的腕力，求深何难？大概是深浅根据字画疏密大小，随意为之，达意便休，不必斤斤计较于深浅。

二是马公愚说，他亲自见到缶翁作印，利刀刻成，将印在旧鞋底上磨去锐锋，钝刀入石一说，并不可信。此事香港《文汇报》有人写过短文，有青年以利刀钝刀问我，我认为作家选用什么刀，不必强求一律，无妨各行其是。运用得心应手，熟能生巧，关云长不必用丈八蛇矛，张翼德不必借鲁智深的禅杖，还是看作品品质量来定高低，不在于工具。

读缶老印章，如饮醇酒，入口和平，后劲特大。这就说明：无论雄奇阔大，婀娜挺秀，都出于平实。

“文似看山不喜平”，平中之险，动人心魂，胜过一味求险多矣！

昌老自述：“予少好篆刻，自少至老，与印不一日离，稍知其源流正变。”

又说：“一方印章犹如一个人体，四肢躯干必须配置得当。”

前面一段话说明业精于勤，冰冻长江，寒非一日。有时一印十稿，踌躇难于下刀。

后者说明布局要整体，而整体必由一刀一画组成，不可有懈笔冗刀。只要气畅，轻重粗细，文白虚实，左右照映，都迎刃而解。

他的作品，与他最爱的《汉铜印丛》《十六金符斋印存》《二百兰亭斋古铜印存》三套印谱中作品毫不雷同，可悟如何师神不师迹、如何师古又创新的道理。

假如他写《石鼓文》，全是古法，没有以隶草笔法入篆，他的印便没有后来的面目。

如“乱头粗服”一印，是为胡三桥所刻，作于三十五岁，可以说是他早年之作了。这个时期他正努力于浙派，对钱松最感兴趣，所以颇多钱松的风格。“归安施为章”及“石墨”二印，作于四十四岁，也还是属于早年的。施为是他的妻弟。前者师汉将军印，挺拔洒脱，充满活力；后者拟钱范字，古茂飞动，奇气迫人。“伊立勋印”及“峻斋”这一对印，是中年之作，前者师汉印，而不为汉印所羁绊，也没有旧时篆刻家那种孤守汉印成法的缺点，是其创新之处。虽还有浙派的遗迹，但已在化境之中。“金城印信”及“安心室”二印，都是晚年的作品，已脱尽各家樊笼，自成一种风格。“古南林人”一印，作于五十三岁的中年。他曾经师法吴让之，但是至此已能脱尽他的窠臼，此印用刀自然，在不经意中见功力。“翊道人”及“曾在王锐侯处”二印亦为中年之作，前者结构精严，虚实的处理极佳；后者有封泥遗意。二印都精力充沛，钝刀硬入之趣为前人所无。

昌老刻多字印也是非常精妙的，早岁所刻，崭露头角。后来又不断发展，如“开元乡南山村刘葱石鉴赏记”“双忽雷阁内史书记童嬛柳嬿掌记印信”及“贵池刘世珩江宁傅春媄江宁傅春姗宜春堂鉴赏”三印，为后期所作，字字妥帖。全印顾盼有致，用刀浑朴厚重，达炉火纯青。

昌老刻自用印，无不精妙，凡他自己不恰意的，都磨去重作，刻到自己满意。他常用的“吴俊之印”“昌硕”这方两面印，可以窥见一斑。

吴昌硕的刻款，真书为多，篆隶极少，亦有用阳文刻法。大抵皆用刃锋直切石面，落刃处较钝，收刃处较锐，错落攲斜，得自然之致，与他的行楷书暗合，后人效之颇众。

手边有杨见山诗稿，是评论缶老治印的七言长古，这里不再征引，附录文后，作为参考资料。

四

清初画坛以“四王”为圭臬，他们个人技巧很高，由于皇家倡导复古、配合八股、培养僵化思想和宫廷趣味的艺术，画法缺少新意。恽南田一派的花鸟画到了晚清，也成了格局不大的小摆设，难以重整旗鼓，“扬州八家”上承青藤、白阳、八大、石涛，创作了大量的文人画，个性解放色彩，市民趣味，往往兼而有之。赵之谦才以金石笔法入画，有了新机，到缶庐以《石鼓》草隶线条传导情感，花鸟画的旧格局才被全部打破。

昌硕先生作画，走的是一条很扎实的路，先从工笔入门，逐渐发展为简笔小写意，七十岁后变成大写意。北边有齐白石、陈师曾的推崇。上海有王震、潘天寿、王个簃、诸闻韵、诸乐三、吴东迈的传播，尤其是通过上海美术专科学校国画系这一园地，培养出大量吴派画家，二十世纪三四十年代风靡中国、日本、朝鲜以至东南亚各地，也都有巨大的影响。

缶老入世深，阅历广，忧患、天灾、战争、饥饿、官场这些历程，都给过他许多书本上读不到的知识。在吴平斋、吴大澂、潘伯寅家，又见过很多三代器物与宋元名家力作。四十岁后，经高邕之介绍，认识了任伯年，从任伯年处得到过很多教益与鼓励。兄弟怡怡，教学相长，为缶老的艺术奠定了基础。

他作画都是中锋悬腕，虚掌实指。全身气力，送到毫端，用墨淡处有光，浓处能活，敢用重彩，形艳神雅。他极少用白粉，讲求色彩块面的组合，重在达意。

他讲究用印的位置，善于长题，多至几百字，疏密得当，起落自具匠心。留白尤有深意，其中奥秘，白石老人最能领悟。

先生之画以气长见胜。他说："作画时须凭一股气。""苦铁画气不画形。""道我笔气齐幽燕。""气充可意造，学力久相倚。荆关董巨流，其气仍不死。"

他画的植物，欣欣向荣，充满生气，给人以蓬勃的朝气和生命的欢喜。有时，枝条又被风压，向一角倾斜，看后觉得抑郁，可见作画时块垒内积，不得不吐，吐则风驰电掣，长江劈峡，矫龙腾海。我们看画既久，便产生一种要创造的欲望，使整个精神与物质世界更美、更新。

他的墨画有椎碑的金石气，内涵崇高的人格修养，强烈的艺术个性，有很多东西更值得开掘。

缶老画石，磊落不平，笔力沉郁，即使是盆景清供，也隽峭朗润，淡墨大块之作，如运冲刀，直上直下，劈出巨大的力度来。七十六岁所绘《松石图轴》，石头以蓝、黑二色垛成，苔藓满纸，沉厚中有美妙之气。

缶老画梅，以七十三岁所作《绿梅通景屏》最宏伟。“醉来气益壮，叱向纸上浪”，说得并不夸张。主干斜贯四扇屏，屈铁沉凝，联成一气，四根主要枝条直上直下，另有几根长条穿插其中，蛟螭盘柱，凌厉有虎气。藏境深远，合乎透视。线条之间，层次明朗，呼应之间，如在对语。花瓣圈圈点点，似经意似不经意，如珠引龙，无一废笔。兵家临阵，正奇变幻，存乎一心。大起大落，指挥若定。六十八岁所作《红梅图轴》，古艳如六朝歌引，语（笔）简意繁，雅从秾丽出之，造险破险，藏险于平正之中。

缶老六十七岁画墨竹，三角形构图，为了表达“直节不屈”。主角竹子淡墨，很细很远，半在幕后，大片浓墨为叶，淋漓洒脱，笔底生风，叶动竹静，镇定中流露出超拔的情愫，与文与可、柯九思、郑板桥相比，所抒情感不同。

老松针鳞，节奏感很强，树干劲挺，栋梁之材，累累伤痕，记载着风霜，不仅仅是来自大自然，也来自清末沉滞的社会生活。在布局上左实右虚，上虚下实，互相依傍，共战高寒。

双钩兰气骨不凡，颤动的草画出了无形的风，密而不挤，是一支清新的奏鸣曲。《空谷幽兰图卷》有八大遗韵，信手拈来，绵里藏针，枯笔带着烟云，大片石头，有重压在兰草头上的意味。诗起了点睛作用：“兰生空谷无人护，荆棘纵横塞行路。幽芳憔悴风雨中，花神独与山鬼语……”自然现象是形，社会生活是魂，军阀混战，民不聊生，官场尔虞我诈，才有这样寓言式的画面世。

荔枝鲜健，如带朝露，叶子画法，后来给齐白石许多启示，做到焦墨相混而不脏，叶脉形乱而神不乱，紧抱一团气，纵横中有法度。

水仙是一排战刀，风吹雨打不折腰。根部点苔，一笔多色，混在一起，相衬相生，也是缶老的创造。

荷花亭亭玉立，有水分感，荷叶泼墨为之，事隔几十年，仿佛水汽未干。半卷的叶子一笔到底，一丛多片，把画面切成两段，上花下叶，各有高潮。叶的画法，后来为齐白石、李苦禅所发展，块面更大，缶老开其先河。

紫藤老干苍劲，迂回交叠，摇曳多姿，抒情性较青藤有发展。如同刘鸿声以铁嗓钢喉唱《辕门斩子》，对母三拜长腔，愈长愈有劲，以不费劲见功力。

白菜画得充满耕夫的感情，墨分七彩，层层交叠，碎中求整，数行小款穿插在两叶之间，如昆曲中花神群舞，烘托《惊梦》中的杜丽娘与柳梦梅，情趣理三者不悖。

月季疏笔，秋菊密笔，花的周围有馥郁的香风浮动。山茶红得娇艳，雁来红红得沉着，牵牛花似叶，丹枫叶似花，炽烈冷隽，各尽其妙。

牡丹大片红，其中深浅有匠心；寿桃大片红，其中笔触含有神话情调。

老人山水画不多，山是寿石放大，而气足以驾驭，比如篆隶大家放手作草书，自有奇趣。

《风壑云泉》，从石纹云块到行书题字，都突出了风力风声，更不要说松苇浪花了。此轴有石涛遗风，沉雄嵚崎。八十岁作《观瀑图》，笔墨更简，线条柔韧中见刚烈。白石在跋文中十分推崇，云气氤氲，水天皆白，人与景化，心与天游，一片天籁，水到渠成。

《煮茗图轴》，老拙洗练，破扇难入画。缶老写来，妙不可言，瓦壶有古陶器造型，梅花一枝，使构图变得活跃，有元人小品的逸韵。《挑灯读书图》，灯大于书，人倚书上，形象夸张，而神情生动，古味森然。

缶老的画，常常把人的情感移植于描绘对象之中。他临八大的《禽》，双翅拖在地上，夸大的白眼，如戏曲中袍带丑的白鼻子。写古柏如峨冠博带伟丈夫，兰菊有高士风神，牡丹有后妃华贵，荔枝窈窕有少女的娇羞。流光飞逝，画面常新，跃动着他所思所见所闻，一个艺术家的心灵。他热爱生活，追求完美，不薄今人，也爱古哲，处处有我，又化我于书画诗印之中，人艺统一，为后世追念。可谓书家无其画，画家无其书，诗人无其印，印人无其诗。四者得一，非大智慧毕生勤于耕耘者办不到，他能兼之，可以看出是第几等的恒星。也可以看出我们中华民族历经艰辛，仍具有永不衰竭的伟大创造力。

五

吴缶老早年曾在俞曲园门下治过经学，不久又请益于杨见山，训诂文字方面基础雄厚，后来在浙江、苏州、上海结识了很多名家，陆廉夫、诸贞壮、沈石友、施旭臣、胡公寿、吴平斋、吴大澂、张子祥、潘伯寅、高邕之、任伯年，见闻甚广。加上不断游历，诗也日益生发而趋于成熟。

陈石遗说：“书画家诗句少深造者，缶庐出，前无古人矣！”此语不免溢美，不好把话说绝说死。近代画家中，工诗如缶庐是很少见的，艺术成就之高是肯定的。

缶老诗从王维入手，复精研中晚唐律法，寄托遥深，如五律《寄万蘋波》：

十月北风作，天晴啼晓鸦。
孤帆悬碧落，一浪卷芦花。
有客诗为寿，无貂酒竟赊。
蘋波添万顷，忘却是浮家。

再看《宿晓觉寺》的晚唐格调，和贾岛、姚合比较接近：

寒月一庭霜，安禅假石床。
遥泉入清夜，落叶响长廊。
灯护前朝火，邻舂隔岁粮。
老僧知梵字，聊与考庐仓。

到四十岁后，画和篆刻在他生活中占了极大位置，题诗逐渐多了，或阐明画学，或借物抒情，旋律变了。

《刻印偶成》是一篇宣传表现个性的长诗，明白如话，遣词造句，得卢仝之意而从平易中见警策，不是信口开河，所言创作体会，对人很有教益。诗云：

赝古之病不可药，纷纷陈邓追遗踪。摩挲朝夕若有得，陈邓外古仍无功。天下几人学秦汉，但索形似成疲癃。

我性疏阔类野鹤，不受束缚雕镌中。少时学剑未尝试，辄假寸铁驱蛟龙。不知何者为正变，自我作古空群雄。若者切玉若者铜，任尔异说谈齐东。兴来湖海不可遏，冥搜万象游鸿蒙。信刀所至意无必，恢恢游刃殊从容。三更月落灯影碧，空亭无人花影重。捐去烦恼无芥蒂，逸气勃勃生襟胸。时作古篆寄遐想，雄浑秀整羞弥缝。

我闻成周用玺节，门官符契原文公。今人但侈摹古昔，古昔以前谁所宗？诗文书画有真意，贵能深造求其通。摹印小技亦有道，谁得鄙薄嗤雕虫？嗟予学术百无就，古文时效他山攻。蚍蜉岂敢撼大树，要知道艺无终穷。人言工拙吾不计，古人有灵或可逢。诗成狂吟忽大笑，皎皎明月生寒空。

开宗明义，诗反对复古，反对从外形上去仿制假古董。第二段讲刻印体会，“我性疏阔”至“雄浑秀整羞弥缝”，讲运刀如风，自我发现，熔铸独特风格的大无畏精神，多少有些个性解放的色彩，同他带有草书意态的篆书是一脉相通的。第三段八句是加重语气，重申复古之害。“今人但侈摹古昔，古昔以前谁所宗？”问得有力，是长期沉思才发出来的怀疑。末段与二段可以联系起来读，诗人自己狂吟大笑的形象跃然纸上。结尾有吴嘉纪的味道，化情于景，余味耐得咀嚼。

诗忌议论，尤忌没有情感的空论。宋代也有佳作名篇，有些诗人才非不高，以学问为诗，以理性为诗，故不能超越唐贤。此诗夹叙夹议，气足神健，一气呵成，论点精辟，情在言外，又有长期奏刀的切身感受，不浮不泛，作画论看，也是一代大师给后代的重要遗言。

缶翁诗老而弥健。六十九岁作有一绝，奇崛峻峭，磊阿不群：

石头奇似虎当关，破树枯藤绝壑攀。

昨夜梦中驰铁马，竟凭画手夺天山！

从诗的内容来看，边疆被侵略者虎视眈眈，诗人报国无门，郁结于胸，情溢于外，发而为辞，未必是空头大话。

我藏有诗人手迹一张，对于甲午海战全军覆没，诗人是悲愤填膺的。这些死在敌人炮火下的海上英魂，既是帝国主义侵略下的殉国烈士，也是那拉氏、李鸿章等“宁与友邦，不与家奴”卖国政治的牺牲品。诗人感到清代王朝腐朽不堪，国土沦丧，很多人还在麻木之中：

海军未复谁雪耻？愤失海权蹈海死。
呜呼吾国多烈士，精卫衔石沧海填。
……

自《诗经》、汉魏六朝乐府、杜甫、白居易、张籍、王建、元结、苏轼、梅圣俞、陆游……反映民间疾苦，是中国诗歌优良的现实主义传统。吴昌硕也不能例外。到了晚年，口语化的句子与日俱增，绚烂返于平淡，底蕴厚实，广积薄发，即使写到生活小景，也不忘关心时代。

《忆内》是爱情诗，但不是闺中留恋光景之作：

竹里西风搜破屋，无眠定坐灯前卜。
谁家马磨声隆隆，大儿小儿俱睡熟。

请看我收藏的一张手稿：

早潮浑浑晚潮大，波心一舟如转磨。
灯火历乱人叫号，闻说商人带私货。
私货腾踏巡丁舞，关吏得钱二百数。
皇皇禁命堂上悬，罚例倍十还倍五。
商人面目死灰色，卖橹质衣泪横绝。
一人摇手尔勿急，譬若对面逢盗贼。

商人走私，本来犯法，铤而走险，也是官吏迫成，这出贪赃枉法的闹剧实为悲剧。商人如此，真正的佃农、手工业者，生活只会更加悲惨。

缶庐也研究过陶诗，外淡内腴，寓华于朴，七十七岁有题《红梅图轴》五古一首：

梅花铁骨红，旧时种此树。
艳击珊瑚碎，高倚夕阳处。
百匝绕不厌，园涉颇成趣。
叹息饥驱人，揖尔出门去。

寒士骨，故园情，说得冲淡自然，言外有意。

缶庐佚诗很多，这是研究老人思想活动的第一手资料，我们要进一步搜集、整理。

六

昌硕先生逝世快六十年了，综观先生一生，给人的启迪是多方面的：

第一，只有人品高，画品才高。先生热爱祖国，热爱先民创造出来的优秀文化遗产，毕生耕耘，没有能源便不可能有那样毅力，能源正是这种爱。一八五二年浙江余姚出土一块汉碑《汉三老讳字忌日碑》，经考古学家研究，知为稀世国宝。一九二一年此碑被商人辗转盗运到上海，为日本人高价购去。先生已年近八旬，闻讯之后，奔走呼号，撰文告知同胞，要捐款把国宝抢救回来，在他带头之下，迅速得八千银圆，赎回古碑，建石室永藏于西泠印社。先生盛誉远驰亚洲及美国，波士顿博物馆就收藏了先生的墨宝。

先生成名之后，不过奢侈生活，饮食起居十分简朴，与常人无异，并且教导后辈知足常乐，说：“我有这样的洋式楼房居住已经心满意足，比起初到上海时，和张子祥一起住在阳光不到、仅容二榻的小房子里好得多了。”这比起动步轿车，出入宾馆的某些当代名画家，高低不难分辨。

一九一三年他当选为西泠印社社长，曾撰一联，恭谦出于真诚：

印讵无源？读书坐风雨晦明，数布衣曾开浙派。

社何敢长？识字仅鼎彝瓴甓，一耕夫来自田间。

这种态度对前人、对同辈人、对后代人都很恰当，不是襟怀恬淡，说不出这种话来。

他对贫苦人终生保持敬意。早年避清兵，居于山洞，浑身浮肿，农夫送他一包盐，事过几十年，犹对后辈称道不已。有一次他在一座门楼下避雨，旁边有一小贩在卖豆浆，小贩认出他是中外驰名的大画家，向他求画，他慨然允诺，几日后小贩践约前来，取去精品一帧。这是何等地平易可亲！

第二，十年“文革”，元气大伤，这段光阴，对每位科学家、艺术家来说都异常珍贵。吴昌硕是治学老而弥勤的典范，教导我们不要嗟伤埋怨，年华虚度，而是像愚公一样“每天挖山不止”，准备大器晚成。像吴缶老、黄宾虹、刘海粟、沈迈士那样活到老、学到老，珍惜来之不易的基础，有条件的还可以晚年变法，期于大成。

第三，新时代需要全能的大画家，昌老诗、书、画、印有机结合，开拓了广阔的艺术空间，作出了榜样。我们经历过的现实生活，比昌老所见所闻要伟大一千倍，只工一艺，无法表现。只有艺兼众美，发挥生命的大潜力，才能制作出无愧于历史、无愧于后代的大作品。比起前人，昌老的一切都有创新意味，我们也要有新东西贡献给哺育我们的老百姓。大画家不会从天而降，我寄厚望于来者。

一九八四年八月于上海

附录

杨见山七言古诗

吴君刓印如刓泥，钝刀硬入随意治。文字活活粲朱白，长短肥瘦妃则差。当时手刀未渠下，几案似有风雷噫。李斯程邈走不迭，秦汉面目合一簁。刓成不肯轻赠人，赠者贵于斑斓彨。一客偷觇忽失笑，君之所贵毋宁欺！辟人好色好美色，夫差失霸尤先施。世间谁个齐王骇，后宫乃以无盐缅。但将高兴恣挥斥，一节不媚全节疷。明日照镜行自嗟，如瘢在额祸到頄。强媸代妍岂乏术，祁连山下饶燕支。君言兹道久不振，文何余焰日月堕。欲挽于古失不足，千气万力呻唫吚。衒卖屡被贫鬼责，变计早蓄微客规。速就京兆乞眉样，朝来学画湔双眵。横看不是则愈谬，媸已入骨无由医。乱头粗服且任我，聊胜十指悬巨椎。芜园花繁秋亦暄，雨中老柿风中葵。孰巧孰拙且休问，得钱径醉眠苍苔。

编者按：本文原题《略论吴昌硕》，征得钱君匋先生同意，题目为编者所改。原文有删改。

吴昌硕先生的书法

沙孟海

昌硕先生以诗、书、画、印四绝雄视一世，一般看法，他的最基本功夫是放在书法上的。我国古代画论中曾有“画法通书法”的说法,在昌硕先生作品上,此例更其显著。他善于用《石鼓》《散盘》篆法，有时还参张旭、怀素草法入画。看他常写紫藤、葫芦，真气磅礴，一挥而就，当其笔酣墨舞之际，几乎不自知写的是画还是书。他题画诗曾有“画与篆法可合并”“谓是篆籀非丹青”一类名句，这是人们习见的。他又常谈“笔气”，自谓“苦铁画气不画形”。画重笔气，书法也重笔气。先生的创意，给予后来学者的影响极大。

现在专谈先生的书法。先生平日言论，谈画谈印的多，谈书法比较少。据他自己说，早年楷法专学钟繇。今天看到他早年画款，多作钟体，别有风格。我曾见过他早年自写诗稿长卷，全是钟法，最为先生小真书精品。中年以后，少写真书，风格一变，楷法倾向黄山谷。看他所写《蒲作英墓志铭》，表现最突出。寻常楹联稍带正楷者，亦多用山谷结法，但不专师山谷。行草书，纯任自然，一无做作，下笔迅疾，虽尺幅小品，便自有排山倒海之势。此法也自先生开之,先生以前似尚未见专门名家。晚年行草，转多藏锋，遒劲凝练，不涩不疾，亦涩亦疾，更得“锥画沙”“屋漏痕”的妙趣。当我未见先生秉笔之前，意谓行笔必迅忽，后来见到他秉笔，并不如我前时所想象，正锋运转，八面周到，势疾而意徐，笔致如精铁蟠屈，与早年所作风格迥殊。隶书，爱写雄厚拙朴一路。他人作隶结法多扁，先生偏喜长体，意境在《褒斜》《裴岑》之间，有时参法《大三公山》《太室石阙》为之，有时更带《开母庙》《禅国山》篆意，变幻无穷。件数虽少，境界特高。篆书，最为先生名世绝品。寝馈于《石鼓》数十年，早、中、晚年各有意态，各有体势，与时推迁。大约中年以后结法渐离原刻，六十左右确立自我面目，七八十岁更恣肆烂熳，独步一时。世人或以为先生写《石鼓》不似《石鼓》，由形貌看来，确有不相似处。岂知先生功夫到家，遗貌取神，用他自己的话说，是“临气不临形”的。自从《石鼓》发现一千年来，试问有谁写得过先生？先生六十五岁自记《石鼓》临本，曾有如下一段话：“余学篆好临《石鼓》，数十载从事于此，一日有一日之境界。”“一日有一日之境界”，这句话大可寻味。我看他四五十岁所临《石鼓》，循守绳墨，点画毕肖，后来功夫渐深，熟能生巧，指腕间便不自觉地幻出新的境界来。正如怀素《风废帖》（又称《论书帖》）自己说：“今所为其颠逸，全胜往年，所颠形诡异，不知从何而来，常自不知耳。”懂得这个道理，才能鉴赏先生晚年所临《石鼓》的高妙。先生有时爱临《散盘》，也是意不在形似。我曾见到他有一次自记，“愧少郁勃之气”。寻味“郁勃”二字，就可窥测先生用意所在。《散盘》如此，《石鼓》也如此，推而至于隶、真、行、草各体，也无不如此。

今西泠印社与上海人民美术出版社新编《吴昌硕作品集》，嘱我谈谈先生的书法。学识浅鲜，自知无当大雅，只就管窥所及，提出来谈谈，是否有当，愿与世有识之士共同商榷论定之。

苦铁道人梅知己

吴长邺

艺术大师吴昌硕平生酷爱梅花，正如他自己在诗中所说“苦铁道人梅知己”。他在三十岁左右，居故乡安吉时，曾从故里画梅能手潘芝畦学画，就从学画梅入手，潘老先生是画汤贻汾一路的，画梅花老干，善用飞白笔法扫之，所以昌老画梅习惯性地不说画，而说“扫梅”，正是这个“扫”字，恰如其分地烘托出昌硕先生毕生在作画时，纵笔挥洒、龙飞凤舞、风驰电掣般，有其不可一世的神态。他之所以酷爱梅花，因为梅花能在冰天雪地中倔强展放，与那桃李特性全然不同，曾有诗这样赞美梅花：“冰肌铁骨绝世姿，世间桃李安得知。”在那漆黑污浊的旧社会，画梅也是一种“缘物寄情”，抒发他那股愤世疾俗的不平心情。昌硕先生常爱到苏州邓尉、杭州孤山、余杭超山等处观梅，直到晚年，梅花依然是他作品中画得最多的题材之一，确是有所因依。

昌硕先生早年就和梅花缔有深交，那时还在安吉城内，寓中有一小园，因为草木蔓生，故名曰“芜园”。先生在园中手植梅花卅余株，当梅盛放时，满园幽香，其出世之姿，实令人心旷神怡，陶然自醉。某年冬天，气候严寒，如拳大雪，竟把一棵心爱的老梅开花最盛的一棵枝条压折，连干带枝牵挂在邻家檐前。他感到十分痛惜，急忙找来绳子，意图挽救，岂知被邻翁先来将挂枝折断，放入瓦罐内收养，这真使他忧痛伤感不已，但也徒唤奈何，为排遣胸中郁愤，展纸挥毫作老梅一大幅，其枝干蟠曲，郁勃纵横，如有万千不平之鸣，发出纸上，命笔赋以长句，句末有：

邻翁惜花翻助虐，我欲呼天噑滕六。
风寒月落春夜深，应有花魂根下哭。
淡墨聊当知己泪，貌出全神此长幅。
残鳞败甲好护持，莫再人间遭手毒。

字里行间，流露出对梅花的真挚感情，睹物思人，昌硕先生当时的感触心情，岂独仅在老梅而已！

昌硕先生有一次醉后以酒和墨，用日本苔纸绘老梅，兴酣之余，落笔画出梅花各种姿貌，集秀丽、孤冷、豪放、清逸于一堂，真是千姿万态，美不胜收，其高超绝伦之笔法，为人叹服。他在题梅诗中曲曲传出他作画时的心情境遇：

二月春寒花着未？下笔恐触造物忌。
出门四顾云茫茫，人影花香忽相媚。
此时点墨胸中无，但觉梅花助清气。
枯条着纸墨汁干，时有栖禽落远势。

除墨梅以外，也常画红梅，在一幛巨幅红梅中题道："画红梅要得古逸苍冷之趣，否则与夭桃秾李相去几何，一落凡艳，罗浮仙岂不笑人唐突。"所以他画红梅时，非常注意水分和色彩，喜用西洋红和以胭脂，使花色红紫相间，舒展错综变化而又协调，益显古厚苍冷。

他爱用大篆、草书笔法画梅，在题画梅诗中写道：

螺扁幻作枝连蜷，圈花着枝白璧圆。

是梅是篆了不问，白眼仰看萧寥天。

有时，他还画雪里梅花，依靠水墨背景上留有适当的空白来表现，题上“不知是雪是梅花”的诗句。他在一幅雪中绿梅画上题道：

碧绿海珊珊，雪白明月珠。

折来玉台畔，能助晓妆无？

图面上点点翠绿，题上这样的诗句，愈觉佳趣盎然。

曾看到他老人家画过一幅月下梅花，画来真是皎皎寒姿，亭亭孤艳，令人有出尘之想。记得画中是这样的题句：“春夜梅花下看月，花瓣皆含月光，碎玉横空，香沁肌骨，如濯魄于冰壶中也，但恨无翠羽啁啾声和予新咏。”读之觉其韵味无穷。

记得吴昌硕先生六十岁时，有位日本友人滑川先生，对昌老表示无限崇敬，赠以日本名刀一口，木鞘上有“铭刀一文”四字，求墨梅一幅。昌老作图以酬，但当时全国处于血雨腥风之中，昌老以不胜感慨的心情作画，把老梅倔强不屈之虬干，画成怒龙冲霄之势，笔走龙蛇，风云满纸，还题上慷慨诗句：

……

报国报恩无蹉跎，惜哉秋鬓横皤皤。

雄心空对梅花哦，一枝持赠双滂沱。

挥毫落纸如挥戈，请对此刀三摩挲。

义深意长，老人其时内心世界，卓然可鉴。

岁朝，他爱画红梅、水仙、石头，构成岁朝图。红梅画来犹如彩霞流光，水仙的翡翠躯干，嫩玉花芯，伴以顽石，真是相映成趣，显得非常古朴雅致，清奇幽丽。题画句有："梅花、水仙、石头，吾谓三友。静中相对，无势利心，无机械心，形迹两忘，超然尘垢之外，世有此嘉宾，焉得不揖已上坐，和碧调丹以写真，歌雅什以赠之。"

由于他酷爱梅花，有时把自己也比作梅花。六十岁时他画了一盆红梅，题道：

传家一本宋朝梅，土缶从之跳劫灰。

颜色孤山嫌太好，夕阳扶影自裴回。

光绪癸卯，缶道人自写照。

一九二五年，昌老在八十二岁寿辰那天，也把自己比作梅花，画成梅花大幛，气势磅礴，昂然傲世之态，溢于画表，还悼念去世的施氏夫人，题画诗中写道：

蝶谁梦续疏还补，琴不弦张抚自伤。

他还曾刻过印文是"梅华手段"的印章。

惊蛰前后，梅花盛开，正是踏雪寻梅的良好辰光。年年惊蛰节，总会引起我无穷思绪，回想起幼年时随老祖父昌硕先生去余杭超山赏梅的情景。记得在一九二三年惊蛰节前后，昌硕先生在杭州听闻超山梅花怒放，便欣然率家人赴超山赏梅。丁辅之先生特为之赠送紫檀手杖，昌硕老人把玩再三，喜甚，就自镌铭言于杖上以志纪念。

超山在余杭县临平镇略西，距盛产枇杷之乡的塘栖镇约七华里，那时由杭州到超山的交通，不像现在方便，先得坐船到塘栖，再步行到超山。昌硕先生去时，正值梅花怒放。其时超山之麓有座报慈寺（后更名大明堂），寺前有宋梅一株，是六瓣名种（一般梅花都是五瓣）。虬枝古干，满身鳞片，显得特别苍劲，虽然经历了八百余年的风霜雨露，主干中心已经枯空，分干一枝几乎只剩树皮，横卧在那里，以石支撑，如半月形，姿态绝美。所奇者，每年春天依然开花，冷香古艳，观之可亲。乘兴，昌老就在梅花丛中与家人饮宴，还为寺僧作《宋梅图》一幅以赠留念。宋梅旁原有周梦坡出资建筑的宋梅亭，昌老当即为亭撰书一联："鸣鹤忽来耕，正香雪留春，玉妃舞夜。潜龙何处去？有萝猿挂月，石虎啼秋。"联语初以石鼓文写成，付之寺僧，寺僧不慎，联被雅客偷去，重以行书成之，笔势飞舞翱翔，遒劲磅礴。语句古艳而耐人寻味，亦切合当时当地情景。昌硕老人爱梅花，曾写过这样的诗句：

十年不到香雪海，梅花忆我我忆梅。
何时买棹冒雪去，便向花前倾一杯。

其时其景，可算让昌硕老人实现了多年宿愿。

一九二七年春，军阀混战，昌硕老人避兵，再度率儿孙辈重临超山。那时也正是梅花盛开，千树万枝，一望无际，红白间映，色彩明丽，一路上香风拂拂，熏人欲醉。当时军阀相互攻伐不休，人民涂炭，老人渴望太平而不可及，此时重游胜地，不禁流连徘徊，乐而不忍离去。老人曾有"安得梅边结茅屋"之愿望，为永远与十里梅花结伴，他亲自选定超山作长眠之所，当面叮嘱儿辈遵行。应寺僧请，又在宋梅前饮宴赋诗，欣然赋五律两首以酬寺僧曰：

如如佛奈何，世变太幺麽。
梅剩宋一树，水难清到河。
蛟螭蟠郁郁，须发趁皤皤。

人寿休狂说，千年一刹那。

梅尔铁铮铮，黄妃塔已倾。
夕阳收五季，残雪表孤撑。
香见佛弹指，月明龙点睛。
此时仙一比，蓬勃看云生。

其时，昌硕老人的高足王个簃（笔者老师），伴游在侧，因痛世变，曾赋诗寄怀，昌硕老人即席依韵和之。诗曰：

映天鳌逼仄，断路鬼凄迷。
说梦怜春晚，张眸见物齐。
歌谁馋托命，人比佛抟泥。
剩可菩腾坐，葫芦听乌啼。

超山景物除梅花，附近有龙洞、石虎等，风景亦幽胜佳丽，当时山上也有些古代建筑，如中圣殿、上圣殿等，现在都已改成茶室了，最近又修缮一新。

就在一九二七年秋天，昌硕先生还画过一张红梅扇面给我，加题一首诗：

艳于赤城霞，罗浮春正早。
年年看花人，颜色如花好。

丁卯秋，老缶画付长邺孙儿。

昌老逝世后，其后辈遵照遗命即在超山宋梅亭后山麓为老人营葬，昌老生前好友和门生纷纷襄助，经过几年经营，终于在一九三二年十一月营建完成。墓地距宋梅仅百步，墓门前石柱上有沈卫太史撰联曰：“其人为金石名家，沉酣到三代鼎彝，两京碑碣；此地傍玉潜故宅，环抱有几重山色，十里梅花。”

这一副对联，对昌硕先生的伟大艺术成就和墓地四周环境，可说是概括无遗了。

今年（一九八四）九月十二日，是昌硕先生第一百四十周年诞辰，为了纪念这位艺术大师在民族传统艺术上的伟大贡献，我国邮电部在八月二十七日（农历八月初一），发行了一套《吴昌硕作品选》的特种邮票，全套计八枚，其中有一枚是昌硕先生绘画梅花邮票，选得特别富有意义，这枚梅花邮票既选出了昌硕先生的超然绝伦的艺术风格，同时也选出了老人家的崇高出人的道德品格。

编者按：此文有删改。

吴昌硕的《缶庐集》

洪丕谟

吴昌硕是我国近代史上书画篆刻的一代宗师，对于他的研究，学者名流，撰文甚多，然而，对于他的诗集——《缶庐集》，却很少有专文对之进行介绍，以致日子一久，人们便渐渐地对它淡忘了。

其实，我国书画篆刻艺术，从来就和文学中的诗歌是一对孪生姐妹，她们之间是有着千丝万缕的血肉联系的，而吴昌硕一生中诸如有关书画篆刻的创作思想、创作实践、艺术观点、书画欣赏，以至个人的人生经历、生活杂事等，也无不在此有所集中体现。因此，研究吴昌硕如不仔细读一读他一生心血荟萃的《缶庐集》，实在是一件很感美中不足的事。

今年春节借得《缶庐集》木刻本二册，字大版新，极为可爱。摩挲久之，不忍释手。全书未镌刻印年月，自扉页起，依次有郑孝胥及朱孝臧所题之“缶庐集”二页，王震所作的“缶庐小像”一帧。接着便是《缶庐集序》，内刊谭献、郑孝胥、沈曾植、孙德谦、刘承干等人的序文五篇。其中孙序有“安吉吴昌硕先生前刊《缶庐诗》凡四卷，仁和谭复堂大令与同里施旭臣孝廉为弁简首……今复录癸巳（一八九三）以后所作，都为一集”，而在刘序中则有“《缶庐诗》乱前刻者四卷，承干为续刻四卷”等语，则可推知《缶庐集（诗）》之前后所刻，亦有多次。可能是每次刻印数量都少，再加上历史的原因等，所以，且不要说是一般的书画爱好者，即使是一些专门从事书画研究的人，目前也已较难见到了。

打开《缶庐集》，除浏览纪事、纪游、杂咏等诗以外，我所最感兴趣的自然是他的一些有关于书画篆刻方面的吟咏了。其中七古《刻印》一首，全面阐述了他的篆刻见解，是一篇研究吴昌硕篆刻思想的极为重要的第一手资料。吴昌硕虽为艺术界的一代宗师，但在他的早年，却也很是风尘劳碌、穷困潦倒的。集中所载《〈饥看天图〉自题》一首，就是作者在这方面的生动自述：

造物本爱我，堕地为丈夫。
昂昂七尺躯，炯炯双青眸。
胡为二十载，日被饥来驱。
频岁涉江海，面目风尘枯。
深抱固穷节，豁达忘嗟吁。
生计仗笔砚，久久贫向隅。
典裘风雪候，割爱时卖书。
卖书犹卖田，残阙皆膏腴。
我母咬菜根，弄孙堂上娱。
我妻炊扊扅，瓮中无斗糈。
故人非绝交，到门不降舆。
见笑道旁谁？屠贩鬑鬑须。
闭户自斟酌，天地本蘧庐。
日月照我颜，云雾牵我裾。

信天鸟知命，人岂鸟不如！
看天且听天，愿天鉴我愚。
海内谷不熟，谁绘流民图？
天心如见怜，雨粟三辅区。
贱子饥亦得，负手游唐虞。

名为题画，实则是借题发挥，颇寓深意。在诗的末尾，作者推己及人，忽作希望语，但愿老天“见怜”，普降“雨粟”，使百姓们都得温饱，即使是自己一家穷厄，却也是心甘情愿的。全诗沉郁顿挫，一唱三叹，达到了思想性与艺术性的较高统一。但是，可想而知的是，作者的一纸空文，怎救得了那时的遍地哀鸿呢？

再看《予索伯年画照》，题曰：“酸寒尉像，冠服、端立、拱手，厥状可哂。相识者皆指曰：此吴苦铁也。”题句《自嘲》一首，对于进一步了解吴昌硕的一生，也是一首不可不读的佳作：

达官处堂皇，小吏走炎暑。
束带趋辕门，三伏汗如雨。
传呼乃敢入，心气先慑沮。
问言见何事，欲答防龃龉。
自知酸寒态，恐触大府怒。
怵惕强支吾，垂手身伛偻。
朝食嗟未饱，卓卓日当午。
中年类衰老，腰脚苦酸楚。
山阴予任子，腕力鼎可举。
楮墨传意态，笔下有千古。
写此欲奚为？怜我宦情苦。
我昔秀才时，食贫未敢吐。

破绽儒衣冠，读书守环堵。
愿言窃微禄，奉母有酒脯。
铜符不系肘，虚秩竟何补。
枉自刻私印，山石遭凿斧。
名留书画上，丹篆粲龙虎。
回思芜园里，青草塞废圃。
咫尺不得归，梦倚故园树。
逐众强奔驰，低头让侪伍。
如何反招妒，攻击剧刀弩。
魑魅喜弄人，郁郁悲藏腑。
拂壁挂吾像，饮之以薄醑。
顾影醻无数，兀然自宾主。
权作醉尉看，持杯相尔汝。

诗中描述“酸寒尉”的窘态，可谓淋漓尽致。其中“魑魅喜弄人”一句，则更是对昏暗的清末封建社会的无情鞭挞。我们如再结合吴昌硕的闲章“一月安东令”来看，作者对清末统治者所采取的那种公然不合作态度，是极其明朗的。

作为一个艺术家来说，奖掖后进也是一种极为可贵的美德。吴昌硕在他的晚年，虽已蜚声艺坛，名声大振，但在艺术新苗的面前，却是连半点儿架子也没有的。艺术家的这种精神品质和气度，在《读潘阿寿山水障子》一诗中表现得最为集中。诗中在称赞当时画坛新秀潘天寿“寿何状兮欣而长，年仅弱冠才斗量”的同时，又语重心长地指出：

我诗所说疑荒唐，读者试问倪吴黄。只恐荆棘丛中行太速，一跌须防堕深谷，寿乎寿乎愁尔独。

真可谓是循循善诱，关怀备至了。

此外，集中所刊如《缶庐诗》《十二友诗》《书〈削觚庐印存〉后》《司马相如、卓文君印册》《画像自题》《唐六如画山水卷》《祝枝山草书〈秋兴〉诗卷》《七十自寿》《题八大山人画》等诗，或说解名号由来，或抒画友情谊，或自述生平经历，或论书论画，也都很是值得一读的。

从西泠印社一副对联想起

沙孟海

“印岂无源？读书坐风雨晦明，数布衣曾开浙派。社何敢长？识字仅鼎彝铃镝，一耕夫来自田间。”

这是吴昌硕先生一九一八年七十五岁时题西泠印社的一副对联，一九二六年在上海写给我们看的亲笔条子。那时我在上海海宁路修能学社当教师，社长冯君木先生与吴昌硕、况蕙风、朱彊村各位先生文字商量比较亲昵。吴先生住山西北路吉庆里，况先生住河南北路某里（忘其里名），相距密迩。朱先生住东有恒路，远了些。这几位往还频数，不是我去看你，便是你来看我，飘灯夹巷，飞盖逢迎，茗坐清言，常达深夜。我和王个簃、况又韩等几个后辈，时常侍坐旁听，得到不少知识。现在回想，这也是文艺界一段佳话。

各位先生谈到自己诗词或别人作品时，彼此方音不同，口语不十分灵清，所以不时援笔书写。我保存况先生的手迹最多，可惜大部分经战乱散失。现在箧底找出这张吴先生亲笔对联稿，是他有一次枉过修能学社谈天时写的。用的信笺毛边纸乌丝栏，便是社制公用信笺。这副对联，原由吴先生写成篆书大字刻板悬挂在杭州孤山西泠印社正厅，通过几次政局的变动，不知何时失去。

新中国成立初我们筹建吴昌硕纪念室时，已找不到。所以请他第三子吴东迈重写补上，后来连重写的也被毁坏了。现在挂的是再次由诸乐三重写的（这副对联吴先生前后所写，字面上稍有出入，如“印岂无源”,本作“印讵无源”,“鼎彝铃镝”本作“鼎彝瓴甓”,并非有错字）。关于这副对联的内容，除却吴先生德高望重，过分表示谦逊的风度之外，最突出的是末句自比“耕夫”，读者无不感到稀奇。或者错认为旧文人的“老腔”,往往喜用“老渔”“老农”“樵子”等字面当别号，表示清高。见于诗文书面题款与印章上的，不一而足。岂知吴先生早年曾经真正做过几年耕夫。

吴先生十七岁，太平军到浙江，湖州一带内有反动士绅赵景贤想效忠清廷，组织团练，抵抗甚力，战争特别剧烈。吴先生一家四处逃亡,流离失所。他已订婚的章氏女子,章家也送到吴家来,说这是你家的人，我家负责不了。结果先生的祖母、母亲、哥哥、妹妹、未婚妻，先后死于饥馑，只有父亲和他本人生还故乡。生还故乡时他已二十一岁了。先生在颠沛流亡中，曾替农家做短工。一应劳役，样样会做。由于他早年搞过几年体力劳动，身体与精神都得到了锻炼，对他的人生观与世界观固然有极大的影响，对他的诗书画印各项作品高风格与大气魄的形成，也有莫大的关系。

我拜吴先生为老师，是由于王个簃的建议，时间比较晚。我最初从冯君木先生学习古典文学。冯先生担任修能学社社长的次年，招我去当老师，时在一九二五年。个簃到上海，拜吴先生为老师,时间大约在一九二三年。个簃感到搞学问应当“转益多师”,劝我兼师吴先生，他也兼师冯先生。我赞成他的建议。因此，我和个簃有双重的同门关系，格外亲切。两位老先生交谊既深，我们两个小青年当时相互过从更其频繁。个簃所住吉庆里楼下西厢房，是我课余晚间经常过往晤谈的场所，有时还同登楼上，听听老师的教导。我经常注意老师案头放置的书籍，每次去，感到所放的书籍每次不同，可想见他老人家如此高龄还是正在用功，手不释卷。同时，他诗兴最浓，时常有新篇出来。有时中夜睡醒，沉吟得句，怕睡后忘却，就披衣起来笔录之。家人恐其感冒，屡次劝诫他。一天，他发脾气了，卧倒地上，扶之不肯起。东迈大惊恐，只得急切邀请朱彊村先生特地过来代为疏解。我每次上楼，总要看他案头所放的一本用宣纸装订的诗稿册子，注意他有无新作。记得一九二七年上半年，看到他诗稿中有“人谓寿翁宜饮食，自知泉路近昏晨”之句，大家认为不吉利。朱彊村先生看到，就拿起墨笔把它涂抹了。

大家知道，吴先生是近代文艺界的多面手，书画篆刻都是全国第一流。但吴先生本人则一直以诗人自居。记得他《赠内》诗有云：“平居数长物，夫婿是诗人。”另一首《琴僧云闲遗照》诗有云：“老我不死无一能，赋诗或可天籁乘。”沈寐叟先生《缶庐集序》说：“翁既多技能，摹印书画皆为世贵尚，翁顾自喜于诗。”他的诗，旷逸纵横，虚籁自鸣，力空依傍，风格与书画篆刻多有共同之处，在近代诗坛上，卓然自成一家。我最爱诵他晚年的诗篇，矫健古艳，似老树着花，绝无衰颓气象。由于他读书多，学问好，胸襟开豁，气魄伟大，所以其诗、其字、其画、其印，件件精悍无匹，独步一时。只因他书名、画名、印名格外响亮，诗名反为之掩了。他的诗集，中年木刻本叫《缶庐诗》。晚年加以删削，增入新作，也是木刻本，叫《缶庐集》，《缶庐集》收稿到一九二一年为止。一九二二年以后迄一九二七年十一月逝世，还有六年的诗，是他晚年最成熟之作，不曾刊行过。浙江省博物馆藏有吴先生亲笔诗稿，就是我当年所看到日常放在案头的宣纸毛装本。我建议出版单位用他手稿影印出版，想必也是海内外文艺界所共同企望的。

谈到出版，近年来海内外图书出版界不断出版吴先生的书画篆刻集子，大型小型，精装简装，品种很多，叠床架屋，不计其数。对吴先生其他著作则少人过问。上面谈到一九二二年以后的诗，是一例子。此外，我曾见过他所著师友传记与自己印谱合编的一种稿子，卷端有谭复堂先生序文，有云："聋廿年手镌之篆文，撰千里心交之别传。印人款识，名士簿录，不类而类之想，有意无意之间，凡在纳交，多予积素。庶几飞鸿印泥，抑亦鼓瑟应律。叙述遐旨，题曰'石交'云尔。"原稿未标书名，我现在根据谭序，称之为《石交集》。此稿上、下两册，印谱与传记间夹编次，也不是某一印就替某人作，更看不出印与传有什么联系。印谱部分，大多数已辑入《缶庐印存》第二集中；传记部分，叙列二十余人，皆是当时文艺界名人，全未发表过。这是研究近代文艺史的很好参考资料，我也认为可以影印或排印出版。

今年九月是吴先生诞生一百四十周年纪念，《书法》杂志编者嘱我写一篇纪念文字。海内外述评吴先生文艺的文章和书籍，已经很多了，我只就目前想到的几点随便谈谈，或许对研究吴先生生平者有某些用处。

吴昌硕的画品与人品

张振维

当我们读到“墨池点破秋冥冥，苦铁画气不画形”“画之所贵贵存我，若风遇箫鱼脱筌”和“直从书法演画法，绝艺未敢谈其余”的诗句时，很容易联想到主盟清末民初画坛的写意花卉画大师吴昌硕的画品和人品。

吴昌硕继承了我国民族绘画特别是文人画的优秀传统，毕生孜孜不倦地进行画理、画史、画法的研究，以大写意的笔墨，熔诗、书、画、印于一炉，创作了大量既富有个性又富有时代感与生活情趣的作品。

一个画家，特别是卓有成就的大师，总离不开理论的指导，吴昌硕极为重视我国民族绘画理论的研究和探索。虽然他没有像《石涛画语录》那样的专著，但是在诗文、题跋、信札的字里行间曾发表过不少精辟的见解。

一九〇五年，吴昌硕在上海会晤了张鸣珂，对他说：“瓜田徵君（张庚）的《画徵录》后，则有冯广文（冯墨香）的《墨香居画识》，蒋霞竹（蒋宝龄）的《墨林今话》，迄今又五十余年矣，人才辈出而记载无闻，将有姓氏翳如之憾。君何不试为之？”张鸣珂答应了。过了三年，纂录了前书未收的一百五十多家，著成

《寒松阁谈艺琐录》，这是一部详明实用的近代美术史著作。当吴昌硕的老友高邕协助杨逸撰写《海上墨林》时，他也提出过不少有益的意见，并提供了大量的资料。

吴昌硕有手稿两册，前面拓着他在故乡以及游寓湖、杭、苏、沪等地所交往的师友的印蜕，后面记载着他们的姓名、爵里、人品学问和交谊。其收近五十人，手稿上没有署名，亦未书岁月，恐是随拓随记的，在末一节记着："长夏多暇，理箧中旧为诸君所印，因此类书其后。余年来亦颇学画，率意为之，自适其趣。人或谓似青藤，或曰白阳，余都不自知，与诸君无一仿佛，独酷好诸君画，诸君亦不遐弃余，所谓臭味相投者，然耶？否耶？离合同异，还与诸君参之。"前面则有谭复堂一八九二年写的序，文中提道："……吴子仓石嗜古若炙，相知以心，雅好文章，余事篆刻……萅廿年手镌之篆文，撰千里心交之别传。印人款识，名士簿录，不类而类之想，有意无意之间……题曰'石交'云尔。"从序文年月推之，当是吴昌硕二十八岁至四十五岁时所作。此稿未付刻印，我们称之为《石交录》，这可以说是他记录同时代金石书画师友交往的回忆录，也是近代美术史上的一份珍贵资料。

吴昌硕与任伯年亦经常切磋画理，得益颇多。在吴昌硕晚年，任的外孙吴仲熊来向他请教作画的道理时，他写了《勖仲熊》一诗，阐明了他对形似与神似、造化与心源、继承与创新的看法。

现在，我们再从"画气""存我""书法演画法"三个方面来认识吴昌硕的画品。

"苦铁画气不画形"，就是在"以形写神"中强调写神的重要。吴昌硕老友沈汝瑾说他的画"以气为主"，"为主"当然不是说不要“形”，而是说不仅要“对花写照”熟悉外形，还要与物象成为知己。比如吴昌硕画梅也爱梅，他曾自谓“苦铁道人梅知己”。有一次，有个朋友告诉他，大庾岭的古梅是齐梁时的人种的，碧藓满身，如蛟龙卧于崖壑间，花开时香闻数里，可惜一夜间被雷电击死，砍伐为薪了。朋友走后，他发兴画了大幅梅花，虬枝倚壑花翻空，虽非千年之物，也很传神，是他得意之作，并题了长歌，说这是心与造化相通了。他还在自己画的一幅《天竹水仙》上题道：“笔意类范湖，然范湖工于设色，予往往以气魄见长，犹善歌者得其天籁耳。”可见他是何等重视气魄了。

“画之所贵贵存我”，这个“我”就是个人的独创风格。潘天寿曾说：“昌硕先生，无论诗文、书、画、治印无所不长，他的作品有强烈的特殊风格。”又说：“昌硕先生，无论在诗文、书、画、治印各方面，均以不蹈袭前人、独立成家为鹄的。”

虚谷是晚清富有独创的画家，吴昌硕对他很钦佩，曾对汪亚尘说：“虚谷作画，假使画得与人相同，或不从自己内心有体会处出发，便随时销毁。”他还在虚谷作的《佛手》上题道：“十指参成香色味，一拳打破古来今。”吴昌硕并不反对师古，但是他以为“出蓝敢谓胜前人，学步反愁失故态”，要求学古人而自出胸臆，在前辈的基础上创造出自己的风格来。他在自己画的一幅《桐子安石榴瓷瓶》上题道：“古法固有在，阙守而残抱。落墨颇草草，且凭篆籀扫。人谓品不能，我喜拙无巧。”“拙无巧”正是吴昌硕所崇尚的一种艺术风格，他曾在《刻印》长古诗中写道：“天下几人学秦汉，但索形似成疲癃。我性疏阔类野鹤，不受束缚雕镌中。……不知何者为正变，自我作古空群雄。”都反映了他“贵存我”的艺术思想。

“直从书法演画法”，是吴昌硕艺术创作的又一特点。他二十多岁迁居安吉城内“芜园”后，继续学习篆刻、书法、诗歌，经过长期勤学苦练，达到“一日有一日之境界”。他说：“近时作篆，莫郘亭（莫友芝）用刚笔，吴让老（吴让之）用柔笔，杨濠叟（杨沂孙）用渴笔，欲求三家外别树一帜难矣，予从事数十年之久而尚不能有独到之妙。今老矣，一意求中锋平直且有笔不随心之患，又何敢望刚与柔与渴哉。”

至于绘画，他自己曾经说过：“平生得力之处能以作书之笔作画。”可见他的画法是从书法演变而出的。我国传统的画论中提到书画同源，因为书法和画法的道理是一致的。宋元以来的文人画大家，无不把书法演变成画法。所以与吴昌硕同社的吴石潜在《苦铁碎金》跋中，说吴昌硕的书画是“所谓一而神，二而化，用能独立门户自辟町畦，挹之无竭而按之有物”。

我们在叙述吴昌硕成就的同时，不能不简述一下他的生平。吴昌硕，浙江省安吉县鄣吴村人，一八四四年生。他诞生前四年适逢鸦片战争爆发，不久太平天国运动兴起，鄣吴村是清军防守宁国一路的要道。在他十七岁时，太平军东下与清军发生战斗，在战乱中鄣吴村被毁，他的祖母、母亲、妻子、弟妹相继病饿而死。他在离乱中历尽艰辛，五年后乱定，随父自鄂皖归来，家园荒芜不可居，随父迁往安吉城内的“芜园”。朱正初在《芜园记》中记载了他青年时期的为人：“寡言语，安简默，取与不苟，长于歌啸而金石文字之艺最精，残芜其末而不芜其本，芜其外而不芜其中矣。”因当时有人认为不工帖学是舍本求末，所以朱正初说他是“芜其末而不芜其本”。

吴昌硕爱才若渴，不论门第、地域、国籍，精心培育和影响了许多杰出的书画篆刻家，如：陈师曾、赵石农、潘天寿、王个簃，以及日本的河井荃庐等。他不存门户之见，积极参加当时的艺术团体如“西泠印社”“海上题襟馆金石书画会”“豫园书画善会”等的活动。

在他家居的时候，认识了施浴升与张行孚。认为施“为人无城府，交友以诚，肆力诗文，以风格神韵为宗”，吴昌硕与他过往甚密，向他学诗。张行孚“朴学自励”，著《说文发疑》，并工秦篆。吴昌硕在金石文字训诂方面曾受他的影响。谭复堂是殚研诗词的大家，吴昌硕在上海遇见他后以诗草就正，谭氏极为称许，说从他的诗里可以看出他是嵚崎磊落的人，又将自己的著作送他，吴昌硕感慨地说：“自余策名微秩十余年来，风尘奔走，德业不加进，每思之未尚不悔，独幸所遇宪贤豪长者，往往契合，非伏处岩穴所能庶几，此则差足自慰矣。”他初到湖州，进谒博学多才、工绘事、精鉴别的章紫伯，章氏嘱他刻几方印，看后嘉许说：“今人作印但学陈邓，貌合神离；如君所作，力运字中，气充腕下，精进不懈，未可易量。”他还遇到通篆籀兼治印的胡匊邻，胡氏说他的印能独开生面，吴昌硕很有感触，说：“余观古来擅艺事者，人品多清逸，反之则不工，世人不知，动曰小技，像胡氏那样怎么可当小技看呢？”

吴昌硕与一些画家也有着深厚的交谊，对张子祥、吴伯滔、任阜长等都能看到其长处。金彬，别号瞎牛，工画善医，画梅花、山水功夫很深，为人坦率。吴昌硕生了背疽，请他医治了五十天才好。病中，金氏劝他学画，画成看后，说他有金石气。于是吴昌硕更加致力于绘画了。他在苏州结识了蒲作英，交往密切，历五十年。一八九四年两人合作梅竹，吴昌硕题为“岁寒交”。蒲氏在上海病死后，由吴昌硕等为之料理丧事，并书了墓志铭，寄托哀思。吴昌硕初到上海，就认识了当时的著名书画家胡公寿，胡氏很喜爱吴昌硕的刻印和行书篆书，画了《苍石图》送给他，并题道：“瞻彼苍石，风骨崎嵚。……颓然其形，介然其骨。”对吴昌硕鼓励很大。

吴昌硕对有能力、肯努力艺事的青年总是耐心培育，虞山的赵石农在《拜缶庐印存》自序云：“仆性钝，少失学，随先人卖药村市，年二十四始好金石刻划，入城识李虞章先生钟，知橅印宗派，继遇吴缶老仓石，时缶老专治汉印，一扫文、何、丁、邓积习，独辟蹊径，迈古铄今，海内外宗之，印学之风一变，然学者非多读三代秦汉金石，使字法有来历不可。”赵石农是一位很有创造性的篆刻家，他勤奋努力，在继承吴昌硕的基础上开辟了自己的独创风格。他把自己治印的斋室取名“拜缶庐”，可见他对老师是何等敬爱。

一八九七年，吴昌硕接到素不相识的年仅二十八岁的河井荃庐自日本的来信，并附习作印拓，要求向他学习。他复了一封热情的长信表示愿意，只是“碧海茫茫，神山巉巉，相距辽阔，握晤何由，临启怅然不尽”。荃庐接信后十分兴奋，他在回信中写道：“先生与仆未有半面之识，而眷爱之厚，既业如此，一读再读，感极，潸然泪下。先生更见惠大作印存，直秦直汉，古朴苍然，妙不可言。高谊之贶，铭肝不知所谢，当子子孙孙永宝焉。”一九〇〇年冬天他和文求堂主人田中庆太郎一起远涉重洋来到上海（田中庆太郎曾出版郭沫若《两周金文大系》，一九一二年编辑出版的《昌硕印存》，成为流行日本的第一本吴昌硕画册），随即由罗振玉、汪康年介绍给敬仰多年的吴昌硕，从他学习，广结印人，开拓眼界，以后又多次来华。另一位日本高松岐阜人，诗、书、画、篆刻家长尾甲在一九〇三年来上海商务印书馆任编译时认识了吴昌硕，并成为知交。一九〇四年西泠印社成立后，吴昌硕被推为社长，茎庐和长尾甲是西泠印社首届日本社员，成为中日文化交流和印学史上的佳话。

吴昌硕逝世那年（一九二七）的重九，写了一首四言登高诗："书画篆刻，供一炉冶。诗通性情，浪仙东野。竹头木屑，不风不雅。负腹者何，类将军者。离乱纪年，友朋陪斝。骂当师承，赞浮瀑泻。饮水铭瓢，安聋作哑。寿比南山，悠然见也。"这首诗虽夹杂着许多典故，但很像是对自己处世、为人、治艺的小结或座右铭，他虚心地把自己的作品比作有益于人的竹头木屑，把别人的骂（批评）当作师承，希望寿比南山，孜孜不倦于艺事，和他的"绝笔兰"一样充满了光彩。

吴昌硕和历史上其他艺术家一样，也有其局限性，但他的金石书画，是我国文化宝库中一宗珍贵的艺术遗产，值得我们学习和借鉴。

一九八一年

回忆吴昌硕先生二三事

谭建丞　口述
洪亮　记录整理

我伯父谭吉卿是吴昌硕先生的好友，又是同乡，是昌硕先生家的座上客。所以，我少年时期常有机会跟伯父到昌硕先生家去玩。那时候，昌硕先生住在上海北山西路吉庆里九二三号（现山西北路吉庆里一二号）。昌硕先生有时也到湖州小住一段时间。我称呼吴昌硕先生，有时候叫“吴爹爹”，有时候叫“老伯”。

记得我十三岁那年的一个初春的上午，跟伯父去昌硕先生家。昌硕先生正在看挂在墙壁上的一幅刚画好的兰花。一会儿上前看看，一会儿又退后几步看看。我便问：“吴爹爹，画好了，还看啥东西？不好，再画过呗！”我伯父训斥我多嘴。

昌硕先生一面招呼我们就座，一面笑着把手里的画笔递过来给我说：“小伢儿，你画画看。”我当时真如初生牛犊，上前几步，憨厚地一笑，接过昌老的画笔，看了看墙上昌老的那幅兰花，在墨池里一蘸水就往纸上画了起来。我伯父过来一看，把昌老的画纸画桌已经弄得一塌糊涂了，便训道：“真讨债，看你把吴爹爹的画桌弄成这样了，下次不带你来了。”边说边动手来拿我手中的笔。昌硕先生连忙上前制止说：“不要紧，让他画吧。你看，还画出了点名堂哩！”并对我伯父说：“我把这么大一枝笔给他，他拿起来蘸上水就画，心里好像没有我们这些大人在，这就是有气魄嘛，有气魄就好嘛！大凡作画能用水者便是有魄力，干笔头，不管画画还是做文章，都放不开、画不好、做不好的。”昌硕先生弯下身,手指着我乱涂抹的“画”,哈哈大笑着说：“好！好！好！像韭菜……哎？小伢儿你加上几朵花看看。”我拿起笔又画了起来。哪像花？大的大,小的小,弯的弯,直的直。昌老看了说：“看！这是虾，我们湖州安吉人叫‘弯转’。”

伯父上来一看，有点像虾，又不大像，便说：“不很像。”

昌老拿起笔在上面一面勾着一面说：“为啥要很像呢？像与不像之间不是更像吗？”他放下笔开怀地对我伯父说：“我看好极！吉卿兄，中午菜蔬有了，请大家吃韭菜炒弯转！”

昌硕先生的话，说得很风趣，引得大家哈哈大笑起来。他转过头来对我伯父说：“吉卿兄，不要小看后生小子，对他们要鼓励，要扶植，泼不得冷水。这小伢，鼓励鼓励，一定能学得出来。”

昌硕先生这句话，在我脑子里留下了很深的印象，虽然当时昌硕先生是带有与小伢儿嬉乐的情趣，但给我很大的鼓励。于是，我开始学画，一有空就画。从前，私塾里只许描红习字，不许画画的。先生看到了总是眼珠一鼓：“画画，出得了秀才？”我父亲也要我专心读经书，但我还是不放弃画画。

现在想来，我十三四岁时，昌硕先生只是鼓励我画，并没有教我画画的道理；到后来，我年纪大一些了，他才教我一些。

有一次，我到昌硕先生家去，看到他正在看一幅挂在墙上的刚画好的菊花。近看、远看都好像有什么不舒服，我也跟在后面看。昌老对我说："凡是写字、画画，写好画好后都要挂在墙上看，要挂得高、跑得远，六尺以上，才看得出好坏。放在桌上，平面不容易看出毛病来。"他指着墙上的这幅菊花，对我说："这幅菊花就是下面多了一朵，这朵菊花挂在下面出了毛病，整幅画构图上也显得不合理，没有气势了。这张画作废了，要重画一幅。"过了三天，我到昌老家去，看到昌硕先生已把这幅画下端挂着的那朵菊花画上一块石头盖着了。我说："吴爹爹，这么一改，气势也大了，这幅画就很好了。"昌老说："还是不行，要重画一幅的。"后来，这幅画被东迈收藏起来了。隔了二三十年，在抗战时期，东迈在经济上碰到了困难，知道我晓得这幅画的来历，以一百元伪币卖给了我。当时，东迈卖得高兴，我也买得高兴。

新中国成立初期，诸乐三在我这里看到这幅昌硕先生画的菊花，用二十五元人民币买去了。以后，我问过诸涵，诸涵说这幅画他看到过。

昌硕先生还对我说过："非但画画要挂起来看，画好后的题款的位子也一定要挂起来看好后再题；盖印也要把画挂起来看过，定好位子再盖。这样做，就能使整幅画的结构完整些。"

后来，我到潘天寿家去玩，看到天寿也是把画的画挂在墙上看，我对他说："你这是从昌硕先生那里学来的吧。"他问："你怎么知道的？"我告诉他说："我十五岁时，昌硕先生就讲给我听了。"天寿说："昌硕先生的这些话都是至理名言……"

有一回，我看到昌硕先生在为一幅刚画好的梅花题诗，字题斜了。我忙说："吴爹爹，字写斜过去了，赶快扳直来。"昌老对我说："斜有斜势，不能硬把它扳直的，以免断了行气。要乘势让它斜下去，这是乘势补救的办法。”

有一年秋天，昌硕先生住在湖州。一天下午，我问昌硕先生：“您刻了那么多印章，哪几方最好？”他说：“为自家刻的好，给别人家刻的一方也不好。”我说：“您拿了人家四两银子一个字的酬金，那不罪过呀？”他一边吸烟，一边要我去买酥糖，说酥糖买来再跟我讲。我酥糖买来后，他要我和他一起吃，边吃边跟我讲：“我为自家刻的好，给人家刻的我都不满意。这是因为，我自家的印章，刻好后放了一段时间觉得不满意，就可以磨掉重刻，像‘昌硕’‘俊卿之印’等印章，我写过好多印稿，动了好几个月的脑筋。这就叫印章的章法。章法不好，就得重刻，刻了好多次呢。这样刻出来的印章当然是要满意些了。为别人家刻印，就没有这么好的条件了。人家要我刻印，嘴上讲慢慢来，不要紧。付了银子，总想马上刻好拿回去的。”我又问他：“有人说您刻印不写印稿，直接刻的。”他说：“那是瞎说，我偶尔为之急就章是有的。但刻出去，自己是不承认的。”他还告诉我：“看一方印章是不是成功，要注意看印章的边是不是与印文合拍，有没有古雅之气。有人故意把印章的边敲得很破碎，想要得到古气，那是不对的，印章的边不能随便敲的。”

编者按：吴昌硕大师对谭建丞先生的启示和指点，使他终生难忘。谭老八十多年的艺术生涯，继承和发扬了传统书画艺术，尤其是吴派艺术，成为当代著名的书画篆刻家。

吴昌硕的篆刻艺术

诸乐三

吴昌硕先生的篆刻艺术，功力深厚，又敢于突破窠臼，推陈出新，创立了一个独具面目的新的流派。

昌硕篆刻，初学浙派，后受过邓石如、吴让之、赵㧑叔等人的影响，但到中年以后，他直接从历代金石文字中吸取营养，能从秦汉玺印、诏版、封泥、砖瓦、碑碣等文字中广收博采，取其精蕴，熔为一炉，自成面貌。其作品不仅具有秦汉古印等深厚传统，更具有气魄雄伟、婀娜多姿的风韵。故在欣赏他的作品时，总感到意味醇厚，强劲有力，胸襟开阔，有欣然向上的气概。

昌硕先生篆刻艺术的成就，首先应归根于他书法功力的深厚扎实。他在世时，我常到他家去。有次请教他印章如何能刻好，他说："写字顶要紧。写字主要是学篆书，篆不好，印怎能刻得好呢？"这话我至今仍记忆如新，深感是至理名言。他自己也正是这样做的。先生早年楷学颜真卿，后学钟繇，再习《三公山》《嵩山》等多种汉隶。其后多年沉浸于《石鼓》的临摹，精收宋、明拓本，反复研读，再参以《琅琊》《泰山》等体势笔意，自出新意：寓妩媚于奇崛之中，藏刚劲于平实之内，圆熟精悍，刚柔并济，生熟自然，情趣古朴。他把书法上所取得的这些特点，运用到刻印中去，故其字法、笔法、章法、刀法，均不同于一般。

先生对于章法，极为重视，每作一印，必先反复构思，一俟心有所得，方才动笔起稿，并再三修改。有时一印数易其稿，甚至多达十数次，直至满意时方罢。有次，他对我说："一方印章，应如一家人样，团拢一致。"此话深入浅出，实言中章法之要害。因为一家人之中，有长有幼，有大有小，均应各有地位，方能彼此呼应，互相关照，才团得拢。又说："一方印章，犹如一个人体，四肢躯干必须配置得当，全身血脉精气，尤应贯通无阻，否则，变得畸形呆滞，甚至成了半身不遂的病人了。"所谓章法，主要指一印之内字体相互配置的关系。字有疏密，画有长短，因此在字画的粗细、松紧、虚实、呼应等方面，既要注意各自意态的变化，又要注意彼此的协调统一，方能组成一方印章的新的意趣。尤其是他擅长绘画，能将绘画中的"虚实相生，疏密有致"的画理，运用到印章中去，更加丰富了他篆刻的艺术性。因此，在研究先生的作品时，有百读不厌之感。

由于先生对于篆法章法根基深厚，对于金石砖瓦文字吸收面广，因此在他刻印下刀时，能融合于心，聚力腕指，"大胆落笔"，疾如风雷，一气呵成，然后稍加修饰，即告功成。刀笔具现，相辅相成，苍劲朴茂，气韵生动。特别是晚年之作，更是炉火纯青，入于神化之境。

他刻印款，大都不书墨稿，直接以石就刀，不假修饰，既有笔意，又有刀味，真是发挥了"铁笔"的妙用。

昌硕先生印刻得好，是下过许多苦功的。他曾在《西泠印社记》中述及："予少好篆刻，自少至老，与印不一日离，稍知其源流正变。”少时，他在私塾读书时，就曾不断磨石奏刀，塾师多次加以阻止，怕他耽误课业，但他仍背地里刻。他父亲见其有此癖好，很表同情，但又怕他没有决心，就试探着问他：“金石篆刻这门学问很深啊，你有决心学吗？”他表示要决心学习。尔后，他更加勤奋，常常刻了又磨，磨了又刻，有时找不到印石，就以砖头、砚石之类来代印石。中年以后，他离乡去杭州、上海、苏州等地，寻师访友，结交了不少金石鉴赏家和收藏家，从他们那里见到大量的玺印、权量、泉布、封泥、钟鼎款识、碑碣拓片、名家印谱等。他一面虚心求教，一边勤作笔记，或亲自摹拓，撰写题识，经年累月，成箱盈箧，可惜经过战乱，大多散佚殆尽。尤其是对于汉印，更是悉心研究，融会贯通。有次，他同我谈道：“学印首先要学汉印，并须从平实一路入手。”并给我在纸上写出《汉铜印丛》《十六金符斋印存》《二百兰亭斋古铜印存》三部印谱，嘱我“多多看看，自然会得心应手”。同时，他从小对于文字训诂之学很有兴趣。对许慎《说文解字》等书，下过一番功夫，掌握了文字变化的基本规律。故他在章法上，能够千变万化。有次我刻了一方“爱己之钩”，他看后说：“‘爱’字的下部可以不要。”后来，我遵照他的意见，又重刻了一次，觉得全印气局更为舒畅。

吴昌硕先生对刻印那种孜孜不倦的实践与创新的精神，对我们今天从事艺术工作的人来说，是一个鞭策，也是一个启发。

方寸之地寄深情

——热爱家乡的吴昌硕

刘江

我们翻读吴昌硕先生的印谱，很多方印文都与他家乡的风光、景物、俚俗谚语有关。久而久之给我一个印象：凡是一位伟大的艺术家，都必然热爱自己的家乡，只有热爱自己的祖国、家乡山川景物，甚至一草一木，以及自己同胞、乡亲、家室的人，他才有丰富的题材与创作的激情，才有可能产生动人肺腑的作品。

吴昌硕的故乡是在浙江北部一个峰峦环抱、竹木葱茏的山村，村前有玉华山，村后有金麓山，松柏竹木茂密参天。因其山高，日照时间短，每日大约只有半天多可见太阳，当地村民故称之曰“半日村”。甲寅（一九一四）之秋，昌硕先生已是七十高龄了，他怀着对故乡的无限深情，篆刻了这方“半日村”的印章，之后就不断出现在他的书画作品上。

在吴昌硕先生的篆刻作品中，还可见到“古鄣”“归仁里民”“古桃州”“梅溪钓徒”等，这些印文都是与他家乡的“州”“溪”“村”“里”等地有着难以分舍感情的联系。

从鄣吴村、归仁里出来，涉过梅溪，那就可到“湖州安吉县”，吴昌硕二十二岁那年举家搬移到安吉县安城定居。鄣吴离县城虽二十五里，常使他感到“故乡虽未远，易地亦忧伤”。到二十五岁便离开安吉外出学艺，先到湖州府去。湖州距安吉仅百十里，是享誉全国的鱼米之乡、丝绸之府，是浙北的历史名城和人文荟萃之地。那地方有发现他的才智、并不断提携他的颜文采，名为招去湖州作他的司帐，实是作他的治学助手，并供给他观赏研究家藏古籍古物，上自秦汉、下迄明清，无所不有，使吴昌硕大开眼界。颜还经常带他游学，结识了陆心源、丁葆元、杨见山等名家，给他后来的艺术成就奠定了极为重要的学识基础。二十九岁后吴昌硕就离开湖州去寻师访友学艺，先后住杭州、客姑苏、寓沪上，但他对家乡的青山绿水、渔樵父老，一直怀有深厚的感情。先后刻过“安吉”、“安吉吴俊章”、“湖州安吉县”（朱、白文各一方）、“湖州安吉县，门与白云齐”等作品，钤印在书画上，寄托他的思念。

“园菜果蓏助米粮”，这方印章内容是吴昌硕青少年时代生活的写照。他十七岁那年，太平军从安徽过浙西，清军尾随而至，杀人放火，奸淫掳掠，人民四处逃亡。他与父亲辗转于荒山野谷之中，不久即与父失散，后就独自一人流浪在浙、鄂、皖等省替人打短工、干杂活，食人家剩菜残汤，也常以野菜、野果、树皮、草根等充饥。这是他七十二岁时（乙卯）家居上海，生活相当富裕时刻的，边款中还特地注明：“予居乡时，时涉此境。”由此可见他不忘本也。

也是在七十二岁这年冬天，吴昌硕先生刻了一方“小名乡阿姐”的朱文印章。边款刻有：“老缶小名乡阿姐，幼时族中父老尝呼之以嬉，今不可复闻矣！追忆刻此。”今天我们观其印、读其款，倍感当年鄣吴村的父老长辈对缶老的爱怜与厚望之情。因为昌硕先生幼年喜欢刻石，性格内向，不善于与人交往，好像农村里的一个小姑娘，于是乡间前辈谑称为“乡阿姐”。

热爱家乡的一山一水，也必然热爱家乡的亲人。吴昌硕也不例外。

他的原配章氏夫人，是安吉县过山村人，与吴昌硕早年订婚，感情弥笃。咸丰十年(一八六〇)太平军起义，清兵南下，所到之处，杀人放火，民不聊生，鄣吴村人纷纷外出逃荒。章家闻知便由她父亲陪送来吴家说：“她迟早是吴家的人，还是早送来好。”将行那天，十六岁的章氏含泪送别，并亲手将一双连夜赶出的布鞋塞在吴昌硕的包袱里说：“家有婆母我照应，你放心去吧！望君多多保重，早日归来……”村头话别，泪如泉涌。五年后，吴昌硕辗转江淮苏鄂，历尽千辛万苦。劫后余生归来，得知章氏及弟妹多人在逃难中死于非难，心痛如绞。母亲告诉他，章氏持家勤俭，为人忠厚，待婆如母，临终时还惦念外逃避难的你父子俩，死后葬在院内桂花树下。吴昌硕悲愤交加，即携锄去桂树下挖寻尸骨，以了相许之诚和五年相思之愿。但挖掘多处瓦砾，仍未能见到章氏尸骨，绝望地坐在桂树下痴思良久。

光绪十年（一八八四），吴昌硕四十一岁那年，正流落苏州以卖画为生，一个深秋之夜，正昏昏欲睡、神情恍惚里，梦见一窈窕少女衣着飘飘来到床前，两人相对无言，但意如昔、情如旧，泪流不止，这便是他青年时未过门的原配章氏夫人。残梦初醒，四周空空，凄楚倍增，于是披衣提笔，写下了一首二百七十字的五言长诗《感梦》，以悼念这位梦中相见的原配夫人。己酉（一九〇九）仲春吴昌硕已是六十六岁的老人了，又一次在梦中与章氏夫人见面，醒来根据梦中依稀倩影，在印侧刻了她的背像，在另一侧阳刻款字："元配章夫人梦中示形，刻此作造像观，老缶记。"在印底刻了朱文"明月前身"四字。据他同邑弟子杨植之、谭建丞说："刻此印时，吴老悲不可胜，含泪奏刀，多次停刀，最后还是同邑好友陆培之的儿子帮助完成的。"读此印文，观此印款，闻其介绍，不禁催人泪下，使人对仓硕老人对其亡妻的拳拳敬意和深深悼念之情更为崇敬。

一九九二年四月去日本讲学前匆匆

介绍吴昌硕最早的一部印谱

——《朴巢印存》

祝遂之

《朴巢印存》线装二册，共钤印一百零三方，今藏浙江省博物馆，是吴昌硕先生最早的一部印谱。

此谱扉页篆书署“金钟玉磬山房印学”，款“朴巢主人自题”；又一页为篆书“朴巢印存”四字，字迹与前页同，当亦自署。按：“朴巢”是吴昌硕先生早期的书斋名。据先生之孙吴长邺同志说，同治四年（一八六五）昌硕先生随父自鄣吴村迁居安吉县城之桃花渡，名其书斋为“朴巢”，其园为“芜园”。时先生二十二岁。

谱前有施浴升序，序中称：“……吾友芗圃吴子乃独精此术（按：指篆刻）。岁庚午，予偶过其室，言论之次，徐出其印稿一编，余略一披阅，见夫汉魏之遗文，钟鼎之奇制，以及古籀之源流，白朱体之区别，莫不各尽其奇，灿然毕备。……昔者赵文敏公有《印史》传世，吴子年方弱冠，他日积为巨帙，俾后之好古者与文敏书同摩挲焉，是亦吾湖之雅事也。”（按：施浴升，名旭臣，是昌硕先生同里先辈，先生二十三岁始从之学诗及书法。）施序作于同治九年（一八七〇），先生时年二十七岁。可知谱中之印，当在二十二岁至二十七岁间所作。而在此以前，自十七岁至二十一岁，先生随父避兵流浪于湖北、安徽等处，备历艰辛，应无暇及此。

亦因知这是先生手自集拓的第一部印谱。

谱中除闲章外，皆为先生早年的字、号、室名印，如“芗圃”、“芗圃亦字香补”、“杰生”、“梦香斋主人”、“梅花主人”、“金麓山樵”（先生故里村头有金麓山，见其早年《寒食登金麓山》诗）、“泛虚室主人”、“白蘋花馆”、“听蕉吟馆”、“飞鸿楼”、“金钟玉磬山房”、“啸阁”等。这里许多“楼”“馆”，大概就是起在印章上的，未必实有其处。

由于这部早年印谱的发现，我们可以知道吴昌硕的早期印风，涉猎很广。例如谱中有一多字大印，刻刘禹锡《陋室铭》全篇，系仿汉之作，“虎口余生”印则能得汉印平正之意。不少印章受西泠诸家的影响很深，如“画眉深浅入时无”“听蕉吟馆”“朴巢”“金钟玉磬山房”等，是陈鸿寿、赵次闲等浙派的路子。另外也有吸收皖派的风格，如“飞鸿”“落花无言人淡如菊”等。有趣的是，其中还有一部分印作，是受《飞鸿堂印谱》的影响。《飞鸿堂印谱》是清代乾隆时汪启淑辑拓的一部大型印谱，作者很多，瑕瑜互见，其中有些作品，面目怪异，离奇入俗。看来昌硕先生在初学刻印时，也不免受到点传染，例如“啸阁”“仁者寿”“搜尽奇峰打草稿”等几方就是。这路印风在他三十岁以后的作品中就看不到了，大概是眼界提高后，对此就不屑一顾了吧。

谱后有其孙吴瑶华的一则跋，跋中谓：“府君好治金石，以劫后家贫，太夫人日授砖瓦，指令篆刻，摹秦汉鼎彝文字。”这位太夫人就是昌硕先生的继母杨氏，她是在同治四年（一八六五），昌硕先生二十二岁那年来到吴家的。看来这部印谱，正是在杨氏督促下刻成的。

应该指出，这是一位艺术大师的早期习作，作品是不成熟的。正像每一位有成就的艺术家，都有过带稚气的早年作品和走过曲折的途径一样。但对于后世人研究这位大师的艺术进程，却是一份难得的珍贵资料。《朴巢印存》的存世，对于我们研究吴昌硕先生全部艺术生涯中的一个环节来说，是至关重要的。

昌硕印话四则

——古鄣、半日村、小名乡阿姐、归仁里民

洪亮

一、古鄣

古鄣是吴昌硕先生家乡的古称。早在公元前二百多年，秦始皇统一中国后，废除了分封制，推行郡县制，秦汉之际设鄣郡于此地。秦汉以前，天目山脉北支曾称鄣山，郡以山名。据近年的出土文物反映和考古学家实地考察、分析，郡治在今浙江省安吉县安城镇古城村。县随郡名，称鄣县。鄣县是安吉历史上第一个县名。现今的苏南、皖南和浙江的部分地区，共十七个县，均属当时的鄣郡管辖。在此期间，这里是长江下游地区的政治、经济、文化中心之一。

西汉建立后，汉高祖刘邦大封同姓王，以屏刘家天下，鄣郡地区属刘邦的侄子吴王刘濞的封地。惠帝及高后时，刘濞欲夺帝位，自统天下。他利用鄣地的铜矿资源，招天下亡命之徒，长期在此暗中铸钱，借乱天下币制。当时，刘濞的财富已超过了中央政府。到景帝时，为巩固中央政权，景帝启用大臣晁错“削藩”之策，准备削夺诸藩王的封地及权力。诸王恐封地被削，多怨恨晁错。刘濞趁机于公元前一五四年，联络楚、赵、胶西、胶东、

淄川、济南等国，发动了叛乱，史称“吴楚七国叛乱”。叛乱仅历时三个月，便遭景帝平息。平叛后，吴楚叛乱中“即山铸钱，乱天下币”的基地鄣郡治所——鄣城，遭到了毁灭性的破坏。至汉武帝元封二年（前一〇九），改鄣郡为丹阳郡，迁郡治于宛陵（今安徽省宣城市），鄣县改称为故鄣县，隶属丹阳郡。

吴昌硕先生对家乡有深厚的感情，并对家乡的历史有着深刻的了解，刻有“古鄣”一印，以示怀乡。

该印一点九厘米乘一点七厘米，印边残缺，斑驳离落，古意盎然。印文的线条苍劲、浑朴，颇有《猎碣》遗意。印面下部与“古”字上端的留白，“章”部上端拉长与“古”字的“口”部两旁线条上伸，以及“口”部与“邑”部“口”部均形成一一对应的呼应关系，整方印章的章法颇为妥帖自然。

吴昌硕不仅为家乡古称刻印，他的许多怀乡诗亦道出了他深深的思乡之情。其中一首题为《鄣南》，这样赞道：“九月鄣南道，家家云半扉。日斜衣趁暖，霜重菜添肥。地僻秋成早，人荒土著稀。盈盈烟水阔，鸥鹭笑忘归。”（见《缶庐诗》卷一）家乡朴实的民风及秀丽的景色跃然眼前。

二、半日村

吴昌硕晚年时念家乡，七十一岁那年秋天专门刻了一方“半日村”的朱文印，款刻：“孝丰鄣吴村，一名半日村。甲寅秋，老缶。”印面二点四厘米见方。印章的布局颇见匠心，“半”字拉长，顶天立地，颇具气势，左上角“日”字当头，下面是“村”字，两字似有粘连。印章的上方和左侧的印边几乎全部残缺，印中的留白，似充满阳光感。右侧和下方的印边特意厚重，使人联想到似日照之阴影。加上印文线条雄浑质朴，富有生机，整方印章堪称是一方富有特色之难得佳作。

鄣吴村地处江、浙、皖三省交界，是浙北的一个风光秀丽的小山村。村前有玉华山，怪石嶙峋，松柏葱茏。村后有金华山，万竿修竹，郁郁葱葱。晶莹如带的金鸡溪（龙溪），源于浙北的最高峰天目山，终年汩汩绕村而去。因金华、玉华两峰对峙，鄣吴村坐落其间，日照时间比一般地方要短得多。久而久之，人们就把鄣吴村取了个“半日村”的雅名。吴昌硕的父亲吴辛甲（清咸丰年间举人）还著有《半日村诗稿》。

半日村是一个人杰地灵的好地方。明朝嘉靖年间，吴昌硕先生的第十一代祖吴松的两个儿子——吴麟、吴龙是嘉靖丙戌（一五二六）同科进士。吴麟的两个儿子吴维岳、吴维京又相继为嘉靖戊戌（一五三八）和嘉靖壬戌（一五六二）进士。于是明史上便有了“父子兄弟四进士”的一页。这也是吴氏家族的一个辉煌时期。这里出现了牌坊林立、骡嘶马叫的景象，因而曾威震一方，名扬四海。安吉一带一度流传着“大大鄣吴村，小小孝丰城”的称谓（鄣吴村明清年间曾属湖州府孝丰县）。到了晚清，又出了吴昌硕。

现今的鄣吴村，是安吉县鄣吴乡政府驻地，村中的吴昌硕故居修复依旧。前后两进的瓦屋，前进是平房，后进是楼房，中间有一个小天井，错落有致，具有鲜明的明清建筑风格。这里，就是吴昌硕先生早年攻读和习艺的地方。

三、小名乡阿姐

吴昌硕先生曾刻过一方“小名乡阿姐”的印章。印面二点八厘米见方，印边的下端厚重，上、左两侧借边，右侧边的残缺只留了中部一些痕迹。印文均删繁就简，线条质朴，方圆结合。整方印章使人觉得童趣盎然，颇为舒畅。印侧还刻上了边款：“老缶小名乡阿姐，幼时族中父老尝呼之以嬉，今不可复闻矣。追忆刻此。乙卯冬，年七十有二。”当时，吴昌硕身居沪上，名噪海内外，而其童心犹存，时常想起儿时在家乡的美好时光。

吴昌硕少儿时期，个头小，体瘦弱，加上秉性孤僻，落落不群，总是喜欢刻刻画画，看上去还挺文静的，如同姑娘一般，所以村中父老常呼他为“乡阿姐”。于是“乡阿姐”便成了他的小名。每在春风和煦的日子里，小伙伴们总是要拉着“乡阿姐”来到村旁龙溪畔的柳林里，时而踩着脚拍唱着村歌，时而你追我赶地嬉戏。在村口那棵老树下，乡中父老招呼着“乡阿姐”和他的小伙伴们围坐一起，讲述那村前、村后玉华山、金华山的传说和天官坟、金銮殿的来历……那么神奇，那么美丽，那么动人，那么亲切。难怪吴昌硕先生直到晚年还常常想起这些。乡情绵绵，铭之于石，令人读之不禁感慨万千，同时亦可知缶老晚年虽居于闹市之中，但他仍然眷恋着桑麻耕织的田园生活。

四、归仁里民

吴昌硕先生三十九岁那年的一个冬天,刻了一方“归仁里民”。印面二点一厘米见方，结构平正，方中寓圆，用刀质朴浑厚。印的一侧认真地打上方格，用石鼓文刻了二十一字的边款。内容为：

“归仁吾鄣吴村里名，亦里仁为美之意。壬午冬，昌硕记。”

在吴昌硕心里，家乡是那样美好，质朴的民风，淳厚的乡情，山青青，水碧碧，使人赞美不已，给吴昌硕带来了绵长怀念与深情。

一八六五年，二十二岁的吴昌硕从鄣吴村随父举家迁住安城时，曾在诗中写道：“故乡虽未远，易地亦忧伤。”二十九岁那年，吴昌硕离开家乡到苏、杭、沪一带游学。先居苏州，后定居沪上，晚年名噪海内外。但其对家乡的绿水青山、父老乡亲一直怀着深厚的感情。

据吴昌硕先生的四孙吴志鲁先生说：那时候，吴昌硕基本上每年都要返回故乡一次，拜谒祖坟，祭祀宗庙，粗茶淡饭家宴族老亲友。就是到了晚年，他也要儿孙辈常常回家乡看望。家乡有人到上海去，他总是热情招待，还问长问短地了解家乡的情况。吴昌硕热爱家乡，热爱家乡人民，还竭力维护家乡的风土风貌。鄣吴村有一棵参天古树，有人提出要砍去卖。吴昌硕得知后当即出资买下，并立章保护。还有，凡村上有人家谁添了小孩，他都要送十五块大洋，作为保育费；回乡时，小伢子上前叫一声“吴公公”，吴昌硕都要给他们每人三个铜板，叫他们拿去买糖吃。乡亲们请他画画、写字，他总是有求必应，据不完全统计，他留在家乡众人中的书画艺术珍品有百余件之多。

吴昌硕曾在一首题画诗中深情地写道：“客中虽有八珍尝，那及山家野笋香。写罢篔筜独惆怅，何时归去看新篁？”家乡的青山绿水、淳朴民风哺育了一代艺术宗师吴昌硕，吴昌硕也不愧为“归仁里民”。

吴昌硕艺事

陈邦怀

我年轻时随先人在上海。吴昌硕老人和先人是多年文字之交，因我深爱老人的诗、书、画、印，他们每次谈话，我在旁听得的东西不少。

真、草、隶、篆，昌老兼擅其长，篆书尤精，写《石鼓文》积了几十年工夫，心应手随，不但由圆体变为长体，引笔丰腴，则又参以《禅国山》的石刻文字。古人说过：“有所法而后能，有所变而后大。”昌老就是这样自然而然发生变化并取得成功的。昌老草书远师阁帖，近取明人之长，神完气足，自成风格；隶书淳厚，得力于汉《校官》《衡方》二碑；楷书温雅则熏习晋唐小楷。但昌老隶书流传不多，楷书尤称凤毛麟角。

昌老的绘画，一生以花卉为最多，佛像、山水则偶一为之。中年作品，有彩笔，有墨笔，水墨花卉以梅花、荷花等为多；晚年画花卉少用墨笔，多用彩笔。最爱画牡丹、桃子、梅花、紫藤四种：牡丹和桃子，设色浓郁，吸引力强；红梅植以铁干，大有寒香袭人之意；紫藤之妙在笔势回环，有怀素《自序》狂草的风味，几串藤花“花垂垂如贯珠”（自题），花光、珠光，耐人玩味。

昌老的篆刻早年（约在五十岁以前）向往皖派，效法邓石如、吴让之。到了晚年（在六十岁前后）歆契金石文字，如秦诏版、秦汉封泥、汉碑额等，汲古日深，由博返约，白文胎息汉印，朱文运用《猎碣》，于厚中见秀，于拙中见巧，虚实相应，安置妥帖，以是摆脱邓、吴，自成缶庐一派。

综观昌老的作品，致力之深超越天赋之厚。昌老于诗亦为高手，七言古体气势磅礴，读来令人悠然神往，近体蕴藉，雅有唐人遗音，著有《缶庐诗集》，为诗坛所传诵。诗之外，偶尔填词，毫无颓唐之笔。

一九一六年，昌老已是七十三高龄了，自书新润格由上海九华堂纸铺用石版影印，开头是几句韵语："耳聋足蹩吾老矣，东涂西抹殊可耻，加润频年非所喜，养疴得闲亦为己，大雅宏达请视此。"先人偶询昌老耳是怎样聋的，足是怎样蹩的，昌老说："耳朵是在窸斋（吴大澂）军幕时被大炮震聋的，足蹩是少时家乡（湖州市安吉县）连逢荒年，常吃野菜充饥以致。"昌老身躯不高，面部丰满，老而无须，曾刻有一方"无须吴"印章，三字叠韵，念起来很顺口，可为印林趣话。

昌老中年东奔西走，鬻艺为生，曾烦任伯年画了一幅《饥看天图》，吴大澂保举他为候补知县，做了一个月的安东县知县，因为不耐为五斗米折腰，挂冠而去，仍以卖书画刻印章为业。"一月安东令"这方印章，说的就是昌老这一段历史。

昌老晚年寓居上海北山西路吉庆里一幢三楼三底的房屋，楼上东、西房是卧室，楼下东房是会客室，西房是工作室。大门对联是"南华秋水；北苑春山"，门外左墙贴"安吉吴"三个字，右墙贴了一个特大的"聋"字，以避免不相识的人来干扰，诗人陈伯严（三立）赠诗有“聋字榜墙上”，即指此事。

昌老曾问先人：“我刻印不知让翁（吴熙载）、悲盦（赵之谦）愿我为他们捧水烟桶否？”先人知其意，答曰：“缶老、让翁、悲盦可称鼎足而三。”昌老挥谦而微笑。

昌老爱听梅兰芳唱昆曲，曾用泥金扇面画红梅赠梅，梅如获球璧。一时传为美谈，梨园界更诧为奇遇。昌老不但爱听昆曲，自己也爱唱昆曲。有一次在先人书斋忽然高兴，操湖州土音唱昆曲。我不知音，听了茫然。曲终，随先人拊掌而已。

一九一六年二月随先人初见昌老时，我年方二十，岁月催人，今已八十有八矣。自念今逢盛世，远胜昌老及先人晚年处境，应该发奋研究学术，争取有涓埃的贡献，因述吴昌老的故事纵言及此。去年夏天偶有“多情芳草恋斜阳”的诗句，见景生情，聊以写我心而已。

记一次“吴昌硕遗作展览”

曹用平

一九三九年六月一日，距吴昌硕先生逝世十二年后，上海美术专科学校为纪念吴昌硕先生，假座大新公司四楼举行遗作展览。参观者踊跃，日超一千人。门票每张五角，收入悉数移作医药救济金之用。

展出作品总计一百三十六件，另有吴氏次子藏龛遗作十六件附展，大多为收藏人王个簃、吴东迈、胡汀鹭、丁惠康、刘海粟等提供。分二室陈列，第一室陈列者为昌硕先生四五十岁及八十岁前后作品，第二室多为七十岁作品。在二室内悬昌硕先生遗像，像旁环立花篮七八只，遗物陈列计有：昌硕先生生前照片及皮冠、呢服、手杖、古琴、酒杯、鼻烟壶、笔砚等，古色古香，另有天台山农所提供的藏品，吴昌硕在同心楼吃饭时点菜单一纸。

布置庄严肃穆，参观者瞻仰遗容，缅怀遗德，多驻足不离。会场洋溢着学术研究空气，开幕之日，文人雅士，冠盖云集，极一时之盛，刘海粟、王个簃、吴东迈等亲任招待，周旋于众宾客之间，频频拱手为礼，气氛庄重。

芜园记

施旭臣

吴子苍石，今之惇朴士也。其为人不事修饰而中情纯一。居安吉城之东北偏，有旷地数亩，辟以为园，名之曰芜园。光绪四年秋，友人浴升来主其家，盘桓于园者旬日。见夫花卉草菜乱杂并植，足迹之余皆菅茅。书室之外，所谓台榭陂池为园所必有者，或缺，或仅有而不加饰。而吴子啸傲其中，若菟裘焉。乃喟然曰："芜之时义大矣哉！田畴以芜而存，草木以芜而生。天地以芜而万物成，人以芜而永保令名。不思夫大同之世乎，不独亲其亲，不独子其子，老有所终，幼有所长，熙熙焉，皞皞焉，于时人各遂其生，不知善之可趋，不知恶之可惧，禀天地之气，林林然，芸芸然，亦如庶草之繁芜，自华自实已耳。迨真性既漓，浇风斯扇，于是有圣人出，为之防制，为之整齐，欲使反其本，而适足济其伪。吾见夫修礼貌、慎仪节、言道义、美文章，类皆圣贤其外，蹻跖其中者也。夫至圣贤其外，蹻跖其中，其心之芜实甚，乃视之固秩然可观。孰若率性而行，任天而动，不致饰于外，不内疚于中，贸乎若愚，渊乎若虚，无荣无辱，无毁无誉，与大化相周旋，以天地为蘧庐。夫然后可保吾真，而游情于太初。吴子为人，盖芜其身，而全其心者也。故不以嘉名锡是园，而氏以芜。抑又闻之，芜有丰义，草芜而丰其种，人芜而丰其德。能丰而后可大，故又有大义。大者，芜之积也。不芜则不能丰，不丰则不得大，自然之理也。噫！世之辇山石、沟涧壑，穷极人力，以为游观者，自谓吾园一成，为子孙百世之业，乃不旋踵，而华屋山邱忽焉易主，徒使人感慨深之，何若斯园留不尽之天，为淑身之地，以彼视此，孰得孰失，必有能辨之者。虽然，吴子亦慷慨士也，天下有事，方当出而展其才，非终老是园者也。然则园之芜也，殆有不能芜者在。兹因吴子之属而记之，亦以见吾儒之寄托，固大有异乎恒情也。

（选自《安吉施氏遗著·金钟山房文集》）

别具深意的家书

黄苗子

昌硕先生自号“老缶”，于一九二七年以八十四高龄病逝沪寓。他生有三子：长子早逝；次子涵，字子茹；三子东迈。

缶老性情豁达，晚年寓言诙谐幽默。一九一〇年初，他以教子与家务相间，给正在江西任知县的次子子茹发去家书一通，信封上写以“吴子茹大老爷台启。昌硕上海虹口寄”。对儿子称“大老爷”，有无意带挖苦，抑当时礼俗如此，当无可据知。他在信中告诫儿子：“既为俗吏，不能不揣摩俗性。”“字画容检出交君砚带汝，碑帖则无可寄，汝知之也。然我劝你总以认真做官，不愿汝学我无赖无聊。挥泪言之，听不听由汝也。……然做官总以矢公矢慎，勤俭为本。雅僻之友远之，公正直谅之友近之，庶几乎近矣。”在一番教训深意之后，信意即转入家务：“汝弟喜事（按：娶媳妇），手头孔方不松，时占脱幅。汝能寄银最好。以我笔墨所入，几元几角之泉（按：即钱意），而大块用之，如何当得起，吾儿当为我细细思之。”

这位被父亲尊称“县大老爷”的当时还闹点“桃色事件”，不敢直接禀报老父，却在信中附一封给弟弟的信中透露出来。缶老对儿子此举的态度也颇幽默。“再见汝与汝弟信中云：‘饮赋小星。’此事世固有之，然汝须虑之周。现虽有差，而差可以即无，如何养活？若汝赴广西，此眷何以安顿？且大妇亦非安详有道者，倘纳之而口舌时兴，而纳者受罪。另租公馆，排场虽好看，而为良人者，恐不受用也……”最后，缶老又忽发奇问：“汝双目已不作桃红色否？如已明朗，运气来矣，此不近女色之明效也。知县大老爷，岂有红眼睛耶！”

缶老这封家书，写得委婉真切，有血有肉，活画一个旧社会知识分子既想“抗俗”又怕“违俗”的矛盾心情。对这封家书可评之有三：一是一篇绝世妙文，二可窥见缶老的生涯一角，三得借作近代社会风习史的镜鉴资料。

吴昌硕对夫人的绵厚深情

吴长邺

昌硕先生初配夫人姓章，浙江省安吉县过山村人。大约当先生十五六岁的时候，由他父母作主，与章氏夫人文定。清代咸丰十年（一八六〇），先生十七岁，太平军进兵安吉、孝丰一带，清兵尾随而至，一时烧杀掳掠，人民遭受惨痛残害，真是生灵涂炭。当时为了应付乱局，一般人家多把已出聘的闺女送往夫婿家去，以便跟着夫婿一同逃难。先生的岳家也这样办了。

章氏到了夫家，未及与先生完婚，而乱兵已经窜到村前近处。先生随着父亲仓皇逃往他处避难，章氏夫人因缠足不便赶路，只好伴着先生的老母亲万氏老太一起留住村中，兵来时，就在附近山沟里躲避。

同治元年（一八六二），乱势稍敛，先生回家省亲，满心指望与夫人重逢，不料回到家中，母亲告诉他，章氏夫人在先生抵家前已饥病去世，也无棺木存殓，只好草草把尸体掩埋在庭院中一棵桂树下。生离竟成死别，先生的悲怆心情可以想见。

不久，因附近还是不宁，先生再度外出，到同治三年（一八六四）中秋节才随父亲回家。到家后，打算将章氏夫人的遗骸发掘出来重新安葬，就亲自拿锄头把桂树下埋骨地方掘开来，谁知竟一无所获，先生不禁含泪吞声，悲愤不已，低徊回顾，感到无限怅惘，不尽凄楚。

二十年后（光绪十年，一八八四），先生寓居苏州，在某个秋天的夜晚，忽然梦见了章氏夫人，醒来缅怀不已，追念往事，引起无穷感触，即作长古一首，题为《感梦》，其中有这样一些抒发自己深切情意的诗句：

凉风吹衣袂，徐徐展跬步。
相见不疑梦，旧时此荆布。
别来千万语，含意苦难诉。

他又治印一方，文曰“明月前身”，是朱文的，印石的一边刻有章氏夫人的背面像。直到晚岁，他还时常把这一方印钤在画幅边角上，特别是画梅花时用得更多。

昌硕先生逝世后五年，后裔东迈先生等遵遗命安葬先生于浙江省余杭县超山，同时将章氏夫人的神主移葬同穴，这也是遵照先生《感梦》诗中所说的“他年招魂葬，同穴傍祖墓”之意。

同治十一年（一八七二），昌硕先生二十九岁，在安吉与施氏夫人结婚。夫人名酒，字季仙。浙江省归安县菱湖镇人。她父亲名绶，字亦吾，是一位贡生，善诗文，当时在安吉县署里充当幕僚。尽管当时昌硕先生家境非常窘困，阮囊艰涩，施老先生独具慧眼，赏识他的非凡才华与高尚人品，毅然把爱女许配与他，由此昌硕先生与水乡菱湖结下了不解之缘。昌硕先生经常到岳家小憩，在施老先生告老还家之后，往还更勤。当时施氏老屋（鸿绪堂）就坐落在菱湖，据说曾是卫生院的后面，附近有一所青云阁茶楼与老屋隔河相望，有小木桥可通，昌硕先生每到菱湖总爱在这座茶楼中会友论文。在老屋中，昌硕先生手刻了许多印章，习书学画的墨迹也比比皆是，可惜当时无人注意，没有很好地把这些珍迹保留下来。

施氏夫人有四位姐妹和一位幼弟，她自己排行第三，生于道光二十八年（一八四八），小于先生四岁。在先生指点下，她也逐渐学会了作诗和篆刻，料理家务之余，也研墨奏刀，聊以自娱。

为了寻师访友，求艺术上的深造，同时也为了谋生，先生在中年时代时常离乡背井，到南北各地去，往往常年不归，真像他自己在《别芜园》诗中所说："昨归今出门，一别一寒暑。"家中只留下继母杨氏和夫人施氏，家务多仗夫人撑持。同治十二年（一八七三），生长子育，三年后又生次子涵，家庭负担更重，而先生当时充当幕僚一吏，薪俸收入不多，夫人费尽心机，昼夜劳瘁，才能勉强维持。不管生活怎样困难，夫人助夫教子，尽心竭力，从无怨言。先生对此感慰殊深，曾写出了《忆内》的著名诗句，有：

竹里西风搜破屋，无眠定坐灯前卜。

谁家马磨声隆隆，大儿小儿俱睡熟。

这首七绝随手拈来，十分自然，家乡风物，历历如绘，字里行间，充分抒发了渴念家乡的心情，也洋溢着浓厚的生活气息。再如在《〈饥看天图〉自题》一诗中还有这样的片段：

我母咬菜根，弄孙堂上娱。

我妻炊扊扅，瓮中无斗糈。

施夫人秉性淡泊，不慕荣华，粗茶淡饭，安己若素，而昌硕先生专心艺事，敝屣功名，能无后顾之忧，有贤内助所出的一分心力。

光绪十三年（一八八七），施氏夫人四十初度，先生作《丁亥八月廿七日赠内》诗,以无限感激的心情回忆往事。他如此写道：

山妻四十明朝过，往事低徊倍可嗟。

曾把锄犁归老圃，更持门户向天涯。

织缣出入添荆布，吃墨零星堕齿牙。

醉眼却逢秋雨歇，节南山影在烟霞。

后来，先生寓居苏州，鬻篆刻印，收入稍丰，才把夫人和儿子接出来，一同过着清苦又和乐的生活。在另一首《赠内》诗中，生动地写出当时的生活和心情：

客里垂垂老，相依各性真。

我残夔一足，卿瘦鹤前身。

裙制量春草，头梳挽旅尘。

平居数长物，夫婿是诗人。

正因夫婿是诗人，在清苦淡泊的生活中，共同磋商艺事，也饶有乐趣。夫人偶有刻印，先生加以指点，成就也颇可观。著名金石家朱其石在所著的《印学从谭》中说："吴昌硕妻施季仙得夫子传，能小印，斐然可观，惜不恒为人作耳。"

先生为夫人作《采桑图》题七绝两首，其一：

裙布不完头不梳，柔条采采叶扶疏。

豳风图里劳人在，夫婿偷闲好读书。

先生对夫人的感激心情溢于言表。施夫人助夫教子，劳瘁一生，到了晚年，生活稍稍好转，不幸她悠然谢世，病逝于一九一七年五月，享年七十。先生哀痛逾恒，竟致一场大病，病中屡次想作诗悼之，略抒悲怀，未握管已泣不可抑，时隔好久，才写出首真切地抒发出悼情意的诗，即《夜不成寐书二绝句》之一：

桐棺一去隔浮云，来梦轻裾旧布裙。

色笑承欢应似昔，缪家窝畔舅姑坟。

某夕又梦见夫人，醒来便作《夜坐有感》诗：

前匹死难白骨无，老妻又丧天难呼。

片心宛转病不死，泪作铅注愁目枯。

死者长已生声吞，昨宵入梦归来魂。

梦醒一灯雌不温，顾影徒诧衰翁存。

……

在《病余》诗中写有："病余人比还魂鹤，弦断秋横涩指琴。"先生八十二岁寿辰，作梅花一幅，题画句中有："蝶谁梦续疏还补，琴不弦张抚自伤。"足见先生对夫人情感的真挚。

夫人逝世后一年，先生命二子涵、迈葬夫人于故乡鄣吴村附近的凤麟山麓，并为先生营生圹，后来先生自选超山为长眠之地，后辈也遵先人遗嘱将夫人灵榇和章氏夫人神主由故乡移此同穴安葬。

吴昌硕与施季仙的姻缘

施星火

吴昌硕在芜园中耕读，二十五岁那年（一八六八）的春天，他父亲因病逝世，享年仅四十八岁。从此，他与继母两人相依为命，依靠当塾师和代人书写为生。他们的生活之窘困是可想而知的。正因如此，故到二十九岁还没有娶妻。从当时的社会风习来看，这样大的年龄还是个“光棍”，无疑是不多的。

那时，安吉县衙里有个幕僚叫施咸侗（同人），是归安菱湖（今湖州市菱湖镇）人。他有五个女儿和一个儿子。施家在菱湖镇上原是个“书香门第”，不过到施同人手里已家道中落了。尽管他胸罗万卷，下笔千言，可就是不善于帖括（八股文），因此，连一个最起码的秀才也没有得到，后来得到一个“候选从九品国学生”的空头衔，奔波各地，靠着当佐吏下僚来养家糊口。他既无权，又无势，只有一身傲骨，两袖清风。他愤世嫉俗，不愿向权贵折腰，因此不免到处碰壁。

施同人最爱他的第三个女儿施酒（季仙），故把她带在身边。

施季仙从小跟父亲读过几年书，有些学问。为人贤淑，但也相当自负，从不把那些纨绔子弟、花花公子看在眼里，因此人家多次来做媒，都被她一口回绝。就这样，不知不觉耽误了自己的青春，成了一个二十五岁的“老姑娘”。然而，她并不为自己尚未出嫁而感到委屈和忧伤，恰恰相反，她一点也不着急，而且还暗暗下了决心，要嫁就得嫁一个有才华、有抱负的如意郎君，否则，宁愿做一辈子的“石户槛”（湖州人对“老姑娘”的贬称）。

真是无巧不成书。一个偶然的机会，施同人认识了吴俊卿这位寒士，并读了他的诗稿，看了他的印存，断定他是个可造之材。别看他个子不高，貌不惊人，透过他那朴实无华的外表，可以看出他那热情奔放的内心。施同人凭着自己一双颇有阅历的眼睛，识英雄于草莽之中。与此同时，他的堂弟施荣绶（晓湖），从家乡到安吉来探亲，跟吴昌硕晤谈之下，也非常赏识他。于是，施同人便毅然决定招吴昌硕为婿，将三姑娘嫁给他。

当时，尽管人们把吴昌硕叫作什么“山里蛮子”或者“书呆子”，又说他家里穷得揭不开锅盖，可是，施季仙喜欢他的诗歌和印章，对这桩婚事也就毫不含糊地点了头。

吴昌硕的老师施浴升与施同人十分投契，两人还认了同宗。当时，他受托到吴家去做媒，吴昌硕喜出望外，当然一说即合。不过，他的继母因拿不出聘礼而很担心。施浴升即向她说明：女家爱的是人才而不是钱财，还愿意多给点嫁妆，以玉成这件美事哩。这一下，杨夫人心上的一块石头才落了地。

到了结婚那天，两家都只请了少数至亲好友来观礼，婚事办得虽很简单，但却很隆重。按照当地的风俗，新娘坐的花轿到男家后，新郎应当出来迎接，向花轿作两个揖，然后新娘由小姑扶着下轿，可是，那天花轿已经到了吴家门口，却不见新郎出来相迎。人们急得像热锅上的蚂蚁，到处找新郎。

谁知吴昌硕在接待了一会儿贺客之后，突然想起要看点书，就走进自己的书房，一头钻进了唐诗这个无边无际的瀚海里，竟忘了身外的一切，甚至连花轿到来的吹打声、爆竹声和人们的喧闹声也根本没有听见。

大家也想不到他会在书房里，直到各处都找遍了，有人闯进书房去看看，这才发现了他在吟哦，于是一把将他拖了出来。吴昌硕大吃一惊，顿时也醒悟过来，遂踉踉跄跄地向前奔去。哪知一不小心，双脚踩进一个大水洼。他那双簇新的粉底靴子立刻沾满了污泥浊水。

“糟了，糟了！”大家一见，不约而同地喊出声来。人们心里马上涌起“这件事多不吉利”的想法。

施浴升在旁睹此情景，也不觉失色，好在他急中生智，连忙大声嚷道：“好兆头，好兆头！用不了多久，新官人就要穿上朝靴，一品当朝啦！”他故意利用谐音，把“潮靴”说成“朝靴”。在场的人也很机灵，立刻跟着高声喊道：“好兆头，好兆头！”说着个个都笑得前俯后仰。

后来，施夫人生下了三个儿子（长子早殇）和一个女儿，加上丈夫和婆母，一家七口。这副家务担子是够沉的，可她一直默默地挑在肩上，毫无怨言。昌硕仍沉湎艺事，不事治家，她很理解和体谅他，并且还鼓励他。昌硕每每作了诗或者刻了印章，总是请自己的夫人做第一个读者和欣赏者，他也因此而感到自豪。

但为了一家人的生计，昌硕后来不得不离乡背井，到外面去谋生和学习，有时经年不归。“过尽千帆皆不是，斜晖脉脉水悠悠。”施夫人就是在这样的翘首期待中，一天又一天地打发着那些清苦、漫长、充满刻骨思念的日子……

人生只合驻湖州

吴长邺

湖州，对吴昌硕先生来说，是非常亲切的字眼。先生曾治印一方，文曰："人生只合驻湖州。"可见昌硕先生对湖州的深厚感情和热忱的向往。按旧制，安吉县属于湖州府管辖，新中国成立后，湖州市委依然是安吉县的领导。昌硕先生在婚后第二年离家外出寻师访友，最先就是到达湖州，后来又经常往返其间不计其次数，故他在湖州的事迹留下不少，值得我们缅怀和追思。即以治印来说，除上述的一方之外，还有"湖州安吉县"的合文印和"湖州安吉县，门与白云齐"的白文印。这两方印文是出自唐朝诗人周朴的诗句，周朴是湖州人，字大朴，曾题一首名为《董岭水》的诗，曰：

湖州安吉县，门与白云齐。
禹力不到处，河声流向西。
去衙山色远，近水月光低。
中有高人在，沙中曳杖藜。

周朴所指董岭水者，实是安吉县苕溪之一源。考苕溪有四源，董岭水一源是由董岭入江渚溪，分东、西二流，东流入安徽省宁国，西流入安吉县，昌硕先生是摘取诗中首二句入印。

昌硕先生到湖州后，在三十二岁结识文人陆心源，并在陆家设馆授徒。陆心源，字刚甫，号存斋，别号潜园，是湖州著名文学家、鉴赏家和收藏家。藏书极富，因珍藏宋版书二百部，而名其斋曰“皕宋楼”。又集古砖千块，筑亭名曰“千甓亭”。家富，又建庄园一所曰“潜园”,其老屋名“恭俭堂”。时陆心源四十二岁，长昌硕先生十岁，相距不大，且二人同嗜砖癖、好读书，意气相投，大有相见恨晚之意。心源羡昌硕先生学识渊博、器宇不凡、人品清高，尤精于金石篆刻，因延请其设馆在家以课子，昌硕先生乐以接受。当时陆家潜园建筑，布置得非常幽雅精致。据光绪中叶文人周庭华（字少莱，号说莲）诗《潜园十六咏》记载，园内有“五石草堂”“守先阁”“四海精舍”等十六景，园中垒石筑山，引水成池，亭台楼阁隐现于嘉树名卉与假山溪流间，确是一处极好的休憩场所，故当时湖州学士每爱聚首潜园，吟诗作赋开诗酒盛会，昌硕先生在《削觚庐印存》中所述及的凌霞与施均甫二人，就是在潜园相识。二人是陆家常客。昌硕先生得常与诸名家交游，请教诗词学识，受益匪浅。课余之暇，勤于考释古文旧学，研究砖学，才艺猛进，开艺术成功之端。

湖州博物馆今珍藏有一件极名贵的文物，是由吴昌硕先生所书而由大名家沈瑞琳手撰的一副对联，上联是“云排谷口神仙出”，下联是“巢隐松间鸾凤栖”。沈把“云巢”二字排立联首，为的是要切对湖州当地云巢山风景胜地而撰，对仗工整，令人叹服。昌硕先生书来又是遒劲苍辣，是珠联璧合的绝妙佳作。旧悉云巢当地原有一座巨大石牌坊，顶端刻有“吴沈门”三字。据前人传说，此地古有吴、沈、孟三姓居住，而“孟”与“门”是当地土语发音相似，久之“孟”误传为“门”，以是出现“吴沈门”之石坊。石坊两旁有两副对联，其正面一副是吴昌硕撰联而由沈瑞琳书，上联是“龙门在望仙缘近”，下联是“凤鸣突藏道体真”。另一副即本文上面所述。二人交替撰写二联，一时传为佳话。此石牌坊今已毁去。沈瑞琳字砚传，好书法，有文名，其父沈仲复，昌硕先生在《石交录》和《削觚庐印存》中都提及，述之颇详。文曰：“沈中复方伯，名秉成，归安人，咸丰六年进士……官侍从时，蹇谔建言，凡上封事三十余通，请减吾湖岁赋，及为殉难士民请恤，皆奉谕旨施行，尤彰彰在人耳目。……夫人严氏，名永华，工诗画，琴瑟甚笃，伯所以筑耦园也。又曾得异石，剖之有鱼形，遂制为二砚，名之曰鲽砚，所居室为鲽砚庐，广征题咏。”

昌硕先生三十三岁农历九月初八日，次子涵在湖州诞生，乳名壶儿。取“湖”与“壶”同音，隐示勿忘湖州。涵字子茹，号臧龛，幼而颖悟，受家庭熏陶，笃嗜文艺，克承家学，精篆刻，能绘事，惜寿不永，先昌老半年逝世，传世作品罕少。昌硕先生曾题菊石图诗曰：“篱菊瘦逼人影，山风虚落石头。秋色江南如此，几时归去湖州。”其对湖州怀念之深如此，大有“低头思故乡”之缠绵情意。

吴昌硕在菱湖

施星火

清末的菱湖镇面积不到一平方千米，人口不过三四千。全镇分为东、南、西、北四栅。

吴昌硕岳父的家就在东栅务桥与胜祖桥之间的小河旁，堂名叫“鸿绪堂”。务桥原名叫秀溪桥，是镇上最古老的桥之一，鸿绪堂旧名“均济堂”，曾经有过一块“御书”匾额。吴昌硕曾为他的叔岳父施晓湖写过一副隶书对联，那联语就是：“秀溪桥卧清韵水；均济堂承旧赐书。”

鸿绪堂的建筑式样很特殊，有些像北方的“四合院”。中间有一个相当大的天井，四面除了大门外，全是通道，两层楼房。住着同族三四户人家。朝南有一个三开间的楼厅，平时空着，遇到红白大事才使用一下。厅堂正中悬挂着堂名匾额，前面梁上高挂着一只“诰命”木箱，里面藏的是施荣绶被任命为永康县教谕的“圣旨”。厅堂东首木头架子上插着几块“肃静”“回避”“永康县教谕”等行牌。西面走进门去是一间很大的书房。书房里靠墙有一排书橱，里面放着一叠叠书帙。窗口有一只马鞍式的硬木书桌和一只太师椅，桌旁放着一只皮面软靠椅，靠近板壁还有两套椅子茶几。中间长桌上放着花瓶和帽筒等。正中悬挂着吴昌硕所作的《南天竺巨石图》，配以杨藐翁所书对联：“笔落惊风雨；诗成泣鬼神。”两旁悬挂的是吴昌硕临摹《石鼓文》的长屏条和他手拓汉砖砚的短屏条各一堂。这里就是吴昌硕早年与他的妻弟施为（石墨）和挚友崔适（怀瑾）、毕兆淇（蕉盦）、吴瘦绿等谈诗衡文、挥毫作画的所在。

吴昌硕的妻弟施石墨，能诗，擅书法，学识相当渊博，只是怀才不遇，连秀才也没有考上。做官既无门路，就只得充当塾师和下僚，潦倒一生。他因潜心习艺，不善治理生活，家庭经济十分拮据，心情更抑郁寡欢。他曾自书一联：“断简残编，一世功名成画饼；南船北马，半生事业等飘萍。”吴昌硕早年遭遇也多坎坷，因此对他十分同情，待他胜似手足。石墨引昌硕为知己，两人无话不谈，不拘形迹。由于昌硕饱学多能，石墨有时还尊称他为“先生”，以示崇敬之忱。

那时，吴昌硕也充当幕僚，往往要随着主官进退，因此“赋闲”乃是常事。当他一时找不到工作，就在菱湖为人书写或刻印，聊以博些糊口之资。因为这里离苏、杭等地不太远，信息也比山乡灵通得多，故而他乐意在这里小憩。

他在菱湖时，每天忙于读书习艺，偶得闲暇，便约二三知友到对岸的“清韵阁”（后改名“青云阁”）茶楼上去品茗谈天。茶楼的“雅座”里，放着许多方桌和凳子，临河有一排栏杆，茶家们凭栏远眺，可见小船穿梭往来，那些桨和橹在镜子般的湖面上划出一条条波纹，前面还未平息，后面又荡漾开来。

吴昌硕三十六岁时（一八七九），画了一本《墨梅图册》，上款为“振甫六弟属画”（施为，初字振甫），此图册是现存吴昌硕最早的作品之一。另有一帧山水横幅，画的是昌硕与石墨以及几位友人一同泛舟泖湖所见（泖湖又名三泖，在今上海市青浦县西南，松江西和金山西北，现已淤为平地），有长题，是他生平所作极少数山水画中富有纪念意义的一幅。这两件作品于战乱时散失，不知现在是否还在人间。

后来，吴昌硕住在苏州，晚年则定居上海，鬻画极为忙碌，也就很少有机会到菱湖去，但他还一直惦记着这个旧游之地，时常派遣他的儿子东迈去探亲。每当施家的晚辈到上海，他总是喜形于色，频频叮嘱儿子和儿媳们："要好好款待外婆家来的客人！"施家知道老人特别爱吃菱湖的熏青鱼、黑豆腐干、酥糖、炒青豆等土产，每年买了寄去，老人见了非常高兴。因为这些食品不仅是他爱吃的，而且还能勾起他早年的一些美好的回忆。

吴昌硕在苏州

吴民先

今年是吴昌硕先生诞生一百四十周年。

吴昌硕（一八四四——一九二七），浙江安吉人。原名俊、俊卿，字昌硕，中年以后以字行，别号有缶庐、苦铁、大聋、石尊者、破荷亭长、五湖印丐等，吴昌硕以诗、书、画、印四绝的艺术成就著称于世。他金石成就最高，其铁笔劲遒，近百年来几乎无人企及；他的书法，风格独特，影响深远；他的绘画作品则体现了他诗、书、画、印四绝综合性的艺术成就，日本评论家认为他的画达到了中国文人画的最高峰。他的艺术风格影响所及，自海内至东瀛、至南洋，旋至欧美。如今，世人心向往之，研究蜂起，这是我们中华民族的骄傲。

苏州是吴昌硕生活过的地方。生活在苏州的时期，是他艺术生涯中的一个重要发展阶段。二十八岁那年（一八七二），吴昌硕游学到杭州、苏州，此间曾从俞曲园学习辞章和文字训诂之学。不久，他在苏州居住下来。在这里，他结识了许多艺术界知名人士，如杨藐翁、任伯年、沈石友、张子祥、陆廉夫、倪墨耕、潘伯寅、吴平斋、吴大澂等人。吴昌硕还与吴敫木先生之祖父吴伯滔、父亲吴待秋相友善；与顾笃璜先生之祖父顾鹤逸麟士过往甚深，并参加过他发起组织的“怡园画社”。吴昌硕在同这些文人的交往中，待人以诚，求知若渴，取人之长，补己之短，并在切磋艺事的过程中与他们建立了很深的友谊。他的《十二友诗》《怀人诗》就是明证。这对于他在艺术上迅速进步日趋成熟是有着十分重要的意义的。其中许多事很值得纪念。

杨藐翁是著名的书法家、经学家和诗人，为人耿直，不谐流俗。吴昌硕敬佩他的为人和治学，曾诚意备函请求列名于藐翁门下。然藐翁复信婉谢，表示愿以换帖弟兄相称。书中有"师生尊而不亲，弟兄则尤亲矣。一言为定，白首如新"等语。尽管如此，吴昌硕仍以师尊之礼相待，并自称"寓庸斋内老门生"。彼此师友之情是极其深厚的。当时吴昌硕住在葑门南园附近帝赐莲桥西亩巷内，与杨藐翁相邻。一年春天，寓庸斋内玉兰盛开，而邻居吴昌硕四间楼内却无花木清供，藐翁便亲手折了一枝送到吴昌硕住处。吴昌硕立即汲井水供养于古缶内，香溢一室，十分喜欢。藐翁即请吴昌硕为花写照。吴昌硕挥毫画毕，意犹未尽，又题长诗一首："晨钟未报楼阁曙，墙头扶出玉兰树。南邻老翁侵晓起，持赠一枝带晓雾。……愿从日日花下游，一日看花三百度。"欣喜之情跃然纸上，他们之间的友谊于此可见一斑。

吴昌硕三十多岁时，经友人高邕之介绍，曾向任伯年请教画艺。伯年要他作一幅看看。他说："我还没有学过，怎么能画呢？"伯年道："你爱怎么画就怎么画，随便画上几笔就是了。"于是他简单几笔画了一幅墨牡丹，伯年看他落笔用墨浑厚挺拔，不同凡响，不禁拍案叫绝："你将来在绘画上一定成名。即使现在看来，你的笔墨已经胜过我了。"从此二人一见如故，成为至交，经常切磋，研讨画艺。他俩的关系不是有的文章所说的师生关系，而是互有影响的艺苑知音。他们之间的深厚友谊和画风影响，使他们各以自己独树一帜的艺术风格，攀上了近代中国绘画艺术的高峰。

在苏州期间，吴昌硕经吴平斋介绍，认识了虞山著名诗人沈石友。两人交谊很深。沈石友常将自己收藏的文物字画供吴昌硕借鉴，并在经济上资助吴昌硕学艺。沈石友在诗歌创作上对吴昌硕的帮助更大，曾多次为他改诗，并为《缶庐诗》校勘。吴昌硕也经常为沈石友作书、作画、刻印、刻砚铭。沈石友《品砚图》的一百五十八面名砚中有一百二十面砚铭为吴昌硕手刻。吴昌硕与沈石友的书信往来是很多的，在他迁居上海以后亦时常书札往返。日本出版的《吴昌硕信片册》收集了吴昌硕致沈石友的明信片多件，论艺敲诗话家常，内容广泛，反映了他们的治学精神和深厚友谊。

吴昌硕书法以写石鼓文而得名天下，其机缘也是在苏州。大约在一八八五至一八八六年间，好友潘瘦羊将汪鸣銮手拓的《石鼓》精本送给他。吴昌硕如获至宝，喜不自胜。曾作长诗一首记之："从兹刻画年复年，心摹手追力愈努。葑溪新居南园邻，种竹移花满庭户。清光日日照临池，汲干古井磨黄武。"正由于他以"汲干古井"的精神临习,所以他的石鼓文一日有一日之面目，雄浑朴茂，意境深远，被公认为法书。

吴昌硕到苏州之前，对于篆刻就有相当基础，到苏州后曾在吴平斋家课其二子。在授课之余他专心刻印，书房里堆满了一墙角刻了又刻的石块和瓦片。吴平斋看了非常感动，十分钦佩他的苦学精神和顽强毅力。于是吴平斋就把自己珍藏的名家印谱印章和历代彝器文物，供他观摩临习。这样，吴昌硕的刻印艺术就有了新的突破而走向成熟。

一八八二年农历四月初九，友人送给吴昌硕一只得自古圹的古陶器——缶。吴昌硕十分喜爱，遂名其居为“缶庐”。从此，缶庐就作为他的别号同他的艺术成就一起驰名中外。

吴昌硕在苏州常与友人们聚集在一起唱和论艺，他曾为苏州的许多名胜，如虎丘、北寺塔、双塔、怡园、枫桥、天平山、邓尉山等，写下了脍炙人口的诗篇。

在苏州时期，吴昌硕的生活是很清苦的。为了谋生和学艺，他曾做过短时期的当差小官，自称“酸寒尉”。他为了寻师访友，追求艺术上的深造，离乡背井，经年不归。直到光绪八年（一八八二）才把季仙夫人、长子育、次子涵从安吉接至苏州定居（三子楚，幼殇）。一八八六年在苏州生下了幼子迈。经过青少年和壮年时代的努力，吴昌硕在艺术上已经取得了相当的成就。为了谋生，更为了攀登更高的艺术峰巅，吴昌硕在一八八七年举家第一次迁往上海。

吴昌硕虽然离开了苏州，但仍经常往返于沪苏之间。杨藐翁七十寿辰，他特地画《蟠桃图》亲自送来苏州为藐师祝嘏。他十分思念邓尉梅花，曾作诗云：“十年不到香雪海，梅花忆我我忆梅。何时买棹花前去，便向花前倾一杯。”他对苏州的感情是很深的，所以他在晚年经济宽裕以后便买下了桂和坊十九号（今桂和坊四号一）的住宅，自己和家人在苏居住，其中的“古缶庐”大厅则是他从事艺术活动的地方。辛亥革命后，他最后定居上海。

吴昌硕在苏州的时期是他艺术生涯中的重要时期，内容极其丰富。今天择其部分介绍给读者，并申笔者对先辈的缅怀之忱。

吴昌硕投笔从戎

张新

吴昌硕爱画梅，也爱画荷，他有一个署名就叫作“破荷”。他画的荷花，高洁飘逸，苍劲有力，正气幽香。笔者因为身旁带着的一张当天报纸载有“‘济远’舰主炮打捞出水”的新闻，从而想起了甲午战争时期，爱国主义者吴昌硕一段投笔从戎的笔旅生涯。

一八九四年，中日甲午战争爆发。五十一岁的吴昌硕，随从因书画金石相识而成莫逆之交的吴大澂将军率湘军北上山海关御敌，协助处理一些文秘工作。年逾半百的吴昌硕，在军旅中已是老人，加以早年境遇坎坷，体弱多病，对于这样的征途跋涉，实在很难胜任。但他激于爱国热情，另一方面也是抱着“士为知己者死”的信念，毅然辞别家人，束装就道，慷慨赴难。启程前，他曾写下“可怜辽阳讯，魍魉跃波澜”的诗句，他那对国土沦丧、强寇入侵的义愤之情溢于言表。

到了关外，吴昌硕目击官兵上下一心，同仇敌忾，感到无比振奋，对战局相当乐观。谁知威海卫一战，我“致远”舰受重创。管带邓世昌在千钧一发之际，决心与敌舰“吉野号”同归于尽。不幸“致远”舰开足马力向着敌舰撞去时，中鱼雷炸裂，全舰二百五十人壮烈牺牲，时亦夏日。吴昌硕闻讯悲愤交加，写七律抒怀：“凭吊忠魂歌莫哀，传闻邓禹绘云台。（原注：邓军闻世昌八月十八日海战殁。）可怜旗鼓伸天讨，未见珊瑚入贡来。谢傅围棋终破贼，班超投笔敢论才。妖星看挽强弧射，独立营门遣酒杯。”诗中所论的“云台”，指的是汉显宗为追念功臣而筑的高台，上面画着二十八位名将的图像。“绘云台”是说邓世昌为国捐躯，成为烈士，必将留名青史，永垂不朽。诗人把吴大澂比作东晋时淝水之战大破苻坚的谢安石，把自己比作东汉时投笔从戎的班超。全诗哀而不伤，结联凛然振起，寄希望于未来，意味深长。

甲午之战北洋海军全军覆没，吴昌硕深切感到清王朝腐朽无能，金瓯残缺，报国无门。于是他发出悲歌，曰：“海军未复谁雪耻？愤失海权蹈海死。呜呼吾国多烈士，精卫衔石沧海填。”

据载，吴昌硕为了纪念那次甲午战争中投笔从戎的壮事，曾请他的艺师和挚友任伯年，为他作了一帧《山海关从军图》。可见他对这段军旅生活的看重。他晚年吟画的诗中，还感叹：“石头奇似虎当关，破树枯藤绝壑攀。昨夜梦中驰铁马，竟凭画手夺天山！”

今年六月下旬，一家海洋工程公司的潜水员们，在旅顺口羊角湾附近海域打捞出甲午海战四大名舰之一“济远”号的一座主炮。读着报载的这一消息，望望西子湖的映日荷花，令人油然怀念起当年这位投笔从戎的艺术大师吴昌硕。

一九八八年八月

吴昌硕与天津诗人

迟叟

吴昌硕（时名吴俊卿，字仓石）在清光绪九年（一八八三），四十岁的时候，曾乘船从海道来到天津。他拜访了天津诗人杨光仪（字香吟，一八二二——一九〇〇）。当时杨光仪已六十二岁。杨自三十一岁中举后，十一次考进士都没有中。但他主讲天津辅仁书院几十年，高凌雯、王守恂、赵元礼诸作家，均从他受教。这次吴昌硕来天津，和杨光仪过从甚为融洽，并作两首七绝赠诗。杨光仪给吴昌硕作了一首七古长诗，收入《碧琅玕馆诗续钞》卷四。

第二年，光绪十年（一八八四）秋，吴昌硕在南方作一首七律《得天津杨香吟孝廉书却寄》，云："问津黑水三千里，看竹穷檐十万竿。书到秋声传纸上，酒醒名士隔云端。至情老去还依母，频岁饥来转谢官。料得关河霜雪早，芦帘土锉对清寒。""谢官依母"指光绪九年（一八八三）春，杨光仪补东光县教谕，因母老辞不赴任。

光绪十一年（一八八五）夏秋间，吴昌硕有《怀人诗》十七首，其中有《怀香吟》一首，可见吴昌硕与杨光仪交谊之厚。

一月安东令

王鸿澜

清光绪二十五年（一八九九），我国近代画坛承先启后、立宗开派的大宗师吴昌硕受任淮安府安东县（今淮安市涟水县）县令。

吴昌硕到任后，既不去拜会同僚，也不去照会地方士绅，一切官场应酬皆免了。他明查暗访，审理冤案，时人称他为“青天”。公余，吟诗作画。他推崇米南宫，到任后就去观赏米公亭和米芾洗墨池。见米公亭破损，即下令修整。

淮安知府当时感到奇怪，吴昌硕到任后既没有晋谒，也没像其他知县那样送来厚礼，着人到省城打听：吴昌硕是否有来历？探问后并没有。他听说吴昌硕会画画，便叫衙役前去向他索，意思是投石问路，先试探一下。不想吴昌硕以刚到任不久事务繁忙为借口，婉言拒绝了。他碰了一鼻子灰，心中恼怒。又派两个心腹到安东暗地察访，想找吴昌硕岔子，以便对他进行惩治。没几天，两心腹回来说：吴昌硕办事精明，一时难以找到他的过失。并说，此人十分怪僻，不和常人往来。公余，不是看书，就是绘画，有时还独自吟诗。他对县署内当年米南宫留下的两块石头很感兴趣，是拜了又拜，在城里一时传为笑谈，有人说他是痴子。他们还抄录了吴昌硕写的一首诗《岁己亥十一月摄安东县即目》。诗云："旧黄河势抱安东，古木寒潭万影空。卧榻冷悬高士雪，卷茅狂听大王风。诗来淮上秋山里，人在天涯水气中。眼底石头真可拜，倘容袍笏借南宫。"

淮安知府看后扔掉纸片，冷嘲道："他要学米南宫！真乃无独有偶，一个是米颠，一个是吴痴。我倒真要看看他吴昌硕是何等人物！"这时正好安东来一姓王的士绅到府衙告状，说现在安东是刁民得势，士绅遭殃。他说吴昌硕审案独断独行，对他是头上加刀，推翻前判，从狱中放出抗租的佃户，还要罚他的款，并限定时日缴纳，不然就抓他坐牢。

淮安知府正想找吴昌硕的由头，不想这姓王者送上门来，正是时候。但他坐在堂上，故作姿态，眉头紧皱。来者意会，立即献上二百两纹银，说："请青天大老爷为小民做主。"淮安知府这才发话，叫人打轿安东县，他要亲自查办。

淮安知府来到安东县衙，见无人迎接，心中十分不快，只见吴昌硕正在指挥人挖井，更是怒气冲天。吴昌硕闻讯忙来见他。他强压住怒火，冷冷地责问说："朝廷以一县邑付公，公理应鞠躬尽瘁，怎能这样荒废公务？再说，城里到处是水，还要掘井做甚？这不是劳民伤财么？"吴昌硕不卑不亢地分辩说："大人有所不知，城里东、西两澳水太咸，黄河水又太浑，不能用来磨墨。至于公务……"没等吴昌硕讲完，淮安知府就大声呵斥道："放肆！"说完，拂袖而去。

吴昌硕十分气愤，他感到自上任以后，处处有阻力，有人故意刁难，有人从中作梗，有人暗地捣鬼，使他很感掣肘。他不善巴结逢迎，也不去结党营私，更不愿昧着良心办事。陶渊明不愿为五斗米折腰，他也不愿摧眉折腰去事奉权贵。所以，他到任虽才个把月，就毅然挂冠而去，并刻印以明志："弃官先彭泽令五十日""一月安东令"。此两枚印章，现收藏在杭州西泠印社。

吴昌硕掘的那口井，现在涟水县城内，人们称为"昌硕井"。

题襟馆

吴长邺

在有“人间天堂”之称的杭州西子湖畔，坐落着闻名中外的西泠印社。风景幽雅，秀木成林，许多具有民族风格的古建筑点缀其间。社基是孤山的一脉，其最高处有屋数间，是印社社员切磋印学的地方，名曰“题襟馆”。背靠里西湖，面对外西湖，环顾前后左右，西湖胜景历历收于袖底，得环水抱山而又环山抱水之天趣,是社内风景最佳处。“题襟馆”建于一九一三年,初名“隐闲楼”，后又名“题襟馆”。考“题襟馆”之有，实早于西泠印社之成立。

“题襟馆”初址是在上海，约创于清光绪中叶，时名“海上题襟馆”，馆址设在福州路，旨在以金石书画会友，故又名“海上题襟馆书画会”。第一任会长是阳湖汪洵（字子渊，号渊若）。与会者逐年增多,会址小不够应付,迁汕头路,配有会员长驻其间，专任司理日常会务。旋因常驻会员俞语霜不知因何事故自杀身亡，与会者认为会址不祥。约在一九二二年又迁宁波路渭水坊内上海西泠印社西贴邻。当时渭水坊内有家“雪怀照相馆”，店主林雪怀是上海某著名影星之原配丈夫，交友甚广，爱好书画，常来会中为与会者摄影，余曾珍藏多帧。因战乱搬迁散失，定居南昌路后只剩一帧，照内人数二十余人，中有吴昌硕先生、哈少甫、王一亭、商笙伯、狄楚青、丁仁、唐吉生、诸闻韵、刘山农、刘玉庵、钱瘦铁、黄葆戉、吴幼潜、赵子云、骆亮公、吴臧龛及吴东迈，其他人名已忘。因仅此一帧，余甚宝之，难得出以示人，岂料如此珍贵文物，竟在“文革”中，被人撕毁，余深为痛惜。在当时书画会中，会员除金石书画家外，也有不少民国成立后，从清王朝政治舞台上退下来的遗老遗少，挟资避祸来上海租界作寓公者。其中不乏擅长金石书画者，也纷纷参加书画会，视作聚会的俱乐部，由是人丁愈来愈旺。出资协助创办书画会之海上巨富盛杏荪，也是遗老之一，就经常来会中消遣，寻取书画乐趣。

书画会活动情况，大致白天人较少，一到晚饭以后，会员们陆续来临，挤塞一堂，会室较为宽敞，中设一张大长方桌，足可容纳二十余人环坐，另外旁边还有方桌及座椅，总是座无虚席，人满为患，热闹非凡。座间各以类聚，有谈金石书画者，亦有官场中人，爱谈清朝政治掌故。他们大都是亲自经历过清末政治生活，犹是白头宫女闲话往事，喋喋不休，不胜感慨。可惜当时无人注意，不然把这些话材书录下来，倒也是一部富有趣味性的珍贵史料。

会员几乎都是爱好收藏者，往往会把自己收藏的名贵书画印章及其他文物，携来会里供彼此观赏评玩以增加兴趣。由是也引来了许多书画掮客，每晚拿来大批书画古玩到会里出售，图取渔利。也有会员以自己润格单，张贴壁上，如有求索者，可由常驻会员代为收件议润，久而久之，会誉大张。而有外地来沪之书画行道者，图立足沪地，纷纷托人到会中要求引见名家，乞求为其代订润格，介绍吹嘘以扬名鬻艺。会场活动，每晚非到十一时左右不散，而总有许多墨宝佳作留在会中。

到一九二四年，渭水坊会址不知因何纠纷不予续租，不得不迁地为良，是年冬乔迁到福州路浙江路口的一条里弄内，是一座石库门房屋，非常宽敞，继续进行会务活动。在一九二六年冬初，余家发生一件非常不愉快的事件，内中常驻会员骆亮公涉嫌，二伯父臧龛率人向其大兴问罪之师，亮公心虚惧甚，连夜遁归四川。因事态严重，诸会员深恐累及自身，在旁观望而不敢到会，会务又无人照管，就不散而散，书画会就此中断。

考上海过去早有书画家之雅集，读高邕之《海上墨林》的序文可以看到一些内情。序文曰："闻昔乾嘉时，沧州李味庄观察廷敬，备兵海上，提倡风雅，有诗、书、画一长者，无不延纳平远山房，坛坫之盛，海内所推。道光己亥，虞山蒋霞竹隐君宝龄来沪消暑，集诸名士于'小蓬莱'，宾客列座，操翰无虚日，此殆为书画会之嚆矢。吾乡吴冠云孝廉,复举'苹花社画会'于沪城，江浙名流,一时并集。至同、光之际,豫园之'得月楼''飞丹阁'，俱为书画家游憩之所。观夫上许如许雅会，皆由私人相邀友好作一时之雅集,非图永久计,而正式有组织有规划之书画会,应以'海上题襟馆书画会'为始。""书画会"初任会长是汪洵，副会长是吴昌硕，汪洵作古后，由吴昌硕先生任会长，哈少甫、王一亭为副会长。当时与会者甚多，常听先父吴东迈先生谈及盛况，除文中述及照片中诸人外，还有陆恢、朱古薇、姚虞琴、赵叔孺、高欣木、曾农髯、诸宗元、诸礼堂、费龙丁、杨了公、钱化佛、熊松泉、吴石潜、任堇叔、吴振平等。他们都是我家常客，人数太多，不能尽忆。吾恩师王个簃先生在一九二五年秋亦入会，常在晚上赴会内协助会务工作，因得常与诸前辈名家游，对其艺术上成长，良有助益。

吴昌硕与南通的翰墨缘

凌君钰

吴昌硕先生一生多通籍友人。民国初年，邑人张謇在家乡兴办实业之余，又致力于地方文教事业，创办“南通翰墨林”书局，出版地方文献及其他书刊，并在国内外大力延揽人才，朝鲜金泽荣、学者王国维、诗人诸宗元、画家陈师曾等，纷纷应聘。其中山阴诸宗元为吴氏挚友，擅长诗文，工书法，为“南社”社员。张謇《九录录》之《荣衰录》的诸宗元挽诗中，有“记我初识翁，翁年五十二。快若平生欢，相勖四方志。读书在有用，但戒不习吏”之句。中年结识，友情亦深。诸氏广识名流，深与吴昌硕、张謇相交外，还与梁启超、杨度、刘师培、柳亚子、梅兰芳、吴我尊、郁达夫等名人交往。其中与吴氏尤为契合，友情最笃。《缶庐先生小传》即为诸氏所撰，发表在《国学丛刊》十五卷第六期上。吴之《生圹志》亦为其所撰，后吴氏有《贞壮为余志生圹赋谢》一诗："晚晴诸大来湖上，未读奇文意已夸。谷有王官容偃息，老随绛县问年华。不谀志我锋藏笔，敢信游仙饭作霞。在水一方诗最好，漫因秋兴赋秋笳。”后收入《缶庐集》。

诸氏旅通多年，与吴昌硕两地睽隔，诗文唱和，以寄友情。其《苦热简缶翁》一诗，发表于民国十五年（一九二六）九月七日的《通海新报》。诗曰 :“万家蒸若甑，七月热作秋。不雨将同稿，恒暘岂漫忧。得眠开户牖，肩汗数更筹。车泊寻开郭，劳翁问迎游。”《缶庐集》中与诸氏酬应数量之多，居友人之冠。不但两人情长谊深，而吴之弟子王个簃也和他有文字来往。王个簃曾有《和诸贞壮师》一诗，刊于民国十八年（一九二九）八月二十七日南通报刊《文艺》上。关于王个簃介绍其师之绘事业绩，人们熟知的是发表在一九三六年九月《逸经》十五期的《吴昌硕绘事业录》一文，其实王氏在南通报刊上，也发表了不少关于老师的诗篇。其中有《哭缶师》及《既送缶师灵车而至吴兴南郊间三日，夏携酒往奠，是夕不寐感赋》诸篇。吴氏赠其生徒之作，在南通发表的有《王生启之画菊，为题二十八字》:“气敛诗才笔下奇，苍黄不染好丰姿。何时赢得南山见，一笑餐英坐个簃。”此诗《缶庐集》未收。吴氏在南通发表的诗歌，还有《北去》《桥本关雪赠诗即答》《闲眺》《游六三园》等。关于《游六三园》诗，可能和《缶庐集》中《六三园樱花齐放，约贞壮、一亭往游，叶娘鼓琴花下》一诗时间相差不远。在一九二五年五月前，另一首《叠韵答诸真长》诗，发表在民国七年(一九一八)七月份的《通海新报》上。其诗云 :“相逢四十各称翁，兰瑟乎我尔相同。劫后词人栖海上，春来诗思在湖中。西溪夜中我媚月，南园兵声鹤唳风。竖子成功真唾手，雕虫何时苦求工。”

吴氏除一些友谊篇章的纪实之作外，还发表了一首题画诗，即《画榴题祝贯恂五十》篇。贯恂为南通徐氏，即“梅花馆主人”，为鸳鸯蝴蝶派文人，能诗亦画，有诗集与画册刊印于世，和吴昌硕相识甚早，均常在谈金石书画的书画刊物《鼎脔》上撰文评画，为结交多年的道友。其“梅花山馆”馆印，即为吴氏所刻。斯印在二十世纪六十年代初，我曾在友人处见到，边款为“昌硕刻”，现此印不知流落在何处。此画为吴氏精心之作，题为五十华诞，实为四十生辰，乃吴氏笔误。此画后为徐家流出，现藏于上海博物馆，曾为王个簃作序的《吴昌硕画册》所选。其题画诗，曾在南通报刊刊出。诗云：“度索之桃难手移，石榴啖胜鲜荔枝。榴皮壁上傥题诗，人非东老亦解颐。寿翁下笔侍尤奇，非仙而仙神委蛇。”吴氏逝世后，南通报刊以《书画家吴昌硕在沪逝世》为题，报道逝世情况，并附小传一文，对其艺术成就评价极高，但未署名，亦未注明转载，不知出自何人手笔。

张謇为近代史上著名的实业家，是当时的风云人物，能诗工书，吴氏又是艺术巨擘，交谊甚笃。在南通狼山脚下，有一座著名的“赵绘沈绣之楼”，楼边小桥流水，松篁丛丛，幽雅成趣。张謇在此建了一座精致的房子，取名“林溪精舍”。溪畔有一块天然的巨石，岭峙磊落，不同凡态，张謇取名“磊落矶”，请吴氏书之。吴书好后，又发现在附近松岭阁下翕崖溪侧，有一块体形略小但形貌极相似的巨石，张喜出望外，认为两石对峙，相映成趣，又请吴再书“小磊落矶”镌刻石上，光彩夺目。

后来，因无人过问，房屋年久失修，小溪污秽不堪，显得一片荒凉和冷落。镌在巨石上的吴氏墨宝，更是剥落不堪，难以辨认。最近已重加修缮，涂上色彩，焕然一新。游人至狼山脚下，风景优美，石刻众多，加之这两块巨石相连，石上吴氏所书的几个大字，赫然入目，倍增游兴，流连忘返。张之子张孝若，在《南通张季直先生传记》中，特写一节纪实并作介绍。吴氏墨宝不仅在南通有，如东也有，曾为如东用篆文书《三层塔铭》一文，为当地人民所宝视，后成拓片，收入新编的《如东县志》，使地方史实增辉。

张謇七十大寿，吴昌硕绘赠《达摩图》一幅，夏敬观送寿联一副，其联云："耕桑王者事；松柏岁寒心。"亦为吴氏所书。吴氏八十诞辰，张謇又以《吴昌硕八十生日征诗》一首贺辰："吴兴逸民诗，沪渎缶庐翁。身世因时左，声名与海东。常将书作画，自以叹为聋。介酒饶贤子，深衣独古风。"诗中表示对吴氏艺术及其品格的钦佩和推重。张謇去世后，吴氏在海上闻讯，撰联挽之："阅南通自治篇，独力经营，模范真可该于全国；读周官考工记，同人食报，知遇亦不薄于姬公。"其概括张謇自治功绩和交往情谊，真可谓知音了。

南通地方学者蔡观明，青年时代和昌硕老人也有过一段文字交谊。蔡达，字观明，又号孤桐老人，曾在如皋办《皋鸣报》，后有机缘与吴氏相识。蔡为青年文士，工诗文，少有才名，誉隆于里，与吴稚晖、章士钊等均有交往，著作甚多。有《奉呈吴缶老》诗两首，刊载于《通海新报》。其一云："四海八荒同护惜，苍颜大老归神州。抽豪蛇蚓无双手，拂袖风尘第一流。"第二首云："文字光芒忘劫燹，江山灵秀伫雕锼。朅来看尽东南彦，欲向龙门再拜投。"吴氏读后甚为赏识，曾写《和观明》两首酬答。其一云："旗鼓横江走异军，长城许我问何因。难将酒盏陪天醉，偃蹇婆娑说梦人。"其二云："惊人谁比鸣皋鹤，觅食徒闻绕树鸦。东海已枯南斗兀，麻姑曾否到君家。"这四首诗，不仅世人鲜知，我查阅《孤桐馆诗文》及《缶庐集》均未收。另如皋沙元炳犹有《题吴昌硕着色牡丹》诗："无边富贵逐风埃，约敕东皇不许开。却被中吴吴苦铁，狂涂乱抹写将来。”收于沙氏《志颐堂诗文集》。特录之，以供吴氏的研究者及广大读者参考。

吴氏画派影响甚大，在南通的私淑弟子及流传的作品甚多，佳作亦时有所见。继续搜集其诗文资料，对丰富、充实和研究吴氏艺术宝库，无疑是有益的。现拉杂成文，证其与南通翰墨因缘云耳。

吴昌硕先生授先父的一枝戒尺

王公助

一九二三年农历八月初一，吴昌硕先生八十大寿，先父王个簃先生由昌硕先生的老友诸宗元先生及学生李苦李先生介绍，到上海参加寿庆活动，并持所作篆刻求教。之后，先父毅然辞去了报酬尚优的南通省立第七中学教职，来到上海，投在昌硕先生门下学艺。

两年后，先父受挚友刘玉庵先生的推荐，并得昌硕先生器重，授戒尺，课其孙。此后，可谓与昌硕先生朝夕相处，随从左右。

先父与昌硕先生感情之深，特别是他晚年，经常和我谈起昌硕先生的为人，治学，诗、书、画、印等方面的轶事。今应昌硕先生家乡安吉县政协文史和学习委员会之约，写上一则昌硕先生授先父一枝戒尺的轶事，或许对研究昌硕先生的某一侧面，有些参考作用。

一九二五年春，昌硕先生聘先父为家庭教师，课其爱孙吴志源（即吴长邺），时志源才六岁，身躯矮小虚弱。拜师礼在农历正月十五元宵节。据传统说法，元宵节拜师，今后师生都是大吉大利，前程锦绣。当时昌硕先生家在上海北山西路吉庆里九二三号（今山西北路吉庆里一二号），是座三开间二层楼的石库门里弄大屋。底层东厢房和大厅是会客场所，西厢房前室是课室，先父就依此作为卧室。二楼东厢房前室是昌老卧室，中间楼厅是画室。西厢房是昌老三子东迈先生夫妇和子女的卧室。拜师那时，楼厅画室中红烛高烧，还设香案，上设座椅，东迈、玉庵两位先生定要先父上坐，先父谦辞，最后侧身坐了半边，受志源拜了三拜，隆重地完成了拜师大礼。昌硕先生以一枝木制戒尺授与先父，意思是希望对其孙严加教管。先父发现志源年龄虽小，而记忆力和理解力特别强，所以非常欢喜他，从来没有动过这枝戒尺。

先父在吴家前后十二年，深知吴家情况，这里顺便谈些。先父曾说：“昌硕先生卧室内有小书桌，桌边放着一面大着衣镜，高与人齐。镜后面放了一只保险箱，盖上蓝布遮着，不易发现。箱上又放个废纸篓。昌硕先生每天收入很丰富，晚上由东迈先生或我将收入放到保险箱内。昌硕先生年事已高，从来不去银行存款，待箱内款项积到一个整数时，取出交与王一亭先生，委托代存入可靠的商号中。因为商号要经商需款，愿付较高利息，远远超出银行利息，所以昌硕先生从来不存银行。”

光阴荏苒，风风雨雨数十年过去了。一九八五年春节过后，志源领着两个儿子，提着一尊大老昌定制的特大精美“寿”字蛋糕，来到我家，将蛋糕在先父面前一放，先父大为愕然地问道：“今天谁生日？”志源却笑眯眯地说：“今天是老师和我两人共同生日。”先父被他弄得更糊涂了。志源笑眯眯地又说：“老师还记得吗？今天是元宵节，六十年前的今天，是我拜师的日子。所以，今天是老师和我共同的花甲寿诞。”说着眼眶中含着泪花，边说边从包内取出一个锦盒，从盒内取出一枝木质戒尺。先父一见，认出是当年昌老所授，赶紧抢了过去，一如见到了久别重逢的老友，紧握在手，抚摩不已，已经领会到志源苦心保存了六十年的这枝戒尺，内中包含了深深爱师和尊师的心情，不禁也老泪夺眶而出。师生俩相对抽泣起来，感慨不已。志源要求先父在戒尺上留些纪念文字，先父沉思片刻，立即在戒尺上题上一首诗。这样写道：

缶师授戒尺，
此情永不息。
旷隔六十年，
爱孙留厚泽。

长郎老弟持此遗物索题，个簃八十有九岁。

此件珍贵文物，现在还由长郎珍藏着，留作永久纪念。

吴昌硕与家乡教育事业

王季平

吴昌硕成名以后，虽客居沪上，然念念不忘故乡的明丽山水，深深眷恋故乡淳朴的乡亲。特别是他助力发展家乡的教育事业的事迹，至今被故乡人民传颂着。

辛亥革命后，随着封建帝制的崩溃，教育事业亦经历了一场脱胎换骨的变革。“废科举,办新学”之风从城市波及乡镇。但是，吴昌硕故里的鄣吴村，却仍死水一潭，古风依旧。村内仅有二塾师在家设馆,学生总共不过十几人,所教课程依然是《三字经》《百家姓》《幼学》之类的启蒙读物，仿佛远离尘世的“世外桃源”一般。究其原因，除在地理、交通上的原因而外，主要是历史所造成的：咸丰末年以来，战乱频繁，战后的瘟疫流行和饥荒，使鄣吴村乃至全县人口锐减，田园荒芜，人迹稀少。光绪年间，清政府遂设立移民局，准许外地人移居垦荒。于是，安徽、河南、湖北以及浙南诸县移民陆续迁住。当时还处于经济复苏时期，百废待兴，农民生产、生活尚十分艰难，谈何兴办教育之举！

民国初年，吴昌硕先生回故乡访旧，看到故乡的教育现状，心急如焚，坐立不安，便与族人和旁姓头面人物商议兴办新学之举，就创办新学涉及的校舍、经费、机构等方面进行了卓有成效的努力。

首先，他凭借自己的威望说服族人，竟腾出原“吴氏宗祠”正屋三间作校舍。然后，将村中原有王、沈两家私塾合并，搬入校舍，挂出“孝丰县广安乡初等小学堂”校牌，报县政府备案。在机构组织上，推举村中颇有名望的王竹庭、吴汉金、沈某（名字记不清了）组成校董会主持办学具体事务。由校董吴汉金（吴昌硕先生堂侄）任校长，并聘请当时孝丰县著名的新派人士，如孝丰城西的卞子琴，景坞村的刘区钊，皈山的郎某、沈宾朝等来校开设新课。

在经费问题上，吴昌硕先生带头捐资。在他的影响下，村人纷纷响应，很快就凑起了一笔可观的办学经费。利用这笔钱，修缮了校舍，还增添了教具和设施，第一批就招收了六十余名学生。为了长远打算，吴昌硕先生还以族长名义，将村东“柳村棵”（吴氏族产）捐献给学堂作为校产，地面的所有收入，包括树木、房屋、田地等，均作办学经费之用。

为了使更多的人受教育，吴昌硕还规定：凡本族贫寒子弟无力上学者，从其出生起至十八岁止，均由他负担抚养费和教育费。一时间，旁姓人也积极仿效，学生一下子猛增到一百余人。民国十六年（一九二七），这所倾注了艺术大师无数心血的学校改为官办，增设了高级部，迁至村外关帝庙，易名为“孝丰县立苕北中心小学”。新中国成立后，更名为“安吉县鄣吴中心小学”。八十余年来，这所学校对开化风气、培养人才等方面做出了很大贡献。曾任浙江师范学院历史系主任的沈鉴教授，就是这所学校初期毕业生中的佼佼者。

一九九二年八月

编者按：根据吴小荣、王能定等人回忆整理。

吴昌硕与鄣吴龙灯

王季平

吴昌硕对民间艺术活动——舞龙灯，曾给予热情的扶持，却极少有人知道。他当年为家乡鄣吴龙灯的恢复和发展出谋划策，此事还留在鄣吴老年人的记忆中。

昌硕故里——浙江省安吉县鄣吴村（明中叶以来曾属孝丰县）很早就盛行正月舞龙灯的风俗。鄣吴村虽僻处浙北边远山区，然而，明、清之际借科举这个阶梯入朝而仕者连绵不绝，因而人丁兴旺，发展迅速。鼎盛时期（清咸丰年间）人口竟有四五千人，曾有“小小孝丰城，大大鄣吴村”的美称。太平年份，自然歌舞升平。逢年过节，或族中子弟金榜题名，莫不以舞龙相庆。出生于道光年间的吴昌硕自然是躬逢其盛的了。

然而，好景不长，吴昌硕十七岁那年（清咸丰末年），一场突然发生的战乱破坏了山村和平、宁静的气氛。清军与地主民团的联军在鄣吴村附近阻击进军安吉、孝丰的太平军，历时达半年之久。由于战争异常激烈，加上随之而来的瘟疫、饥荒，村子受到了破坏，村民锐减过半。“在昔罹烽火，乡间一焦土。亡者四千人，生存二十五。……”（《缶庐诗》卷一）吴昌硕的这些诗句是那时情形的真实写照。那时候，人民生存尚且不易，哪里还谈得上娱乐活动！于是，龙灯便销声匿迹了。

直到光绪年间，由于清政府设移民局鼓励外地人移居垦荒，安徽、河南、湖北及浙南诸县的移民蜂拥而入，安吉、孝丰两县才逐渐充实。鄣吴村也随之人烟渐密，稍有起色。复苏之余，村民们便想起舞龙灯这件事来。起初，好事者仅以稻草“盘”成草龙，在“龙”身上遍插点燃的香棍，舞动些简单的招式。在山村的黑夜里，远望舞动的草龙，那“龙”身上密集的香火，闪闪烁烁，倒也有些像龙灯的味道。由于是稻草所扎，极易毁坏，正月一过，便将它付之一炬，名为“金龙升天”。

民国初年的一个春节，正巧吴昌硕返里过年，看到“草龙”过于简陋，便带头捐资，请安徽的“龙师父”正正规规地扎了一条龙灯，令村里少年演习。为确保舞龙灯这项活动能长期传留下来，吴先生又不辞其烦地与村人商议成立“鄣吴龙灯会”，设“会田”二十余亩，由村民轮流耕种，每年的会田收入充作维修龙灯和正月舞龙费用。这样经济上得到了长期、可靠的保证。在龙灯制作和舞龙技艺上，他更以一个艺术家特有的勇气，突破前人的陈规，提出大胆的革新意见。他认为原有的龙灯过于庞大，华彩有余而灵活不足，只能“形似”，而不能真正表现出龙的精神来。因而在他的建议下，将原有的十三节减为十一节，龙头减轻减小，使之长短轻重适度，能够运转自如，首尾相顾。在舞技上，他亲与安徽的龙师父多次切磋，设计了一二十种舞龙的招式，增加了不少高难度动作，如“节节跳”“跑滚龙”“玩板凳”“金龙大翻身”等。

吴昌硕先生对鄣吴村龙灯进行革新以后，每年正月的龙灯会便以崭新的面目出现了：在震耳的“接龙”炮竹声中，铿锵激越的锣鼓声里，一条金色的巨龙自天而降，周旋翻腾，既威风又顽皮，既壮严又活泼，翻云覆雨，变化万千。龙的神性与灵性通过动静、抑扬、徐疾的交错与组合，表现得淋漓尽致，不但观者如痴如迷，而且舞者也如痴如迷，非要舞得汗流浃背、手酸脚麻才肯调手。

鄣吴村的龙灯，新中国成立前后名震安吉、孝丰数县，久演不衰。它传留到现在，是与吴昌硕先生的提倡和革新分不开的。

编者按：此文根据鄣吴村老年人回忆，加以整理而成。

安吉鄣吴村吴昌硕衣冠冢

吴志鲁

我祖父吴昌硕生前在家乡安吉县鄣吴村择地造了一座墓，是一座两个墓穴的双人寿坑，准备他自己和夫人百年后长眠于家乡。

这座墓位于鄣吴村狮子坛后山脚，坐落东南，面对西北，与玉华山遥遥相对。占地约百余平方米。

墓前有三只坛。第一只坛有供桌，供桌两旁是两棵槐树；第二只坛是一座牌坊，上面有祖父亲笔写的一副篆书对联，内容我已记不清了。再后面是墓道，约有五十多个台阶，台阶两旁是小石栏杆。整座墓显得古朴庄重。抗战时期尚好，后来被破坏，现在遗迹尚存。

一九一七年，我祖母施季仙去世。一九一八年祖父命我父藏龛葬祖母于鄣吴村，就是葬在这座墓里的。祖母入葬后，空着的一只便是祖父的寿坑。按当地的风俗，坑里要摆两碗米，两罐菜油，两个坑里各有一份。

我祖父酷爱梅花，时常去塘栖超山（今属杭州市临平区境内）观梅游览，在山上择一墓地（前冠生园梅林中），留下遗嘱，以备长眠。

一九二七年祖父逝世，我叔父东迈遵照遗嘱，在超山营造陵墓。一九三二年将祖母的遗骨迁入超山，与祖父葬在一起。同时迁入的还有祖父未婚的原配章氏夫人灵位。从此，鄣吴村的这座墓便成了衣冠冢。

吴昌硕先生与超山

沈德祥

超山位于杭州东北，临平至塘栖公路之间，海拔二百六十五米，山势峻峭挺拔，周围十五华里，三面环水。主要景点有：山南海云洞、青莲寺，山阴大明堂，半山腰妙喜寺（中圣殿），山顶玉喜寺（上圣殿）。环山遍植梅花，有“十里梅乡”之称，是江南三大观梅胜地之一。

昌硕先生是超山探梅常客。当时陆路交通不甚方便，至超山要从塘栖坐船到超山接坝桥弃舟登岸，沿崎岖小径至大明堂。接待他的是住持正法禅师，宾主坐定，谈禅论经，赏梅作画。或偕诗朋画友吟诗作赋，时而挥毫写梅，流连数日，尽兴而返。

一九二二年冬，周梦坡在大明堂前宋梅旁，筑“宋梅亭”，请缶老作画题诗。他即兴挥毫，聊聊数笔，古干苔蟠诘屈，写出了侧立半枯的宋梅神韵。并撰文疾书：

超山聚僧徒，天水雄殿庑。
香象缨络垂，元鹤莓苔舞。
传闻隐者流，种梅门一敞。
香海围若屏，樵采禁之斧。
深根窟网两，元气蛰龙虎。
凌兢雪劘成，残缺山移补。

佛度劫万千，门剩月三五。
疏香逋不邻，大树异谁辅。
先生梅前身，赏奇琴再抚。
琴古坡翁遗，翁岂梅未睹。
悬知有美堂，速客移尊俎。
后公一千年，九州各门户。
皇古无此奇，聋矣恨不瞽。
醇醪醉我心，舞我互宾主。
张笺复调铅，貌此众香祖。
杈枒类草籀，波磔缠《石鼓》。
《石鼓》杨及柳，不梅且梅伍。
诗成崛强题，墨饮轮囷吐。
长春输古人，多事惭净土。
寄语超山灵，勿笑强取柱。

后面还题数行记事：“超山存宋梅一株，梦坡先生筑亭立石，属图其意，并纪以诗。安吉吴昌硕时年八十。”一气呵成。他还为宋梅亭书楹联一副：“鸣鹤忽来耕，正香雪留春，玉妃舞夜。潜龙何处去？有萝猿挂月，石虎啼秋。”上联中，他以丰富的想象、渊博的知识，把雪压梅枝垂地比拟白鹤在耕作；又把雪梅映月、迎风摇曳的意境赞为“夜舞”，刻画入微。下联一转，将超山几处带有传奇色彩的景点，用妙笔赋予生命，写活了境与景，给超山增添了无穷的魅力。东迈先生亦撰有一联：“胜景压皋亭，有人如白石化虹，吹彻几番横笛；溪根遗宋室，此地与孤山放鹤，同留千古幽香。”同时还有周梦坡、姚虞琴等，共书联七幅，均刊于石柱上，余任天先生为“宋梅亭”书匾。

昌硕先生生平酷爱梅花，爱梅花铁骨铮铮，冒严寒，御冰雪，倔强开放的傲世之态。他常把自己的性格比作梅花，自称为“梅知己”。他有《忆梅》诗一首：

十年不到香雪海，梅花忆我我忆梅。
何时买棹冒雪去，便向花前倾一杯。

“十年不到”，是流露他思梅心切，有一日如隔三秋之感。“梅花忆我”一句，是拟人化的移情手法。真是绝妙之句。缶老踏遍江南观梅胜地，独钟情眷恋超山，嘱子吴迈曰：“百年后，愿埋骨于此中。”

昌硕先生虽然寓居上海，常来杭州西泠印社，但对超山有一种特殊情感。在他八十四岁高龄时，不顾足疾之步履艰难，在他门生王个簃先生等陪同下，扶杖攀登超峰，尔后转入南麓海云洞。初夏残阳染红皋亭、黄鹤诸峰，激起了他的诗兴，口占五言：

海云吁洞中，云叠海重重。
气象汤洪水，尘缘了暮钟。
秋空猿寄啸，苔老鹿迷踪。
指点西泠道，残阳挂两峰。

王个簃先生在旁，随即和诗一首：

泉泻乱云中，松风响万重。
昼游呼秉烛，枯坐远闻钟。
花放春光媚，猿啼夜气浓。
伊谁和高唱，一鸟下青峰。

缶老这首绚丽的抒情诗，竟成为他最后给超山留下的宝贵精神财富。时隔七个月，他在沪不幸病故。这首诗镌刻在海云洞上方，与宋代赵抃“海云洞”题字为邻，同作千古留念。

昌硕先生一九二七年辞世后，东迈先生遵循父嘱，来超山与正法禅师商谈，正法禅师一口允诺说：“老先生葬此，为吾山、寺增色，不胜欢迎。”乃择地大明堂北侧，南向山坡上。一九二九年秋从上海移柩至超山寄厝。墓圹竣工后，于一九三二年冬安葬。当时墓碑两边镌有沈卫山先生挽联：“其人为金石名家，沉酣到三代鼎彝，两京碑碣；此地傍玉潜故宅，环抱有几重山色，十里梅花。”墓左前方有慈溪冯幵撰文、三原于右任书丹、余杭章炳麟篆额墓表一通。右前方以花岗岩雕琢缶老全身像一座，手执书卷，直立在石坛上眺望梅林。还有任伯年于一八八六年冬绘昌硕先生像一帧，画首题《饥看天图》，并有杨岘题七律一首：

床头无米厨无烟，腰间亦无看囊钱。
破书万卷煮不得，掩关独立饥看天。
人生有命岂能拗？天公弄人示天巧。
臣朔纵有七尺躯，当前且让侏儒饱。

丙戌腊八后二日晴窗，藐翁杨岘初稿。

右侧昌硕先生自题画像五言长诗：

造物本爱我，堕地为丈夫。
昂昂七尺躯，炯炯双青眸。
胡为二十载，日被饥来驱。
频岁涉江海，面目风尘枯。
深抱固穷节，豁达忘嗟吁。
生计仗笔砚，久久贫向隅。

典裘风雪候，割爱时卖书。
卖书犹卖田，残阙皆膏腴。
我母咬菜根，弄孙堂上娱。
我妻炊扊扅，瓮中无斗糈。
故人非绝交，到门不降舆。
见笑道旁谁？屠贩鬑鬑须。
闭户自斟酌，天地本蘧庐。
日月照我颜，云雾牵我裾。
信天鸟知命，人岂鸟不如！
看天且听天，愿天鉴我愚。
海内谷不熟，谁绘流民图？
天心如见怜，雨粟三辅区。
贱子饥亦得，负手游唐虞。

丙戌凉秋缶道人。

诗中反映大师身怀才艺，在腐朽的晚清王朝统治下，不愿随波逐流，趋炎附势，宁肯清贫自守的节操；另一方面，鞭挞了一些人要权弄术和世态炎凉的社会状况。杨岘先生非常赞赏昌硕先生的才华，字里行间，代鸣不平，寄予同情。此图勒石成碑，于二十世纪五十年代，由东迈先生赠于余杭县，树于墓畔。还有《缶庐讲艺图》石碣一通，系一九三二年秋，昌硕先生的灵柩安葬前，他生前好友王一亭先生，为怀念缶老及臧龛先生，还有陈师曾、李苦李、刘玉庵五人先后谢世而作图刊石永纪。图下有缶老门生十七人，推沙孟海先生撰书：

先师吴贞逸先生，既殁之五载，东迈承顾，命安葬于塘栖之超山。道乾等追维遗教，情难自恝，因乞王君一亭作《缶庐讲艺图》，并勒石墓侧，用志永慕。壬申十一月，门人郑道乾、赵起、周梅谷、沙文若、汪英宾、张公威、汪鹤孙、吴楷、钱厓、吴钦敫、王立三、诸文萱、王传焘、吴熊、荀词、王贤、王堪谨纪。沙文若并书，周梅谷刻。

此石亦置于墓前。

昌硕先生之墓，于二十世纪六十年代初，已列为余杭县文物保护单位。“文革”期间，先生之墓亦遭劫难。当时超山林场职工沈正高出于义愤，竭力保护好先生遗骨。一九八〇年，余杭县人民政府拨款将墓修复。一九八六年在墓左侧建起了吴昌硕先生纪念馆。一九八九年十二月，浙江省人民政府公布为省级重点文物保护单位。

如今每当梅花盛开季节，来超山观梅者，车水马龙，熙熙攘攘。为怀念这位艺术大师，均来墓前瞻仰一番，并参观纪念馆。国内外金石书画家及业余爱好者，更是慕先生之盛誉，络绎不绝，前来扫墓凭吊。人文景观，相得益彰，丰富了超山赏梅的雅趣。

一代画师吴昌硕

郑逸梅

安吉吴昌硕，号缶庐，书画、诗文无不精妙，并擅篆刻，作印苍劲浑厚，别有逸致，刻有印谱，求之者甚众。他疲于奏刀，因有“苦铁”之号，与吴中王冠山治印，称为“江南二铁”，原来冠山别署“冰铁”，和他的“苦铁”恰为珠联璧合。民国初年，朝鲜人闵兰句，客居沪上，能画通文，深嗜昌硕铁笔，昌硕先后为刻三百余石，蔚为大观。人们以昌硕的多才多艺，以清初傅青主、万年少比拟之。而其所书《石鼓》，尤负盛誉，然亦有人毁之。某笔谈云：“缶庐写《石鼓》，以其画梅之法为之，纵挺横张，略无含蓄，村气满纸，篆法扫地尽矣！”苏州祝嘉所辑之《书学史》，且录存之。实则昌硕先生先作书，后作画，某笔者以为昌硕用画梅之法写《石鼓》，一偏之见，未必允当。

昌硕于鬻艺沪上之前，曾听鼓苏垣，暇时辄喜与僚友品茗，在茶肆内上下古今，无所不谈。久之，自肆主至茶役，无不与昌硕习熟。某岁除夕，肆主特备红梅笺，请昌硕书一春联，昌硕挥笔立就。翌年岁暮，肆主谋新其桃符，乞昌硕重写，昌硕亦不拒。既成，茶役拟撕去旧联，适天台山农刘文玠在旁，立呼止之，亲以清水湿润其门，少顷揭下，旧联一无所损，乃索之付诸装池，以为斋室点缀。

昌硕以篆籀法作画，所成松、菊、梅、竹、牡丹、荔枝、枇杷、葫芦、瓜瓠、桃实、紫藤、水仙、石笋，元气淋漓，挺拔有致，泼墨不嫌其湿，焦黑未觉其干。尤工诗善题，有时题识杂写于藤蔓叶丛中，书融于画，画化于书，加之诗境之妙，直造艺术高峰。昌硕虽瓣香李复堂，而李复堂实无昌硕之魄力。越人诸贞壮之传缶庐先生吴昌硕，谓："初先生以篆刻名于世，晚复肆力于书画，……书则篆法《猎碣》，而略参己意，虽隶、真、狂草，率以篆籀之法出之。画则以松梅，以兰石，以竹菊及杂卉为最著，间或作山水，摹佛像，写人物，大都自辟町畦，独立门户。其所宗述，则归墟于八大山人、大涤子，若金冬心、黄小松、高且园、李复堂、吴让之、赵悲盦辈，犹骖靳耳。"昌硕之艺事，尽于贞壮一传之中。

昌硕作画定润原来不高，后扶桑人士景仰之，往往倍润以求书画，第一人如此，第二人更求精细而倍蓰其润资，于是其画例，月月而异，岁可获巨万。某回，沈寐叟请其绘《海日楼图》，昌硕草草走笔，粗看很不像样，寐叟未免不快，姑且付诸装池，及裱好悬诸壁间，觉得生气盎然，超脱不凡，大为欣喜，即向昌硕致歉，昌硕为赋一诗，传为佳话。任伯年为他绘《归田图》，又为其画像，冠服俨然，厥状可哂，昌硕题之为"酸寒尉"以自嘲，又自题《饥看天图》，都是意含讽刺。

昌硕友朋甚多，较投契者，除金俯将外，如俞曲园、沈寐叟、任伯年、杨伯润、吴鞠潭、胡公寿、杨见山、蒲作英、顾鹤逸、陆廉夫、金心兰、程瑶笙、裴伯谦、潘志万、施石墨、诸贞壮、张子祥、王一亭、张行孚等。又与日本名士鹿叟往还甚密。鹿叟居沪上“六三园”，高爽虚辟，竹树萧疏，一楼名“翦淞”，光影会合，轩户生凉。鹿叟特为昌硕于该楼展出书画，裙屐联翩，极一时之盛。后昌硕逝世，“翦淞楼”上又举行昌硕遗作展览会，什九是日本人收藏之品。我与昌硕高足赵云壑同往参观，云壑逐一指出某件为老师得意之笔，某件乃由他仿制而由昌硕具名盖印。因当时日本人见昌硕所绘梅花石笋，以及离离枝头之枇杷荔枝，鲜艳可掬，某甲定购此帧，某乙也需同样缣幅，甚至丙、丁接踵而来，非此不可。逢到这类情况，昌硕认为作画兴到为之，章法位置，点缀任意，乃不愿作印版式一作数十百纸，为应付计，乃由几位弟子照样摹临，昌硕写款。故昌硕作品，画伪题真是极多的。昌硕于诗、书、画三绝外，又擅铁笔，一时凡笃嗜书画及治印之流，纷纷师事之，计之约百有余人，可与曾农髯、李梅庵鼎足而三。但据与昌硕有旧者云，谓缶门弟子虽多，然无如外间所传之盛，可考者，有浙人陈晴山，花卉神似乃师，挟技游金华，颇得佳誉。安吉诸闻韵，事昌硕十余年，画竹石清趣盎然，得者珍之。云间蒯子谷，作花卉神韵欲流，尤为可喜。杭人陈健安书画俱得师法。南通王个簃，画笔亦不弱。又吴松龄、汪克钝，不仅治印得师神髓，偶作花卉，亦逼肖可以乱真。而其最多才多艺，篆书、花卉等，传昌硕之衣钵者，唯推吴中赵子云。子云名起，别署云壑，一称壑道人。昌硕晚年，倦于斯道，外间来求，辄嘱子云代为。子云信笔点染，无不如志。更以余力作草隶山水，得郑谷口及石涛遗意。昌硕见之，自叹弗如。子云居沪时，与我一度比邻。尚有陈师曾、徐星洲、刘玉庵、赵石农等。师曾之画、石农之印，名重大江南北，星洲金石上追秦汉，玉庵兼善指头画，名师高徒，均一时之俊。

昌硕晚年双耳失聪，自号“大聋”，将此二字手刻腰圆朱文印，我有《梅庵集印》册，此印曾钤册上。近年，日本东京二玄堂影印《吴昌硕与沈石友信片册》，约我写长文《吴昌硕与沈石友的友谊》，曾撰六七千言，彼等译成日文，刊入《信片册》之首。

昌硕在沪时，觉得书画家应有一处聚会谈艺场所。以往沪地有平远山房、小蓬莱、蘋花社等，来者彬雅多文，情亲切磋，现亦当组织之，以继承往迹。乃有海上题襟馆金石书画会之成立。一时如汪渊若、哈少甫、冯梦章、陆廉夫、金甸丞、李平书、任堇叔、狄平子、王一亭等均来参加。推举汪渊若为正会长，昌硕为副会长，渊若不久逝世，昌硕即任正会长。会址设于福州路广西路口一所双开间门面楼上，楼下为裱画店。每晚聚会者甚众，天天有人对客挥毫，尤其王一亭更为健笔，大都以四尺整幅宣纸作画，画成辄由昌硕为题，相得益彰。某回，日本前首相伊藤博文，偕两议员同来。一亭对伊藤稍作凝视，便运笔如飞，点点染染，顷刻而成。昌硕在旁立加长题，针对画像，成一古风，非常得体，使伊藤首相称叹不已，认为在日本，两人如此敏捷才艺是罕见的。归国以后，宣传此幅画像经过，举国上下，认为这是两国文化交流之史迹。日本称中国画为南画，素有好感。昌硕之诗，功力很深，刻有《缶庐诗》四卷，刘翰怡又为续刻四卷，有人加以品评谓：“如菊之凌秋，枫之经霜。”

昌硕逝世八十有四，临终前日，体尚健适，词翁朱古微往访，留之晚餐，促膝举觞，间以笑谑。酒后，昌硕成一诗以贻古微，并抽毫为古微作一墨兰小幅。诗笺当晚由古微携去，画兰因墨迹未干则暂留。讵意翌日，昌硕遽尔奄化，家人以画兰为最后绝笔，良堪纪念，不再与古微，迄今尚珍藏其哲嗣东迈处。当齐鲁之战，东迈在塘栖为某局长，以海上多风鹤之警，乃迎养其父至塘栖，以避战氛。塘栖距超山不远，七里梅花，烂漫如锦。有宋梅一，挺崛饶古意，筑有宋梅亭。昌硕徘徊其间，顾而乐之，为撰一联：“鸣鹤忽来耕，正香雪留春，玉妃舞夜。潜龙何处去？有萝猿挂月，石虎啼秋。”又谓：“如此佳地，得埋骨其间，亦为快事。”及昌硕死，东迈即为营葬于宋梅亭畔，以成父志也。

九八叟郑逸梅

一九九二年五月写作纸帐铜瓶室

吴昌硕的早年师长

——施旭臣、潘芝畦

吴长邺

吴昌硕先生早年在家乡有两位师长对他的影响颇大，一位是施旭臣先生，一位是潘芝畦先生。随着时光的流逝，知道他们的人越来越少，甚至被遗忘了。这里谨以此文作一介绍。

施旭臣

施旭臣，名浴升，一字紫明。安吉人，与昌硕先生同里。能诗文，所作诗不拘一格，能撷取诸家精华，而以风骨气韵见胜；为文初宗欧阳修，后又学韩愈、柳宗元，能得其神髓。昌硕先生早岁开始学诗，曾从旭臣受诗法。先生每有所作，必持请改削；旭臣见他用功甚勤，也很乐于启迪。不久，先生负笈杭城，投俞曲园门下，又与旭臣同学于诂经精舍。因此，他们二人的交谊在师友之间，久而情谊益笃。

旭臣不擅篆刻，但对篆刻有独到见解，每能使先生心折。昌硕先生早年在安吉城内“朴巢书斋”，曾治印近二百方，选其中一百零三方，汇拓成先生第一部印存，名《朴巢印存》，请施旭臣作序。序中曰：“……吾友芗圃（即昌硕先生早年用名）吴子乃独精此术（指篆刻）。岁庚午，予偶过其室，言论之次，徐出其印稿一编，余略一披阅，见夫汉魏之遗文，钟鼎之奇制，以及古籀之源流，白朱体之区别，莫不各尽其奇，灿然毕备。……昔者赵文敏公有《印史》传世，吴子年方弱冠，他日积为巨帙，俾后之好古者与文敏书同摩挲焉，是亦吾湖之雅事也。”对昌硕先生篆刻艺术备极推许。

旭臣于入庠后，五次应乡试不第，郁郁不得志，由是浪迹南北，生计困顿。中年多病，曾多次到苏州就医，得与昌硕先生把臂话旧，畅叙甚欢。先生赋诗为酬：

天地叶飞初，怜君过敝庐。
吟怀因病减，高姓爱人疏。
湖海气无敌，菰芦发不梳。
青灯还照影，故态莫教除。

昌硕先生后又在《怀人诗》中写道：

南船北马阅人多，短后衣从市上过。
结习尽除天不许，一春还与病销磨。

怀紫明先生。

先生编《缶庐集》既成，请旭臣校阅并作序言。序言中有：“……其胸中郁勃不平之气，一皆发之于诗，尝曰：‘吾诗自道性情，不知为异，又恶知同？’初为诗学王维，深入奥窔，既乃浩瀚恣肆，荡除畦畛，兴至濡笔，输泻胸臆，电激雷震，倏忽晦明，皓月在天，秋江千里……”对先生诗篇，称赞之甚。

旭臣游北京，殁于旅次，他并无亲属，友人戴某为之料理后事，并筹资刊印他的遗作行世。

潘芝畦

潘芝畦，初名喜陶，字子余，又署芝畦、紫畦，号燕池。海宁（今浙江省海宁市硖石街道）人。孝丰邑校官。当昌硕先生二十二岁，潘芝畦强促他去应试，中了秀才，得补庚申博士弟子员。故是出于潘芝畦之门，昌硕先生就此，直称潘为老师。后来在《缶庐集》卷一《重游泮水》诗内有句“秀才乙丑补庚申”，就是指此。昌硕先生因避兵祸离家五年，流浪数省，饱尝人世炎凉，深恶官场习俗，从此绝意场屋，不图仕进。

潘芝畦为人浑厚和雅，意洒逸如，平时耽于书画，亦工于诗，画梅尤妙，迩遐知名。昌硕先生称其画梅“无倔强枒槎习，而清风远韵，具雪后水边之致”（《削觚庐印存》）。潘芝畦画梅学汤贻汾笔路，善以飞白笔法扫画梅花枝干。昌硕先生三十岁左右，从潘学画梅，笔法亦似之，画梅不谓之曰“画”而曰“扫”，今杭州西泠印社犹珍藏昌老三十六岁所作梅花册页，其枝干亦依稀有飞白意。

潘芝畦在所中秀才弟子员中，独对昌硕先生青睐相视，平时因爱杯中物，常邀昌硕同饮，往往相互扶醉同归。潘也不善逢迎而去官，流寓浙东西，后移居武林。年五十余，贫无以自存，见者深为叹息，而芝畦安之若素，夷然不以苦愁。昌硕先生三十二岁秋，去武林过访，晤芝畦于其邸舍，睹四壁萧然，翁鬓发尽白，衰颓之甚矣。昌硕先生为之黯然，二人久别重逢，畅叙至欢，因求其作图数幅以留纪念，潘慨允之，展纸研墨，挥毫立就，昌硕先生亦治印一方为酬，文曰“喜陶之印”，边跋“古桃吴俊篆，时乙亥秋七月”。二人依依握别。此后，潘又他迁，鱼雁不通者数载，昌硕先生为之悬念至甚，当先生在苏州为佐贰小吏时，一日忽接到潘老由故里海宁来鸿，探询昌硕先生近况，先生喜极而以诗答之。诗曰：

薄宦如游民，浮家累妻孥。
一屋雨打头，达旦声咿唔。
呼名鸟友朋，闭户人菰芦。
能狂山简谁，固穷东野吾。
读书万卷愁，凿石双手痛。
那知刻画能，深入贫贱涂。
游刃虽有余，见咄屠门屠。
吾师旅食宽，叹息门下孤。
容鬓感苍凉，心血愁雕枯。
来书赠我言，自苦何为乎？
局促人中龙，浩荡江头凫。
时光任转移，富贵何有无。
春江酒变成，此说良不诬。
与公烂醉期，行止交相扶。

此诗后收于《缶庐集》卷一。先生为芝畦治印另有四方："喜陶""紫畦""天趣横生""燕池"（《削觚庐印存》）。

吴昌硕与杨藐翁

吴民先

一八七二年壬申，二十九岁的吴昌硕在与季仙夫人结婚后不久，便只身离开安吉前往杭州、苏州、上海等地游学。他先到杭州，在著名经学家俞曲园的诂经精舍学习辞章和文字训诂，为时约两年。此后便到了苏州。在这人文荟萃之地，吴昌硕艰苦生活，勤奋学艺，直到一八八七年秋冬迁居上海，前后十多年之久。在苏州，他结识了德高望重的杨藐翁，并向藐翁执弟子礼。与杨藐翁的密切交往，对他的学识修养和艺术水平的提高具有十分重要的意义。

杨藐翁（一八一九—一八九六），名岘，字见山，号庸斋（寓庸斋）。浙江吴兴人。咸丰举人，晚清著名书法家、经学家、诗人。杨藐翁精研八分，于汉碑无所不窥，尤善擘窠大字；其诗文洒脱不羁，直抒胸臆。藐翁为人耿直，不谐流俗，曾权知常州府，后因不愿奉承，为上官不容而罢去。当时有人劝他不应藐视上司，他却不以为然，反以“藐翁”自号。吴昌硕认识杨藐翁以后，十分钦佩藐翁的人品和学识，曾要求列于门下学习书法和辞章。然藐翁婉言谢绝，表示愿以换贴兄弟相称，并说：“师生尊而不亲，弟兄则尤亲矣。一言为定，白首如新。”当时藐翁居苏州葑溪南园一带。吴昌硕曾一度寄居杨家，一八八四年在南园附近帝赐莲桥西亩巷赁得新居后又与藐翁为邻。彼此往返十分亲密。尽管如此，但吴昌硕仍一直以师尊之礼对待杨藐翁。

吴昌硕对杨藐翁的尊师之情常常表现在他的诗作中。一八九〇年在《哭紫明先生》第三首中称“藐叟我师范”。不久，在为杨藐翁题清乾嘉期间文人严修能自写文稿的四首绝句中自称“寓庸斋内老门生”。一九一三年，藐翁逝世已经七年，吴昌硕作《藐师遗像为归老显亭图》诗一首，诗中深情地唱道：“师说一篇陈历历，门生再拜舞蹲蹲。”直到一九一七年，在《张叔未书金篆斋吴石潜索题》一诗中，吴昌硕还念念不忘“藐翁吾先师”。

吴昌硕上述这种感情是十分真挚的，因为它出自对藐翁的为人和治学精神的了解和钦敬。

晚清，政治黑暗，官场腐败，一些不愿同流合污而又有真才实学、胸怀抱负的知识分子，由于自身的局限性而不可能去直接反抗清廷的统治，因而只能以愤世嫉俗的态度傲视权贵，退出官场，沉湎于诗文书画之中，借以排遣忧愤，寄托情怀。杨藐翁便是这类知识分子中的一个。请看吴昌硕笔下的杨藐翁：“奇诗动似春葩吐，古隶书成乱发团。人是人非都不问，了无人处自家看。”“狂名满人口，长物一诗囊。冷合辞官去，饥犹弄笔忙。”杨藐翁那辞官拂袖而去，不问人间是非，忍饥寻笔赋诗，颠狂挥毫作书的形象跃然纸上。

杨藐翁的精神与吴昌硕绝意功名、孤峭傲世的品格是一致的。吴昌硕二十二岁那年，在安吉县学官的促迫下，曾勉强去应了一次科举，中秀才后，便抛弃八股，绝意场屋，不再赴考。一八九九年，他五十六岁时，曾被举为江苏安东（今涟水县）县令，因不惯于逢迎长官，鞭挞百姓，到任仅一个月，便毅然辞去。正是这种共同的品格，把吴昌硕与杨藐翁紧紧地联结在了一起，它是吴昌硕始终把杨藐翁作为自己师范的原因，也是他们之间发展深厚友谊的基础。

我们可以从吴昌硕与杨藐翁之间的诗文书画往来中看到他们的崇高友谊。

一年春天，寓庸斋外玉兰盛开，而邻居吴昌硕住处却无花木可以清供。藐翁便亲手折了一枝，亲自送到吴昌硕家里，吴昌硕立即用新汲的井水将它供养在古缶里，顿时香满一室，人心畅快。藐翁即请吴昌硕作画为花写照。吴昌硕欣然挥毫，画毕，意犹未尽，于是又题长诗一首。诗中写道："晨钟未报楼阁曙，墙头扶出玉兰树。南邻老翁侵晓起，持赠一枝带晓雾。……愿从日日花下游，一日看花三百度。"其欣喜之情溢于笔端。

一八八八年正是杨藐翁七十大寿。友人们欲为老人进酒祝寿，但藐翁先生却一概不受。这时刚迁居上海不久的吴昌硕特地赶回苏州，为杨藐翁送去了自己精心创作的蟠桃图。画上除了题长诗一首外，还题了一段极为风趣的跋："此桃非人间果，乃西王母群玉山上三千年一结实之桃也。若世俗园林所生，安足奉我藐翁哉！老缶非有东方曼倩伎俩，不过假笔墨游戏以博一笑。"内中寓含了吴昌硕对杨藐翁的敬爱之情。杨藐翁因之大喜。

吴昌硕的早期诗稿《元盖寓庐偶存》编定后，由藐翁作序。藐翁在序中说："仓石吴君嗜诗。其诗效法唐贤，不役于涩以汨其趣，五言尤入王孟之室。"给了吴昌硕以热情的鼓励。

一八八四年吴昌硕《削觚庐印存》问世，杨藐翁为其题字题诗。

诗中写道：“吴君刓印如刓泥，钝刀硬入随意治。文字活活粲朱白，长短肥瘦妃则差。当时手刀未渠下，几案似有风雷噫。李斯程邈走不迭，秦汉面目合一簁。”这几句诗不仅对吴昌硕的篆刻艺术作了很高的评价，而且还说明了他治印的方法、风格和渊源。倘非真知己，实难以作出如此准确的概括。无怪乎吴昌硕在《读杨藐翁先生迟鸿轩诗集并谢题〈削觚庐印存〉》诗之三中激动地说：“平生恨未多读书，刻画金石长嗟吁。赠言直抵江山助，大美不在面目腴。眇舞此曲吾乌敢，嗜痂有癖公谁俱。寓庸斋头好秋色，坐我但觉游唐虞。”杨藐翁的题诗对吴昌硕鼓舞之大，是可想而知的。

大约在一八八六年，吴昌硕的好友潘瘦羊把汪鸣銮手拓的《石鼓》精本送给了他，吴昌硕为此兴奋不已。不仅日夜临摹，而且作长诗记之。他还将拓本拿去给藐翁欣赏。藐翁见了也兴奋异常，立即作诗四首。说：“苦铁道人酷好古，珍此一日千摩挲。”“偲翁不作咏翁逝，君更后来名誉高。晴窗大机摹籀古，快剑入陈风怒号。”这里“苦铁道人”即吴昌硕，“偲翁”即清代篆书家莫友芝，“咏翁”即清代另一篆书家杨沂孙。藐翁在诗中不仅勉励吴昌硕“一日千摩挲”，而且预言吴昌硕在篆书上的成就将超过莫友芝、杨沂孙。杨藐翁这些独具慧眼的预言已被历史所证实。

吴昌硕在一八九三年五十岁的时候，将自己得意的八幅山水画作品装治成卷，专程从上海升吉里赶到苏州寓庸斋，请藐翁作题。杨藐翁欣然同意，先作题画诗一首，过了几天又作了“寿诗”一首，最后一并题于卷后。藐翁在题画诗中写道：“树借湿笔点，山凭干墨皴。不知势远近，但觉气嶙峋。张壁骇风雨，满堂朝鬼神。

陆痴与严怪，浩荡几时驯。”他把吴昌硕与元代山水画家黄子久、清代山水画家严沧醅相比，足见评价之高。在“寿诗”中杨藐翁又写道：“画好一雪个，书工双阳冰。低头吾欲拜，下笔尔真能。”“夙昔耽佳句，新诗手自编。高瞻浪风雨，野气狎山川。久与老夫别，能交天下贤。”在藐翁看来，吴昌硕的绘画可与八大山人齐名，书法则远胜唐代大家李少温，而诗歌又能自树风格，为人又是尽交贤士。这里已经不是在评论这八幅山水画了，而是在全面评价吴昌硕的诗书画和为人了。特别是“低头吾欲拜”一句，表达了杨藐翁对吴昌硕的钦敬之情。这确实是令人感动的，因为杨藐翁毕竟是比吴昌硕年长了二十五岁的前辈啊！

吴昌硕在他的苏州时代结识了杨藐翁这位良师益友，是幸运的。他在杨藐翁的指点、激励和鞭策下，在艺术的道路上奋发前进。就是这十多年的交往，十多年的苏州生活，使吴昌硕奠定了成为近代艺坛巨星的基础。

吴昌硕的画中师友任颐和蒲华

吴长邺

月明每忆斫桂吴，大布衣朗数茎须。
文章有力自折叠，情性弥古侔清癯。
老山林外无魏晋，驱蛟龙走耕唐虞。
即今人物纷眼底，独往之往谁与俱。

以上是潘天寿先生怀念吴昌硕先生的一首诗，词意真切。他称颂昌老作品气势雄伟夺人，“驱蛟龙走”“独往之往”独树一帜。他在《回忆吴昌硕先生》一文中，对昌老的诗、书、画、印四绝熔于一炉的卓越成就，尊之为“左右一代的大宗师”。信然，昌硕先生的艺术，影响及于海内外，流风余韵至今不息。

昌硕先生曾自谓曰“吾三十学诗，五十学画”，固谦辞也，其实他三十岁已从同里画梅著称的潘紫畦学画梅，潘善以飞白笔法扫画梅花枝干，昌硕先生亦似之，先生画梅不曰“画”，而曰“扫”，故云“扫枝梅花”。在杭州西泠印社内珍藏有昌老三十六岁所作梅花册页。早年画梅枝干是用飞白笔法，梅花潇洒疏影，似有香风出自画面，真是神来之笔，题款书法也秀丽流畅，一扫俗气。作品是应人求索，足见已经为人重视，绝非初学笔墨。他所以自谓三十学诗，五十学画，管见所及，乃是昌硕先生隐示其抱负，严求自己在三十岁到五十岁之间的二十年中要精学深学，从学诗入手，而书法，而金石篆刻，同时虽亦涉及丹青而次之。视诗、书、金石篆刻深精到一定的雄厚基础，转而重去精深学画，至时以诗、书、金石篆刻融会贯通入于画中，则所作之画超人矣。

昌硕先生学画并无一定师承，赵之谦的食古而化，对他有很大启发影响。他对艺术的态度曾有诗表达，诗曰："画当出己意，摹仿堕尘垢。即使能似之，已落古人后。"所以他学古而不泥于古，往往参以己意。当他四十九岁时，有随笔摘记其生平交游，现存于浙江省博物馆，名曰《石交录》，其中有"……余年来亦颇学画，率意为之，自适其趣，人或谓似青藤，或曰白阳，余都不自知……"从中可领略到昌老曾学过青藤、白阳，但并不亦步亦趋，而是"率意为之""自适其趣"，隐隐道出他学画"当出己意"的艺术观。当然他也反对行不由径的乱学和不学，曾说"诗文书画有真意，贵能深造求其通"，他毕生就在"深造"和"求通"，在"通"字上孜孜不倦地狠下苦功，直至登峰造极。

为"深造"求"通"，他二十九岁婚后就离家四处寻师访友。许多著名艺友中，在绘艺上对他影响较深者有二人，即任颐与蒲华。

任颐生于清道光二十年，岁在庚子（一八四〇），浙江山阴（今绍兴）人。初名润，字伯年，号小楼、次远，小名任和尚。他是一位伟大的绘画家，擅长花卉画，尤擅肖像画，他的作品是民间艺术气息较浓的文人画。昌硕先生三十六岁时，在上海得高邕之书荐初识任颐。先生小任颐四岁，年龄相近，意气相投。昌硕先生向任请教绘画笔法，任亦向昌硕先生探讨书法，二人过从日密，亦师亦友，终成莫逆。

记得数年前，曾读到一篇题为《任伯年和吴昌硕的友谊》的文章，文笔很美，我深爱而读之再三，文中屡屡称崇吴昌硕先生，足见作者也是位昌硕艺术的崇拜者。但是他却认为“吴昌硕是任伯年的学生”。文章内举了些例子，可是并无一例足以说明二人的师生关系。因为这是一个历史性的问题，必须根据实事求是的精神，严肃认真来弄清楚。

文章引证了昌硕老人八十岁所作的一幅学石涛的山水，齐白石大师有题曰：“余见缶庐六十前后画花卉，追海上任氏得名天下。七十岁后参赵氏法，而用心过之。”文章作者据此而认为吴昌硕和任伯年有师承关系。对此，笔者不得不要提醒这位撰文者，白石老人也有过一首非常出名的诗：“青藤雪个远凡胎，老缶衰年别有才。我欲九原为走狗，三家门下转轮来。”三家中就有吴昌硕，可是谁也不能据此而硬是牵强附会地指定“齐白石就是吴昌硕的学生”。再说，笔者非常景仰齐白石大师的艺术作品，幼年间就听人说到“南吴北齐”，那时人们早已把两位艺术大师的伟大艺术成就相提并论了。

任颐擅长肖像画，曾为昌硕老人作过多幅肖像画，只须看任在画中题款称呼，就很容易识别他们两位的关系。文章举出另一例《饥看天图》，任题款是：“仓石先生吟坛行看子，光绪丙戌十一月山阴任颐。”题款称呼是“仓石先生”，试想假若任伯年果真是昌硕的老师，何来为老师者竟然会客气到称学生为“先生”？再看一例如《芜青亭长图》。任伯年题款是：“芜青亭长四十岁小影。癸未春三月，山阴弟任颐写于颐颐草堂。”当时订交方四年，来往未深的任自称曰弟。又例《酸寒尉图》，昌硕先生为图写道：“予索伯年画照，题曰‘酸寒尉像’。冠服、端立、拱手，厥状可哂……”昌老在题辞中直呼“伯年”大名，不难理解他们二人之间的亲切关系。文章也引用先父吴东迈先生的话，据笔者回忆，先父生前常对人是如此说的：“任伯年和吴昌硕是亦师亦友的关系。”他说此话是有根据的，是根据我家传珍藏的一幅《竹里行看子图》。图中墨竹是任伯年的手笔，王一亭在竹后补绘昌老全身像，昌老先生非常珍爱此图而加长跋：“画中之竹，廿年前伯年先生所作，一亭王君为予画像其中，呼之欲出。一亭，予友也。先生在师友之间也，道所在而缘亦随之。甲寅秋七月，老缶题记，时年七十有一。”笔者老师王个簃先生还保存一件珍贵文物，是昌老吊任伯年的一副挽联手稿，联曰：“北苑千秋人，汉石隋泥同不朽；西风两行泪，水痕墨气失知音。”称谓知音，当然是指至友之情。在昌老所著诗集《缶庐集》卷一中，有《十二友诗》，十二友中就有任伯年，诗曰：“山阴行者真古狂，下笔力重金鼎扛。忍饥惯食东坡砚，画水直翦吴淞江。定把奇书闭户读，敢握寸莛洪钟撞。海风欲卷怒涛入，瑶琴壁上鸣琤琮。”昌硕老人把任伯年明摆在友的地位，至明矣。但任的绘艺对昌硕老人在艺术上的进展，是有很大影响的。任伯年平时对猫有特殊感情而爱画猫，伯年逝世后的第二年，昌硕老人也画猫一幅，以纪念至情师友任伯年。虽着墨不多，栩栩如生，绘来酷似伯年用笔，题曰：“前朝大内，猫犬皆有官名，食俸，中贵养者常呼猫为老哥。光绪丙申孟秋，老缶。”此图是我家传珍藏，子孙永宝。

昌硕先生另一位师友是蒲华，长先生十二岁，是晚清杰出的书画家。字作英，原名成，号胥山野史。清道光十二年（一八三二）生于原籍嘉兴城内学子弄。其父以在城庙设肆售卖祭供城隍神的

“保福饺”为业。因家贫，蒲华年少时曾为庙祝，在庙中开沙盘糊口。后从外祖父姚磐石读书，咸丰三年岁在癸丑（一八五三），入庠为秀才，耽于吟哦，又嗜书画，画学周闲，上法白阳、青藤，出笔有奇气。书法学“二王”，后泛涉唐宋诸名家，得矫肆而超逸时辈。曾与嘉兴名家吴世晋等结“鸳湖诗社”。昌硕先生于清同治十三年甲戌（一八七四），初识蒲华于嘉兴杜筱舫“曼陀罗斋”。因其出身寒微，当过庙祝以沙盘为业，人都鄙视，而羞与之同席共餐，昌硕先生独具慧眼加以青睐，蒲华心甚感之，引为知音。由是交往逐渐亲密，昌硕先生在手稿中有《十二友诗》，蒲华就是十二友之一，昌硕先生写道：“蒲作英善草书、画竹，自云学天台傅啸生，仓莽驰骤，脱尽畦畛。家贫，鬻画自给，时或升斗不继，陶然自得。余赠诗云：‘蒲老竹叶大于掌，画壁古寺苍崖边。墨汁翻衣冷犹著，天涯作客才可怜。朔风鲁酒助野哭，拔剑斫地歌当筵。柴门日午叩不响，鸡犬一屋同高眠。’”此诗后收于《缶庐集》卷一，曲曲写出蒲华“陶然自得”于贫苦境遇，生动地描绘出作英落拓不羁之生活习性，以及蓬垒狂佯之飘逸性格。昌硕先生讶其学识渊博，宏知广识，于书、诗、画无一不精而为之倾倒，敬佩之甚而过从愈密，受益也良多矣。

昌硕先生四十六岁，曾作小品《墨蝴蝶花》一帧向之请益。自题款曰：“青藤道人法。己丑三月，苍石拟之。”蒲华题长跋于另纸曰：“文长写花，运笔飞舞，饶于神韵。道复师文待诏，文长则未闻有师。昌硕偶写蝴蝶花一枝，方拟其法，而不云拟道复，殆拟其无师之画，天机所流，不俗而已。正不必对文长真本，以描头画角为能事，仓硕亦隽乎技矣。作英。”此件曾于一九八四年上海“吴昌硕书画篆刻艺术展览”展品中见之，跋辞中字里行间对昌硕先生早年作品予以高度评价，而又循循善诱加以鼓励。

丙戌（一八八六）冬，昌硕先生四十三岁，为蒲华治姓名印一方，朱文，边跋为：“丙戌改刻，苦铁。”翌年春先生来沪，蒲华作《丛竹虚亭图》相贻昌硕为酬，题诗曰：“云水苍茫风雨大，萧萧丛竹更清寒。望中绰有虚亭在，谁作江天旷朗看。丁亥二月雨夜仿梅道人，苍石仁兄两正，弟蒲华。”

蒲华夫人缪晓花亦善书画，燕尔情笃。讵知蒲华三十一岁，夫人溘然病逝，悲痛不能自已，且无子息。蒲华因出身卑微，平时受人歧视，此时连遭逆境，怀才不遇，从此粪土名利，孑然一身，愤世情之酷，傲然出游。

甲午之战起，昌硕先生出于爱国热忱，毅然参佐戎幕，北上抗敌。在山海关曾作《乱石山松图》和《芦台秋望》，又《榆关杂诗和窸斋先生》。十月奉命回苏履行公事，公毕再发前，与蒲作英合写《梅竹图》。昌硕写梅，作英画竹，昌硕题“岁寒交”，语重心长。蒲华题句：“死后精神留墨竹，生前知己许寒梅。”足见两人相知之深，交谊之厚。此为施石墨携去，昌硕又题曰：“予与蒲君作英合写此图，石墨持去，索置款。甲午小雪前三日，昌硕吴俊卿。”合作之件还有一幅设色《荷塘秋色图》，在荷梗间落下双行款而无年月，观其笔墨，似在甲午之前，落款是“仓硕作英合画”。《梅竹图》今为浙江省博物馆珍藏，而《荷塘秋色图》则不知为何家收藏矣。

昌硕先生六十岁时，在苏州寓所邀蒲作英饮，时正春风和熙，叶茂花香，昌硕先生以癸巳年拟蒲华笔意所写《竹里有亭图》，张之壁间，中有款题曰："人谓缶道人画笔，动辄与石涛鏖战，此帧其庶几邪？癸巳春季，吴俊。"蒲华顾视良久，乘酒酣吟哦酬唱之余，抒兴挥毫，伸纸研墨，援笔濡染，顷刻而成山水一幅，题为《拟梅道人诗意图》，图中依样有亭有竹，墨气浑厚，古趣盎然，诗情画意，令人叹为观止。蒲题诗曰："我亦有亭深竹里，也思归去听秋声。仓硕仁兄大方家以墨池余沉嘱画，为拟梅道人诗意，即博一笑。蒲华，癸卯三月之杪。"此图为我家传珍藏品，先父东迈先生在世时，已传付与我次子吴越永宝之。

曾记得先父吴东迈先生谈起，蒲华在六十岁时，贫极至无米为炊之困境，隆冬将临，更难以维持生活。吴昌硕先生不忍坐视，以书札推荐蒲华去常熟沈石友处，借助整理文字诗稿，暂作栖身以渡难关。

宣统元年（一九〇九）沪地书画界创立书画善会，昌硕先生与蒲华同为发起人，租南市豫园得月楼为会址，与会者可百余人。当时议定善会宗旨章程，以各家合作书画陈列会中，供参观销售，售出作品之款，以半数归作者，余半捐与善会充慈善义举，诸如冬施衣米、夏送医药等。善会曾助赈受水灾旱荒之省县，受益者无算，广得各界好评。

宣统三年（一九一一）辛亥之夏某夕，蒲华终因潦倒颓唐，贪杯醉归，寝睡中不慎将假牙咽入喉管，气阻梗塞逝世于沪寓西藏路登瀛里，因无子息，孑然一身，萧条凄凉之甚。昌硕先生非常悲切，会同艺友为之棺殓治丧，由其侄扶榇归葬原籍嘉兴西丽桥西堍。蒲华生前有大量诗稿，往往扭成团丢入床前布袋内，袋不知为何人先时取去，或被视作废纸丢弃，至为可惜。昌老痛师友之逝，以恭楷书其墓志铭，并篆书其盖，制成碑刻，现存于嘉兴南湖烟雨楼之壁间。

民国十五年丙寅之岁（一九二六），由西泠印社丁仁等艺友出力，出版蒲华诗集，名《芙蓉庵燹余草》，集前刊登昌硕先生在二年前写的一篇序。为便于读者更了解蒲作英先生的品德风貌以及艺术成就，今以《芙蓉庵燹余草》诗集前之吴序和《墓志铭》全文抄录如下：

吴序：

作英蒲君为余五十年前之老友也，晨夕过从，风趣可挹。尝于夏月间，衣粗葛，橐残笔三两枝，诣缶庐。汗背如雨，喘息未定，即搦管写竹石，墨沉淋漓。竹叶如掌，萧萧飒飒，如疾风振林，听之有声，思之成咏，其襟怀之洒落，逾恒人也如斯。所作诗类见于题画，不假思索，援笔立就，疏宕之气，播为天籁。此盖平昔流览宋诗而自以性情纵之，犹野鹤翔空，毰毸独舞，幽兰蔽石，隽逸时芳。斯为画家之诗，或以诗人之诗律之，则苛之矣。故世人只知作英之画，而不知作英之诗，计作英寿逾八十，一生以诗画自娱，岂诗稿仅此一束耶？读其诗丰神流丽，乃其壮年所作。迨殁于沪寓登瀛里，余闻讯较迟，往为治丧，而文墨诗稿已不知何人携去矣。惜哉！周君子怡得其《燹余草》，丁君辅之将为印行，属序于余，俾世之知作英，不仅以画名也。余往为之立传，泐石于鸳鸯湖畔，今又展读此稿，老怀其奚能恝然！中元甲子，八十一叟安吉吴昌硕序。

《蒲君墓志铭》全文：

浙西山水区，士多以才艺闻四方，而蒲君独落拓不得志以客死。君讳华，字作英，秀水人。性简易，无所不可。善画及草书，尤喜画竹。讳老，不蓄须，问其年，常以五十对。寓沪上，邻伎馆，伎多从学者，友拉之出，犹顾而嘱曰："某临帖，某摹画，毋旷厥课。"谆谆如严师。少为诸生，无资贡成均，遇岁试，一题作二篇，不耐楷录，愿代者分与之。其书自谓效吕洞宾、白玉蟾，狂草如龙蛇，神仙笔也。君与吴仓石、秋农及何熙伯、徐星洲、哈少孚交最密。廿年前，君携仓石书，岁暮来访，遂下榻予家。风雪萧寥，晨起游山，夜归，燃两巨烛作画，解衣盘礴，顷刻数十纸。后草纪游诗，强予和，漏三下不休。去仍止沪上，约复来，卒不果。辛亥夏，仓石书来，言君死状。君素无疾，前一蹶几陨，旋健如初。一夕醉归，寝不起，群走视，镶牙脱入喉，气闭绝矣。盖年老齿豁，用泰西法补之，群称便者也，而君忽以此死。先是秋农卒，君书来深嗟悼之，不意君亦死矣。哀哉！仓石又言，幼时即闻君名，交君垂四十年，计其寿殆八十余。初有妻，化去。无子女，一族侄扶榇归葬某乡之某阡。仓石与何君辈经纪其丧，属予为之铭，铭曰："平生画竹与可师，岁寒傲雪凌云姿。年臻耄耋心婴儿，醉眠忽赋游仙诗。鸳鸯湖上土一抔，魂游歇浦其来归。魑魅魍魉安敢窥，箨龙盘盘护风雷。"虞山赵石刻。海虞沈汝瑾撰，安吉吴俊卿书并篆盖。

综观任、蒲两大家在生活中都有不同的坎坷遭遇，而对当时晚清政府之腐朽无能，国情之不安，世态之炎凉，二人都怀有愤世嫉俗的共同心情，挥发于艺术上，在画中倾吐其不平之鸣，任是位花鸟、人物、山水兼长的全才型画家，曾奔波在苏、杭、宁、绍各地，博采民间艺术和传统故事入于画中，一度醉心于当时为文雅士所不屑为之的泥塑、紫砂器具等的制作。他的艺术来于传统又化于传统，把古雅与通俗融为一体，故其作品民间艺术气息重，文人气息淡，以“笔无常法，另出新机”自成一家。壬辰（一八九二）春，昌硕先生四十九岁，寓苏州时客杨见山家，默临我家藏任伯年先生所作朱笔《醉钟馗图》，亦以朱笔图成。写出老馗醉眼迷离、虬髯戟张、行步蹒跚之神情，酷似伯年先生笔意。昌老自跋于后，杨见山特以隶书题款曰“钟进士像”，并作长跋。昌硕老人深深敬佩伯年先生绘画之才艺横溢，尝谓：“伯年任先生落笔如飞，神在个中，亟学之已失真意，难矣！”此幅《醉钟馗图》已在“文革”中失去，不知今在何处。昌老所作朱笔《钟进士像》，先父东迈公生前已传付与我长女有斐珍藏。

蒲华毕生之颠沛境遇较任颐尤惨，因出身卑微，生不逢辰，时遭逆运，怀才不遇，终身不得志，故恒假书画诗文一吐胸中抑郁积愤，曾有联曰：“征衫色减风尘里；彩笔铓颓草莽中。”一生不慕名利，有索必应，从不矜惜笔墨，佯狂玩世，终以潦倒不堪，途为之穷。作品常以书法入画，酣畅恣肆，随意挥毫，自成天趣，其粗枝大叶、雄浑苍劲之画风，一扫陈卉蔓草之晚清画派，自展新姿，独成一帜。昌老画竹特别受他影响，昌老尤其爱好蒲华水墨淋漓的山水画，爱其笔墨在苍茫豪放中见精微，神腴纵横间树骨气。壬辰（一八九二）冬十二月，昌老拟蒲华笔意写八幅山水画，但觉丘壑云烟，山石嶙峋，水痕墨趣，映现纸面，其韵味之厚，令人神为之醉，与蒲笔墨在似与不似之间，另有町畦，自有面貌。经装池成卷，艺友如凌霞、诸宗元等十余位名家，纷纷在卷尾题句书跋。己巳（一九二九）秋收于上海中华艺术大学影印出版《缶庐老人诗书画》第一集中，素为我家传珍品。一九五四年不慎被窃，东迈先生因此气愤成疾。

昌硕先生对艺术的追求提出过这样一个问题：“今人但侈摹古昔，古昔以上谁所宗？”任、蒲两位创新的艺术光照更启发了他，他不仅师古而化于古，同时也师今而发展为新。他具备坚实的诗、书、金石篆刻的有利基础，毅然向守旧抱古、死气沉沉的晚清画坛猛烈冲刺，闯出一条熔“四绝”于一炉的新格局的画型，而自成一家。故虽然任、蒲、吴三大家艺术成就各异，然而异途却是同归到一体——创新的大写意。俨然崛起在春申江畔，在画坛上树立起一个新画派，当时十里洋场的上海既是社会经济的发展地，也是文人墨客的集中点，各地来沪的金石篆刻书画家，不下百余人，新的画风一开，自然而然地形成了一个“海上画派”。著名的书画理论家邵洛羊先生曾说：“集其大成，登其峰巅的是吴昌硕，而当初披荆斩棘，开径辟路，破泥古之积习，开‘海派’之新风者，应推蒲作英。”（《听之有声，思之成咏——记“海上画派”先驱者蒲华》）

笔者见少识浅，只能依据有限的现有可靠资料，病中仓促写成，言未能达意，亦草草不文，敢乞诸名家以及同好者不吝赐教指正，以增广见闻新知，不胜感激之至。

吴昌硕与吴平斋

施星火

吴昌硕寓居苏州时期，先后结识了潘祖荫（伯寅，别号郑庵）、吴云（平斋，别号退楼）、吴大澂（清卿，别号愙斋）、顾麟士（鹤逸，别号一峰亭长）等著名金石收藏鉴赏家。他们爱才、惜才，都不约而同地赞赏吴昌硕的才华和抱负，慷慨出示他们所珍藏的三代鼎彝、秦汉玺印、权量、诏版、泉布、古陶、瓦甓、碑帖、印谱以及名人书画真迹和善本书籍等，任凭吴昌硕观摩和鉴赏。

在上述的几位收藏家中，最使吴昌硕铭记不忘的是吴平斋给他的大力匡助。

吴平斋（一八一一—一八八三），浙江归安（今属湖州市）人。归安与安吉同属湖州府。因此可以说他是吴昌硕的同乡。他曾任苏州知府，在苏州有个听枫园，住在园中以鉴赏金石书画为乐。著述有《二百兰亭斋古印考藏》等。因藏有各种旧拓《兰亭序》二百种，故书斋命名为“二百兰亭斋”。又因藏有齐侯罍两件，故又名为“两罍轩”，还著有《两罍轩彝器图释》《华山碑考》等。

吴昌硕在听枫园设馆，为吴平斋的儿子授课。吴平斋遂将大批藏品拿出来给他观赏。吴昌硕如入宝山，决不肯空手而归。他就像蜂儿酿蜜、海绵吸水似的研习，孜孜不倦地从那些奇珍异宝中汲取丰富的艺术营养。这对于他往后的艺术创造，起到十分重要的“储备”和“发酵”作用。在吴平斋家客坐的几年，是他一生中最紧张、最充实，也是最具关键性的岁月。

当时，吴平斋交游很广，官场应酬忙碌，很少到书馆里去。有一天，他问儿子道：“先生闲来作些什么消遣？”他儿子答：“我只见先生执着刀刻石头，老是刻个不停。”吴平斋听了很奇怪，便亲自到书馆里去看个究竟。果然看见他伏在书桌上刻印，发出“吱吱嘎嘎”的声音来。

吴昌硕一见东翁到来，便起身相迎。东翁微笑着问：“先生治印有几年了？已刻了多少？”吴昌硕不禁赧然，嗫嚅地说：“还不到十年。”说着，便指指抽屉里的一堆印石说：“到尊府后就只刻了这些。”吴平斋随手拿起几方来看了半晌，很受感动，抚着他的肩膀，恳切地说：“老兄这样勤奋好学，精神实在可佩！可惜眼界还不够广阔，要多看看，特别要多看点古印，打下扎扎实实的根底，然后进行创作……”吴昌硕听了非常感动并受到很大启发。

从那时起，吴平斋便将自己珍藏的古印谱和近代各派印存统统拿出来任吴昌硕观览，同时又指点他精研大小篆，上溯殷周金文，旁及秦砖汉瓦。吴昌硕心摹手追，运化入印，艺事大进。与此同时，吴昌硕又致力于临摹《石鼓文》，数十年如一日，自述“一日有一日之境界”，对刻印、作画都大有裨益。在隶书方面，他先临汉《祀三公山碑》，后又从大量拓本中选出《嵩山石刻》《张公方碑》《石门颂》等数种用功临摹。直到晚年，他还常对友人说：“没有平斋，就没有我昌硕。”由此可见，他对平斋的知遇之感是如何深挚。

吴昌硕与天台山农

曹用平

海上名士刘山农，别号天台山农，以书艺驰名海上。他是昌硕先生座上常客，经常到山西北路吉庆里一二号昌硕先生寓所来看望请益。

一九二六年初夏一日，山农用精致白瓷盆盛放槜李十只，持赠昌硕先生。槜李又名醉李，产嘉兴西南者为正宗，味甘甜，香糯绝伦，果皮红绿相间，果实圆形，果皮上有一小凹痕。相传当年西施北行，停于嘉兴，侍者以槜李进，西施用小指甲剔一小孔，吸吮食之，以后凡此处所产之李，皮上均留一凹痕，他处则无之，名为槜李。代代相传迄今，历来作为贡品，极为名贵。

昌硕先生喜而食之，时王个簃先生侍座在侧，亦得到昌硕先生分赠两颗。昌硕先生乘兴在空盆里题了几个字。翌日，山农来取盆子，见到盆内题字，如获至宝，并说："这个价值要比槜李珍贵多了。"

昌硕先生喜食津菜。是年金秋，山农假上海福州路同心楼（今浙江路、南京路南首）宴请昌硕先生，在座者有潘天寿、吴东迈、吴藏龛、王个簃等。山农请昌硕先生点菜写单，昌硕先生点写计为：糟鱼片、油爆肚、生嗜津菜、管城脊髓、灼真，共五种。食后，山农怀归珍藏。

白瓷盆和点菜单是天台山农珍藏的两种别开生面的珍贵艺术品。

师友吴山

吴长邺

吴山是昌硕先生非常敬佩的一位师友，读《缶庐集》卷一《十二友诗》，首位就是吴山。诗后注录，称谓“吴瘦绿先生”。其他十一位并未带“先生”之称，足见昌硕先生对其特别尊重。《削觚庐印存》中十八位契友名，其首位又是吴山，昌硕先生在文中有“俊遂师事焉”句。对吴山尊为“师”，敬佩之诚如此。在《石交录》中吴山亦为第一人。

吴山，字瘦绿，一字叟乐，号铁隐，别号十二峰人。归安吴溇人，寓居菱湖。少年时代漫游大江南北，为人豪侠，倜傥不羁。六十岁后，剑气自守，号所居为“十二峰馆”，以示不忘故土之意。

瘦绿擅长金石考证，尤善篆刻，所作印出入秦汉，颇见功力，曾先后就教于陈曼生鸿寿、屠琴坞倬、赵晋斋魏诸前辈，对各家治印有深湛研究。

昌硕先生中年时代作客菱湖岳父家，与瘦绿寓所为近邻，闻其名而造访，纵论今古，评论文艺，十分投契，大有相见恨晚之意。先生持篆刻和书法作品向他请益，瘦绿于赞许之余，坦然指出瑕疵，并以多摹秦汉金石文字相勉。他又取出《顾氏集印》和《汉铜印丛》等书，供昌硕先生参考阅读。

从那时起，昌硕先生每到菱湖，必与瘦绿畅谈竟夕，彼此成为莫逆之交。先生为他刻过不少名号印章。在《削觚庐印存》中可看到四方："吴山""铁隐""瘦翁""天下伤心男子"。瘦绿也曾屡次为先生制印，并收入自己的印存《秋绿吟馆印汇》中。瘦绿对先生书法谓："篆隶书当如印泥画沙，无但取形似……"（《削觚庐印存》）

后来，瘦绿病殁于菱源，先生悼惜，曾作诗追念他。诗曰：

一房山插十二峰，
吸翠跃起龙湖龙。
高吟直和郢中唱，
古貌压倒墙头松。
闻瓦甓道在朝夕，
为儿女忙无夏冬。
悲秋一病遽作古，
数典问字吾谁从？
（《十二友诗》）

瘦绿身后无子，有婿四人，都不谐金石文字。故其平生珍藏之古铜、玉器并书画，无人爱惜，竟至零落无存。

诗词契友诸贞壮

吴长邺

诸贞壮，名宗元，浙江山阴（今绍兴）人。擅诗词，颇有根柢。昌硕先生寓苏州时，经人介绍，得与他相识，二人谈诗论艺，非常投契，大有相见恨晚之感。数天后，先生写了几首诗送去向他请教,信封上误将“诸”字写成“褚”字。第二天,先生发觉了，立即专程登门道歉。从此二人经常往还，成为知交。

其时,先生寓所在桂和坊,书斋命名为“癖斯堂”。先生好交游，书斋中常有艺友会聚纵谈，贞壮来得更勤。先生好收藏，往往把自己珍藏的书画取出与艺友共同品评，每见贞壮爱不忍释之状，即割爱相贻，毫无吝色。贞壮感甚。对先生篆刻，贞壮称佩之至。为此，先生为其治印多方。

先生与贞壮曾同游武昌、北京等地，二人相交数十年，情谊始终如一。贞壮晚年寓居杭州，与昌硕先生晤面机会较少，但书简往还经常不断。昌硕先生八十寿辰，贞壮去武林以文祝寿，先生作诗赋谢。诗曰：

文章凿肝肺，寿我寿而臧。
庄有小年羡，韩能大丑当。
湖山秋不老，情性古之狂。

下酒休重说，如烹一脔尝。

（《缶庐集》卷五）

他们二人诗歌往来频繁，贞壮曾以作品以示，先生依韵答之。兹举一例：

风色眉间仔细看，空林雁影出云端。
字通古籀耕夫独，诗撼长城作者难。
莫问骑驴天自适，凭渠犄鹿我何干。
钓竿在手裘谁著，领略江深草阁寒。

（《缶庐集》卷四）

先生每到杭城游西湖，必与贞壮同游，畅谈竟日而无倦意。贞壮寓杭州，其眷属也和昌硕先生十分熟识，不拘客套，如同一家人，先生爱吃诸家自制的肉脯和笋蔬，认为和自己故乡安吉的风味相同。有时先生也邀贞壮来沪小住。贞壮曾以所作诗稿，求昌硕先生题诗于后，先生慨然允诺，赠诗曰：

小朝廷在狂酾酒，大劈斧如真画山。
腾笑滑稽犹剩我，拍肩南北两峰间。
毫毛茂茂包经史，乐府枨枨变羽商。
抱瓮造车无不可，狂由人笑我非狂。
不比灯前唤老奴，舟迎桃叶晓风扶。
双眉淡扫还重画，更写新诗寄我无？

（《缶庐集》卷四）

由于贞壮对先生了解很深，先生晚年作生圹时，曾请他作《生圹志》。又曾为先生作《小传》，简明扼要地介绍了先生的生平。

一九二七年冬，先生逝世前几天，贞壮恰巧来上海，先生最后写成的一首诗，请他共同推敲。先生突然谢世，贞壮悲痛万分，几次想作诗表达哀思而不果，第十天方成五古一首，不久贞壮也因哀伤过度而与世长辞。

吴昌硕与张孟皋

崔锦

吴昌硕是中国近代画坛上著名的画家，他继承了中国文人画的优良传统，许多典籍在评价他的时候，都说他吸收了徐渭、朱耷、李鱓、赵之谦诸家之长，并受任伯年的影响，形成了自己独特的画风。但是，这些介绍却恰恰忘掉了对吴昌硕有特殊影响的小名家，这个人就是张孟皋。

张孟皋，名文广，一名学广，后以字行。天津人。咸丰十年（一八六〇）卒。官浙江安吉县丞。擅花卉，宗法陈淳，画风追似司马钟。我们在吴昌硕的题画里，屡屡见到他的名字。例如：

《桃花轴》："三千年结实之桃。静仁先生五十双寿，为拟张孟皋法。庚申春，吴昌硕年七十七。"

《石榴轴》："口迸明珠打雀儿。乙丑四月，拟张孟皋笔意，形似而神逋矣，奈何！安吉吴昌硕年八十二。"

《春风太平图》："奠孙先生属画，为拟朱笴河笔意而仍似孟皋，钝根人有如此，恨恨！乙巳岁杪，吴昌硕。"

《墨荷图》："拟清湘泼墨法，而略似孟皋，取法乎上，仅得乎中，信然。癸丑八月杪，老缶。"

《珠光图》："拟高南阜而不古，拟张孟皋而不厚，拟十三峰草堂而又不能放。昌硕记。”

看来，吴昌硕多次直言不讳地向世人宣称，自己热衷于张孟皋的画法，而且还常为形似神亡而苦恼。他甚至在摹拟别家的时候，笔下也自然流露出张孟皋的痕迹，可见张孟皋对吴昌硕的影响之深。当然,吴昌硕并不是为了像张孟皋而学张孟皋,而是博采、融会张孟皋以及其他诸名家之长，创立了自己独特的艺术风格。

吴昌硕如此崇敬张孟皋，除了张孟皋曾任安吉县丞，并在浙江鬻画有一定影响之外，更主要的是他们艺术思想上的共鸣。

中国封建社会的躯壳解体前后，市民阶层摆脱了各种束缚，不断壮大。他们强烈地冲击着包括中国画在内的中国传统文化，迫使文人画向通俗的方向发展。张孟皋、吴昌硕都生活在这个大背景下，而且都以卖画为生。他们在探索中国画如何适应新兴的市民阶层的需要这个问题上，走了一条相同的路。他们的作品无论题材内容、风格技巧都发生了较大变化，形成了画坛上新的流派。如果把吴昌硕视为艺术探索的成功者的话，那么，先于他的张孟皋则是这片新的艺术天地的勇敢的开拓者。

无论张孟皋，还是吴昌硕，都继承了陈淳、徐渭以来水墨花卉画的优良传统，突出了用笔豪放的特色，强调气势，强调创新，强调作品要蕴含着一种蓬勃的生机和内在的气度。这也恰恰是新兴市民阶层的欣赏要求。吴昌硕进而明确了对“气”的追求,他说：“墨荷点破秋冥冥，苦铁画气不画形”，“卅年学画梅，颇具吃墨量。醉来气益粗,吐向苔纸上。浪贻观者笑,酒与花同酿。法疑草圣传，气夺天池放”。吴昌硕一再强调的“气”是什么呢？我认为它依附于形、神，所表现出来的是作者的修养和气质，“气”给画家抒发个性留有非常广阔的空间。吴昌硕多方面的艺术修养在画中得以发挥，正如他自己说的那样："我平生得力之处在于能以作书之法作画。"他把自己苍劲古拙的书法篆刻融入画中，一扫纤弱、柔媚的弊病，开创了一种适应时代审美情趣的新画风。

从色彩方面来讲，张孟皋的作品色彩鲜丽厚重，最反传统文人画重墨彩的特点。他在《折枝花卉卷》中写道："拟陈白阳笔意，兼用南田翁设色为之。"作品生机勃勃，附合新兴市民阶层的欣赏趣味。吴昌硕踏着张孟皋走过的路继续探索，进一步总结出"设色易俗不易古"的理论。俗不是庸俗，而是通俗，是适应时代欣赏情趣的美学标准。例如，他大胆使用洋红，使作品的色彩艳丽强烈，给朴厚古拙的画风增添了无限生机。

诚然，吴昌硕的画主要受徐渭、朱耷、石涛、李鱓、赵之谦等人的影响。他说过"八大昨宵入梦，督我把笔画荷""气夺天池放"等，说明他对这些名家的崇敬。可是他在文人画通俗化的道路上，得到张孟皋的启迪。我们在研究吴昌硕艺术道路时切莫忽视小名家张孟皋对他的影响。

编者按：原文有删改。

吴昌硕艺术在日本的传播

青山杉雨　著
吴超　译

吴昌硕的艺术在日本广为传播，大约是在他七十岁以后。事实上，日本现有吴昌硕的作品是以七十岁以后的最多。

日本艺术界了解吴昌硕，乃至吴昌硕备受日本人民的敬仰，与长尾雨山和河井荃庐先生在日本对其的介绍是分不开的。

长尾雨山与吴昌硕的亲密交往，是在吴昌硕居住上海之后开始的。当时，长尾氏是商务印书馆的理事。而商务印书馆对吴昌硕的诗书画印非常重视。所以，长尾氏与吴昌硕有了交往的机遇，并日益亲密。

杉村勇造先生的岳父松崎鹤雄在长尾的介绍下会过吴昌硕。他在所著的《柔父随笔》中写道：辛亥革命以后，吴昌硕还时常鬻书画聊补生活，价格非常便宜。当时，吴昌硕年近七十，过着与大艺术家极不相称的简朴生活。在此期间，西泠印社成立，吴昌硕被公推为社长。因此，吴昌硕所保持的简朴的生活，在松崎氏眼里是一种淡泊之风。

吴昌硕赠与日下部鸣鹤和滑川澹如的梅花图，则是他六十岁左右所作。当时人们对艺术泰斗吴昌硕还没有认识，更没有想象到他的艺术所产生的巨大影响。

河井先生和吴昌硕的友谊极其深厚。先生年轻的时候就向吴昌硕呈送书信。三十二岁那年总算如愿以偿，当面得以请教（西川宁先生谈）。当时吴昌硕已五十九岁了。此后,先生每年到上海，向吴昌硕先生请教篆刻。就此而言，我想河井先生在日本作为篆刻家的地位，乃至在日本书道史中的地位也都是不可磨灭的。

今天，我们能接触大量的中国近代书画，并从中受益，也是与河井先生所作的努力分不开的。其实，这就是河井先生向吴昌硕学习篆刻所带来的收获。

吴昌硕先生的大名在日本脍炙人口，也是从以上事情而来。从他的书画作品集来看，最早的是田中庆太郎编的《昌硕画存》。这是大正元年（一九一二）出版的。接着《苦铁碎金》是大正四年（一九一五），吴昌硕七十二岁时由西泠印社发行的。之后五年的大正九年（一九二〇），东京的文求堂《吴昌硕画谱》和长崎的双树园《吴昌硕画帖》相继出版。

特别要指出的是双树园的画帖，当时是长崎吴昌硕书画展时作为纪念帖的。这恐怕是日本最早的吴昌硕作品展了。

大正十年（一九二一），田口米舫编的《吴昌硕书画谱》由至敬堂出版。自此以后，中日两地又有相当数量的吴昌硕书画集出版。值得一提的是大阪高岛屋展览，在此之前，日本对吴昌硕艺术还没有真正的了解。大阪高岛屋出版《缶翁墨戏（第一集）》是在大正十一年（一九二二）。所以说，大阪高岛屋的展览是推动日本对吴昌硕艺术产生极大关心和兴趣的一大重要事件。

在日本，传播吴昌硕艺术的人很多，除前述的河井荃庐等先生外，饭田秀处也是其中的一人。这里就不再一一赘述了。

编者按：本文是吴超先生根据日本青山杉雨先生所著的《吴昌硕纪要》一文的“吴昌硕和他的周围关系”一节选译，题目为编者所加。

君知吾如吾知君

——记吴昌硕与日本友人的交游

朱关田

清代乾（隆）嘉（庆）年间，古代金石碑版的大量出土和随之而生的金石考据学，给中国书法艺术强烈的影响。尊碑风尚，应运而滋。经阮元（伯元）倡导，包世臣（慎伯）、康有为（长素）相继鼓吹，“碑学”卓然而起，至咸丰、同治年间，天下景从，几乎取“帖学”传统地位而代之。宗篆隶，崇碑版，尚六朝之风，习秦汉之学，书坛风貌陡然一变。其后，吴昌硕寝馈《石鼓》，奇崛之中别饶清媚之趣。且“强抱篆隶作狂草”，苍劲雄浑，气势恢宏，更为时势所重。

是时，日本处于明治中叶，碑学风尚方兴未艾。有识之士，纷纷浮槎东来，寻师访友，欲借中华新生的碑学造诣补益日本书法。吴昌硕便为来华学者结游的对象，众望所归。根据史籍所载，最先与吴昌硕交游的日本学者是日下部鸣鹤。

日下部鸣鹤（一八三八——一九二二），名东作，字子旸，号野鹤。日本江州人。自光绪六年即明治十三年（一八八〇）金石学者杨守敬（惺吾）任出使日本大臣黎庶昌随员，携带一万数千件碑版拓本前往东瀛，日下部鸣鹤即与松田雪柯、岩谷六一等投入杨氏门下，改习六朝书法。杨守敬题《日下部鸣鹤肖像》记其事，诗云："东方一士，驰声握管。钟张抗行，欧赵作伴。缣素堆积，户外屐满。余之东渡捆载碑版。高下在心，惊此巨眼。笙罄同音，泠然而善。"劲健峻拔的六朝书风遂为日本碑学始祖。其所倡导的回腕、悬腕执笔法，亦代有传人，流播至今不衰。鸣鹤于光绪十七年即明治二十四年（一八九一）三月来华，先后与金石学家吴大澂（窓斋）、经学大师杨岘（见山）、俞樾（曲园）交往。有《游东吴杂作七言绝句》数首记旅游逸事。其一有云："海上漫传书圣名，云烟落纸愧天成。浮槎万里求遗架，千古东吴有笔精。"前句夫子自道，其有"东海书圣"之称。后句以草圣张旭暗喻缶翁，钦羡之心，油然可见。其与缶翁相识当在苏州。吴昌硕对当时称为"东海来的书圣"——鸣鹤亦十分尊重，他在《题日下部鸣鹤肖像》诗中，极称其书法，谓"右军书法徒争先"。当其归国之后，仍然书信往返，频频不断。缶翁分别于光绪二十三年（一八九七）七月赠诗《元日写梅》《拂水岭看竹》；光绪二十七年（一九〇一）花朝作《老梅图》持赠，并题诗云：

寥空一鹤翔，归梦蹑扶桑。
冷抱琅琊刻，闲栖石鼓堂。
冻梅寻伴侣，短札羡康强。
想见论书处，南天忆古狂。

同年五月，因山本竟山索题而作《题日下部鸣鹤肖像》诗中亦有"更忆长髯艾居士，苦吟拈断随翁坐。风尘回首愁煞人，南天东海同游民"句，别绪茫茫，思情切切，跃然纸上。

一九二二年一月，日下部鸣鹤卒，缶翁亲书篆文墓碑，遥寄深情，远慰故人。此碑至今屹立在日本鸣鹤故土，与其杭州紫云洞题名刻石隔海相峙，遥向呼应，受人敬瞻。此为中日两国文化交流的结晶，亦象征中日两国人民的友谊如同斯石千年永固。

在日下部鸣鹤的影响下，他的门生友朋，接踵来华请益于吴昌硕。其中最为著名的是河井仙郎。

河井仙郎（一八七一——一九四五），原名得，号荃庐、蟫巢、九节丈人。日本京都人。书法师承日下部鸣鹤、岩谷六一，篆刻受业于筱田芥津。自鸣鹤与缶翁交游，吴昌硕书画篆刻作品亦随之远播日本，且鸣鹤“于印酷爱吴昌石”（见河井氏“日下东作长寿”印款），河井氏受其熏陶，始习缶翁。其于光绪二十三年即明治三十年（一八九七）将习作远寄上海，请教缶翁。不意素昧平生的缶翁复以长信，加以激赏，并表示愿意会晤海外同道，唯“碧海茫茫，神山巉巉，相距辽阔，握晤何由，临启怅然不尽”（见河氏明治三十年二月廿四日复缶翁函）。荃庐见信，兴奋异常，来华求教之心益坚。其云：“先生与仆未有半面之识，而眷爱之厚，既业如此，一读再读，感极，潸然泣下。先生更见惠大作印存，直秦直汉，古朴苍然，妙不可言。高谊之贶，铭肝不知所谢，当子子孙孙永宝焉。”又说：“仆欲一游贵国，叩大门以请清诲者有年矣。而未果者无他，仆素一介寒生，因不能支其费而已。然窃信数年后，必有遂宿志之期。”终于在两年之后，在东京文求堂主人田中庆太郎陪同下，远涉重洋，来到上海。在沪即由罗振玉（叔言）、汪康年（穰卿）介绍，“叩大门而请清诲”，一遂宿愿。从此荃庐出入缶翁门下，数年如一日，执子弟之理师事篆刻。同时，罗振玉、汪康年为其制订刻印润例，以助荃庐游学之费。此润例或可见当时印学之一斑，故移录如下：

苤庐先生刻印润例

日本西京河井仙郎先生，精仓史之学。金石刻画，直摩秦汉人壁垒。今将登苏台，泛泉唐，爰以刻印之赀，暂充舟车之费，并与中邦人士广结墨缘。为订润例，录之左方：石章每字银六角，象牙竹木犀角每字银一元二角，晶玉磁铜每字银二元五角。庚子孟冬，上虞罗振玉、钱塘汪康年拜订。

“爰以刻印之赀，暂充舟车之费”，荃庐借此得以往返苏杭间，吟咏山水，广结印人，为今后多次来华交流学术打下了基础。

河井仙郎第二次来华是在光绪二十八年即明治三十五年（一九〇二）十二月二日，翌年二月六日由沪返国，其间大都逗留在杭州。是时，荃庐与在杭印人叶为铭（品三）、王禔（维季）、丁仁（辅之）、吴隐（石潜）、方根石（仰之）以及汪康年、汪洛年（社耆）等人交游，意趣款洽，颇为契合。荃庐弟子小林斗庵收有其师《访中日记》七枚，虽残缺不全，然亦可见其在杭州之大概。或游览名胜、观赏风月，或摩挲金石、品评印痕，志同道合，心心相映，竟不知朔风冽冽，雪封孤山，严冬骤冷，身在异乡。相传荃庐拓制印款技术，为丁辅之所传授。此事刊在拙文《西泠印社日本社员——河井仙郎》，小林斗庵先生看到斯文后，于一九八〇年九月十八日给笔者信中认为：河井氏传授予丁辅之，而不是丁辅之传授于荃庐。这是一个有趣的问题，值得考证。以荃庐《访中日记》而言，或许小林先生之说可信。一九〇四年，由叶为铭、丁仁、王禔、吴隐等人发起，杭州成立了以“保存金石，研究印学”为宗旨的学术团体——西泠印社，后推吴昌硕为社长。河井仙郎亦应邀入社，与长尾雨山（甲）并为印社第一批日本社员。此印坛美举，两国印人传为佳话。由此，荃庐几乎年年来华，直至一九三一年由其弟子西川宁陪同，到江南作最后一次中华之游。其间，吴昌硕有《临权量铭》及《赵悲盦书无款，署为瓮庐赋》诗持赠。《赵悲盦书无款,署为瓮庐赋》云：“悲盦好演安吴笔，饱墨铺毫意斩新。守阙抱残吾辈事，车工著述又何人。”缶翁赠荃庐诗唯此一首。意当不尽然，有待今后发现。

河井仙郎师事缶翁，并与中国印人广结墨缘，共研学问，与其创立浑厚清超的篆刻艺术风格，一跃而为日本印学界一代宗师，不无重大关联。

长尾雨山（一八六四——一九四二），本名甲，通称稹太郎，字子生，号石隐。日本赞岐高松人。其与吴昌硕兼有师友交谊，亦是与缶翁结游最长且深的一个日本汉学家。长尾氏于光绪二十九年即明治三十六年（一九〇三）辞去东京高等师范学校教授、东京帝国大学文科大学讲师职务前来中华，在沪担任商务印书馆编译。是时由松崎鹤雄介绍与缶翁相识。吴昌硕对其人品、诗才与学识颇为敬佩，曾在篆书“无闷”题额跋中称：“雨山先生慕宋苏轼为人，所为诗亦如之。深居无闷，以昌其诗。莅沪日，数数过从，谈剧为乐。”又说：“君友同君奇，持赠不自富。……君诗推长城，君字重列宿。以砖颜虚室，人诗两劲瘦。”（《长安未央砖拓本为长尾》）缶翁曾为其作《双鹤图》并借罗两峰“此数内，只有两双真鹤，其余皆常鸟”句喻其为人。长尾氏在华十数年，而与缶翁结邻三载多，数数过从，常以数典读诗为乐。缶翁有《为东友画双鹤》记其诗，称两人相处“交颈如鸳鸯”“双宿双飞不暂离”。一九一四年第一次世界大战爆发，长尾氏离华返国，届时缶翁作《山水图》《墨梅图》两帧为其送行。《墨梅图》题诗云：

鳌身映天水奔赴，天上尾星欲东渡。
沪渎结邻坐三载，数典谈诗时却步。
美君风格齐晋唐，书法遒劲张钟王。
意造不学东坡狂，奇石苍寒索我画。
补其虚壁状其介，未许袍笏颠翁拜。
颠翁不拜石头点，藏古满屋书满楼。
侧身似欲随校雠，乾坤澒洞变益大。
有国可归真可贺，嗟我茅屋西风破。
赠无长物诗难成，佐以画梅君性情。
君无忆我君且行，老眼只盼天下平。

长尾雨山归国之后，两人仍然唱酬不辍，至缶翁晚年对其更为披肝沥胆，引为知己。

一九一六年长尾氏归国不久，缶翁即分别于正月十四日、十月廿五日寄书东瀛，畅叙别情，短札深意，时时溢于言表：

……回忆六三园中，樱花抒藻，趺坐吟啸，阳春烟景，其乐何如。……

……自先生还棹后，而诗兴为之一沮。相别年余，缶之精神益形衰落。明春拟发豪兴，作东瀛游，借观上国，乃与先生短檠谈艺，孜孜三昼夜，是亦缶之老年一快乐境也……

此外，缶翁曾先后寄呈《述怀》、《客来》、《烟霞洞禅房》、《于大行看子》(一九一五),《吴小仙画卷》、《淫雨》、《人海》、《傥有》、《病目》、《和友人除夕诗韵》、《海藏楼赠苏戡》、《病起料书得造像残拓书后》、《多寿》、《饱饭》、《盲趣图三首》、《送疏梅归日本二首》(一九一六),《长尾雨山索赋寿苏词》(一九一九)诸诗篇,遥向抒怀,胜似抵掌谈论,深交如此,情谊可见。

上引《送疏梅归日本二首》系《缶庐诗》卷七《疏梅游倦东归索诗》三首之二、三,作于一九一六年十月二日。时值水野疏梅归日。

水野疏梅(一八六四——一九二一),名元直,字小栗,疏梅为其号。日本福冈人。自宣统二年即明治四十三年(一九一〇)来华,入沪与王震(一亭)、杨守敬诸人交游。后经王一亭介绍与缶翁相识,即师从吴昌硕学习中国画。缶翁有《水野疏梅索诗赋赠》诗,铺叙其人,甚为详尽,抄录如下,或可借此以见两人之交谊:

古水野氏穷崖滨,字以疏梅芳四邻。
狂寻碧落披白云,康乐木屐泉明巾。
杖假夸父趋斜曛,仙侣徐市浇古坟。
来登泰岱穷昆仑,冥索禹穴窥瓯闽。
吾围两戒方荆榛,吾足躄躠心酸辛。
吾愁欲叫天无阍,君知吾如吾知君。
朝鲜风物今同文,兴发纸贵还书裙。
箕子封旧车式门,大王碑好墨拓魂。
瀑注寒玉天垂绅,山樱两岸恒留春。
问胡不归曰有因,如道吾道瓦甓存。

破研煮食葛衣频，翻谓富者胸中贫。
蹲蹲正舞初筵宾，大醉突若逋猿狁。
须眉戟张鼙鼓闻，心目铓霍参井扪。
期期之口偏鼓唇，踏天李贺争龂龂。
谐谑不辨莸与薰，聚散蘱之深秋蚊。
唯交友处慎厥人，气味隐与酸寒亲。
诗成我法缶所云，直言入耳忘饔飧。
齿牙不置时缶昆，缶舌有时萌钝根。
翁云钝癖仙等伦，如刚历劫犹冰轮。
譬之樗栎跳斧斤，岩云壑雨秋氤氲。

缶翁其他诸如《水野疏梅见访即赠二首》《又题二首》《疏梅游倦东归索诗三首》《疏梅将东归来言别和之三首》以及《疏梅赠葫芦》大都言诗，可见水野疏梅不仅为其画徒，亦是诗友。

又上引“回忆六三园中，樱花抒藻，趺坐吟啸，阳春烟景，其乐何如”之“六三园”，系日本人白石六三郎所经营的日本式饭馆。缶翁与日本人大都相聚于此，亦常携诸宗元（贞壮）、王一亭诸人往游其处，或华筵酣饮，或花下唱酬。缶翁诗篇中有关“六三园”者，有《白石招饮六三园遇大风雨》《六三园即席》《六三园樱花齐放，约贞壮、一亭往游，叶娘鼓琴花下》《闰二月十八日六三园看樱花同阮暗》《六三园和笙伯》《六三园赠鹿叟》《大谷是空招饮六三园》等。

“六三园”主人白石六三郎甚重吴昌硕，不仅数数招饮缶翁诸人，且盛张其书画于席间，壮其形势，宣其声名，缶翁视为知音。有《六三园宴集，是日翦淞楼尽张予书画，游客甚盛》诗记其感慨。

诗云：

螺扁之法打草稿，大写忘却身将老。但赏武梁祠画古人古树古飞鸟，不知王维师仝仝师浩。眼寄沧海田已成，心游泰山车既好。敢云握管驱蛟龙，若风遇箫斯为宝。南天纵有嗜痂癖，东友读之却谓笔笔寄怀抱。坡翁书法一例同意造。白石鹿叟开园林，酒徒历历坐洲岛。张之素壁聚目观，如一家言诗草草。霞峰道我涉清趣，维濠有鱼山有栲。坐论八法手奇痒，却恨持扇来求欠一媪。无端长风吁海表，胎禽舞雪寒皓皓。此时目中书画徒相嬲，矫首乾坤清气一切齐压倒。

吴昌硕驰名于“六三园”中，时属晚年。是时书画篆刻作品大都为日人携去，事或得六三园谋介有关。有名可查者，约有富冈铁斋、内藤湖南、西园寺公望、中村不折、犬养毅、山本竟山、柚木玉郎、滑川澹如、田中庆太郎、大谷是空诸人。

缶翁书画篆刻作品经来华日人携带回国之后，颇受日本的重视和赏识。自田中庆太郎一九一二年即大正元年首刊《昌硕画存》之后，一九二〇年即大正九年东京文求堂继刊《吴昌硕画谱》。同年，长崎首次展览缶翁书画，双树园随之刊行《吴昌硕画帖》。翌年东京至敬堂出版田口米舫所编《吴昌硕书画谱》。同年大阪首展吴昌硕书画，高岛屋据此刊行《缶翁墨戏》第一集。一九二六年即大正十五年大阪再次展览，并继刊《缶翁墨戏》第二集。一九二八年即昭和三年大阪又一次展览吴昌硕书画，并又刊《缶庐遗墨》。由此，吴昌硕在日本的声誉日趋隆大，诗、书、画、印“四绝”之艺，临仿研习者亦随之日广，制铜像，编年谱，写评传，辑专集，珍惜爱重，俨如国宝。

吴昌硕与河井仙郎的交谊

吴长邺

今年是中日邦交正常化二十周年，这二十年来，中日两国文化艺术界相互往返交流，取得非凡的成功，是值得纪念的。即以我的家庭而言，过去与日本友人的文化交流，也有许多值得纪念的大事，对中日友好往来起着一定的有益作用。其中最值得一书的是吴昌硕先生与日本篆刻名家河井仙郎的交谊。

一九〇四年，杭州成立西泠印社，吴昌硕先生被推选为第一任社长，河井仙郎当时为首批入社的日本国籍社员。

关于吴昌硕先生与河井仙郎的相识，原出于日本碑学始祖日下部鸣鹤之引荐。日下部鸣鹤曾在一八九一年三月来华，初识吴昌硕便对吴昌硕的书法篆刻佩服之甚，他在《游东吴杂作七言绝句》中有句云：“海上漫传书圣名，云烟落纸愧天成。浮槎万里求遗榘，千古东吴有笔精。”字里行间竟以书圣暗喻昌硕先生，足见其钦羡之心意。日下部鸣鹤归国后，对昌硕先生的高超艺术宣扬备至，受其影响而接踵来华者大不乏人，河井仙郎即是其中一人。

河井仙郎，原名得，号荃庐、蟫巢、九节丈人等，日本国京都人，其书法初师承日下部鸣鹤，篆刻曾受业于筱田芥津。昌硕先生之书法篆刻作品由日下部鸣鹤携回日本，河井仙郎见之始而爱不忍释，继而勤习苦练，终而鼓勇以其作品在一八九七年远寄中国，向素昧平生的昌硕先生请益，昌硕先生以长函热情答复，辞义亲切，赞赏之余，并以自刻印存相贻，还表示愿与之晤面云云。这实出乎河井仙郎之意料，铭感激动之甚，立即回函云："……先生与仆未有半面之识，而眷爱之厚，既业如此，一读再读，感极，潸然泣下。先生更见惠大作印存，直秦直汉，古朴苍然，妙不可言。高谊之贶，铭肝不知所谢，当子子孙孙永宝焉……仆欲一游贵国，叩大门以请清诲者有年矣。而未果者无他，仆素一介寒生，因不能支其费而已。然窃信数年后，必有遂宿志之期。"一九〇〇年冬，有志者事竟成，在文求堂主田中庆太郎陪同下，河井远涉重洋来沪，由罗振玉、汪康年二人引荐，终于叩大门而请清诲，由此出入于缶庐门下，执弟子礼甚恭，勤习篆刻书法。罗、王二人为助河井游学之费，特为其制订刻印润例如下："日本西京河井仙郎先生，精仓史之学。金石刻画，直摩秦汉人壁垒。今将登苏台，泛泉唐，爰以刻印之赀，暂充舟车之费，并与中邦人士广结墨缘。为订润例，录之左方……"河井仙郎借此得以往返苏杭，广结印缘。河井仙郎在一九〇二年十二月二日再度来华，一九〇三年二月六日回国。留华期间，大都于杭州度过，昌硕先生曾以横幅篆书"独宜"二字，书体苍劲古朴，题诗云："磨人磨墨悲别离，我思独往君独宜。相逢一语仅可慰，汉碑新得残龟兹。甲寅秋九月，吴昌硕时年七十有一。"又《临权量铭》书及书《赵悲盦书无款，署为瓮庐赋》云："悲盦好演安吴笔，饱墨铺毫意斩新。守阙抱残吾辈事，车工著述又何人。"以赠河井仙郎。此后河井几乎年年来华，其间河井以历年所创治印存，向昌硕老师请益求正，老人一一详加指点，并题句云："躬入篆室多岁年，《猎碣》堕手穷氐鲜。有道有道在瓦甓，臣是能为金石刻。商略携琴海外游，且看鳌身映天黑。"（《题日本河井仙郎子得所刻印存》）直至一九三一年，由其弟子西川宁陪同，是最后一次来华。河井仙郎自师事昌老后，勤研金石篆刻，与中国印人广结墨缘，创立其自有之清厚高超之篆刻风格，终于成为日本国印学界一代宗师，其艺术永垂千秋。

吴昌硕与梅兰芳

章达庵

二十世纪二十年代初，安吉吴昌硕先生在上海鬻艺，所交多海上名流，其中，袁寒云（袁世凯次子）亦为座上客。袁酷爱京剧，常登红氍毹客串，因而与艺术大师四大名旦之首的表演家梅兰芳交至莫逆。梅兰芳姓梅爱梅，亦喜画梅，曾师事陶冷月学画，尤倾心于陶的《梅月图》。平时还常与名画家江寒汀、吴湖帆、汤定之、姚茫父等切磋画艺。因而演出之余，得闲辄临摹名家佳作，兴趣极浓。常慕吴缶老之名，以无缘得见，引为憾事。当他第二次南下上海献艺时，探知袁寒云与缶老相知颇稔，乃携习作请袁氏引见求教，执弟子之礼甚恭。不图缶老亦素慕梅氏的表演艺术，心交已久。

缶老初识梅氏，时为一九二〇年八月。翌日缶老兴致颇高，谓畹华（兰芳之字）曰："初晤艺术大师，不可以无赠。"乃即席泼墨画梅相贻，并题二绝："翾风舞袖翠云翘，嘘气如兰堕碧霄。寄语词仙听仔细，导源乐府试吹箫。""画堂崔九依稀认，宝树吴刚约略谙。梅影一枝初写罢，陪君禅语立香南。"梅兰芳得画，大喜过望。从此，得暇辄登堂拜访，过从不绝。梅的画艺亦得到了进一步提高。之后，凡梅北返或南来，总是第一个先到吴老处，执礼之谨，为时所重。

一九二一年四月，缶老之子吴东迈自北京南归，捎来梅兰芳所绘的花鸟扇面一帧献于缶老。缶老展视，则见梅兰芳画的是绶带鸟，反面则是朱古微写的词人况蕙风的一阕《浣溪纱》。阅后十分喜爱，即提笔题跋其上："客岁夏秋间，畹华来沪，有过从之雅，尝作画奉贻。别去匆匆逾年矣，迈儿归自京师，出画扇，则畹华之贻，画尤美妙。当设色写生时，必念及缶庐颓老，重可感也，迈能珍惜之。讴尹（指词人朱古微彊村）曰：'是亦善承缶旨也。'辛酉大暑日，书此一笑。"时缶老年已七十有八。

一九二二年梅兰芳又来到歇浦，袁寒云为之接风，席间有缶老、田汉及其他书画家多人，郭沫若也在其中。时近冬初，湖蟹正肥，酒后缶老已微有醉意，顿生画兴，乃脱袍吮墨，再为梅兰芳画了大幅梅花。田汉见了题诗画上曰："风虎云龙各逸奇，蟹肥樽满识兄时。解衣磅礴吴昌老，画到梅花雪里枝。"兰芳受而称谢。

吴昌硕与楼辛壶

朱馥生

吴昌硕先生与楼辛壶先生系西泠创社时期之同门，来往甚密，众所周知。吴（一八四四年生）长楼（一八八一年生）三十七岁，对楼艺事，特别是治印之道，多所指评；楼事吴尊敬如长辈，求益谨勤。其后楼亦成名，二人之情谊更笃，相交莫逆，谊在师友之间。人称为艺坛忘年交中之楷范。

楼辛壶，名邨，一名虚，字肖嵩，又字新吾。“辛壶”为吴昌硕所改，取其谐声。楼即以此刻自用印多方。其后楼虽有过多种名号,但其书画创作多以“辛壶”自署,并以“辛壶”知名于世。

楼辛壶为缙云望族，三代画禅，青少年时期就崭露头角，深受吴昌硕的赏识与器重，目为可畏后生。楼的篆刻规模秦汉，不拘一家一格，以古朴秀逸见长。入西泠印社前后，与童大年、王福庵、丁辅之、叶为铭诸先生互有切磋，但他受吴昌硕的影响特深，曾受到吴昌硕的亲授指点，吴对楼的印作，也赞不绝口。楼早期的印稿，吴多为之评识。如“楼邨印”，吴评为“绝妙”；“缙云楼邨长寿”，评为“好”；“辛壶”，评“此宜再得空气，壶字略收小便佳”等。楼得益良多。这部附有昌硕老人评识的印稿，迄今犹为楼之后人所珍藏。

吴昌硕每次到杭州游历西湖，辄由楼辛壶伴，“饮龙井，访孤山，涉九溪，登三竺，谒岳墓，赏潭月，或昼或夜，或步或舟，在在行吟，处处挥毫，无不引为至乐”（引郑逸梅语）。想见二人交往之亲且密。壬子（一九一二年）冬，时楼三十二岁，吴已届古稀。楼陪同吴游灵隐，曾刻题名于飞来峰下。一九一五年，吴昌硕与王一亭到杭州游罢名胜，王一亭兴来作画，吴与楼均题诗其上。吴返沪，楼作送别诗：

骚人千里望，一夕到西泠。
晓谒飞兰棹，春游伴雀龄。
四围新柳绿，几度古榆青。
又僭匆匆去，离情满驿亭。

壬子冬，缶老来杭，偕游灵隐，曾刻题名于飞来峰下。自兹一别，不觉又四易寒暑矣。

吴、楼二人游踪所至，楼多纪之以诗，后收入所著《清风馆集》《意庐诗钞》，其收入《南社丛刻》者，有《夏日游西泠社偶成》《题孤山四照阁》等多首，表达了对吴昌硕及西泠艺友间的深挚情谊。

楼有书画佳作，吴在赞赏之余，常为之题识题诗。吴之佳构，如《缶庐石鼓》一书，由楼为之题签。楼在四十二岁时作《松泉云壑图》，年已七十九岁的昌硕老人题之以诗：

披图如读丹青引，画树能通水石缘。
毕竟楼郎诗有学，白云来往似飞仙。

又评识云：“楼郎此帧，着墨孤秀，神韵欲飞，移娄东之妙笔，写东浙之苍崖，近时作手，罕有其俦。壬戌暮春，老缶题句。”

一九二四年，楼辛壶客寓上海时，曾绘《雷峰遗迹图》。吴昌硕阅后大加赞赏，题篆书“雷丰遗迹”四字，旁加注一行小字：“楼邨先生妙笔，读竟题之。甲子冬，吴昌硕年八十有一。”旁钤白文“吴印俊卿”及朱文“缶”两印。一九二二年冬，吴又呵砚挥笔为楼的山水长卷写了一篇跋诗。诗曰：

山海之图未敢轻睥睨，疑是楼邨三宿丰碑抱古隶，磊岩粗，毫毛细，又若妙舞公孙善射羿。陷水可脱古有周书铭，并州不翦那识吴淞例。嵩阙钱□蟾成古仙，两狭黄龙颂吾帝。明湖冷落沪江塞，朋旧无多户深闭。眼界一空鲜同调，皮里阳秋生芥蒂。听我呜呜击缶一恸真性情，剪烛烹茶恣谈艺。恣谈艺，耳在墙。楼邨、楼邨，眼前往事皆恽王，一水一后毋低昂。楼邨社友妙绘，读毕题之。壬戌十一月奇寒，老缶年七十有九。

这些文字交往，都足以证明：尽管从年龄上讲，他们几乎是两代人，但艺事上的交往，亦师亦友，数十年如一日，心灵契合，长葆青春。

吴、楼二人间尚有一轶闻值得一忆。一九二二年夏，楼往访吴，适吴午睡正酣，阍者拒为通报，悻悻而返。未几，吴访楼于寓所，楼推托不见。吴询楼妻得悉原委，乃归画梅花一幅再往。楼听见吴老有画见赠，乃急急下楼，见该画立一巨石，石后数竿梅花，挺立如鞭，上题“古雪”“楼邨老兄，壬戌夏老缶年七十九”字样，盖寓“老石负荆”之意。二人相视大笑，误解顿释。该幅于前年在杭州逸仙书画社社友藏品展展出时，观者得悉内中底蕴，无不称赞吴、楼交谊之笃及昌硕老人度量之雅。

一九九一年八月于杭州

祖父的两件遗稿

吴棣玖

我是吴昌硕先生的幼孙女，在我童年、青年时期，经常听到我父亲东迈先生讲述先祖的轶事。我身边还珍藏着先祖的两件遗稿。

其一为："帘影护风兰蕊小，残书满架重城绕，陶瓦一楼天在抱，移海岛，科头赤足人娱老。周碣摩挲秦篆考，书能乞米吾瑰宝。忽忆断炊昏至晓，裘典了，斜阳披我黄绵袄。"（《渔家傲》）

先祖在词里记述了他在"帘影护风"的艰苦条件下，熟读满架诗书，甚至忘却了饥饿寒冷，衰阳照在身上尚有暖意，权作棉袄。这种废寝忘食、埋头攻读的苦干精神，今天读来，对我们仍然是一种极好的教育。

又一为："送凉微雨，发长啸豪尽一樽嘉酝。记取古榆关入幕，慨慷赋诗磨盾。沙射波寒，瓖翻霞碧，忽火星天陨，随风易帜，数行乱彼飞隼。此行失算何因，王师敢抗猃狁，强夷见我来尤蠢，势逼京畿近。谁料军情中外隔，掣肘病狂如疹。割地瀛谈，献琛泉涌，相度和戎允。区区小子，论兵问谁微哂。"

诗中抒发了个人抱负，发长啸慨慷赋诗，随军东出榆关御敌，怎奈前线风云突变，大将殒落，敌寇挟持强大兵力，直逼京城。

在这种形势下，将士们仍下决心，敢于抗争。只因政府无能，军情失算，落得个割地赔款的结局。悲愤之余，只感自己能力有限，奈何。先祖乃一介书生，他忧国忧民，不顾个人安危，投笔从戎，这种先天下之忧而忧的崇高品质，将永远是我们后辈学习的榜样。

吴昌硕先生与丁啸云之论诗笺

吴迪庵

昌硕先生与湖州丁啸云为吟友，邮筒往返，积笺甚多。虽经战乱，就余所知，目前尚得保存在湖州市博物馆者约二三十通；保存在余友人姑苏陈君处者约二十通。可见两人友谊之深，交往之久，绝非泛泛之交可比拟。

丁筱云（啸云），名乃昌，啸云其字也。为我湖州馀园（即人称“丁家花园”）主人丁乃扬之族兄。啸云为清代贡生，曾任某县（是否长兴县待考）教谕。善诗词，与友朋唱和甚多，上海书画社出版之“晚清六家印谱”之一，《吴昌硕印谱》中有“丁乃昌”印，即是为啸云所刻者。

啸云有一子名渭夫，后在天津行医，颇负盛名于一时，亦能诗，但无后。有婿何祥虎为钱业职员，在五十年前，当余十七八岁时，与何老先生为邻居，因余嗜书画，故蒙何先生出示昌硕先生致其岳父啸云函二十余通。其内容在互候起居，或贺年节，及馈赠时令土特产致谢等琐事者外，中有一通论诗笺，余读后爱不释手，何先生即以为赠，余什袭珍藏已五十年于兹矣。其文曰：

啸云老弟台鉴，得示并新诗拜读一过，欢喜欢喜！君诗走性灵一路。随园为一家人，亦是一派。缶于此道不长，不知不觉变为流宕，毫无律法矣。近得画石头诗一绝云："昨夜落星化为石，雷斧凿窍穷天工。兀然不动似砥柱，可置沧海横流中。"缶兄顿首。

读罢该笺，昌硕先生称啸云为老弟，而自居缶兄者。盖啸云于一九三〇年左右去世时，尚不足七十岁。这样推算起来，两人在世时，昌硕先生当长啸云二十岁左右，故笺中有此称谓也。

此笺中两人诗风，跃然纸上。啸云所呈新诗，笺中称以性灵见长，与随园（袁枚）为一家人，而昌硕先生自评其诗风为流宕不拘，超乎律法之外，其题画石头一绝，虽信手拈来，而气势磅礴，巍巍然似见纸上画石之雄姿。故此笺弥足珍贵，特为记此。他日如能见到湖州市博物馆及姑苏老友陈君处藏笺，当再一证二人论诗之交谊也。

吴昌硕的《登虎丘诗·赠冯小尹》

黄次材

浙江省湖州市博物馆藏有一幅吴昌硕的诗卷，长一一三点五厘米，宽一一厘米，纸本，五言行书，诗文如下：

山颓一虎蹲，塔破千佛据。
寒潭随趣生，绿断剑池路。
回首莽云烟，疏钟动何处。
野心随秋风，尘鞅吹何有？
芒履践幽约，笑言逼重九。
黄花开故迟，到眼徘徊久。
空翠泼松篁，寒影落溪涧。
古壁青刺天，前赏坐一面。
儿童乳气深，但夸腰脚健。

戊戌重九偕鹭汀、苦壶、冷香、次园，携儿子涵、迈登虎丘。

大侠无知己，人称老匹夫。
酒拼往日醉，愁抱夜灯孤。
世界诗难倚，崎岖杖不扶。
云南一万里，好梦到家无。

赠冯小尹壮图。聋缶诗。

下钤吴昌硕的四方印章，按序分别为：白文“苦铁近况”，白文“归仁里民”，白文“吴俊之印”，朱文“吴昌石”。

诗文的前一首为记游诗，记叙了诗人戊戌重阳登虎丘的情景。诗的前六句为第一段，描写诗人一行一路登临虎丘山时所见的景致。作者熟练地运用了“一虎”“千佛”这类关于虎丘的历史典故，增添了诗歌的情趣。“野心”以下六句为第二段。作者巧妙地借用了“践幽约”这样的民间传说，抒发了诗人竭力摆脱世俗事务的束缚而欲追求隐逸生活的心理情感，从而丰富了诗文的内涵。末六句为第三段。诗人的思绪又被眼前的景致所吸引，而两个儿子的同行给诗人一行登游虎丘带来了无限的乐趣。诗文的后一首显然是作者写给冯小尹先生的。首联突出冯先生的诗品、为人，表现了诗人对他洁身自好的品格由衷的赞赏和敬仰。颔联反映了作者对诗友晚年的生活窘景表示深切的同情，颈联则流露出诗人对当时社会时势发出的深深感叹，同时在末联又对朋友进行了真诚的劝慰。

吴昌硕先生身处民族矛盾、阶级矛盾极其尖锐激烈的时代，清政府的腐败，官场的黑暗，帝国主义列强瓜分中国的侵略战争，人民颠沛流离的苦难生活，他都耳闻目睹、亲身经历过。一八九四年八月吴大澂督师北上抵御日侵，先生应邀参佐戎幕，立马榆关，耳闻甲午海战失利，悲愤地写下了这样的诗篇：

凭吊忠魂歌莫哀，传闻邓禹绘云台。
可怜旗鼓伸天讨，未见珊瑚入贡来。
谢傅围棋终破贼，班超投笔敢论才。

妖星看挽强弧射，独夜营门遣酒杯。

（《榆关杂诗和謇斋先生（其一）》）

诗人深切地悼念甲午海战阵亡的英灵，悲愤抵御日侵海战的失败，影射鞭挞封建统治者“宁与友邦，不与家奴”的卖国政策，抒发自己忧国忧民、报国无门的忧郁之情。《登虎丘诗·赠冯小尹》作于一八九八年重阳节之后，时年五十五。其时，康梁戊戌变法失败，吴先生看到国土沦丧而支离破碎，他感到失望、迷茫，在“世界诗难倚”“好梦到家无”的痛苦之中，不免产生一种“归隐”的思想情绪。

诗文以行书一气呵成，挥洒雄肆；整体布局疏密有致，前后照映；中锋运笔时而侧锋兼之；轻重缓急运用自如，恰到好处。通篇书法表现出作者刻意追求“容貌若愚”、多“拙中之趣”的审美意识。作为吴昌硕中年的书法作品，已经初步形成了他自己的行书风格。

诗卷由江苏省宜兴市《宜兴日报》总编、湖州人许周溥先生于一九七九年十一月十六日捐献湖州市博物馆收藏。吴昌硕生前与许家为世交，与许周溥的曾祖父许文濬（玉农）友善，如到湖州或过往湖州经常在小西街许家小住，交往甚密。许玉农曾任江苏句容县令，颇爱收藏，尤喜收集吴昌硕的作品，家藏也较富，编著《塔景亭案牍》四册。

诗文是吴昌硕先生赠给冯小尹的，前首记游诗明确记录了昌硕先生当时携儿子涵、迈，偕同鹭汀、苦壶、冷香、次园一行七人登游虎丘。

吴长邺先生（吴东迈之子）编写的《吴昌硕先生年谱》（载

《西泠艺丛》第九期）中有“一八九八年戊戌重阳登虎丘”的记载，而此幅吴昌硕诗卷不但印证了《年谱》中“登虎丘”的记录，而且还为研究吴昌硕先生的思想情操、诗文风格、书法艺术和师友交往提供了一份珍贵的实物资料。

记缶老刻璋伯二字印蜕

周节之

四十年前，一次在古玩市场上，遇到一位绍兴古董商持一批叶氏印章待售，皆西泠名家所镌刻，忽见缶老所作一印亦赫然其间。当时亟思全部购得之，但索价奇昂，力所不及，因与之磋商借拓，征得同意，遂尽存其蜕。“文革”时期，间有散失，今之幸存者，盖劫灰之余物。

缶老所刻“璋伯”二字印（朱文），拙朴厚重的《石鼓文》气息溢于印表。此印，中有界线，略偏于左，使笔画悬殊的“璋”与“伯”二字借以持衡，各得其所。整体结构疏密得当，稳重自然。印款署曰：“丁巳腊八，安吉吴昌硕。”计为缶老七十四岁（一九一七年）时所作。“腊八”在农历十二月初八日。

查璋伯乃叶希明的字。见叶叶舟（为铭）《广印人传》：“叶希明，字璋伯，号鸥侣，一字松雪，西楣叔祖之长子。性冲淡，善鼓琴，工篆书，蓄金石小学书甚夥，兼治印绝精。著有《松雪庐诗草》。”

叶叶舟称璋伯为“西楣叔祖之长子”，知璋伯是叶叶舟的父辈。“兼治印绝精”，惜未见其传世印谱。

见《吴昌硕作品集·书法篆刻》所载“篆书题名横披”，记壬子(一九一二)大雪节,吴昌硕与余杭鲁坚等十七人同游的题名,叶希明亦在其列，方知璋伯为缶老的好友。又见吴石潜所刻“叶希明”姓名印，边款称叶为“社兄”，可知他也是西泠印社中人。

四十年来，历遭浩劫，早已不闻原印踪迹，吴氏的传世印谱中也未见此印。历观世间珍物，往往是“别时容易见时难”的。

吴昌硕砚铭的新发现

寇丹

湖州最近发现吴昌硕书镌的端砚一方。底部铭文为："冷香馆填词研。庚申三月，吴昌硕琢。"下刻一"缶"字印。该砚大小为一二厘米乘一三点五厘米，庚申年为一九二〇年，吴昌硕当时七十七岁。吴昌硕一生爱砚,曾为号称"砚癖"的沈石友作《洗砚图》，题云："砚癖空南阜，千秋一沈郎。洗能开相骨，磨亦换沧桑……"并为他作砚铭："砚背写寒梅，磨墨滴春酒。"吴昌硕自己不仅爱砚，还刻写了不少砚铭。光绪辛丑年（一九〇一），他在竹节砚自铭"竹不实，凤亦饥，闭门且写感事诗"，就是在八国联军入侵一周年之际表示了强烈的愤慨。砚铭是文人十分喜爱的一种抒情形式。它集文学艺术为一体，信手拈来，十分灵活，且又与砚石长存人间。北宋以后苏东坡、文天祥都作过砚铭，到清代更为发展。砚铭可长可短，亦诗亦文，咏砚、记事、抒情、赠与等都可随心书铭。吴昌硕这方砚铭是为当时国民党中央委员张雨召所制。张为浙江人，书斋名"冷香馆"，在杭州城隍山下。有趣的是这一年正月，吴昌硕新订了一份"缶庐润格"，按旧例前面都有一诗："衰翁今年七十七，潦草涂鸦惭不律。倚醉狂索买醉钱，酒滴珍珠论贾直。"下面是细目，其中"题诗题跋每件三十两，刻印每字四两”。如此算来，刻这方砚应收润资纹银共九十两左右。这在当时米珠薪桂的时代，吴昌硕不得不以“倚醉狂索”的态度来表达一种处世的辛酸。

缶庐诗选

鄣南道上

木落天气清，长途策马行。
浮云参野色，斜谷走溪声。
树冷文殊宅，田芜晏子城。
不堪频极目，虫鸟杂悲鸣。

归金麓山

夕阳逗林薄，独自返柴关。
飞鸟恋故木，行云思旧山。
逢人问亲友，方语杂荆蛮。
惆怅清溪上，空余水一湾。

寒食登金麓山

故乡凭吊黯销魂，剩水残山冷一村。
溪上草堂何处是？劫余耆旧几家存。
荒原有鬼悲风雨，寒食无人泣墓门。
叹息平林栖凤地，年年杜宇换啼痕。

刻印

赝古之病不可药，纷纷陈邓追遗踪。
摩挲朝夕若有得，陈邓外古仍无功。

天下几人学秦汉，但索形似成疲癃。
我性疏阔类野鹤，不受束缚雕镌中。
少时学剑未尝试，辄假寸铁驱蛟龙。
不知何者为正变，自我作古空群雄。
若者切玉若者铜，任尔异说谈齐东。
兴来湖海不可遏，冥搜万象游鸿蒙。
信刀所至意无必，恢恢游刃殊从容。
三更风雨灯焰碧，墙阴蔓草啼鬼工。
捐除喜怒去芥蒂，逸气勃勃生襟胸。
时作古篆寄遐想，雄浑秀整羞弥缝。
山骨凿开浑沌窍，有如雷斧挥丰隆。
我闻成周用玺节，门官符契原文公。
今人但侈摹古昔，古昔以上谁所宗？
诗文书画有真意，贵能深造求其通。
刻画金石岂小道，谁得鄙薄嗤雕虫？
嗟予学术百无就，古人时效他山攻。
蚍蜉岂敢撼大树，要知道艺无终穷。
刻成袖手窗纸白，皎皎明月生寒空。

鄣吴村杂诗

莽仓蹑林麓，迷离认草庵。
唯余古松树，掩映下溪南。
别墅何时筑，浮生此足耽。
菟裘吾旧隐，秋井试泉甘。
高阁动晨眺，愀然闻鸽铃。

长风披落叶，秋色散荒坰。
树带邮亭古，山浮别县青。
数行题墨处，清泪忆趋庭。

《芜园图》自题

大钧无遗泽，万物遂其私。
荣悴间不同，亦复得安之。
芜园何所芜，人与芜园期。
即此足容托，荒陋安足辞。
遥遥望白云，慨然发长思。
寂寞山城隅，地偏荆榛长。
赤手把长镵，种竹开茅堂。
念昔归仁里，高曾兹允藏。
沧桑人世殊，三径久已荒。
卜居桃城中，未殊居故乡。
故乡虽未远，易地心怆伤。
丘垄望不见，四山云茫茫。

自题小像二首，独坐松石间，王复生笔也

松如古仙人，石为寿者相。
共秉坚贞心，不变古形状。
王郎工写生，着我坐清旷。
澹焉忘尘虑，高契羲皇上。
羲皇不易求，无怀未遽让。
谁解静中趣，南山兀相向。

别墅下溪南，绕屋种松树。
秋空巢鹤归，明月照山路。
下有读书堂，是我旧吟处。
离居十七载，乡社窜狐兔。
桃州今小住，屋近桃花渡。
锄梅引春气，种菊待秋暮。
安得移灵根，南轩养风露。

忆内

竹里西风搜破屋，无眠定坐灯前卜。
谁家马磨声隆隆，大儿小儿俱睡熟。

别芜园

虚亭会百泉，破屋漏一雨。
用是名芜园，容膝欣得所。
梅竹气萧森，莓苔上庭庑。
荒凉半亩宫，经营劳我父。
我父既云亡，我身委羁旅。
离声墙外禽，行色烟中橹。
饥寒驱作客，独行忘踽踽。
在昔罹烽火，乡闾一焦土。
亡者四千人，生存二十五。
骨肉剩零星，流离我心苦。
至今荒山里，流毒聚豺虎。
通问无亲朋，衡茅自宾主。
高堂念游子，妻孥守蓬户。

昨归今出门，一别一寒暑。
相知定何人，茫茫向江浒。
读书愧未成，好古竟何取。
男儿好身手，何不拔剑舞？
区区谋一饱，坐受众人侮。
沧波洗两眼，豪气郁难吐。
回头望乡里，高歌聊激楚。
携家苦无力，所至辄龃龉。
何时随狙公，故山拾秋芋。

缶庐诗

以缶为庐庐即缶，庐中岁月缶为寿。
俯将持赠情独厚，时维壬午四月九。
雷文斑驳类蝌蚪，眇无文字镌俗手。
既虚其中守厥口，十石五石颇能受。
兴酣一击洪钟吼，廿年尘梦惊回首。
出门四顾牛马走，拔剑或似王郎偶。
昨日龙湖今虎阜，岂不怀归畏朋友。
吾庐风雨漂摇久，暂顿家具从吾苟。
折钗还酿三升酒，同我妇子奉我母。
东家印出覆斗钮，西家器重提梁卣。
考文作记定谁某，此缶不落周秦后。
吾庐位置侪箕帚，虽不求美亦不丑。
君不见，江干茅屋杜陵叟。

芜园梦中作

东邻西邻携酒壶，南枝北枝啼胡庐。
绿竹满庭自医俗，青芜作饭谁索租。
眠展蕉阴叶叶大，坐听檐雨声声粗。
梦醒灯火逗寒碧，城头曙色翻鸦雏。

鄣南

九月鄣南道，家家云半扉。
日斜衣趁暖，霜重菜添肥。
地僻秋成早，人荒土著稀。
盈盈烟水阔，鸥鹭笑忘归。

福儿书报芜园近景编成三绝句，寄令读之

当年旧物仍我家，青青者芜黄鞠华。
屈强亦有古梅树，空山白云榿樣枒。

东邻种竹覆我墙，兄弟读书就作房。
闭门屡月断人迹，莓苔一径通秋光。

荒鸡啼上芜青亭，了无人在秋月明。
山城静趣貌不得，除却天籁唯打更。

感梦

秋眠怀旧事，昊天不肯曙。
微响动精爽，寒叶落无数。
青枫雨冥冥，云黑月未吐。

来兮魂之灵，飘忽任烟雾。
凉风吹衣袂，徐徐展跬步。
相见不疑梦，旧时此荆布。
别来千万语，含意苦难诉。
我昔避贼难，从父止皇路。
奉母赖汝贤，山野同去住。
壬戌贼东下，我归三月暮。
墙屋一无恙，旧物云烟付。
劫火烧不尽，中庭桂之树。
我母为我言，是汝葬身处。
汝死未及旬，当时记不误。
贼平奉父归，甲子中秋度。
乱后百事废，埋骨先所务。
携锄辟榛莽，形迹了无遇。
泪下声复吞，裴回空四顾。
仓皇远来意，知汝怜我固。
慰汝一言在，吾身困犹故。
后匹菱湖施，家计颇吾助。
大儿年十二，作诗渐成句。
次儿九岁强，弄笔满天趣。
儿虽非母出，母汝汝当护。
汝言我长佩，汝德我长慕。
他年招魂葬，同穴傍祖墓。
黄泉无自悲，百岁犹旦暮。

怀人诗

铁老诗如枯木禅，妙于情性出天然。
商量听雨听风去，满眼江湖同放船。

（铁老）

奇诗动似春葩吐，古隶书成乱发团。
人是人非都不问，了无人处自家看。

（藐翁先生）

蓟北诗人不可群，庾开府亦鲍参军。
碧琅玕馆无多地，容得海风吹白云。

（香吟）

一官匏系鬓苍然，著作无多信可传。
十载扬州应梦觉，几时归放孝廉船。

（张乳伯先生行孚）

南船北马阅人多，短后衣从市上过。
结习尽除天不许，一春还与病销磨。

（紫明先生）

古厅如水碧苔滋，贪看蕉阴笔砚移。
闻说黄庭初写罢，暮春天气养闲时。

（毕蕉庵兆淇）

入世何妨狂是醒，不如归去让先生。
六泉山下涓涓水，洗得诗肠彻底清。

（六泉）

不肯依刘安固穷，文章脱尽老冬烘。

心胸湖海相摩荡，说著因人耳便聋。

（东园）

新诗题上四间楼，春蚓秋蛇墨气浮。
狂草今朝留一席，任君涂抹满墙头。

（施石墨为）

黄山白岳几回看，经过严陵七里滩。
听水听风随处可，香禅居士着蒲团。

（香禅）

倚醉吟诗秋复春，东西南北酒为邻。
梅家桥畔三间屋，空与白云高出尘。

（茶磨）

满眼沧洲壁上观，闭门风雨发长叹。
菊花看罢寻梅去，草木村人耐岁寒。

（顾茶村潞）

海上浮家长闭关，似乘书画米家船。
南湖烟雨春无主，想见吟诗思渺然。

（杨南湖伯润）

枕簟迎风卧碧苔，君家雪巷对门开。
不嫌野性谈诗恶，手把芙蓉避暑来。

（陆廉夫恢）

文字搜罗走马牛，壮陶阁上锁蛟虬。
寻碑寄语黄司马，初拓黄庭在霍丘。

（裴伯谦景福）

散盘曶鼎埋头读，饿隶奇文活计求。
闻说得钱终买醉，一樽狂饯古吴秋。

（潘硕庭志万）

黄花题寄沧江客，露气霜华的的鲜。
疗我头风真绝技，且来脱帽看秋天。

（沈藻卿翰）

十二友诗

一房山插十二峰，吸翠跃起龙湖龙。
高吟直和郢中唱，古貌压倒墙头松。
闻瓦甓道在朝夕，为儿女忙无夏冬。
悲秋一病遽作古，数典问字吾谁从？

（吴瘦绿先生）

祥翁海上复见面，八十余岁颜若酡。
丹青暮年转奇特，彝鼎间日供摩挲。
虬髯侠气眼中少，王宰能事门下多。
游魂秋冷归去未？月黑风高难渡河。

（张子祥熊）

横云画竹风雨痕，横云画石怪鸱蹲。
泼墨黑风倒吹海，悲秋黄叶齐打门。
一鹤梳翎有何寄，众佛低首谁敢尊。
有时阁笔发浩叹，濯足颇厌申江浑。

（胡横云公寿）

板屋逼仄天井圆，病鹤常在蜾壳眠。

扬州梦醒住且续，金石癖固医难痊。
惯涤愁肠酤美酒，好买花乳输青钱。
昨日一卷寄江左，使我磨刀思踏天。

（凌病鹤霞）

谈诗豪情薄云雷，别君几见梅花开。
记两罍轩共食古，为独往客真弃才。
鸿飞冥冥思远道，鹤企往往临高台。
他日宦成买茅屋，相约泉明归去来。

（朱频华镜清）

山阴行者真古狂，下笔力重金鼎扛。
忍饥惯食东坡砚，画水直翦吴淞江。
定把奇书闭户读，敢握寸莛洪钟撞。
海风欲卷怒涛入，瑶琴壁上鸣琤琮。

（任伯年颐）

吾家老鞠瘦无恙，脱帽林下看秋天。
闭门懒称逆旅客，卖字大获酤酒钱。
横流沧海视一粟，敝屣冷官抛廿年。
筑耶城畔晚潮落，去抱绿绮寻成连。

（吴鞠潭淦）

蒲老竹叶大于掌，画壁古寺苍崖边。
墨汁翻衣冷犹著，天涯作客才可怜。
朔风鲁酒助野哭，拔剑斫地歌当筵。
柴门日午叩不响，鸡犬一屋同高眠。

（蒲作英华）

南湖水浸烟雨楼，不能归去南湖愁。
奇书下酒见青眼，一官入世将白头。
句句诗吟海上雪，山山画出云间秋。
何日与君脱尘网，去买钓艇披羊裘。

（杨南湖伯润）

瘦羊病鹤高自由，结交又得金瞎牛。
良医肯居古人后，新诗吟罢吴山秋。
移家别君过旧岁，访友乘兴无扁舟。
遥想梅花写尺幅，月明寒水溪云流。

（金瞎牛彰）

双脚误踏市井门，移家苕上鸡与豚。
独树当门傲五柳，坐石醉客洼一尊。
抱汉晋砖当白璧，识金银气游黄昏。
土缶持赠未及报，呜乎死别声难吞。

（金俯将杰）

先生慷慨非俗儒，延课二子来缶庐。
谈兵击折铁如意，读书不改金根车。
青毡坐穿耗心血，白鸡梦恶死背疽。
斗醪设祭萧寺晚，月明滴泪枯方诸。

（王竹君璜）

《饥看天图》自题

造物本爱我，堕地为丈夫。
昂昂七尺躯，炯炯双青矑。

胡为二十载，日被饥来驱。
频岁涉江海，面目风尘枯。
深抱固穷节，豁达忘嗟吁。
生计仗笔砚，久久贫向隅。
典裘风雪候，割爱时卖书。
卖书犹卖田，残阙皆膏腴。
我母咬菜根，弄孙堂上娱。
我妻炊扊扅，瓮中无斗糈。
故人非绝交，到门不降舆。
见笑道旁谁？屠贩鬑鬑须。
闭户自斟酌，天地本蘧庐。
日月照我颜，云雾牵我裾。
信天鸟知命，人岂鸟不如！
看天且听天，愿天鉴我愚。
海内谷不熟，谁绘流民图？
天心如见怜，雨粟三辅区。
贱子饥亦得，负手游唐虞。

移居舟中赠季仙

苏儿索果壶儿争，福儿欲攫猿臂撑。
兄弟罗欢至性古，鸡犬富有移居荣。
谓我何求金石刻，善抱不脱风波声。
来日大难尔弗厌，会计盐米持权衡。
万间广厦何足贪，东坡只羡弥陀龛。
书生习气尽吾有，老姑食性唯尔谙。

荒荒大野挥涕泪，泛泛一水游东南。
芜园花鸟待归去，苦铁之苦终回甘。

《酸寒尉像》题句自嘲

达官处堂皇，小吏走炎暑。
束带趋辕门，三伏汗如雨。
传呼乃敢入，心气先慑沮。
问言见何事，欲答防龃龉。
自知酸寒态，恐触大府怒。
怵惕强支吾，垂手身伛偻。
朝食嗟未饱，卓卓日当午。
中年类衰老，腰脚苦酸楚。
山阴予任子，腕力鼎可举。
楮墨传意态，笔下有千古。
写此欲奚为？怜我宦情苦。
我昔秀才时，食贫未敢吐。
破绽儒衣冠，读书守环堵。
愿言窃微禄，奉母有酒脯。
铜符不系肘，虚秩竟何补。
枉自刻私印，山石遭凿斧。
名留书画上，丹篆粲龙虎。
回思芜园里，青草塞废圃。
咫尺不得归，梦倚故园树。
逐众强奔驰，低头让侪伍。
如何反招妒，攻击剧刀弩。

魑魅喜弄人，郁郁悲藏腑。
拂壁挂吾像，饮之以薄醑。
顾影醻无数，兀然自宾主。
权作醉尉看，持杯相尔汝。

题《鄣吴玉华山图》

玉华峰抱天梯入，石马岭登樵径通。
川涌似翻斜谷出，村虚还堕劫灰中。
耕桑叱叱驱晨犊，倚树沙沙落晚虫。
秋兴苍凉吟不得，年年栖凤失梧桐。

《采桑图》为季仙

裙布不完头不梳，柔条采采叶扶疏。
豳风图里劳人在，夫婿偷闲好读书。

春蚕丝吐如银白，织就寒衣尽室温。
轧轧机声灯影里，女儿新妇共黄昏。

自寿

乞米腰难折，摊书志不贫。
梦冯胡蝶幻，词谱鹧鸪新。
学道知平旦，忧时笑古人。
先生何以寿，锦里戴乌巾。

季仙五十寿

桂子腾香设帨辰，廿年宦海共风尘。
前身明月终修到，夫子粗官累食贫。

劝我耕田因识字，呼童投辖助留宾。
儿童今日添欢喜，共觅陶潜洒酒中。

缶庐

缶庐读书处，好鸟时幽探。
病臂临池活，游心绕梅贪。
酒香云泼瓮，花重两盛篮。
天意留情种，人堪学老聃。

岁己亥十一月摄安东县即目

旧黄河势抱安东，古木寒潭万影空。
卧榻冷悬高士雪，卷茅狂听大王风。
诗来淮上秋山里，人在天涯水气中。
眼底石头真可拜，倘容袍笏借南宫。

留别安东训道李福清学博振禧

绝伦髯似此，风度古文翁。
在泮合饮酒，残年羞送穷。
荒城醒梦早，天籁得诗同。
可惜梅花发，寒香别意中。

赠内

客里垂垂老，相依各性真。
我残夔一足，卿瘦鹤前身。
裙制量春草，头梳挽旅尘。
平居数长物，夫婿是诗人。

书苏儿小影

苏儿苏州生，头角颇岐嶷。
两岁呱呱啼，随父适海国。
今岁才六龄，之无未渠识。
渠父酸寒尉，束肚弄不律。
吃墨分所宜，余者力不及。
光福枇杷熟，卖趁端阳节。
尉也腰无钱，全家戒勿食。
行者山阴来，曰苏尔无泣。
西山黄金果，昨日吾手摘。
破筐盛累累，慰尔经年忆。
苏儿见之喜，踊跃来绕膝。
行者为写照，真意笔端出。
儿有食肉相，愿为万夫帅。
弗学爷读书，齑盐困卑秩。

七十自寿

我祖我父称通儒，可怜无福授我书。
我年十七遭寇难，人亡家破滋忧虞。
甲午从军出山海，庚子干戈走而骇。
世变复见辛亥冬，热血若沸摧心胸。
胸中一尘无可容，谈诗对客髗耳聋。
寥寥四壁生秋风，卖字得钱醉一斗。
有口不饥技在手，鲁公乞米羲之鹅。
古人已别黄垆酒，我年七十老而已。

对此茫茫那足喜，殉利殉名两不取。
能读父书在此耳，老妇六十又加六。
骨里鸡皮发鸠秃，我寿为我制新鞋。
福履绥之颂拜祝，两儿废学无一能。
卅载视等麒麟畜，老天若再假我年。
麒麟或见飞上天，坐观太平双眼悬。

自题七十一岁小影

岂敢侪嵇阮，清风满竹林。
天心容月抱，老态作书淫。
醉合吞湖海，愁真贯古今。
为谁南斗倚，秋兴不须吟。

勖仲熊

我画非所长，而颇知画理。
使笔撑槎枒，饮墨吐畏垒。
山是古时山，水是古时水。
山水饶精神，画岂在貌似。
读书最上乘，养气亦有以。
气充可意造，学力久相倚。
荆关董巨流，其气乃不死。
翦可试吴淞，涛翻风聒耳。
五岳储心胸，峥嵘出笔底。
硁硁摹其形，窳弱类疾痞。
请观龙点睛，飞去壁立毁。

愿子思我言，言直意却美。
慎无雅乐陈，郑声杂靡靡。
沧海虽横流，甲子尚可纪。
欲归归未能，赁屋沪江涘。
我老无一能，英才望吾子。
画石天补成，痴心聊自喜。

重游泮水

秀才乙丑补庚申，天日回头梦已陈。
诗逸鹿鸣芹且赋，年增马齿谷为神。
悬瓢饮择涓涓水，乞米书成盎盎春。
珍重吴刚频历劫，可怜孤负月前身。
皇皇群议当中兴，大隐凭谁识子陵。
饮泮介眉今视昔，凌霜晞发我非僧。
花风黯淡栖穷鸟，海色苍茫徙大鹏。
畦菜嫩黄池满绿，扶衰倔强一枝藤。

吴昌硕书法篆刻艺术

童衍方

吴昌硕先生是我国近代史上，以诗、书、画、印四绝而驰誉海内外的艺术大师。昌硕先生自谦谓："三十学诗，五十学画。"而其对书法、篆刻之研习，却始于少年时代。关于他青年时代的为人为艺，朱正初在《芜园记》中评曰："寡言语，安简默，取于不苟，长于啸歌，而金石文字之艺最精。"由此可见昌硕先生极有个性的艺术道路是以金石文字为基础，先以篆刻名于世，复致力于书画，然后带动了其他各项艺术的齐头并进，可以说书法、篆刻是昌硕先生的艺术创作中最重要的组成部分。

一、吴昌硕的书法艺术

吴昌硕在《题〈何子贞太史书册〉》中曰："我书疲苶乌足数，劈所不正吴刚斧。曾读百汉碑，曾抱十石鼓。纵入今人眼，输却万万古。不能自解何肺腑，安得子云'参也鲁'？强抱篆隶作狂草，素师蕉叶临无稿。"其中"曾读百汉碑，曾抱十石鼓"和"强抱篆隶作狂草"，概括了他的书学渊源和书法特色。吴昌硕的隶书在遍临"百碑"的基础上，对《张迁碑》《石门颂》《曹全碑》《西狭颂》《裴纪功碑》，及介于篆隶之间的结体偏长的汉《祀三公山碑》致力尤深，沉稳朴茂，古趣盎然。篆书初学邓石如、杨沂孙及金石碑版文字，然后以《石鼓文》为其终生研习临摹的对象，数十年来锲而不舍，早、中、晚三期各有不同意趣，一日有一日之境，遗貌取神，雄放浑厚，为他书法中的名世绝品。吴昌硕的楷书初从颜真卿入手，后学钟繇，基础颇为坚实，其早年书法和题画款，多作钟体，风格别具；直至晚年，他还为人作工楷扇面，全神贯注，一丝不苟，通篇气势遒厚雄浑，庄重笃实，显示了他扎实的楷书功底。行书则初学王铎，后参黄庭坚、米芾，融合篆、隶、楷各体，恣肆烂漫，宕逸浑脱，下笔迅疾，气势撼人。吴昌硕的书法与绘画一样，风格独立，各尽其妙，同时又相互关联，密不可分。其妙处在神而能化，巧妙掌握艺术通感。吴隐在《苦铁碎金》跋中曰："所作篆书规摹《猎碣》，而略参己意；隶、真、狂草率以篆籀法出之。闲尝自言生平得力之处，谓能以作书之笔作画，所谓一而神，两而化用，能独立门户，自辟町畦，挹之无竭，而按之有物。"吴昌硕的艺术感来源于他对诗、书、画、印的深邃修养和独创精神。以下就吴昌硕的隶、篆、行草各书体分而述之。

（一）用笔遒劲，气息深厚——吴昌硕的篆书

吴昌硕的书法四体皆工，但成就最高、功力最深的是篆书。清符铸曰："缶庐以《石鼓》得名，其结体以左右上下参差取势，可谓自出新意，前无古人，其过人处，为用笔遒劲，气息深厚。"吴昌硕求艺之初，即因性之所好，与上古周秦钟鼎瓦甓结缘，从此铸成了傲兀奇崛、古朴隽永的金石气格。他在《缶庐别存》自序中曰："予耆古砖，绌于资，不能多得，得辄琢为砚，且镌铭焉，既而学篆，于篆嗜猎碣……"这个发端，是至关重要的。

吴昌硕早年的篆书，取法邓石如及各类金石文字。如册中光绪七年（一八八一）作者三十八岁时的篆书对联，集古镜铭文字，可窥见其在篆书研习上的取法。至光绪甲申年（一八八四），作者时年四十一岁，随着他在篆书领域的不断开拓和深化，其书在结字、笔法、用墨等方面都有较大进展。册中书于铁函山馆取法《周虢叔钟铭》的七言篆书联，结体奇逸，气韵高远，凝而不滞，朴中蕴秀，十分耐看。而同年九月为仲然先生所书的八言篆书联，已具《石鼓文》风貌。此外，常熟市博物馆也有这一年重九后二日吴昌硕所书的八言篆书联，并注明集《石鼓文》字。据此，似乎可将一八八四年定为吴昌硕浸馈《石鼓文》之始年。其时吴昌硕先生居苏州，获好友潘钟瑞（瘦羊）所赠的汪鸣銮手拓《石鼓文》精本，喜不自胜，作诗曰："从兹刻画年复年，心摹手追力愈努。葑溪新居南园邻，种竹移花满庭户。清光日日照临池，汲干古井磨黄武。"磨黄武年砖，临精拓《石鼓文》，心摹手追，使其篆书勇猛精进。

光绪乙酉（一八八五），是吴昌硕先生艺术的一个重要转折点，书法、篆刻均有突变。集中吴昌硕篆书的《篆书〈小戎诗册〉》，就是这一时期的重要作品。此书取杨沂孙古朴严整之风，结体趋方，工稳精到，密中见疏，拙中藏巧。用笔沉着含蓄，遒劲朴实，颇显功力。此书虽貌似杨沂孙，实质已孕育他独立面貌。其特点一是笔气浑穆，藏千钧之力于点画中；二是奇拙中涵蕴藉，古朴处寓潇洒，结体比杨氏更具动势。如其中"戎""胁""韔""滕"等字的灵动，"文""驾""如""胡"等字的洒脱，均显特色。与此同时吴昌硕的篆刻作品也出现了突变，精品甚多。他能巧妙地掌握通感，篆书册字里行间金石书卷气盎然，与其绘画、篆刻交织着共性。一八九三年张炳翔在此篆书册题跋语曰："近日工篆者喜学籀书，吾友仓石大令素工此体，此《小戎诗》笔法古茂，行所当行，止所当止，不促长引短以求匀均，纯用史籀笔意，乃学《石鼓文》而得其神者……"由此可见，吴昌硕早年的篆书已深为鉴藏者关注、宝爱。西泠印社所藏的吴昌硕书于一八九〇年的篆书对联，宕逸浑脱，轻灵之处，特有意趣，其款曰："集《石鼓》十二字，就砚池剩墨作此，用笔虚处见灵，实处见古，惜不能起仪老见之。"（"仪老"即指吴让之）可见吴昌硕书此联颇有心得，欲起吴让之观之。书于一八九七年，上海博物馆所藏的《篆书小戎诗四屏》，与前《篆书〈小戎诗册〉》为同一内容，经过十二年的刻苦学习，广泛涉猎，其篆书已有较明显的自家面目。此书结体明显拉长，"骐""乱""孔""韔"等字，已具左低右高的特点，用笔健拔生动，变化多姿，墨色浑厚华滋，能寓劲挺于流动之中，一气呵成。此篆书屏落款也用篆书，款字朝向偃仰，曰："篆成自视圆匀似《猎碣》，而偏斜取势又似《怡亭铭》。"《怡亭铭》为唐永泰元年（七六五）刻，在湖北武昌，前六行为篆书序文，李阳冰书。可见吴昌硕篆书的取资范围不斤斤囿于秦汉，与丁敬的"看到六朝唐宋妙，何曾墨守汉家文"的旨意颇为契合也。

吴昌硕的篆书至六十岁左右，已基本确定面目，一九〇三年为刘葱石所书的《石鼓文》十屏，就是这一时期的代表作。此书每屏自画鼓形边框，依拓本位置墨书《石鼓》全文，又以红蓝两色作题。王个簃先生评曰："题识或单或双，或短或长，错落有致，经营位置极为典雅。用笔如锥画沙，朴茂雄健，刚柔相济，堪称第一神品。"此书每屏右上首由褚德彝以篆文标识，最后一鼓吴昌硕题曰："葱石观察嗜金石，能识古文奇字，而宣王《猎碣》尤浸馈不释手，近以素纸十幅，属图鼓形临樵篆迹，秋蛇春蚓，自愧弗如，信蝶扁法之不易求也。每鼓以朱笔注明释文，以蓝笔书所同异，均乞正讹。"细观此书，字形偏长，参差有致，颇得古雅率真之趣，但与晚年的篆书相比，还稍欠浑厚雄强之势。

吴昌硕的晚年篆书沉厚浑朴，笔力雄健，为他最为辉煌的巅峰时期。其结体以《石鼓文》为主，兼取各类金文，章法参差错落、灵活自如；用笔方圆兼施，厚重流畅，常显出大幅度的偏侧之势。西泠印社收藏他八十三岁时所书的七言《石鼓文》联，白龙山人王震赞其曰："《猎碣》参以《琅琊碑》，笔力飞动蟠蚪螭。秦汉而下数百辈，缶翁气概谁侔之？"可谓知者之评。吴昌硕晚年的篆书变横为纵，不拘成法，已达化境，但仍时时不忘取诸前辈书家之长。他在一九二五年的篆书五言联中曰："近代工篆书者杨濠叟出以灵，莫郘亭蓄以古，唯何东洲盖援多识于鸟兽草木之名云尔。"杨沂孙的灵动、莫友芝的古朴，乃至何绍基的机到神来、游刃有余，给了他更广泛的想象变化余地。沙孟海先生评吴昌硕晚年篆书曰："六十左右确定自我面目，七八十岁更恣肆烂漫，独步一时，世人以为先生写《石鼓》不似《石鼓》，由形貌看来，是临气不临形的。自从《石鼓》发现一千年来，试问有谁写得过先生？"此评是为最确切的了。

吴昌硕一生临《石鼓文》无数，据吴长邺先生考证，有四本最为著名：

吴昌硕五十九岁（一九〇二年）临本（日本平尾孤往发表在《书品》第一〇一期）。

吴昌硕先生六十五岁（一九〇八年）临本（上海求古斋石印本）。

吴昌硕七十二岁（一九一五年）临本（《苦铁碎金》，西泠印社出版）。

吴昌硕七十五岁（一九一八年）临本（上海人民美术出版社影印本）。

在这四种临本中，西泠印社出版的、吴昌硕七十二岁为王一亭所临的《石鼓文》全本最精。此书体态纵横，富有节奏感，笔力雄健，纵放自如，通篇四百余字，承上启下，左右映带，一气呵成。其款曰："一亭先生属临阮刻天一阁北宋《石鼓》全文。乙卯秋仲，吴昌硕时年七十又二。"阮刻天一阁本是阮元据张燕昌摹本所刻，赵孟頫旧藏的四百六十二字的原拓本，在清咸丰十年（一八六〇）已毁于火灾。

由此可知吴昌硕取资的《石鼓文》临本，有时并非原拓精本。但何以所书均有郁勃纵横、遒劲凝练之金石气呢？此中之由，其一是昌硕先生于艺矢精专一，笃学不倦，刻励精进，功力浑厚，一生遍访遍临各藏家的《石鼓文》精拓本，纵览揣摩，撷其精华。其二是食古能化，"古人为宾我为主""自我作古空群雄"，能遗貌取神，不拘泥于形似，既能融会前人法度，又善于变化，绝不为清规戒律所囿。其三是篆文除取《石鼓文》之外，又兼取《散氏盘》《毛公鼎》等各类钟鼎文字及琅琊台刻石、泰山刻石、秦汉量铭等，贵能悟其理、达其意、通其法，陶冶变化，自辟新境。其四是个性学养中的豪迈、雄浑、古拙、正直等内在精神力量所铸成的郁勃之气。他在八十三岁时曾书"如铁"两个大篆字，其款曰："用笔如铁，泼墨如潮，铮铮之铁，茂茂之毫。"此语虽为古砚铭，却可视为吴昌硕用笔、用墨和晚年精神气格的写照。

（二）结体宽博，韵味醇厚——吴昌硕的隶书

吴昌硕先生的隶书体势朴拙，笔力雄浑，存世甚少，最为珍贵。其隶书熔精妙的间架结构与奇变古挫的布局于一炉，显示其古意盎然的特有意趣：昌硕先生的隶书取古、取拙、取厚、取雄，上溯汉魏，融合明清，足与邓石如、伊秉绶诸隶书大家相颉颃。其中取法汉《祀三公山碑》最多。此碑被清康有为等人认为属"缪篆"精品，而杨守敬则谓其"非篆非隶，盖兼两体而为之，至其纯古遒厚更不待言，邓石如的篆书多从此出"。昌硕先生的隶书从此碑而出，却又化篆为隶，他的善学善用，由此可见！此外，昌硕先生又兼取《嵩山三阙》《裴岑纪功碑》《武梁祠画像题记》《西狭颂》《张迁碑》等结体、笔势均雄强古朴的汉碑，参入己意孕育变化。

昌硕先生的隶书取古拙一路入手，如朵云轩所藏的其早年隶书《临武梁祠画像题字》横披，即具疏放朴拙之趣。此作前大半临《老莱子》一笺，转而又临《县功曹》一笺，显示出他对多拙趣、少波磔的古隶有着特殊的偏好。西泠印社所藏昌硕先生三十五岁所书的八言隶书联，已稍具篆书意味，字形偏长，重心安稳，纵中有敛，蹙展分明，曲折垂缩十分自然。此联是其为妻弟施为所书。笔者另见一横额，文曰"萝烟松月之斋"，也同一上款，风格也基本相同，可见昌硕先生的早年隶书已初具面目了。

昌硕先生七十多岁时还常临《祀三公山碑》《张迁碑碑阴》《嵩山三阙铭》，但均为意临，他一反汉隶横向上的舒展和纵向上的紧凑，而一如简牍书，参差错落，一气呵成，极为自然协调。褚涵先生所藏的隶书《观乐楼碑墨迹本》是昌硕先生七十七岁时所书，系晚年隶书的精品特件。此作书写在乌丝栏格内，结体茂密，若篆若隶，古拙之气跃然纸上。全篇四百九十九字集于一堂，看似整齐匀称，却妙在寓参差于齐整之中，含绝险于平正之内，气势足、笔力遒，生意内敛，生气外呈。其“西”“篆”“君”“之”“刊”“左”“祀”等字存《祀三公山碑》笔意，而“诸”“迹”“德”“诵”“为”“同”“地”等字又具《石鼓文》遗意，篆隶相融，集各碑于一体而能融天机于自得，会群妙于一心，非炉火纯青、功力雄厚者，难臻此境矣！此书的内容也是极具文献意义，碑文全称《西泠印社新建观乐楼之碑》，由丁仁撰文，王寿祺篆额，叶铭刻石，三位均为西泠印社创始人，又由西泠印社首任社长吴昌硕书丹，如此精品，其传之必远矣！

西泠印社收藏的昌硕先生八十四岁时为雅初所书的五言隶书联，风骨内含，神采焕发，是他晚年的隶书精品。此书结体宽博，竖画垂长，把隶书折角波磔的特色，全演化为韵味醇厚、气势郁勃的《石鼓文》意趣了。此书体势浑穆，如锥画沙，字里行间蕴涵着雄宕深沉的力量。其中“亚”字的奇古生动，“鹿”字最后一笔出人意外的一挑，“鲤”字的左低右高，“翰”字三竖的参差变化，均妙合自然，契同天真。用笔则圆融静穆，以凝练古拙之行笔，构成豁达稳重的间架，亦篆亦隶，跌宕纵横，已臻化境。为其隶书作品中的千古绝唱！

（三）气象雄浑，骨力隽健——吴昌硕的行草书

吴昌硕的行草书，气象雄浑，骨力隽健，是他书法作品的又一特项。作品除中堂、条幅、横额外，凡诗稿、册牍、题跋等尺幅小品，都行气跌宕，笔力沉雄，自有排山倒海之势，其豪放情趣，舒展无遗。他的早年行草书，结体、用笔均初具面目，行楷、行草俱精，唯古拙朴厚之气稍逊。昌硕先生自述曰："卅年学书欠古拙，遁入《猎碣》成珷玞。敢云意造本无法，老态不中坡仙奴。"可见古拙朴厚是昌硕先生汲汲探索追求之艺境。

吴昌硕六十岁左右的行草书已具面目，如朵云轩所藏的他六十三岁时为临川先生集杜甫诗句的七言联，就是一件貌拙气酣、"强抱篆隶作狂草"的行草书精品。此书上联起首五字均为行草，中锋取势，丰神洒落，气魄所聚，精神贯注。忽然，峰回路转，最后"事舞"二字竟然以篆书出之，篆书、草书的巧妙结合，似乎不假思索，浑然天成。这是昌硕先生匠心独运的创新，也是他不主故常的书法特点。下联以篆书起首，接下四字又以草书、楷法书之，亦篆、亦楷、亦草，随机应变却又十分统一协调。最后二字，又以一篆一草书之，虚虚实实，极有神韵。落款小字亦墨气淋漓，极富金石气。

西泠印社所藏的吴昌硕七十九岁时为王一亭所书的行草五言联，则气势雄强，大气磅礴，结体脱胎于《石鼓》，左右上下取势，用笔方圆相兼，厚重而流畅。此书纵横挥洒，墨气淋漓，却又从容不迫，得心应手。"风"字左右二挑的装饰性、"土"字末笔的洒脱收笔、"至情"二字的仰俯欹侧，均能于苍劲中姿媚跃出，于豪迈中天趣溢发。若把昌硕先生《题〈何子贞太史书册〉》中"鲁公骨气凌秋毫，一波一磔坚不挠"之句，移作为此联的赞语，是再妥帖不过了。

如前所述，吴昌硕先生书法艺术的杰出成就，是与他诗、画、印的成就相融相合的。陈小蝶曰："昌硕以金石起家，篆刻印章，乃其绝诣，间及书法，变大篆之法为大草。至挥洒花草，则纯以草书为之，气韵最长，难求形迹。人谓：山谷写字如画竹，长公画竹如写字，昌老盖两兼之矣。"当然，"风格即人"，昌硕先生的艺术风格，就是他学养、思想、精神气格的写照。除此以外，其不凡的人生经历、师友交谊、时代背景也与他的艺术密切相关。为此，对吴昌硕先生诗、书、画、印及其他艺术思想的研究，应该是广泛、深入、持久的。

二、吴昌硕的篆刻艺术

吴昌硕先生创造性地将诗、书、画、印熔冶一炉，在诸艺中，其篆刻名世最早。昌硕先生早岁即沉潜于篆刻，他在所作的《西泠印社记》中曰："予少好篆刻，自少至老，与印不一日离，稍知其源流正变。"又曾曰："余嗜印学垂五十年，此中三昧，审之独详。书画之暇，间作《缶庐印存》，一生所作，仅存百余方，匠心构思，累累万顷，千载之下人，而欲孕育千载上之意味，时流露于方寸铁中，则虽四五文字，宛然若断碑坠简，陈列几席，古趣盎如，不亦难乎！"自评一生篆刻，真有心得者只百余方，篆刻之难，篆刻之趣，昌硕先生律己之严，由此可见一斑也。吴昌硕一生有《朴巢印存》《苍石斋篆》《齐云馆印谱》《篆云轩印存》《铁函山馆印存》《削觚庐印存》《缶庐印存》等多种印谱传世。

吴昌硕先生的篆刻初学浙派、秦汉印，继法邓石如、吴熙载，并受邓石如、赵之谦"印外求印"的启发，遂取《石鼓文》、封泥、瓦甓、碑碣之意，融会贯通，自成一格。用刀则将钱松切中带削的刀法和吴熙载的冲刀法合二为一，形成独特的新刀法。又将疏密跌宕、虚实相生的画理及其山倾海立、气象雄阔的书法特色融入印中，通过刚柔曲直、纵横转舒的线条交互运用，使其篆刻气势骀荡，神出无穷。昌硕先生在辛亥革命之后，主持艺坛十六年，又为西泠印社首任社长，对近代篆刻艺术的发展起了极大的推动作用。

吴昌硕先生钻研篆刻数十年如一日，功力深，意识新，曾曰："奇书饱读铁能窥，蝶扁精神古籀碑。活水源头寻得到，派分浙皖又胡为？"他善于寻本溯源，广取博采，又能巧妙地掌握通感，因此，他各个时段的篆刻均多精品。兹将昌硕先生篆刻艺术的发展，以三个时期来分而述之。

第一时期（二十二岁—四十岁）

吴昌硕二十岁左右的篆刻未见原作，唯浙江省博物馆藏《朴巢印存》四册，存印一百零三方，均为其二十二岁至二十七岁时的印作。时初法皖浙两派，旁及汉印及《飞鸿堂印谱》，应属昌硕先生广泛汲取、上下而求索的时期。三十岁左右的篆刻可见马国权先生旧藏的《苍石斋篆印》，此谱载印七十余方，用刀爽利，章法欹斜错落，颇多疏朴峭野之趣。

昌硕先生三十五岁来往于湖州、菱湖。三十六岁又客吴兴，宿金杰寓中，成莫逆之交，后来金杰赠昌硕瓦缶，其遂以"缶"为号，一直沿用至老。三十七岁至三十八岁除去湖州、嘉兴小住外，大都寄居于吴云两罍轩中。吴云富收藏，所藏钟鼎彝器、秦汉印玺、名家字画，给昌硕先生颇多滋养。因吴云博览多闻，交友广泛，也扩大了昌硕先生的社交。俞樾、杨岘、潘祖荫、吴大澂、李笙鱼、汪鸣銮等，均是昌硕先生的良师益友。

在此基础上，吴昌硕的艺术视野进一步开阔，创作更为勤奋，在秦汉印、吴让之、钱松等印家及金文等领域穷搜博采，孕育变化，使他的篆刻作品有了一大飞跃。有《铁函山馆印存》《削觚庐印存》两本印谱相继面世。册中如仿古玺的“庸斋”“庸庸多后福”，仿汉铸印“福昌长寿”“蒋侯”等，均能以严整出其谲宕，从纯朴处追其茂古，为其创立雄厚浑朴的个人风格，打下了扎实基础。而“秋农”“李笙鱼诗书画”等印，爽利明快，微妙精当，颇得吴让之神髓。而所临“千石公侯寿贵”更是他潜心取法钱松的最佳印作。另如取法碑碣砖瓦的“既寿”“道坚”诸印，也有百读不厌之妙也。

第二时期（四十一岁—六十岁左右）

吴昌硕先生这一时期的篆刻稳定成熟，步入创作的黄金时期，尤其是四十二岁的作品量多质高，精品迭出。其边款的用刀方式及力度均和以前完全不同。从此以后，在印章的表现形式上更不拘一格，古玺、封泥及各类金石碑版文字，无不化而用之，自出新意。在用刀上冲切披削的手法更为纯熟丰富，刀笔相融，充分表达了笔情墨趣。正如施浴升所赞：“使刀如笔任曲屈，方圆邪直无差讹。”在布局上，既重视每个字的长短方正、揖让顾盼，更重视整方印的呼应连贯，气息相通。除加强印文的轻重疏密外，更以线条、印边的粗细变化来加强印面的对比效果。还创造性地运用破残修饰手段，来显示其立体的笔意和浑朴的气质。这种大写意式的印风，是明清篆刻史上独一无二的。这个时期的篆刻作品，如“吴育之印”“半仓”“高邕之”“画奴”“归安施为章”“杨质公所得金石”“千寻竹斋”“泰山残石楼”“庞芝阁审定”等印，均是个中精品。

第三时期（六十岁左右—八十三岁）

吴昌硕先生的晚年，书画创作占据了大量时间，又因“病臂”等原因，篆刻作品的数量少了，但作品中大印多了。由于他晚年的书画艺术已达到炉火纯青的境地，故将种种意趣引入印中。昌硕先生有“南北高峰作印看”的诗句，即显露了他将自然景物熔铸于印的才能。他晚年之印已脱尽窠臼，忘拙忘巧。如他七十四岁所刻的自用印“吴昌硕大聋”,印文作三行,上密下疏,团成一气，众多垂笔，长短参差，虽为病后所作，却仍气势磅礴，豪气感人。他八十一岁所刻的“无须老人”笔画斜正相间，宽窄参差，笔歌墨舞，一气呵成，“无”字的装饰性对称，“须”字左边的三撇，具酣畅流走的笔墨感。欣赏吴昌硕的印章，人们往往注意它雄浑峻厚、乱头粗服的一面，而常忽视其秀灵细致、婀娜多姿的一面。其实，重拙与轻巧，奔放与秀逸，在他印中常辩证地融合于一体之中。

最后再补充谈谈吴昌硕先生的刀法。凡论及昌硕先生的刀法，都评为是钱松、吴让之合二而一，钝刀硬入。这固然不错，但从他传世的大量篆刻作品来看，其早中年和晚年的刀法及所用的刀，是随印章风格的变化而改变的。如他四十岁左右的中早年印章，从它活泼生动、毫发毕现的运刀来看，绝不是较粗重之刀所能及的。如从这个时期的单刀边款来看运刀，更为清晰，其字作楷法，撇捺明显，细劲的横画及多处细短笔所显示的刀痕，不但可以看出这个时期用刀的丰富多变，而且更可以想见这个时期的刀是袭用钱、吴式的利刀。中晚年的用刀则逐渐爽直，不拘于用刀的细微处，而刻大印时为追求有气势的大效果，刀法的内涵也较少了。所用的刀作了创新，使用“出锋钝角”的刻刀，所谓“钝刀硬入”。昌硕先生晚年的运刀，又多了一道修饰工序，为追求封泥、瓦甓浑朴高古、斑驳苍茫的金石意趣，他常对印的边角、印框和白文的留红处，施以敲击、磨刮等手段。虽然修饰已超出镌刻范围，但因修饰得法而产生一挥而就的艺术效果，这修饰手段为昌硕先生独创，技法也丰富多变。如白文印“偶积”，印面上下的留红处约占面之半，为避免平板，就进行修饰，通过原印可以看到，此印留红处是由浅入深有坡度地进行凿残，从而使钤盖出的印蜕有中浓边淡的立体效果。当然，吴昌硕先生也不乏爽利明快、不加修饰的印作。如“闵泳翊一字园丁”，用刀自然流畅，不激不厉，很有节奏感，体现了他厚实的用刀基本功。另外，有不少经昌硕先生认可的所谓晚年代刀之作，也是我们篆刻爱好者一个颇为深广的研究课题。

吴昌硕身后资料摭遗

张炜羽

引言

近代名人年谱的编订，多截止于谱主逝世之年，每附本传、墓志、行述等，而对其身后追思纪念、展览出版等活动的记录一般较为简略，体例使然，无可非议。今人出版西泠印社首任社长吴昌硕的年谱有数种，搜罗详备，为其生平、交游、创作等研究提供了翔实的资料。

为了进一步探究吴昌硕生前交往与其身后二十多年间在近代艺坛的影响力，笔者对一九四九年前沪、浙、京、津等地各大小报刊中涉及吴昌硕的图片文字进行了大范围的搜集、梳理与汇总，撰成近两万字的《吴昌硕、吴涵身后资料摭遗》一文，于二〇二三年十一月赴浙江杭州参加西泠印社建社一百二十周年活动。该文在西泠印社第七届“孤山证印”学术研讨会上获优秀论文三等奖，并入编论文集。今岁正值吴昌硕诞辰一百八十周年，现摘录该文前半部分，以纪念这位近代杰出的金石书画大师！

一、众人追思悼念吴昌硕（一九二七）

吴昌硕（图一）于一九二七年十一月二十九日（十一月初六）清晨六时半在上海北山西路吉庆里九二三号（今山西北路吉庆里

图一　吴昌硕

一二号）家中仙逝，艺林同悲，闻者无不哀恸。前来吴宅吊唁的中日艺术界友朋旧辈，车辙填门，不下千余人。

自十一月三十日至十二月二十一日，《申报》《晶报》《上海画报》《小日报》《金钢钻》《新闻报》《联益之友》《大罗天》《翡翠》等沪上大小报刊发表追思悼念的挽联、轶事与吴昌硕遗作等不胜偻指，其中有步翔棻（林屋山人）《挽吴缶老》《缶翁卧病记》《吴宅吊丧记》《吴缶老遗诗·韬光》、道听《吴昌硕逝世记》、冯大少爷《吴仓硕先生逝世记》《吴仓硕遗事》、静庵《哀缶翁》、朱大可（奇）《哀吴缶老》《缶翁轶事》、王益知（削颖）《吴缶老逝世悲感录》、石鹤《吴昌硕先生轶事》、司令《吴昌硕轶事》、张丹斧（延礼）《挽吴仓老》、陈巨来（安持）《吴昌老轶事》（上、下）、周瘦鹃（国贤）《我之回忆中之吴昌老》、觉迷《吴昌硕轶事》、曾淹《吴缶老遗事》、鲁道人《挽吴昌老》、双鲤《缶庐印话》、谭组云（德钟）《挽吴昌硕先生》、赵眠云（绍昌）《吴昌硕轶事》、赵云壑（子云）《祭缶师》等。

十二月十一日，《晨报·星期画报》用整版刊发纪念吴昌硕文章与作品（图二），介绍其生平与艺术。诸多作者表芳躅，述懿行，追念与吴昌硕交往的场景，所撰情真意切。如知名鸳鸯蝴蝶派作家周瘦鹃在《我之回忆中之吴昌老》（图三）一文中讲述了一九二三年秋日在袁克文宴客席上拜识吴昌硕过程中，吴昌硕机智地以杜甫诗句相戏，以及吴氏弟子钱瘦铁（厓）为其刻印，了却其心愿一事。曰：

癸亥秋，袁抱存兄客海上，寓白克路侯在里。一夕，张宴宴客，昌老策杖来，精神矍铄，不类八十许人，而待人接物，和易可亲，尤令人有春风风人之感。抱兄介愚以见昌老，昌老欣然，问寓所安在，容日来拜。愚亟谓不敢，小子当奉拜耳。昌老辗然曰："杜甫诗非有'低头拜杜鹃'句乎？吾固当拜君也。"群为粲然，时刘山农先生亦在座，更击节不已，旋私语愚，谓他日得闲，当倩昌老书此五字以贻君，愚大喜称谢。顾荏苒数载，刘先生殆已忘之，而愚以昌老年高，不胜烦琐，故亦未敢以此为请也。今昌

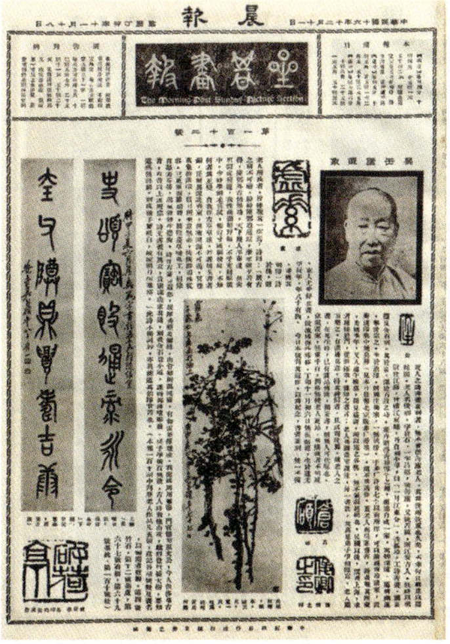

图二 《晨报·星期画报》纪念吴昌硕专版

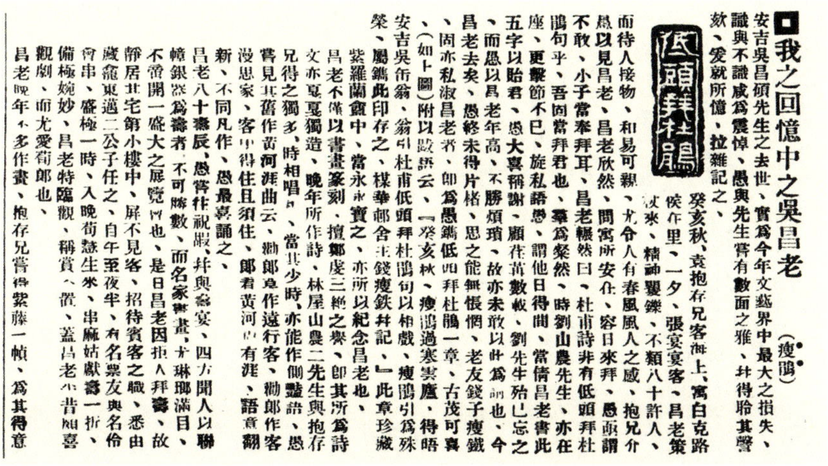

我之回憶中之吳昌老

（瘦鵑）

安吉吳昌碩先生之去世、實爲今年文藝界中最大之損失、識與不識咸爲震悼、愚與先生嘗有數面之雅、并得聆其謦欬、爰就所憶、拉雜記之、

癸亥秋、袁抱存兄客海上、寓白克路侯在里、一夕、張宴宴客、昌老策杖來、精神矍鑠、不類八十許人、而待人接物、和易可親、尤令人有春風風人之感、抱兄介愚以見昌老、昌老欣然、問寓所安在、容日來拜、愚亟謂不敢、小子當奉拜耳、昌老輾然曰、杜甫詩非有低頭拜杜鵑句乎、吾固當拜君也、羣爲粲然、時劉山農先生、亦在座、更擊節不已、旋私語愚、謂他日得間、當倩昌老書此五字以貽君、愚大喜稱謝、顧荏苒數載、劉先生殆已忘之、而愚以昌老年高、不勝煩瑣、故亦未敢以此爲請也、今昌老去矣、愚終未得片楮、思之能無悵惘、老友錢子瘦鐵、固亦私淑昌老者、即爲愚鐫低頭拜杜鵑一章、古茂可喜、（如下圖）附以跋語云、『癸亥秋、瘦鵑過寒雲廬、得晤安吉吳缶翁、翁引杜甫低頭拜杜鵑句以相戲、瘦鵑引爲殊榮、屬鐫此印存之、棣華郁舍主錢瘦鐵并記、』此章珍藏紫羅蘭龕中、當永永寶之、亦所以紀念昌老也、

昌老不僅以書畫篆刻、擅鄭虔三絕之譽、即其所爲詩文亦戛戛獨造、晚年所作詩、林屋山農二先生與抱存兄得之獨多、時相唱和、當其少時、亦能作側豔語、愚嘗見其舊作黃河涯曲云、勸郎莫作遠行客、勸郎作客漫思家、客中得住且須住、郎看黃河自有涯、語意翻新、不同凡作、愚最喜誦之、

昌老八十壽辰、愚嘗往祝嘏、并與壽宴、四方聞人以聯幛銀器爲壽者、不可勝數、而名家書畫、尤琳瑯滿目、不啻開一盛大之展覽會也、是日昌老因拒人拜壽、故靜居其宅第小樓中、屏不見客、招待賓客之職、悉由藏龕東邁二公子任之、自午至夜半、有名票友與名伶會串、盛極一時、入晚荀慧生來、串麻姑獻壽一折、備極婉妙、昌老特臨觀、稱賞不置、蓋昌老亦昔知喜觀劇、而尤愛荀郎也、

昌老晚年不多作畫、抱存兄嘗得紫藤一幀、爲其得意

图三　周瘦鹃《我之回忆中之吴昌老》

老去矣，愚终未得片楮，思之能无怅惘？老友钱子瘦铁，固亦私淑昌老者，即为愚镌“低头拜杜鹃”一章，古茂可喜，附以跋语云：“癸亥秋，瘦鹃过寒云庐，得晤安吉吴缶翁，翁引杜甫‘低头拜杜鹃’句以相戏，瘦鹃引为殊荣，属镌此印存之，梅花村舍主钱瘦铁并记。”此章珍藏紫罗兰盦中，当永永宝之，亦所以纪念昌老也。

《联益之友》编辑兼名作家赵眠云撰有《吴昌硕轶事》（图四）一文，叙述吴昌硕寓苏州时某晚家中被宵小之徒光顾，诗稿失而复得、由悲至喜的经历，并影印吴昌硕去世前不久为其所书石鼓文七言楹联。

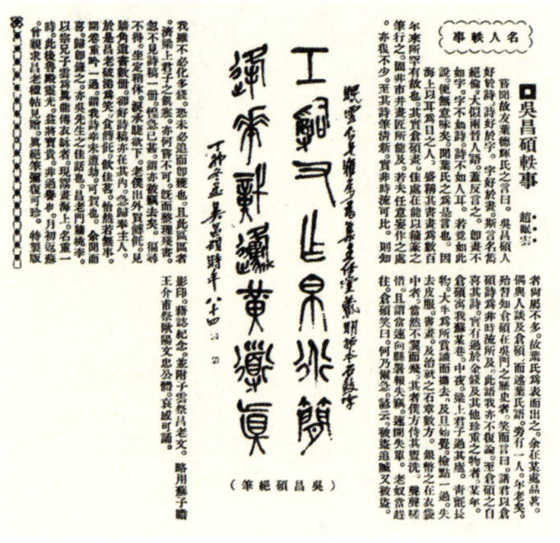
名人軼事

吳昌碩軼事　趙眠雲

（吳昌碩絕筆）

图四　赵眠云《吴昌硕轶事》

吴昌硕高足赵云壑《祭缶师》（图五、六）一文，有临风想望、其谁与归之感，亦为研究吴、赵师生二人交往的重要资料。祭文曰：

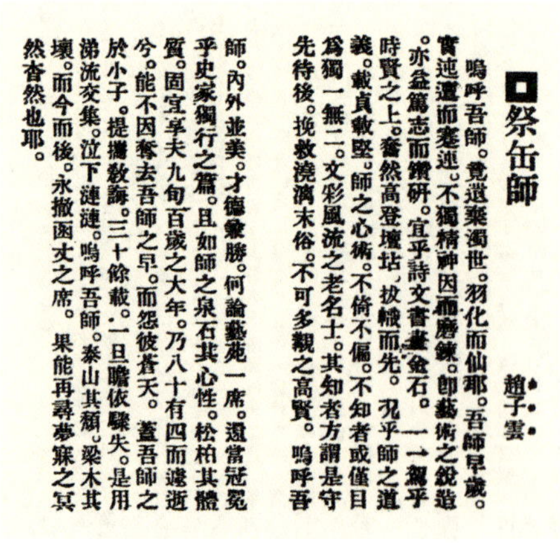
祭缶師　趙子雲

嗚呼吾師。竟遺棄濁世。羽化而仙耶。吾師早歲。實迍邅而蹇連。不獨精神因而磨鍊。即藝術之銳造。亦益篤志而鑽研。宜乎詩文書畫金石。一一駕乎時賢之上。奮然高登壇坫，拔幟而先。况乎師之道義。載貞敦堅。師之心術。不倚不偏。不知者或僅目爲獨一無二。文彩風流之老名士。其知者方謂是守先待後。挽救澆漓末俗。不可多覯之高賢。嗚呼吾師。內外並美。才德兼勝。何論藝苑一席。還當冠冕乎史家獨行之篇。且如師之泉石其心性。松柏其體質。固宜享夫九旬百歲之大年。乃八十有四而遽逝兮。能不因奪去吾師之早。而怨彼蒼天。蓋吾師之於小子。提攜教誨。三十餘載。一旦瞻依驟失。是用涕流交集。泣下漣漣。嗚呼吾師。泰山其頹。梁木其壞。而今而後。永撤函丈之席。果能再尋夢寐之冥然杳然也耶。

图五　赵云壑《祭缶师》

呜呼吾师！竟遗弃浊世，羽化而仙耶。吾师早岁，实迍邅而蹇连，不独精神因而磨炼，即艺术之锐造，亦益笃志而钻研，宜乎诗、文、书、画、金石，一一驾乎时贤之上，奋然高登坛坫，拔帜而先。况乎师之道义，载贞载坚；师之心术，不倚不偏。不知者或仅目为独一无二、文采风流之老名士。其知者方谓是守先待后，挽救浇漓末俗，不可多觏之高贤。呜呼吾师！内外并美，才德兼胜，何论艺苑一席，还当冠冕乎史家独行之篇。且如师之泉石其心性，松柏其体质，固宜享夫九旬百岁之大年，乃八十有四而遽逝兮，能不因夺去吾师之早，而怨彼苍天？盖吾师之于小子，提携教诲三十余载，一旦瞻依骤失，是用涕流交集，泣下涟涟。呜呼吾师！泰山其颓，梁木其坏，而今而后，永撤函丈之席，果能再寻梦寐之冥然杳然也耶。

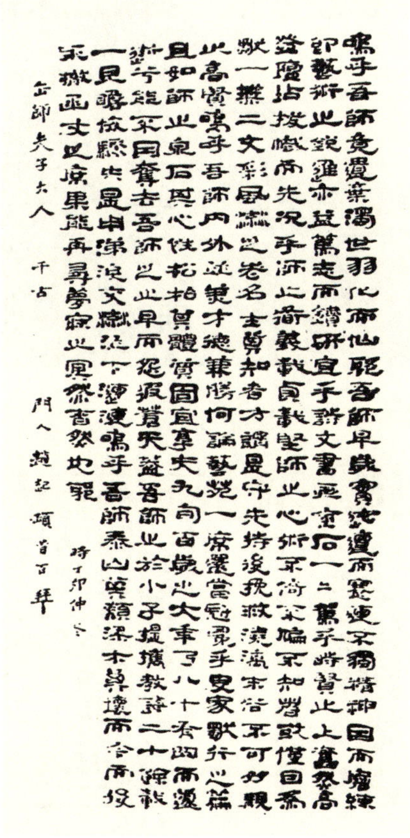

图六　赵云壑隶书《祭缶师》

时丁卯仲冬，缶师夫子大人千古，门人赵起顿首百拜。

二、吴昌硕四次大型遗作展（一九二九—一九四四）

（一）吴昌硕逝世三周年六三园追荐会与遗作展（一九二九）

一九二九年十月，吴昌硕去世已近两年，生前故旧缅怀其艺德与友情，决定于秋高气爽、菊花盛开之际，在吴昌硕晚年时常

图七　上海虹口六三园旧影

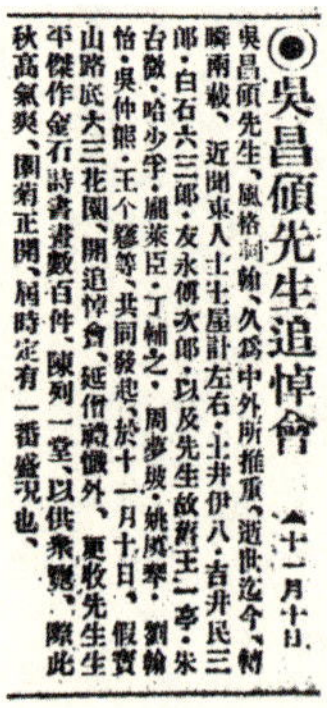

◉吳昌碩先生追悼會　▲十一月十日

吳昌碩先生、風格渾穆、久爲中外所推重、遊世迄今、倏瞬兩載、近聞東人士土屋計左右・土井伊八・吉井民三郎・白石六三郎・友永傳次郎・以及先生故舊王一亭・朱古微・哈少甫・龐萊臣・丁輔之・周夢坡・姚虞琴・劉翰怡・吳仲熊・王个簃等、共同發起、於十一月十日、假寶山路底六三花園、開追悼會、延僧禮懺外、更收先生生平傑作金石詩書畫數百件、陳列一堂、以供衆覽、際此秋高氣爽、園菊正開、屆時定有一番盛況也、

图八　《吴昌硕先生追悼会》（一九二九）

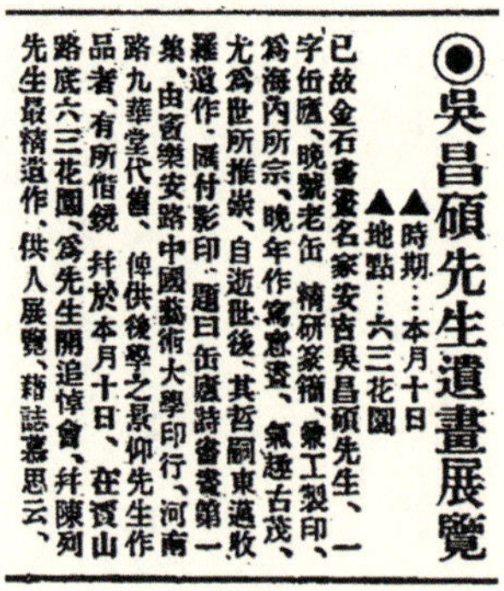

◉吳昌碩先生遺畫展覽

▲時期…本月十日

▲地點…六三花園

已故金石書畫名家安吉吳昌碩先生、一字缶廬、晚號老缶、精研篆籀、兼工製印、爲海內所宗、晚年作寫意畫、氣趣古茂、尤爲世所推崇、自逝世後、其哲嗣東邁收羅遺作、匯付影印、題曰缶廬詩書畫第一集、由西樂安路中國藝術大學印行、河南路九華堂代售、俾供後學之景仰先生作品者、有所借鏡、并於本月十日、在寶山路底六三花園、爲先生開追悼會、并陳列先生最精遺作、供人展覽、藉誌慕思云、

图九　《吴昌硕先生遗画展览》（一九二九）

去赏樱会友的虹口日式六三园（图七）举办追荐会与遗作展，由王一亭、朱古微（祖谋）、哈少甫（麐）、庞莱臣（虚斋）、丁仁（辅之）、周庆云（梦坡）、姚虞琴（景瀛）、刘承干（翰怡）、吴仲熊（楷）、王个簃与日本友人土屋计左右（晃堂）、土井伊八、吉井民三郎、白石六三郎（鹿叟）、友永霞峰（传次郎）等共同发起。十月二十七日，《申报》刊发《吴昌硕先生追悼会》（图八）、《吴昌硕先生遗画展览》（图九）、《吴昌硕先生最精遗作展览一天》、《吴昌老遗作展览会》等报道，开始为遗作展作宣传。

十一月十日上午，吴昌硕追荐会与遗作展在六三园如期举行。据日后王个簃《安吉吴昌硕先生己巳追荐会纪事》记载：“是日天高日晶，风不扬尘。自晨迄晡，冠盖咸集，综计名簿签到者，共一千余人。”除上述发起人外，出席的中方各界名流有唐绍仪（少川）、于右任（伯循）、劳敬修（念祖）、陈其采（蔼士）、王晓籁（孝赉）、叶恭绰（誉虎）、王乃徵（聘三）、曾熙（农髯）、狄楚青（平子）、冯君木（幵）、任堇（堇叔）、金蓉镜（甸丞）、李宣龚（拔可）、汪英宾（省斋）、马公愚（范）、俞剑华（琨）、杨清磬等，日本友人有横竹平太郎、堺与三吉、山田谦吉、井手三郎、田边辉雄、越智喜三郎、立川团三等。

追荐会场由六三园园主白石六三郎与友永霞峰精心布置，在园中草地空旷处植木作架，设大块红地金色卍文色布与几筵、炉香、瓶卉、果食、清醑等，供奉吴昌硕执卷小立旧照。午时追荐会开始，来宾向吴昌硕遗影致礼，由寺僧诵经，东亚同文书院院长山田谦吉（子敬）致辞，礼毕一起合影。

吴昌硕遗作展在六三园中的三个楼层展出，陈列中日各藏家提供的吴氏书画印精品数百件。其中有吴昌硕早年临摹《散氏盘》全文，为高邕（邕之）、闵泳翊（园丁）篆刻原石，数十家题咏与朱古微每段皆有题诗的山水八段锦长卷，吴昌硕逝世前一日所作、冯君木题诗的《兰草》绝笔等。此外还有早年由金俯将（杰）馈赠，吴昌硕“以缶为庐庐即缶”的古缶原物，以及吴昌硕手摹不已的明拓《石鼓》善本等，皆为平日不易得见之遗作遗物。众嘉宾敬瞻德范，睹物思人，不胜感怀。此次吴昌硕追荐会与遗作展虽仅一天，却嘉宾如云，被称为“洵尘嚣甚上中不易数觏之胜集也”。

（二）吴昌硕逝世七周年海上觉园追荐会与遗墨展（一九三三）

一九三三年为吴昌硕九十冥诞，由沈淇泉、王一亭、哈少甫、陈其采、丁仁、王个簃等人发起，决定于十二月三日吴昌硕逝世七周年忌辰，假座爱文义路（今北京西路）、哈同路（今铜仁路）

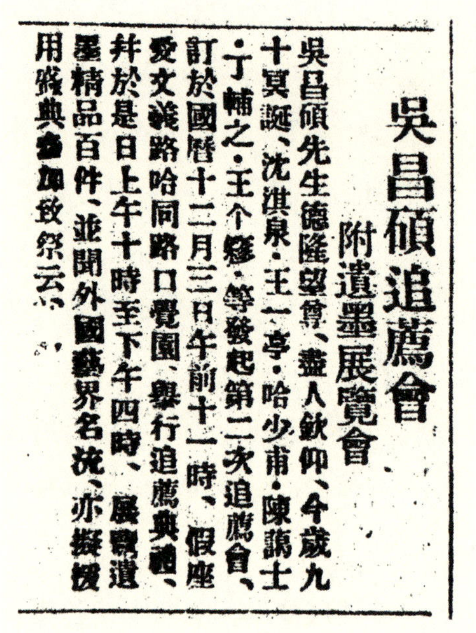

吳昌碩追薦會

附遺墨展覽會

吳昌碩先生德隆望尊、盡人欽仰、今歲九十冥誕、沈淇泉・王一亭・哈少甫・陳蒻士・丁輔之・王个簃・等發起第二次追薦會、訂於國曆十二月三日午前十一時、假座愛文義路哈同路口覺園、舉行追薦典禮、幷於是日上午十時至下午四時、展覽遺墨精品百件、並聞外國藝界名流、亦擬援用我典參加致祭云

图一〇 《吴昌硕追荐会附遗墨展览会》（一九三三）

口的觉园举办第二次追荐会（图一〇）。祭堂设在觉园内佛教净业社，于上午十一时举行追荐典礼，并于十时至下午四时举办吴昌硕遗墨展。先前参与组织一九二九年追荐会的日本友人白石六三郎、土井伊八、友永霞峰，与工部局董事会董事船津辰一郎及田边辉雄、米里纹吉等皆积极参与。

公祭当日，到场的中外各界人士及吴昌硕生前门人、故旧比肩叠踵，多达两千人。祭堂正中悬挂任伯年所绘《酸寒尉图》。追荐会由沈淇泉主祭，日本山田谦吉亦撰有祭文。祭毕，由净业社关炯之（别樵）偕居士百人虔诚诵经，日本佛教团及觉园僧众悉数参加，仪式极为隆重。吴昌硕遗作陈列百余幅，以绘画为主，四壁琳琅，令人目不暇接。展品中有日本白石六三郎所藏绢本设色《牡丹》、戴季陶所藏《杜鹃》、于右任所藏《秋芦》与吴氏家传《达摩》、金笺寿八屏等珍稀之品。《申报》《申报月刊》《文学》均作报道，并刊发了现场照片（图一一至一四），留下了珍贵的图像史料，使后人可一睹当时场景。

图一一　吴昌硕先生遗墨展览（一九三三）

图一二　吴昌硕先生遗墨展览上王一亭、吴东迈、王个簃与友永霞峰合影（一九三三）

图一三　吴昌硕先生遗墨展览场景（一九三三）

图一四　吴昌硕先生遗墨展览场景（一九三三）

（三）上海美术专科学校主办吴昌硕遗作展览会（一九三九）

自一九三三年十二月吴昌硕追荐会与遗墨展在觉园举办后，因一九三七年抗日战争全面爆发，局势动荡，加上吴氏生前挚友哈少甫、王一亭先后于一九三四年九月与一九三八年十一月去世，在一九三九年六月之前的五年半中，未见有吴昌硕大型纪念与展览活动的记录。

至一九三九年夏，上海美术专科学校继师生救济难民书画展之后，为了“追述吴氏功绩、研究其生平艺术”，特举办“吴昌硕遗作展览会”（图一五），于六月一日上午九时在南京路大新公司画厅（今上海第一百货商业中心）开幕（图一六）。陈列吴昌硕四十三岁至八十四岁书画作品一百三十六件，金石篆刻二十六件，附列吴氏笔砚、衣帽、手杖等遗物二十件，均为外间不易窥见者。展览现场正中悬挂吴昌硕七十八岁时之遗像及自画像，像前满置各界名人赠献的花篮。展品分布三大室中，按创作年代为序，成为“鉴赏吴氏艺术、研究其技法演进之路的极好资料”，展览至六月六日。

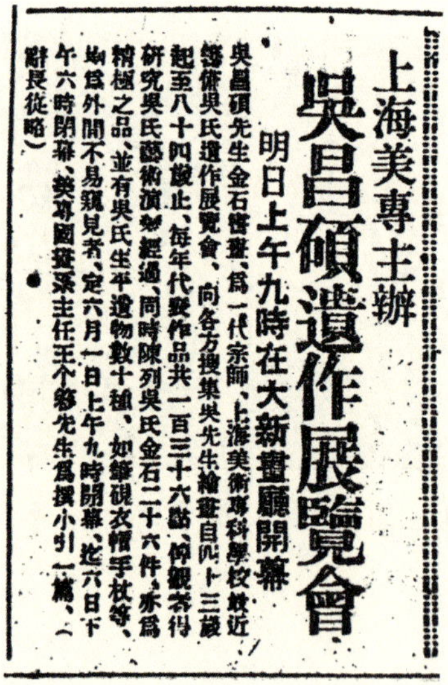
上海美專主辦
吳昌碩遺作展覽會
明日上午九時在大新畫廳開幕
吳昌碩先生金石書畫、爲一代宗師、上海美術專科學校最近發起吳氏遺作展覽會、向各方搜集吳先生繪畫自四十三歲起至八十四歲止、每年代表作品共一百三十六點、俾觀者得研究吳氏藝術演變經過、同時陳列吳氏金石二十六件、亦爲精極之品、並有吳氏生平遺物數十種、如筆硯衣帽手杖等、均爲外間不易窺見者、定六月一日上午九時開幕、迄六日下午六時閉幕、美專國畫系主任王个簃先生爲撰小引一篇、（辭長從略）

上海美專主辦
吳昌碩先生遺作展覽會
作品：自四十三歲迄八十四歲代表作品書畫一百三十六件金石三十件並附列吳先生遺物二十件
日期：六月一日至六日止
會場：南京路大新公司畫廳
門劵：每張五角（悉充醫藥救濟之用）

图一五、一六　上海美术专科学校主办吴昌硕遗作展览会广告（一九三九）

本次展品书法以篆书为多，其中陆培初所藏吴昌硕七十四岁的十二言长联“最雄壮”，胡汀鹭所藏

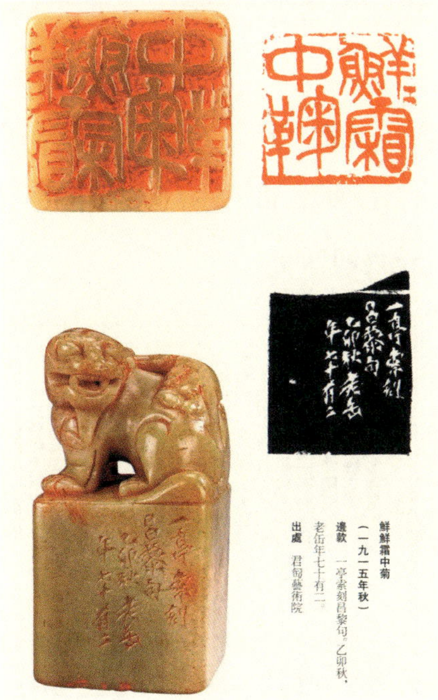

图一七 吴昌硕篆刻“鲜鲜霜中菊”（一九一五）

四幅行书短屏“极隽逸”，吕选青所藏“明月清风非俗物；好吟爱画胜他人”七言联，“墨韵飞动，苍劲潇洒，可见缶老当年之胸襟跌宕，抱负之拔俗矣”。绘画中有《瀹茗图》《卢橘莲花》与博古《鼎盛图》等，此外，“刘海粟汇藏之缶老于六十二岁所绘八幅《红梅》《牡丹》《珠藤》《红蕖》《葫芦》《秋菊》《老少年》《天竹》巨大彩色长屏，更属罕见。调色美妙，造境奇丽，一花一叶，超拔不群”。篆刻主要为吴东迈、王一亭旧藏，其中“鲜鲜霜中菊”（图一七）、“夜来八万四千偈”二印最为出挑。遗物中有七寸砚台、七支大小不同的毛笔，八十三岁时新年元旦红信纸随笔，与王个簃在杭州西泠印社的合影等。其中“一印有商店招牌之酥糖包纸，缶老亦在其上大动诗兴，可见缶老之随时随地以笔墨自娱”，令观者称奇。

《申报》在《吴昌硕遗作展览观后》报道中称赞道：“吴昌硕先生之画，其气魄伟大，力能扛鼎，自是天才，而又济之以学力，故敻乎远矣。且与先生之画，虽师承八大、石涛、白阳、文长诸人，而亦绝非拘拘于诸家作风者，盖其纵横驰骤，天马行空之概，决不可以绳墨拘也。”王个簃先生为展览撰前言《吴昌硕先生艺传千古》，详述乃师篆刻、书法与绘画艺术特色与成就，最后称“先生艺事，唯以艺事之真谛为归，不为人役而变易其心灵。此所谓‘有我、无我，然后见格力’，为一世宗仰非无故欤”。

（四）古今书画展中的吴昌硕、王一亭作品专室陈列（一九四四）

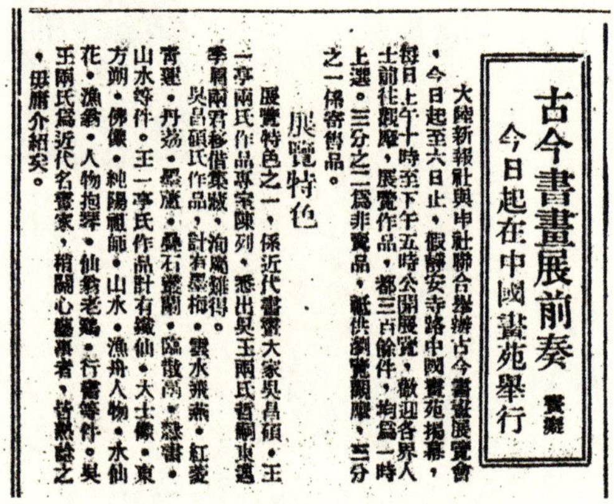

古今書畫展前奏

今日起在中國畫苑舉行

大陸新報社與申報社聯合舉辦古今書畫展覽會，今日起至六日止，假靜安寺路中國畫苑揭幕，每日上午十時至下午五時公開展覽，歡迎各界人士前往觀摩，展覽作品，都三百餘件，均爲一時上選。三分之二爲非賣品，祗供瀏覽觀摩，三分之一係寄售品。

展覽特色

展覽特色之一，係近代書畫大家吳昌碩，王一亭兩氏作品專室陳列，悉出吳王兩氏哲嗣東邁季眉兩君移借集藏，洵屬難得。吳昌碩氏作品，計有墨梅，雲水飛燕，紅菱青蓮，丹荔，墨蘆，叠石叢蘭，臨散鬲，隸書，山水等件。王一亭氏作品計有織仙，大士像，東方朔，佛像，純陽祖師，山水，漁舟人物，水仙花，漁翁，人物抱[illegible]，仙翁老鷄，行書等件。吳王兩氏爲近代名畫家，稍關心藝事者，皆熟諳之，毋庸介紹矣。

图一八　古今书画展览会报道（一九四四）

一九四四年二月二日至六日，大陆新报社与申报社“为介绍中国书画艺术，发扬固有文化起见”，假座静安寺路、成都路口中国画苑，联合举办“古今书画展览会”。除陈列约三百件明清及现代书画名品之外，另专辟沈曾植（子培）书画特室与吴昌硕、王一亭书画特室（图一八）。吴、王展品是由两氏哲嗣吴东迈、王季眉（传焘）悉出集藏遗作，殊为难得。展出的吴昌硕作品有《墨梅》《水飞燕》《红菱青莲》《丹荔》《墨芦》《迭石丛兰》《临散鬲》及隶书、山水等。吴东迈、王季眉也各自提供多件个人画作参展。

三、吴昌硕归葬超山（一九三二）

超山位于杭州市临平区塘栖镇，素为赏梅胜地，有“十里梅花香雪海”之誉，时“骚人墨客，往往携尊舣楫，觞咏其间”。因吴东迈“筦榷栖溪”，在塘栖统捐局任职期间，吴昌硕曾赴超山赏梅，吴东迈“安排笠屐，结伴清游，逸致闲情，独与山灵有约”，令吴昌硕陶醉其中，也与超山结下了不解之缘。吴昌硕有《忆梅》诗，曰：“十年不到香雪海，梅花忆我我忆梅。何处买棹冒雪去，便向花前倾一杯。”可见其爱梅之深。吴昌硕仙逝后，吴东迈在超山为营窀穸之事，最终在报慈寺侧距宋梅百步许购得吉壤。王个簃从弟王曼伯（堪）所撰《安吉吴先生造墓记》记录卜地营墓过程颇详。吴昌硕墓碑、墓表、墓坊与石像基座四侧等处的题字、篆额、楹联、诗什等，由生前好友与名流周庆云、吕十千（选青）、冯君木、于右任、章太炎（炳麟）、戴季陶（传贤）、谭延闿（组庵）、张静江（人杰）、沈淇泉（卫）、叶恭绰、任堇、王一亭等所作，极一时之盛。

据一九三〇年十一月二十八日《申报》中《杭州·印社同人公祭吴氏》报道：“海上金石家吴昌硕氏，为杭州西冷（泠）社社员之一。现该社同人，以其在申殁后，一代正宗，竟成绝响，深为惋惜。兹已由其子卜地超山营葬乃翁，已将灵柩运至。印社社员王冷舟、阮性山、金鹤泉等三十余人，前因未往申地致祭，引以为憾，昨特约期同人，前往公祭，藉以追悼。”（图一九）可知一九三〇年十一月，吴昌硕灵柩运至超山暂厝，在杭西泠印社

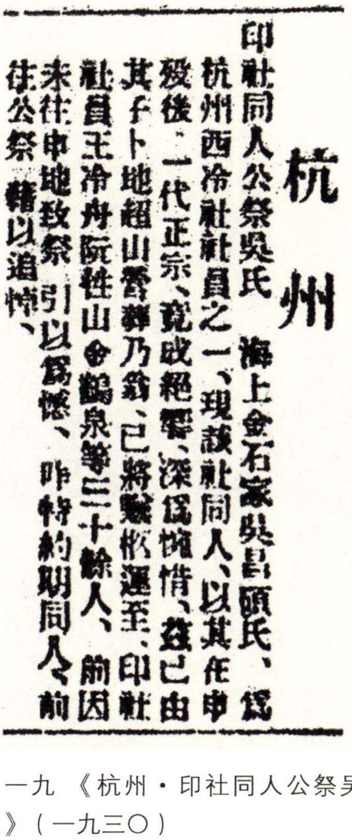
杭州
印社同人公祭吳氏　海上金石家吳昌碩氏、爲杭州西冷社社員之一、現該社同人、以其在申歿後、一代正宗、竟成絕響、深爲惋惜、玆已由其子卜地超山營葬乃翁、已將靈柩運至、印社社員王冷舟阮性山金鶴泉等三十餘人、前因未往申地致祭、引以爲憾、昨特約期同人、前往公祭、藉以追悼、

图一九 《杭州·印社同人公祭吴氏》（一九三〇）

中人王冷舟、阮性山（继曾）、金鹤泉等三十余人闻讯后即组团，专程赴超山公祭，以示哀悼，可补西泠社史之阙。

图二〇　超山吴昌硕铜像旧影

图二一　超山吴昌硕墓道旧影（吴长邺《我的祖父吴昌硕》）

一九三二年岁末，吴昌硕安窆超山（图二〇、二一）。十二月二十六日《时事新报》“青光特刊”发表《吴昌硕先生藏魄志》专版（图二二），由门人汪英宾题耑，除收录吴昌硕遗像、遗诗外，刊登陆丹林《纪念艺满人间的缶老》、陈三立（散原）《安吉吴先生墓志铭》、冯君木《安吉吴先生墓表》、吕十千《卜地诗》、戴季陶《题吴贞逸先生遗像》、孤鸾《吴昌老之创造精神》《〈缶庐讲艺图〉介绍》、王曼伯《安吉吴先生造墓记》、王一亭《缶翁归葬超山敬赋》、王个簃《贞逸先生轶事》、贺天健（骏）《西州泪雨》、潘飞声《闻仓老葬超山梅花麓以诗寄奠》（五律）、陆丹林《仓老安葬超山》（七律），沈淇泉、任堇、王一亭挽联各一，《缶庐老人遗画之一·宋梅》等，对研究吴昌硕生平、艺术成就与地位评价等有重要的参考价值。

贺天健回忆年轻时与吴昌硕在题襟馆书画会上，“趋随左右，受教良多，虽未列门墙桃李，每恳切指示，并游扬备至”。陆丹林《纪念艺满人间的缶老》一文中录有方若（药雨）、于右任、袁思亮（伯夔）、朱古微、冯君木之挽联与诸宗元五古悼诗，一语千韵，皆高度概括了吴昌硕的人品情操与艺道。

吴昌硕先生藏魄志
纪念艺满人间的缶老
安吉吴先生遗像

图二二　吴昌硕先生藏魄志（一九三二）

四、吴昌硕关门弟子荀慧生

吴昌硕生前广栽桃李，从其习书画篆刻的门弟甚夥，关门弟子则为去世前一个月正式拜师的京剧旦角名伶荀慧生（词）。因荀慧生唱腔柔媚婉约，扮相俏丽多姿（图二三），深受京沪两地戏迷热捧。吴昌硕亦喜观荀慧生之剧，并为其主演的《元宵谜》

图二三　《元宵谜》荀慧生饰吕昭华

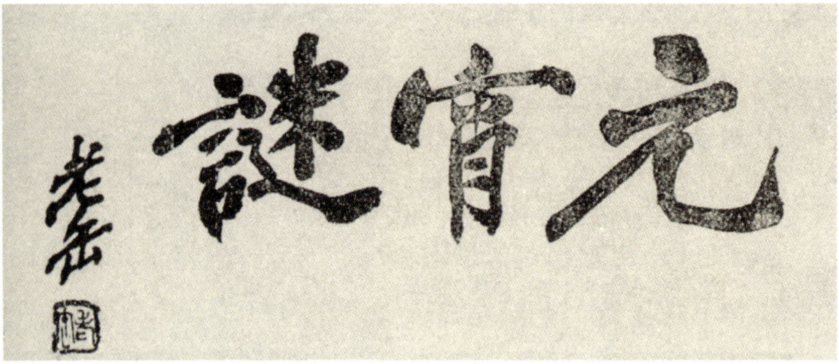

图二四　吴昌硕为荀慧生题写剧名《元宵谜》

图二五　吴昌硕为荀慧生书额“小留香馆”

题写剧名（图二四），又于一九二六年初夏为荀慧生篆题斋名“小留香馆”（图二五）。

荀慧生颖悟多能，演剧之余雅擅绘事，所作山水，笔致秀逸可喜。一九二七年十一月《晶报》刊登署名“秋意”的《老缶门墙白牡丹》一文，叙述荀慧生拜师过程，曰：

荀慧生好习丹青，所画亦有根柢，久慕吴昌硕笔法，思列门墙。因梅兰芳前亦拟执贽，迄未得昌老允许，故亦未敢请求。昨由天台山农之介，趋吴寓拜谒。昌老方拟作午睡，闻荀至，披衣出迎。慧生具述向学之忱，昌老允之，且出近作十数帧示荀，以资揣摩。

荀即下拜，执弟子礼甚恭。昌老急扶荀起，又出一新绘之《丛菊图》赠荀也。

虽荀慧生入门未满一月吴昌硕即仙逝，但其在乃师大殓、超山安葬立碑出资等诸事中尽弟子之职，可谓有情有义。一九四一年夏来沪演出时，又与吴东迈多次往还。

五、二十世纪三四十年代海上美术界对吴昌硕艺术的评价

二十世纪三四十年代海上媒体中不乏评论吴昌硕艺术的文稿。如一九三六年王个簃的《吴昌硕先生缋事丛录》（图二六）、陆丹林《一代艺师吴昌硕》（图二七），对吴昌硕艺术作了阐述，借申平生钦服之忱。此外有一九四七年陆丹林《由吴昌硕说到齐白石》，一九四八年钱大成《沈石友与吴昌硕》等。一九四九年陆丹林《吴昌硕与齐白石》（图二八）一文则将二位艺术大家各自不同的天赋才能、所处的社会环境、艺术审美与造诣，以及在中国画史上各自的贡献与地位进行综述，不啻为一篇颇具学术深度的中国近代美术研究专文。

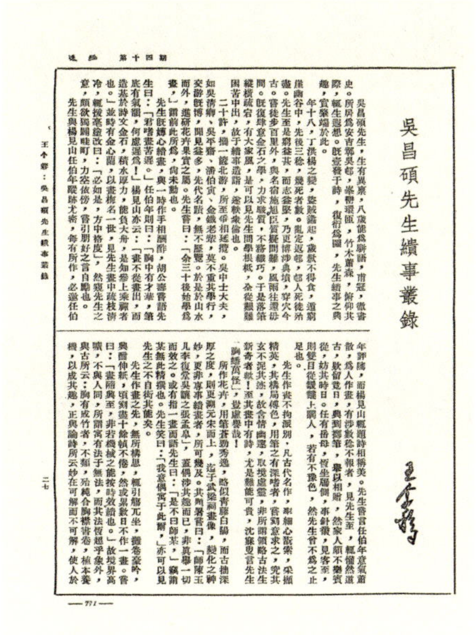
吳昌碩先生繢事叢錄

王个簃

图二六　王个簃《吴昌硕先生缋事丛录》

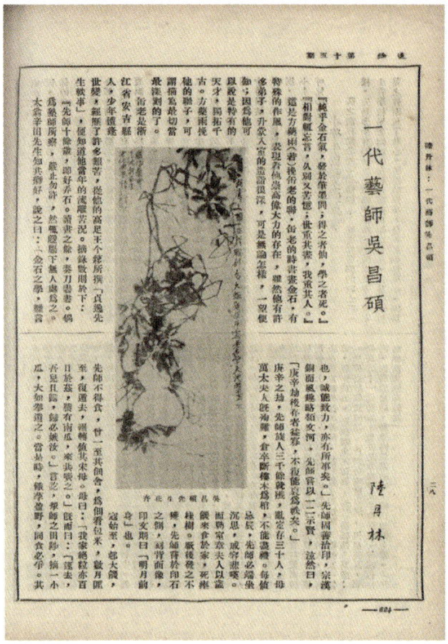
一代藝師吳昌碩
陸丹林

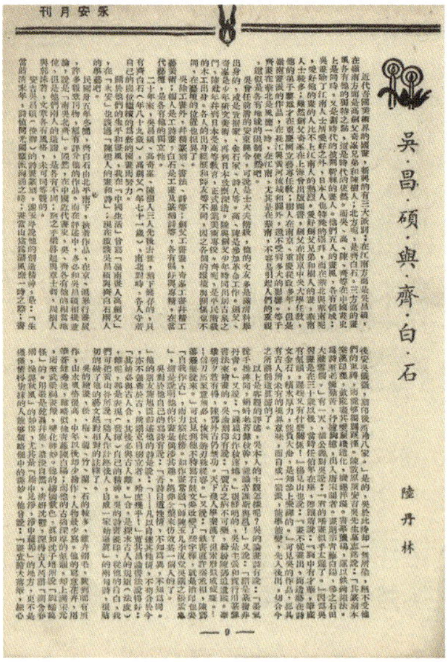
永安月刊
吳昌碩與齊白石
陸丹林

图二七　陆丹林《一代艺师吴昌硕》　　图二八　陆丹林《吴昌硕与齐白石》

结语

作为近代海上艺坛的领军人物，吴昌硕以其深厚的艺术积累和丰富的生活阅历，使其诗书画印诸门艺术取得了前所未有的成功，尤其在篆刻创作上开创了斑驳高古、雄浑壮遒的全新风格，为流派篆刻史谱写了极其辉耀的篇章，永远值得后人敬仰！

编者按：原文载于《西泠印社第七届“孤山证印”学术研讨会论文集（下册）》，西泠印社出版社，二〇二三年十月版，第四五三—四七五页。

吴昌硕书画篆刻欣赏

吴昌硕花卉四屏条选二（一九一九）

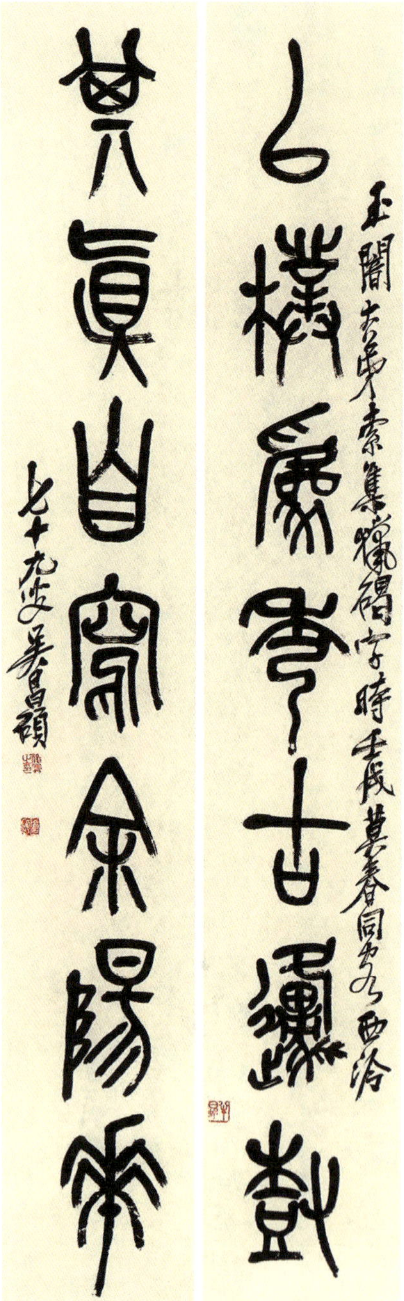

吴昌硕石鼓文七言联“以朴为秀古原树；其真自写斜阳花”（一九二二）

吴昌硕篆刻“吴俊卿信印日利长寿”

梦里芜园有路通

——吴昌硕的芜园情愫

梅松

咸丰庚申（一八六〇）二月，太平天国运动波及安吉、孝丰（今属安吉县）两县，吴辛甲、吴昌硕父子为躲避战乱，外出逃难，足迹及浙、皖、鄂等地，直到同治三年（一八六四）秋才结束了这朝不保夕的流亡生涯。安顿好死难亲人后事，吴氏父子迁居安吉县城，出资购买了朴巢、芜园，作为读书的地方，不久又营建南轩，并在芜园内植梅种竹。这样，吴氏父子在安吉县城拥有了一处居所，作为安身之处。

吴昌硕中年以后寓居苏、沪，满心牵挂的仍是芜园，见之于诗文书画甚多。然而就是这个滋养一代宗师成长的居所，而今却渺不可考，不但其形制规模不知其详，甚至连坐落在什么地方都众说纷纭。笔者根据吴昌硕、施浴升等人相关文字进行钩沉，结合后人回忆，并进行多次实地考察，大致厘清芜园相关问题。

一、关于芜园

吴昌硕《芜园图》自跋云："朴巢之东，隙地三亩，草色青黄，与时枯荣，缭以周垣，强名曰园。顾初未有是，有之，自同治丙寅（一八六六）始。……乱后，先君子挈余寓安吉城，因买朴巢为读书地。奉讳以来，继母率妇及两孩以居。”这里的“乱”是指太平天国运动，运动结束时间是同治三年（一八六四）下半年。吴辛甲、吴昌硕父子是年中秋节才结束逃难生活回到安吉。除去埋葬和悼念死难亲属的时间之外，吴氏父子购买朴巢的时间是同治三年（一八六四）以后，与吴昌硕说芜园“有之”的时间“同治丙寅”相符。吴氏父子当时购买的除朴巢之外,还有“隙地三亩”的芜园。按照本地常规的庭院布局来看，朴巢是起居之用的主屋，芜园则是种菜种花的院子。吴氏的第一本篆刻作品集取名《朴巢印存》，正是源于此。

关于芜园的大小，说法不一。综合起来主要以下几种说法：数亩（施浴升),三亩、半亩宫、十亩宫（吴昌硕),无半亩（谭献),一亩（凌霞），十亩（吴云）。诗文所述，多为约数，不一定精确。所谓亩宫，见《礼记》唐孔颖达疏：“‘儒有一亩之宫’者，一亩，谓径一步、长百步为亩。若折而方之,则东西南北各十步。为宅也，墙方六丈，故云一亩之宫。”后世引申为寒士的陋居，没有实际意义。如果以吴昌硕所述“隙地三亩”为准，按清代田亩相当于现在的百分之九十左右，那么三亩约是一千八百平方米。对于这个数字，笔者曾有怀疑，觉得是文人的夸大之词，但是通过实地考察，却推翻了笔者的想法。下文将进一步分析。

不久，吴辛甲续娶了杨氏夫人。同治十一年（一八七二），吴昌硕娶了施酒。于是开始在芜园内营建南轩作为居所，并植梅种竹作为点缀。这里有两种可能：一是朴巢面临东街，逐渐被改为店面房，所收租金可以贴补家用；二是人口增加，居住不便。同治七年（一八六八）二月十八日吴辛甲去世，后吴昌硕外出谋生，继母杨氏与妻子施酒带着孩子吴育，相守芜园和朴巢。

芜园的具体位置历来有分歧，主要有城内和城外说二种。城内说主要源于张维熙、张维振二人于二十世纪八十年代所绘回忆图，将芜园位置确定在永宁坊附近，东街和敲更弄交接处。后来安吉县博物馆组织人员进行过实地调查和采访，也支持张氏弟兄的说法。城外说，主要是源于一些地方文史爱好者，从所掌握的史料来看并不足以说明问题。

接下来不妨从吴昌硕自述入手，进行梳理。如“桃州今小住，屋近桃花渡”“寂寞山城隅”“卜居桃城中”之云，明确无误地说自己居住在安吉城内。光绪元年（一八七五）吴氏所刻“缶记”印款云：“乙亥（一八七五）凉秋，倚东城茅屋刻罢，得二十字云：‘茅屋四隅幽，新篁看欲活。晓来山雨多，秋烟生一抹。’昌石。”光绪六年（一八八〇）四月所作《东城即景》诗中亦有“东城启茅屋，杳杳晨钟寒”之云。这里的茅屋是指朴巢或南轩，由此芜园位置已经非常明确：安吉县城东城内。其《芜园梦中作》中还有“梦醒灯火逗寒碧，城头曙色翻鸦雏”之句，说明在芜园举目可见城楼。

吴昌硕说：“朴巢之东，隙地三亩，草色青黄，与时枯荣，缭以周垣，强名曰园。”这里的信息点须注意：芜园位置是在朴巢东面，四周缭以围墙。由此可以看出，芜园是一块与朴巢有可能相连，也有可能不相连的空地。施浴升《芜园记》中也说吴氏“居安吉城之东北偏，有旷地数亩，辟以为园，名之曰芜园”。所谓“安吉城之东北偏”，应该是指城内而言，如在城外，也会有所说明。“旷地数亩”，与太平天国运动之后安吉人口损失严重有关。施浴

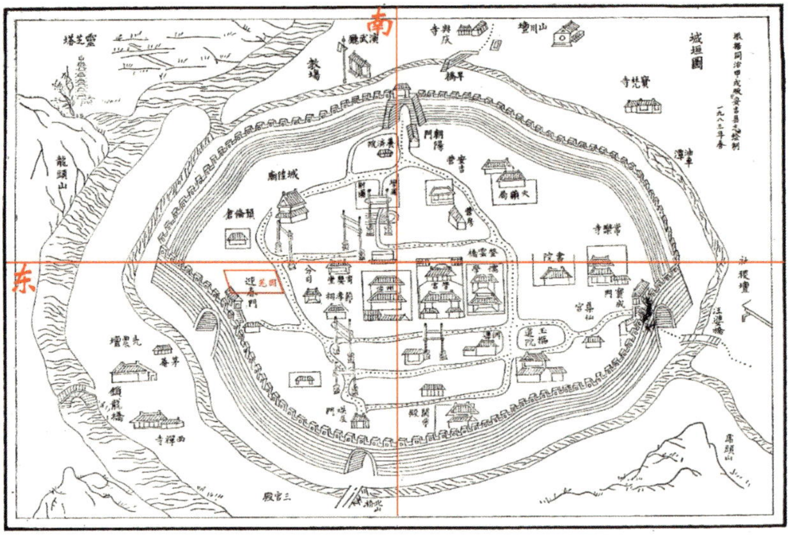

（清）汪荣、刘兰敏重纂《安吉县志》中安吉县城垣图及芜园的位置

升是芜园的常客，所说自然不谬，这样芜园（朴巢）位置可以精确到：安吉县城内东北偏。

这样，我们再来看吴昌硕致朱正初诗札，就非常容易理解了：

晚步出东郭，微风吹面寒。云飞山木净，潮突野烟看。落日且归去，逢僧话懒残。禅心在修竹，经过碧团栾。《晚步》一首，六泉山人正之。苍石诗稿。

“出东郭”显然是相对城内而言。出安吉城东门（迎春门），过护城河，沿古道散步，途经茅庵、西禅寺，不远处龙溪蜿蜒而过，对岸则是龙头山，其上有灵芝塔，龙头山东北面则有桃花山，附近还有马家渡、桃花渡等渡口，所以吴昌硕诗中有“芜园面溪南，万竹一亭抱”“芜青亭底猾蛟宿，吸水能尽马家渎”“芜青亭畔竹葱蒨，龙溪马渎南轩环”之云。“芜园面溪南”是实指，而“吸水能尽马家渎”“龙溪马渎南轩环”显然都是诗人的浪漫之笔。“一亭”是指芜青亭。城外东南面的马家渎另有“万竹亭”，是吴昌硕和朱正初经常闲坐的地方。吴昌硕光绪十九年（一八九三）所作《万竹草亭读书图》跋云：

万竹拱一亭，位置得其所。调琴瑟拉风，听秋萧屑雨。劫后问池馆，少此未焦土。漫说归去来，画成已心苦。

安吉城东马家渎南，尝与六泉朱山人趺坐亭下，酌水谈诗，翠霭扑人，衣履尽湿，偶忆及此，以作篆籀笔写之。癸巳（一八九三）花朝，吴俊。

“谁家多竹门可款。”芜园多竹，而许其款门者，唯朱山人一人。昌黎此句似持赠昌硕者，书以补空，谁曰不宜。

“何人有酒身无事，谁家多竹门可款”，见韩愈《游青龙寺赠崔大补阙》一诗。从题跋还可推知，此亭虽历经太平天国运动，劫后尚存。此亭距芜园不算太远，风景可人，是吴昌硕和朱正初两人闲坐谈诗的佳绝处。

南轩是芜园内的主要建筑，吴昌硕《芜园图》自跋中曾提及：“岁入或有余，就其中南植梅竹，北筑南轩，布置草草。”从中可知，南轩在芜园北面，坐北朝南，南面则是种植了梅、竹。根据前面所述，芜园在朴巢之东，则说明朴巢在芜园的西面，面向东街，那么它在芜园的位置是坐西朝东，与南轩形成一横一纵的布局格式。吴氏《芜园图自题》中所说有“茅屋八九间”，笔者认为是指南轩和朴巢而言。

南轩和朴巢随着吴氏父子的“岁入或有余”，屡经翻新，从茅屋和泥房，到晚清民国时期已经变成砖瓦房了。杨岘题《芜园图》诗有“有芜耆园缶所居，楷秫缚墙茅盖庐”之云，可以

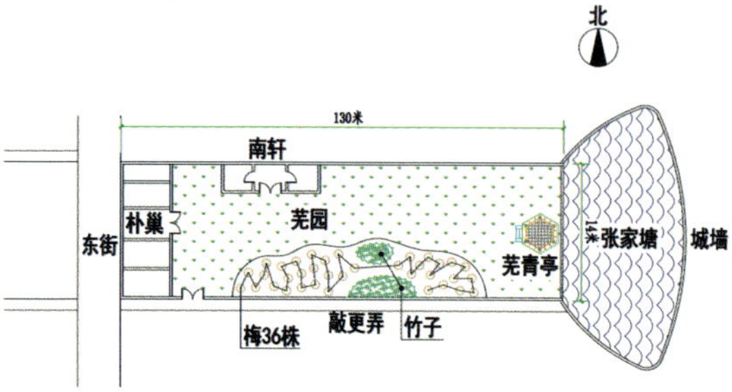

芜园平面图（徐吉利绘）

看出芜园初期建筑的简陋，不但屋顶是茅草所盖，甚至连墙体也是用高粱秆敷泥巴而成。吴昌硕《忆芜园》中有“青芜十亩宫，经营劳我父。门设朝齐云，版筑暮环堵”之句，显然这时候芜园建筑已经变成版筑的泥墙。“门设朝齐云”（安吉县城西门清朝时叫宝成门，明朝时曾叫齐云门），是指朴巢。吴昌硕寓居苏沪以后，芜园不断改建，如致吴涵信中就有命其多寄钱改建芜园的记载：

我意欲令苏儿回芜园略造数间楼（后面即纱窗处），将珠藤翻出，屋后搭棚，屈曲扶之，后面、旁面略打围墙，我为养病娱老之所，与汝母同居焉，汝意然否？且欲汝多寄钱来，成此新筑。

该信约写于光绪三十年（一九〇四），其次子吴涵在江西临江新淦任膏捐局局长，幼子吴迈则在家闲居侍父。

光绪十八年（一八九二）吴昌硕有题《芜园图》诗三首，文字中也涉及对芜园的描述：

芜园。无多邱壑蔓寒藤，记得题松小阁登。草篆十行谁得似，怡亭扶起李阳冰。兴来频卧北窗风，梦里芜园有路通。溪鸟啼烟鱼泼刺，移山手段学愚公。蹇驴风雪别岩阿，愧煞苕溪隐志和。何日买书松下读，浊醪粗饭补蹉跎。光绪壬辰（一八九二）十二月，苦铁。

“无多邱壑蔓寒藤”句是说芜园为一块平地，还有一个小阁楼，不知是否篆云轩？“草篆十行谁得似”句是说吴昌硕当时篆书取法李阳冰《怡亭铭》。“兴来频卧北窗风”句说明吴昌硕的卧室是南轩中朝北的一个房间。“移山手段学愚公”句是说吴氏父子学习愚公精神，才得以建成芜园。“蹇驴风雪别岩阿”句说原本是想做个隐士，结果却不得不辞别山乡外出谋生，真是愧对张志和。“何日买书松下读”句是说自己什么时候能够归隐故乡用功读书，将失去的光阴弥补回来，虽然粗茶淡饭也足矣，这是诗人之语，不能当真。

在吴昌硕第一部篆刻集《朴巢印存》扉页有吴氏“金钟玉磬山房印学”篆书题字，款署：“朴巢生自题。”根据张维熙回忆，在南轩中间一间中悬有吴昌硕手书的“金钟玉磬山房”白木匾额，由此看来“金钟玉磬山房”是吴氏芜园时期斋号之一。

吴昌硕第二部篆刻集是《篆云轩印存》，可惜的是这本印谱只有俞樾的序言和杨伯润（一八七三）、汤经常（一八七三）、吴淦（一八七三）、金树本、杨昌珠、金寿伯（一八七四）、尤寿等人的跋语，并没有印蜕。杨伯润等人跋语的时间均在同治十二年（一八七三）至十三年（一八七四）间，也就是吴氏离开西湖诂经精舍，以《孝丰县志》“采访”身份第一次去苏、沪的时间段。因此可以推断“篆云轩”也是吴氏芜园时期的斋号之一。至于是实有此轩，还是纸上楼阁，则不得而知了。

吴昌硕还有一部《苍石斋篆印》，根据黄华源考证，集拓年代为吴昌硕三十一至三十四岁间，即同治十三年（一八七四）至光绪三年（一八七七）间。由此可知其时间与《篆云轩印存》相近，那么“苍石斋”也是吴氏芜园时期的斋号之一。

吴昌硕还有一部《齐云馆印谱》，扉页题云：“齐云馆印谱，吴俊昌石著。”由于其印蜕与《朴巢印存》《苍石斋篆印》互为重叠，因此其集拓时间也与之相近，日本东京国立博物馆展陈该谱时标为“一八七六年”，大致准确，由此可知“齐云馆”也是吴氏芜园时期的斋号之一。

吴昌硕第一部诗集是《红木瓜馆初草》，诗稿几乎都是芜园时期所创作，主要唱和人是朱正初，其上有朱氏批语数条。由此可以推知，吴氏芜园时期还有“红木瓜馆”的斋号。

芜园内还有一座“芜青亭”，见于吴昌硕诗文、印章和书画。如“芜青亭长”款云：“芜青亭，余芜园亭名也。苍石吴俊。”“芜青亭长饭青芜室主人”“缶庐”两面印的印款说得更为清楚：

余既辟芜园，又缚草亭为延眺处，每当霜落风高，万象森露，与松柏同青者惟此芜耳。己卯（一八七九）冬，仓硕刻于朴巢。

昔余避难山中，欲（求）草根树皮代粮而不可得，同谷长镵之叹，无以过之。以三字名吾室，亦痛定思痛之意。仓硕。草上夺求字。

此印刻于光绪五年（一八七九），由此可见所谓芜青亭实际上是芜园中一个草亭子。光绪九年（一八八三）吴昌硕四十初度，请任颐画了一幅《芜青亭长小影》，画中吴氏坐在芜青亭中，亭边有枯木二株，虚实结合，极为传神。吴氏诗中也经常提到芜青亭，如上文所引“芜青亭底猾蛟宿，吸水能尽马家渎”。根据诗意可知芜青亭位置靠近张家池塘，也就是芜园最东面的地方。

芜园内还有一座破荷亭，吴昌硕有《破荷亭记》为证。由此可见，破荷亭是芜园内一处年久失修的旧亭，是不是原来的芜青亭也很难说。吴昌硕后来曾以此为号,刻过“破荷亭”“破荷亭长”等印。

芜园除杂草之外,所种植物有前面提到的樱桃、梅、竹、葛藤,还有芜菁等蔬菜。芜园有朱樱一株，这在吴昌硕写给朱正初诗札中曾提及：

朱樱本是君家果，不合芜园伴葛藤。万颗独然春雨后，百官谁似旧恩承。独惭饱食分摩诘,且喜尝新共杜陵。愧我不知风味好,只从樊素口头称。奉和六泉吟丈《咏朱樱》一律，请敲正。戊寅（一八七八）四月初吉，吴俊未是草。

戊寅即光绪四年（一八七八），此时吴氏在芜园中已经生活了十二年。如果朱樱是其拥有芜园时所栽，那么现在已经是一株亭亭如盖的大树了。

芜园之梅老干虬枝，有三十六株之多。吴昌硕《为香禅画梅》中有“梅溪梅树涨山野，移种记拨芜园沙。芜园劫余有老物，补卅六株争槎枒”之云，可以为证。光绪二十五年（一八九九）吴氏所作《墨梅图》亦云：“芜园遍植梅树，残腊春初竞吐。芳蕊红白掩映，天半烟霞，朝晚烘衬，隔窗视之，如五色玲珑玉也。”另外其还有“芜园老梅，古苔鳞皴，横卧短墙，作渴龙饮溪状。每风吼花落，疑欲飞去。天寒大雪，最繁枝压折坠邻家，击槛悲歌，无以喻我怀也。忽剥啄声甚亟，邻翁瓮水养折梅，亹亹然抱观，冻蕊残英，与白须眉相映。向予嘐啁，自谓能惜花，予笑谢之。嗟乎，当梅折未殊，缠以麻，封以泥，春气发生，犹得相联属，今断置瓮中，不过为几案间数日玩，失其性矣。对景写之，并题长句志懊”，对芜园中的梅树作了详细的描述。芜园内三十六株老干嶙峋的梅花，是从梅溪、北庄采集而来的。吴昌硕《野梅古怪奇崛，不受剪缚，别具一种天然自得之趣，予芜园所有如此》一诗中有“空山梅树老横枝,入骨清香举世稀”之云。所谓“邻翁”据张维熙回忆是指南面的邻居。芜园南面植梅竹，大雪压枝折落在仅一弄（敲更弄）之隔的邻家院中。梅之外，芜园还种有芭蕉和兰。吴氏有诗云“芜园墙隅数弓地,拟拔芭蕉树兰蕙”,便是明证。

梅竹之外，芜园内所种当然还是以蔬菜为主：“种梅百本竹千个，但有隙地俱播蔬。”吴昌硕《菜》诗中也说：“花猪肉瘦每登盘，自笑酸寒不耐餐。可惜芜园残雪里，一畦肥菜野风干。”这里的菜显然是指大白菜。另外芜园内还种有芜菁。芜菁，俗称大头菜。吴氏有“芜青亭长饭青芜室主人”印可以为证。任颐为其所作《芜青亭长图》，即取材于此。从印跋来看，园内可能还植有松柏。吴氏《紫藤》册页款中有“拟芜园白皮松下紫藤”之云，可见不但有松，而且还有紫藤。这些都是其绘画的主要题材。

二、吴昌硕芜园时期的交游群体

吴昌硕芜园时期的交游群体主要有两部分：一是父执师长，如安吉知县袁惠畴、钱国珍，县尉杨晋藩，训导潘喜陶，乡儒张行孚、朱正初、沈楚臣等；二是同辈诗友，如施浴升、袁学赓、万春涵等。

（一）父执师长

吴辛甲、吴昌硕父子与安吉知县均有交往，如吴辛甲与汪荣（任职时间：一八六八至一八七二），吴昌硕与袁惠畴和钱国珍。

袁惠畴，字西农，广东东莞人。他分别在太平天国运动前后的咸丰六年（一八五六）和同治四年（一八六五）至七年（一八六八）间两任安吉知县，“有惠政”。他与吴昌硕的父亲吴辛甲有交往，因此吴昌硕《石交录》中有“通家谊”之云。同治四年（一八六五）吴昌硕在安吉县训导潘喜陶敦促之下参加了童子试并中秀才，而主政者正是袁惠畴，所以吴氏有“吾师”之称。吴昌硕与袁惠畴之子袁学赓也有交往。袁学赓，字朗甫，斋号“醉梅室”。平生嗜梅成癖，与吴昌硕有同臭之好，所以吴氏有“尤相亲爱”之语。袁学赓为人“性谨厚，交友淡而弥笃”，“以鹾尹需次浙江，推擢县令”。后来，吴昌硕每到杭州都住在他家，“纵谈恒自昕至暮”而不倦，曾为之题“醉梅室”匾额，“并系以长跋”。

钱国珍，字子奇，号壶翁。江苏江都人。他于光绪元年（一八七五）任安吉知县，为官“法令简易，不尚烦苛，意在休养生息”，故颇有政声。他为人朴厚，工于诗，五言近于王维，吴昌硕《石交录》中说：“自（钱国珍）谓宗大历十才子，其诗以风韵为归，无叫嚣驰骤之病，故近体多于古体。……今世号能诗者多矣，如大令者盖不数睹也，每与余论诗，多造微语。”吴昌硕早年诗宗王维，就是受到他的影响。吴昌硕致朱正初诗札中有“正月十九，子奇公祖生日，招饮壶隐轩”的记载，他还曾请钱国珍为吴辛甲《踏雪寻梅小像》题跋。两人关系颇密，由此可见一斑。钱国珍和赵之谦友善，吴昌硕的篆刻受赵之谦影响，很有可能与之有着间接的关系。钱国珍曾为吴昌硕作过《芜园记》，惜其文不传。

潘喜陶，字子余，号燕池，别署芝畦、紫畦。浙江海宁人。

他在同治年间曾任安吉县学训导之职，与吴辛甲互为诗友，《半日村遗稿》中收有两人的唱和之作。潘喜陶对于吴昌硕颇为器重，故《石交录》中有“于同辈中，独善俊”之云。同治四年（一八六五），二十二岁的吴昌硕正是在他的敦促之下参加了童子试并中秀才，故他有“俊补博士弟子员，出海宁潘先生之门”之言。潘喜陶工诗耽书，尤擅画梅，有“清风远韵，具雪后水边之姿”的称誉。吴昌硕对梅花有着特殊的情感，就是受到了潘喜陶的熏染。

杨晋藩，号蕉隐。江苏阳湖（今常州）人。能诗，工草书、山水。他曾向吴昌硕“索刻‘沧海一竿仍在手’印，作山水草书数幅相赠”。杨晋藩一门风雅，其妻陈素贞，女杨瑾华、杨璿华均工诗词。钱国珍任安吉知县时，杨晋藩任县尉，官署在梅溪，吴昌硕有机会与之交往，并请其为吴辛甲《踏雪寻梅小像》题跋。另外，杨氏与吴廷康也有交往。

朱正初，字旭楼，号六泉山人。浙江安吉人。同治五年（一八六六）恩贡，曾任《安吉县志》采访，著有《山居杂咏》。朱正初年长吴氏甚多，吴昌硕称之为“丈”。吴昌硕早年诗集《红木瓜馆初草》中有朱正初手批数条，可见该诗稿得到他的指正。两人唱和之作除《缶庐诗》之外，还有很多诗稿藏于浙江省博物馆。由此可见，朱正初是吴昌硕芜园时期最重要的诗友之一。

张行孚，字子中，号乳伯。浙江安吉人。肄业于西湖诂经精舍，精于《说文》，著有《说文审音》《说文发疑》《汲古阁〈说文解字〉校记》《说文揭原》《说文考异》等。他是同治九年（一八七〇）举人，与吴辛甲同辈。张行孚平生以“朴学自励，通《九章算术》，尤长于《说文》小学”，深得学使徐郙、业师俞樾的器重。同治年间“领乡荐后，两试不第，援例得鹾尹”。因此他在仕途上颇不得志，故落落寡合，毕生从事文字、音韵、训诂之学的研究，以著述为乐。张行孚也是吴昌硕芜园时期的师友之一，其治学、为人对吴昌硕都产生过一定的影响。

沈楚臣，字绍梁。浙江天台人，太平天国运动之后侨寓安吉梅溪。沈氏性喜读书，“性豪侠，有奇气”，且“喜排难解纷，以是见重于人云”。他早年屡次应童子试不成，故“弃而从军”。在与太平军作战长达十年的过程中，“有功，不受官”，“走依其（沈楚臣）故人官安吉者”。所谓故人，即郑碧辉都司。吴昌硕有《记沈楚臣事》文和《沈楚臣绍梁移居安吉西郭》诗。太平天国运动结束于同治三年（一八六四），以此推断沈楚臣举家迁居安吉的时间约在是年以后。因此他也是吴昌硕芜园时期的诗友之一。

（二）同辈诗友

施浴升，字旭臣，又字子明、紫明。安吉县顺安乡人。同治十二年（一八七三）举人，“五上春官不第”，才高运蹇，以困顿而终。著有《金钟山房诗文集》。施氏幼承庭训，以学识渊博著称，其父施文铨与杨岘是挚友，有“道咸中吾邑（安吉）推学行最著者”之誉。吴昌硕《石交录》中说：“其（施浴升）诗不拘一格，于汉魏六朝唐宋皆撷其菁华，一以风格神韵为宗。古文初学六一，继学柳州、退之，久而谓文法尽在诸经，每举古人之文语，人多不信也。……余与孝廉交最深，自始学诗，从受诗法，每成一篇，即以就质。同肄业西湖二年，于诗略窥门径，故余接孝廉在师友之间。孝廉未尝学篆刻，而议论与余合。余每有所作，辄能道其深意。”吴昌硕曾生动地描述过西湖诂经精舍求学时的施浴升：

先生西湖居，情性迂且疏。睡起日当午，饭罢钟鸣初。不梳顶上发，不检床头书。悠悠湖上水，泛泛狎鸥凫。轻舟荡兰桨，弄水摘芙蕖。堤畔自行吟,陶然乐有余。落落殊寡交,清游独我俱。癸酉登贤书,秋风光门闾。得志在行道,岂为簪组娱！鸿鹄举千里，骅骝开长途。屈伸信有时,穷通亦何殊！君志抒抱负,爵禄徒区区。送君苕水上，惜别意何如！

从“癸酉登贤书，秋风光门闾”可以推知此诗作于同治十二年（一八七三）。这是吴昌硕送别施浴升赴京应试之诗。诗中施浴升钟情于书、陶然自得而不谙世事的形象跃然纸上。吴昌硕钦服施浴升的学问，请他为首部印谱《朴巢印存》作序，为《芜园图》作记。由此可见，吴昌硕与施浴升是同学关系，相互影响，相互砥砺，所谓“师友之间”是事实，也是吴昌硕的客气之词。《红木瓜馆初草》中另外还有《甲戌重阳舟次吴江怀故人子明》《临别赠旭臣》等诗。

徐士骈，字蘘生，斋号“天藻楼”。浙江德清人。他的科举之途颇为不顺，多次失利后，遂以教授生徒贴补家用。徐氏喜诗擅书，其诗“惟适性情，不规于风格”，书法“楷法宗‘二王’，意致萧远”。其“为人率意任情，略脱边幅，不知世上有爱憎”，与吴昌硕“相得甚欢”。他“惟适性情，不规于风格”的诗风，对吴昌硕影响颇深。徐氏光绪年间曾在安吉任幕僚，也是吴昌硕芜园时期师友之一,吴氏有《城山访徐山人》《访徐山人不遇》《寄徐蘘生孝廉》等诗。

万春涵，字康父，号东园。孝丰中莞（今属安吉县）人。东园是吴昌硕外叔祖父万五桥的别墅，在原祖屋之东偏。万春涵与吴昌硕是舅表兄弟的关系，两人兴趣相近，颇为相契。吴昌硕有《寄万东园表弟春涵》《怀人诗》《访东园主人》《残菊赠弟康父》《偕康父登城远眺》等诗。万氏有一枚历经战争而保存完好的祖传之砚，他以《持砚图》嘱吴昌硕题跋，勾起吴氏的很多回忆，如“垂髫曾侍校奇书”“秋雨潺潺写墓碑”，不觉思绪万端。作为姻亲，万春涵应是芜园的常客之一。

吴昌硕致朱正初诗札中提到的蕉庵、竹湘等人，《红木瓜馆初草》中还提到任仲甫茂才、吴槐庭主讲、辨尘和尚、黄秀兰难友等，均是其芜园时期的旧友故交。吴昌硕早年在芜园所交地方名流和文人，以请益诗文、书画为主。诗文主要受到了钱国珍、施旭臣、张行孚、朱正初、徐士骈等人影响，书画受到袁惠畴、潘喜陶等人的熏陶。因此可以说，安吉芜园是吴昌硕人生和艺术的起点。

三、《芜园图》钩沉

芜园不但见于诗，也见于画，目前存世的多帧《芜园图》，一而再，再而三地将吴昌硕的故园情怀形之于绢素，他对芜园的深情，无疑是动人心怀的。

（一）顾沄、吴滔绘《芜园图》册页

上海图书馆藏。顾沄（一八三五——一八九六）、吴滔（一八四〇——一八九五）分别作于光绪四年（一八七八）。顾沄款云：“秋雨过庭，烦襟尽涤。隔窗新碧，油然可观。适苍石兄以所居芜园属图，漫为拟意，不必定指形似也。若波弟顾沄。”吴滔款云：“苍石仁兄大人属画《芜园风雨图》。时戊寅七月，吴滔挥汗。”钤“吴滔之印”（白文）印。戊寅，即光绪四年（一八七八）。

顾沄绘《芜园图》

吴滔绘《芜园图》

吴云绘《芜园图》

（二）吴云《芜园图》

私人藏。光绪六年（一八八〇）九月吴云绘，这是目前所知最早的一幅《芜园图》。吴昌硕时客两罍轩，因此有机会请主人挥毫。款云：“苍石贤宗家有十亩之园，古树幽篁，雅有山林之趣，兹因筮仕江苏，署其名曰‘芜园’，意甚深也。他日功成身退，今之所谓芜者，安知不与绿野平泉后先辉映哉！索余为图，惟荒寒萧率之笔，始足发挥高致，余滋愧矣。庚辰（一八八〇）秋九月，愉庭老人识于娄东寓斋。”此图着意于“芜”字，得荒寒枯寂之意趣，与吴云一贯以来的画风相似。

（三）顾承《芜园图》

私人藏。光绪七年（一八八一）顾承绘。顾承是顾文彬之子，顾麟士之父。顾氏家族过云楼所藏历代书画甚多，遐迩闻名。《芜园图》款云：“芜园图。用王摩诘闭户著书多岁月意，以应苍石尊兄大人雅属即正。辛巳（一八八一）立夏前一日。乐泉逸史顾承。”此帧亦非写实，略近吴门诸家，然雅韵欲流，应该是吴昌硕理想中的寓所。

顾承绘《芜园图》

（四）杨伯润、吴滔《芜园图》手卷

私人藏。分别为光绪六年（一八八〇）夏杨伯润绘、光绪十二年（一八八六）九月吴滔绘。此卷高约三十厘米，长约九百厘米，红木盒装。卷首是丁亥（一八八七）冬十一月杨岘手书“芜园图”三字，跋云：“丁亥（一八八七）冬十一月，堇录旧作为苦铁道人之属，天寒墨冻，挥洒不能如意，诗中所谓尽潦草也乎！正之。藐翁杨岘并识。”紧接其后的是杨伯润和吴滔所绘《芜园图》，款分别是：“竹树自萧散，水石亦深窍。主人硕不归，满园多秋草。庚辰（一八八〇）夏日，苍石仁兄属即正，杨伯润。”“苍石先生之属。丙戌（一八八六）九月，吴滔画于来鹭草堂。”然后依次是吴昌硕（一八八〇）、金树本（一八八〇）、施浴升（一八七八）、谭献（未署时间）、凌霞（一八八七）、江标（未署时间）、潘钟瑞（一八八三）、徐康（一八八三）、蒋玉棱（未署时间）、朱镜清（一八八四）、

杨伯润、吴滔绘《芜园图》手卷局部

陈如升（一八九七）、张文田（一八八四）、胡钁（一八八六）、万钊（一八九三）、诸宗元（未署时间）、杨岘（一八九三）、张度（一八九五）、章钰（一八九七）、杨志立（未署时间）等人的题跋、题诗。

（五）陆恢《芜园图》

私人藏。光绪十二年（一八八六）五月陆恢绘。陆恢曾入吴大澂幕府，从军参加中日甲午战争，与吴昌硕共事时间颇久。陆氏无款，杨岘题云："陆君廉夫为昌石仁兄绘《芜园图》，妙在笔底，有雄直气，藐翁旁观，俯首至地题记。""时丙戌（一八八六）五月六日也。越日，藐翁又诗曰：'芜园气萧森，密树无昏晓。微闻人读书，书声在树梢。'"此帧长条竖式，清流烟树，远山苍翠，一亭翼然，淡赭设色，与安吉城附近的山光水色极不相类，也是出于臆造无疑。

陆恢绘《芜园图》

（六）吴滔《芜园图》

私人藏。光绪十三年（一八八七）三月吴滔绘《芜园图》第二图。款云："苦铁先生芜园图。丁亥三月，吴滔画于来鹭草堂。"裱边上吴昌硕题云："庾信园荒花可怜，幼安榻破绳牢牵。牛羊

吴滔绘《芜园图》

下来日将夕，鸡鸣不已桑树颠。古人不见来者谁，老屋日日樘邪晖。看山白石落复落，出门行径微乎微。石门吴伯滔老友画《芜园图》见寄，伯滔未尝一至芜园，而园中之景约略能似。盖予之园，破屋数间外，老树丛竹，山石荦确而已，伯滔于‘芜’字上着想，故能仿佛，岂寻常画师所及哉！因题二绝句，缶道人记。”诗中颇可以看出吴昌硕在生活重压之下，一种不堪却又不屈的心境，宛似吴昌硕笔下的书画篆刻作品，奇崛而不羁。此诗亦见《缶庐诗集》。

（七）蒲华《芜园图》

私人藏。光绪十七年（一八九一）冬日蒲华绘。款云：“芜园图。何年叠石傍池塘，林木清晖映草堂。月静梅花风动竹，秋声容易到春光。时教老鹤守苍苔，费却兰成试赋才。道是小园芜不尽，他年陶令自归来。辛卯（一八九一）冬日，仓硕先生仁兄两正，作英弟蒲华。”显然也是臆造之景，与芜园实景无涉。

蒲华绘《芜园图》

（八）吴昌硕《芜园图》

浙江省博物馆藏。光绪十八年(一八九二)十二月吴昌硕自绘。款云："芜园。无多邱壑蔓寒藤，记得题松小阁登。草篆十行谁得似，怡亭扶起李阳冰。兴来频卧北窗风，梦里芜园有路通。溪鸟啼烟鱼泼剌，移山手段学愚公。蹇驴风雪别岩阿，愧煞苕溪隐志和。何日买书松下读，浊醪粗饭补蹉跎。光绪壬辰十二月，苦铁。"吴氏山水多逸笔草草，此帧《芜园图》当是从心境中出，与实景无涉。

吴昌硕绘《芜园图》

四、结语

光绪五年（一八七九），吴昌硕通过捐纳，得到了佐贰（县丞）的小官，并被分发到江苏省。光绪六年（一八八〇）二月，吴氏“需次苏台”，从此开始了候补地方文官的生涯，在不断等待差使的过程中度过了近三十年光阴。光绪八年（一八八二）春，吴昌硕携妻儿移居苏州，离开了生活十八年的芜园。自此芜园成为其一生最为魂绕梦牵的地方，并常见之于其诗文、书画、篆刻。同时他还遍征好友为之绘《芜园图》，存世颇多，足可玩味。一九三七年，芜园毁于战火，自此人间不复有芜园。

吴昌硕的代刀人

韩天衡

吴昌硕（右坐者），施季仙（左坐者）

吴昌硕为近代艺苑巨擘，篆刻、书画、诗文俱能自辟新径，恣肆浑雄，名蜚遐迩，称得上是妇孺皆知的名人。

挟三寸铁、驰骋于方寸天地间的篆刻艺术，其识篆、书篆，分朱布白、游刃运刀的技能，既需腕力，又需眼力。腕力坚实，始能刀石互补，气象万千；目光准确，始能方圆规矩，不爽毫发。眼目昏花的老叟，视篆刻为畏途，望“石”兴叹，大致碍于此。

昌硕翁对此也是颇有感慨的。在他七十一岁那年刻给葛祖芬的印款上，有如下的记载：“余不弄石已十余稔，今治此觉腕弱刀涩，力不能支，益信‘三日不弹，手生荆棘’，古人良不我欺也。”

吴昌硕自称六十岁后，铁笔高悬，除了偶尔牵动雅兴，很少操刀治印。尽管昌硕翁自述晚年少印作，但只要略加排比便可知，他花甲后留下的印作遗产为数不少。这岂不令人费解？其实，吴

葛祖芬（附边款）

八十开一（吴涵）（韩天衡美术馆藏）

昌硕晚年篆刻时，常有人代刀。年迈眼花力衰，而艺名益隆，又要书，又要画，加之刻必自镌，则力有不逮矣。他的代刀人，主要是次子吴涵和他的弟子徐星州（一八五三——一九二五）。这并非十分秘密的事情，作为一个坦达的艺术家，吴昌硕自己往往也是公开宣布的。

这些师篆徒刻、父篆子刻，或他人代刻而自己稍加修饰的印作，自有它的艺术价值和学术意义，是不待言的。昌硕翁的长孙吴长邺先生告诉我，吴昌硕年轻时，在逃避兵灾、颠沛流离的生活中，摔伤了右臂，终身未能根治。发作时疼痛异常，若在这当口，求者执意，情难推诿，就不得不借手于人了。他给友人龚心钊印的边款上就说明，“时病臂未瘥，为篆石，乞星州为之”。这是他六十四岁时的事情，可作一例。

正因为臂病发生于青年时期，代刀治印，就要上溯到更早的创作年代里去。笔者曾见一印，为一八九二年吴保初（一八六九—一九一三）索其治印，边款文字是“君遂索刻，臂痛不能应，乞季仙为之，尚无恶态”，表明他在四十九岁的中壮年，已请人代刀了。

然而，这则边款资料的价值远不止于此。季仙者，姓施，名酒，乃是吴昌硕的夫人。原来，吴夫人也是一位训练有素，擅长于“凿山骨”的篆刻家。今后倘有续《广印人传》者，当不忘补上她的大名才是。

为贫而仕　实有所赖

——吴昌硕在上海义渡局及早期苏沪宦迹与创作考述

张炜羽

……尝任安东县知县，一月谢去。盖先生自成诸生，即倦意进取，为贫而仕，非其志也。居恒肆力文艺书画刻石，皆自辟户牖而隐合于古。

——王个簃《吴先生行述》

……我现在苏，约三月间必到沪，弄笔墨非好也，实有所赖也。

——吴昌硕《致吴涵信札》

引言

吴昌硕（一八四四—一九二七）是跨越十九至二十世纪中国艺坛的一代宗师，一个多世纪以来，包括其友朋、弟子、后裔在内的海内外学者与书画篆刻家，对其生平、交游、艺术、诗文的研究与追思回忆类的论文、著作可谓车载斗量，硕果累累，出版的吴昌硕书画册、印谱、年谱、论文集、展览图录等更是指不胜屈，已经形成了不少惯常性定论。然而综览诸多著述，在吴昌硕四十至六十多岁的创作黄金期，对其游踪与宦迹存在部分模糊区域。年谱多留意记录其有题跋纪年的书画、篆刻作品和同期诗文、信

图一　任伯年《酸寒尉像》（一八八八）

图二　吴昌硕“酸寒尉印”（一八八九）

札等内容。一些回忆类文章侧重于人际交往与情感表达，却因部分作者与吴昌硕年龄相距甚远，对其早期事迹的阐述较为笼统或零散，难免有雾里看花之憾。

吴昌硕五十六岁时担任“一月安东令”已广为人知，但其前后宦迹则较为含混。晚清海派绘画大师任伯年于光绪十四年（一八八八）为吴昌硕绘有《酸寒尉像》（图一），越年吴昌硕也自镌“酸寒尉印”田黄石章（图二）。前人每以“酸寒尉”作为小吏、佐贰的注脚，并没说明吴昌硕具体的任职时间与官职称谓。鉴于此，笔者汇叙前闻，搜罗故实，对晚清以来上海及周边地区各类报刊、文献及吴昌硕致友人信札等作了地毯式的检索搜寻，出人意料地发现了吴昌硕从光绪六年（一八八〇）至三十四年（一九〇八）在苏、沪等地宦迹资料，时间跨度达二十八年，职务有二十余种，诸年谱概付阙如。

一、晚清上海的市政局所机构

上海自道光二十三年（一八四三）开埠后，为了适应开放、新型的城市管理与建设需要，官府设置了许多前所未有的市政局所机构。如：洋务局、海运局、寄信局、义渡局、巡防保甲局、货捐局、船捐捕盗局、惜字局、救生局、筹防局、浚浦工程局、清丈滩地局等，种类繁杂，功能广泛。这些局所由上海道台（又称苏松太兵备道）掌控，虽未被纳入正式职官体制，但津贴较为丰厚，也可为日后升迁的凭据，成为候补官员任职的热门所在。

二、“吴昌硕明府”的由来

清代文人出仕除走科举之外，捐纳、保举也为重要途径。咸、同之后，候补官员群体极为庞大，分布在中央与地方各省，直接参与行政与社会事务，但往往僧多粥少，有实职而无实缺，也无权力与官俸。

吴昌硕于光绪二十五年（一八九九）十一月十六日，经吴兴丁葆元（兰荪）保举，以同知直隶州江苏候补县代理安东（今涟水县）县令一职，虽一个月后谢去，但此经历使吴昌硕正式跻身有实权的官僚阶层，时人尊称为“吴昌硕明府”。（图三）

图三　吴昌硕“一月安东令”

三、吴昌硕供职于上海义渡局

早期《申报》辟有“上海官场纪事”“沪城官事”“道辕记事”“花县宾朋”“琴堂宾从”，以及“苏省抚辕抄”“江苏官报”“苏垣官报”

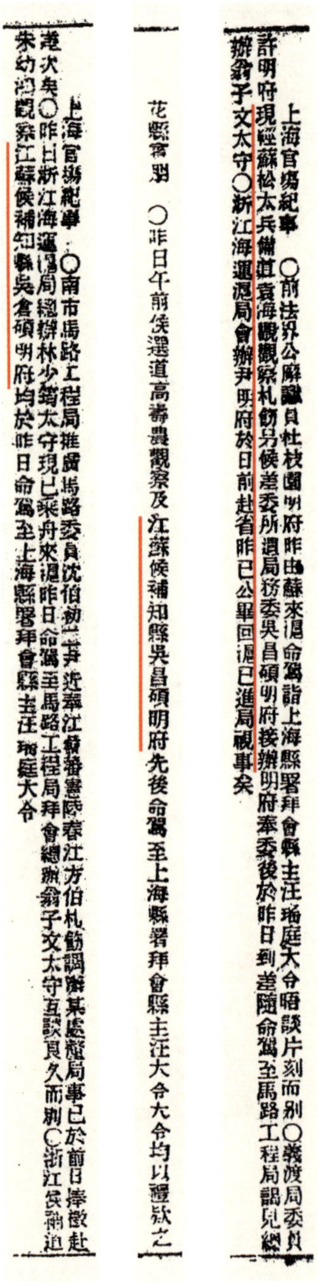

上海官場紀事 ○前法界公廨讞員杜枝園明府昨由蘇來滬命駕詣上海縣署拜會縣主汪瑤庭大令晤談片刻而別○義渡局委員許明府現經蘇松太兵備道袁海觀觀察札飭另候差委所遺局務委吳昌碩明府接辦明府奉委後於昨日到差隨命駕至馬路工程局謁見總辦翁子文太守○浙江海運滬局會辦尹明府於日前赴省昨已公畢回滬已進局視事矣

花縣賓朋 ○昨日午前候選道高壽農觀察及江蘇候補知縣吳昌碩明府先後命駕至上海縣署拜會縣主汪大令大令均以禮款之

上海官場紀事 ○南市馬路工程局推廣馬路委員沈伯勤二尹近奉江蘇藩憲陸春江方伯札飭調辦某處釐局事已於前日捧檄赴滬矣○昨日浙江海運滬局總辦林少笏太守現已乘舟來滬昨日命駕至馬路工程局拜會總辦翁子文太守互談良久而別○浙江候補道朱幼鴻觀察江蘇候補知縣吳倉碩明府均於昨日命駕至上海縣署拜會縣主汪瑤庭大令

一九〇三年三月十七日　一九〇三年三月六日　一九〇二年十二月二十二日

图四 《申报》“上海官场纪事”等

等栏目，将上海地方衙门的官员活动情况作及时报道，资料真实可靠。自光绪二十八年（一九〇二）冬日始，吴昌硕在上述栏目中频频出镜，留下了许多与上海地方官员交往的讯息。（图四）

一九〇三年三月十七日《申报》刊登了吴昌硕受上海道台袁树勋（海观）的委派，担任上海义渡局委员的信息：

上海官场纪事：义渡局委员许明府，现经苏松太兵备道袁海观观察札饬，另候差委，所遗局务，委吴昌硕明府接办，明府奉委后于昨日到差，随命驾至马路工程局谒见总办翁子文太守。

近代上海黄浦江两岸码头林立，往来于浦东、浦西的人员均依靠渡船过江，由此形成了许多固定的渡口，旧有“八长渡”。渡船分民渡、义渡，民渡为私营渡船，过江需支付渡资；义渡则是由地方慈善团体出资，并经官方批准设立的渡口，乘客可免费坐船渡江。据上海名绅秦荣光（炳如）在《上海县竹枝词》的《渡桥十七》诗注中称黄浦江渡口有："沿浦各渡，西自语儿泾起，历韩仓、沙冈、彭家、巨漕、横泾，折北有邹家、吴冲泾、车沟、关前、王家、乌泥泾、张家塘、龙华，转东有草庵、周家、高昌、南仓、北仓、永济、张家浜、老白、杨家、关桥等，共二十五处。"

据说上海义渡局创立于道光八年（一八二八），此时上海尚未开埠。光绪间上海义渡局位于上海县城朝宗门（即大东门）外郎家桥北堍致思庵（图五）。义渡局委员由上海道台直接任命。时黄浦江各渡口渡船已超过二百艘，义渡局不仅给船夫发放牌照、补贴，并示谕各渡口船只："务须挨次停泊各码头，毋得参差不齐，有碍轮船行驶。"又规定浦江南北各渡立有章程，每大船只许载二十人，小船载十五人。渡局委员专司其事，随时稽查。

然而因渡江人数逐年增多，义渡船只每每超载，甚至"董家渡各船非揽载至四五十人未肯动橹"。如遇江上风急浪高，极易发生倾覆沉船事件。义渡局虽已明定章程，并选派渡夫头目前往

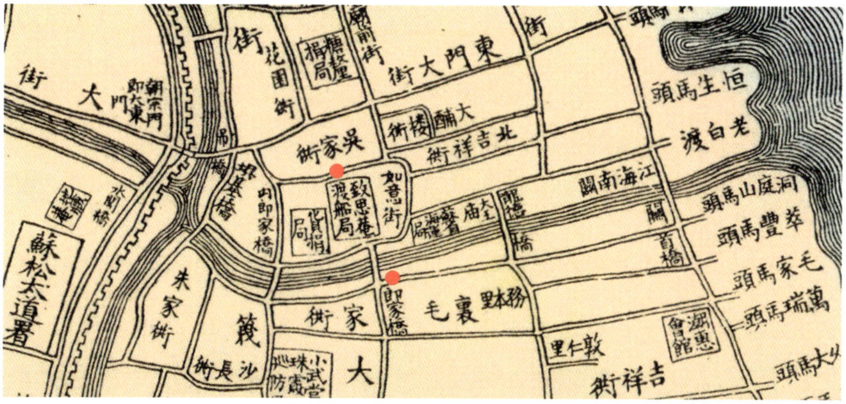

图五　郎家桥北上海义渡局

各码头巡查，一旦发现违者即拘送义渡局惩治，无奈一些船户“日久玩生，渐蹈故辙”，不仅时有超载，私人小划船也常与义渡船争夺生意，产生纠纷，义渡局委员实为一份苦差。

吴昌硕于光绪二十九年（一九〇三）二月接任义渡局委员，恪尽职守。“义渡局委员吴昌硕明府”的身影频频见于《申报》之中（图六）：

《申报》一九〇三年三月三十日

上海官场纪事：江苏候补县吴昌硕明府，现奉苏松太兵备道宪袁海观观察委办义渡局事务，昨日午前诣道辕禀见，旋至县署拜会县主汪瑶庭，大令以礼款之。

《申报》一九〇三年六月十八日

上海官场纪事：昨日，义渡局委员吴昌硕明府命驾诣县署，拜会县主汪大令，大令接见之下，互商要公，良久始别。

《申报》一九〇三年七月三十日

约束渡船：沪南各马头渡船载客渡江，多多益善，以致风狂浪急时，有失事之虞。事经苏松太兵备道袁海观观察访闻，札饬义渡局委员吴二尹，从严查禁。二尹奉札后，即于前日发出六言简明告示，曰：

黄浦风潮甚大，渡江勤慎小心。不许贪装重载，恪守向定章程。

倘有船户违犯，送县枷责严惩。现奉道宪札谕，验明各渡姓名。

速将旧牌呈缴，验明一例更新。牌费分文不取，船户其各凛遵。

《申报》一九〇三年九月十四日

上海官场纪事：义渡局委员吴昌硕明府于昨日诣县署，拜会县主汪大令，晤商公务，良久始出。

《申报》一九〇四年三月十一日

上海官场纪事：昨日，义渡局委员吴昌硕明府以前者封翁仙逝，蒙沪上各同僚亲临吊唁，因分诣各当道处叩谢，及至上海县署时，县主汪大令饬丁挡驾。

《申报》一九〇四年十月二十四日

琴堂宾从：本邑浦江义渡局委员吴昌硕明府俊卿、淞沪厘捐总局督办陈亦渔观察兆璜、新任本邑城守营守备葛岐山守戎凤龄、浦东保甲总巡谢岳松明府钧、前任上海县县丞杨玉史二尹宝书，均于昨日至上海县署投刺拜会。

《申报》一九〇四年十月二十六日

上海保甲总巡局纪事：本邑城厢内外保甲总巡朱森庭明府，前奉苏松太兵备道袁海观观察札饬，稽查浦江义渡船。因与义渡局员吴昌硕明府会商，以迩来各马头渡船，往往贪利多载，致有失事之虞，爰传渡夫头目到局，示以所定章程，谕令迅即传知各船户，一体遵照，如敢故违，查出重惩，并着将各船户花名造册呈报，以便稽查。

《申报》一九〇五年一月六日

上海官场纪事：昨日，义渡局委员吴仓硕明府乘舆至县署，与县主汪大令晤商要公。

《申报》一九〇五年十月二十二日

沪城官事：法谳员陈楚生明府曾培、义渡局员吴昌硕明府俊卿、宝山县王纬辰大令得庚、候补知县孙星源明府鼎、铁路文案

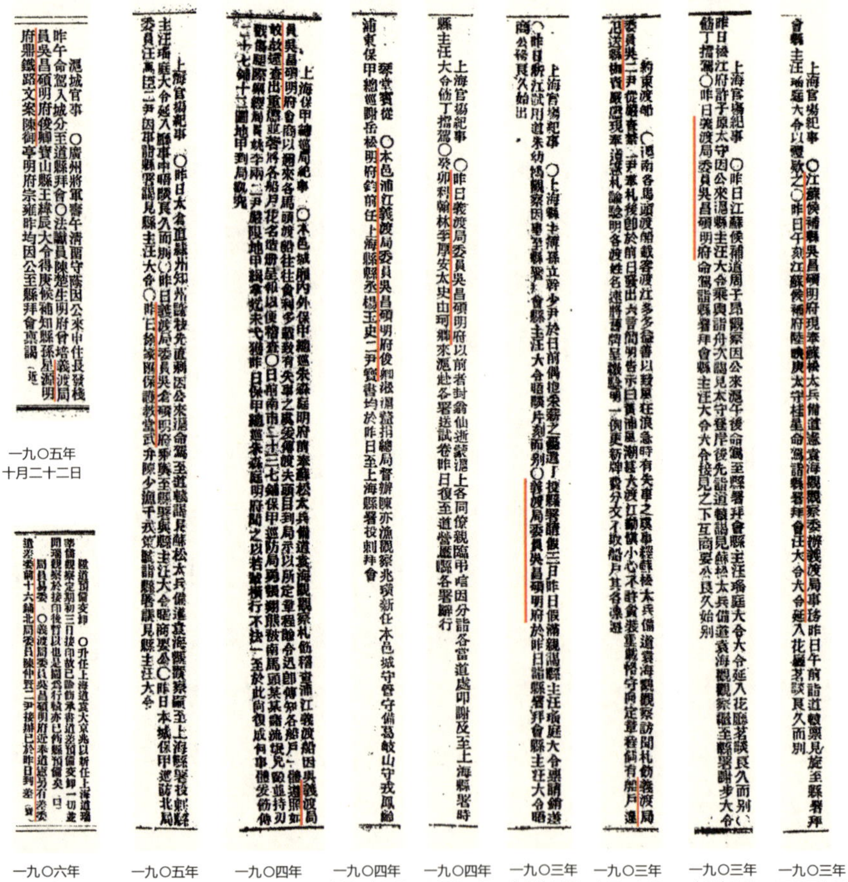

一九〇五年十月二十二日

一九〇六年二月二十四日　一九〇五年一月六日　一九〇四年十月二十六日　一九〇四年十月二十四日　一九〇四年三月十一日　一九〇三年九月十四日　一九〇三年七月三十日　一九〇三年六月十八日　一九〇三年三月三十日

图六　《申报》“上海官场纪事”等

陈御亭明府宗雍，昨均因公至县拜会禀谒。

《申报》一九〇六年二月二十四日

局员易委：义渡局委员吴昌硕明府近奉道宪，另有差委，遗差委前十六铺北局委员陈仲贤二尹接办，已于昨日到差。

光绪三十一年（一九〇五）九月袁树勋擢升江苏按察使，吴昌硕失去靠山。新一任的上海道台瑞澂于光绪三十二年（一九〇六）正月底到职，吴昌硕托病辞去义渡局委员差使回苏州，该职由原十六铺北局委员陈仲贤接办。

吴昌硕在上海义渡局委员的任期自光绪廿九年二月十八日（一九〇三年三月十六日）始，至光绪三十二年正月末（一九〇六年二月）卸任，前后近三年，可补吴昌硕生平之阙。

四、吴昌硕客居沪上严氏小长芦馆

严信厚（筱舫）为浙江慈溪人，曾开办我国第一家华资商办银行——中国通商银行，筹建上海商业会议公所（上海总商会），任首届总理，被称为“宁波商帮第一人”，对近代民族金融业、工商业发展贡献巨大。

严信厚寓所别署“小长芦馆”，位于上海虹口三元宫后。吴昌硕、叶铭（叶舟）、吴隐（石潜）在沪期间曾暂住严公馆，得严氏照拂。吴昌硕在《致洪尔振札》中称：“已于廿日到沪，曾住虹口严宅，借笔墨为生涯，景况似不恶，贫固难言之也。”《致顾潞札》（图七）中称：“弟到沪二日，仍住严公馆。”

释文：茶哥阁下：弟到沪二日，仍住严公馆。探得陶心云不在上海。有友人曾乞其写墓志者，谓一千字必须润资壹百元云云，然无从寄取，因心云足迹遍天下也，俟其来沪，即刻通……

吴昌硕于上海义渡局任职三年，年龄在六十至六十三岁之间，正值其艺术创作的高峰期，遗留的书画作品颇夥。寄居严公馆时为严信厚作石鼓文“射雉驱麋简车于猎；罟鳗橐鲤安舫以游”八言联，题款称：“筱舫观察大人令集《猎碣》字，即正之。癸卯（一九〇三）花朝客小长芦馆。”此处“客”为“客居”之意。此外题款中明确在严氏小长芦馆的作品有：

一、朵云轩藏《墨荷》，款曰：“得瞎尊者大写之意。癸卯春仲，客小长芦馆，吴俊卿。”（一九〇三年三月）

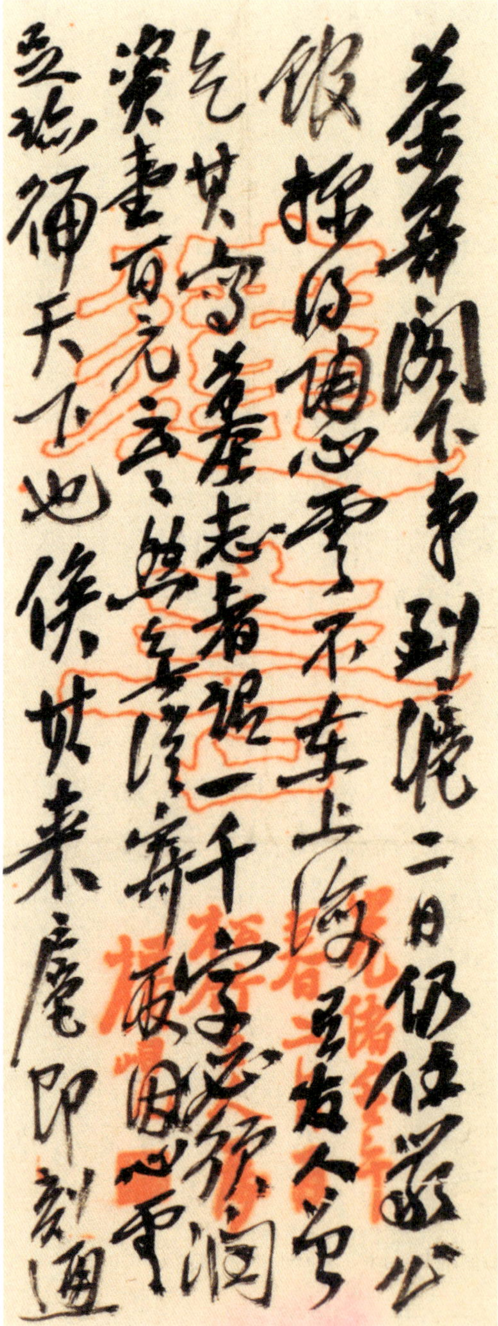

图七　吴昌硕《致顾潞札》

二、西泠印社藏《临石鼓文》，款曰："癸卯三月，客小长芦馆，背临《猎碣》字，昌硕吴俊卿。"（一九〇三年四月）（图八）

图八　吴昌硕《临石鼓文》（一九〇三）

三、故宫博物院藏《折枝菊花图》，款曰："癸卯四月，吴俊卿客沪上小长芦馆南楼，时病臂将瘥，笔力疲恭，可愧可愧。"（一九〇三年五月）

四、故宫博物院藏《花卉》手卷，款曰："东涂西抹鬓成丝，深夜挑灯读《楚辞》。风叶雨花随意写，申江潮满月明时。光绪卅年甲辰腊月三日，筱公属写此卷，呵冻为之，自视殊劣，幸教我。吴俊卿客小长芦馆。"（一九〇五年一月八日）（图九）

五、吴昌硕早年在苏州当差

陈三立（散原）《安吉吴先生墓志铭》："既补诸生，贫

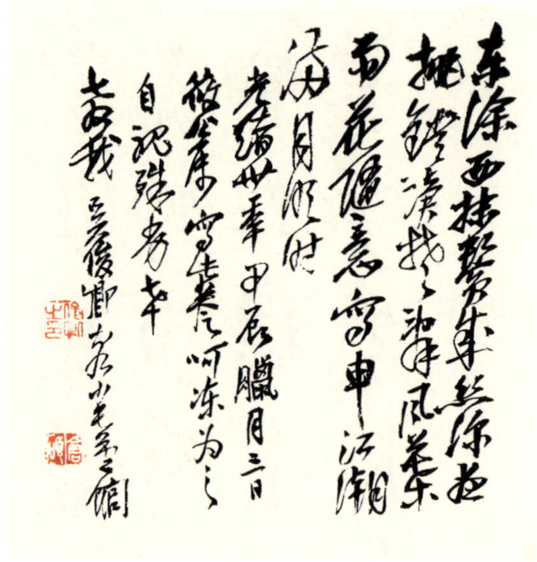

图九　吴昌硕《花卉》手卷题跋（一九〇五）

困甚，乃出为小吏江苏，寻晋直隶知州，摄安东令，一月即谢去。”

王个簃（贤）《吴先生行述》：“壮岁服官江苏，由佐贰叙劳，累转至直隶州知州。”

诸宗元（贞壮）《缶庐先生小传》：“初不措意仕进，中岁以一官居吴中，积资劳至直隶州知州。”

诸文中有吴昌硕“小吏江苏”“佐贰叙劳”“一官居吴中”等语，但并未指明具体的任职时间与官职称谓。现根据《申报》与吴昌硕信札、诗什等，将其自光绪六年（一八八〇）至光绪三十四年（一九〇八）（除上海义渡局之外）在苏州、上海等地宦迹逐一梳理、罗列。

《申报》一八八〇年四月二十三日

接录二月份分发人员验看名单：监知事　王绍修浙江两淮……/ 县主簿　冯藻福建浙江……/ 州吏目　赵永康四川广西……/ 道库大使　徐世康浙江广东 / 巡检　赖济坤广东福建……/ 从九品　董汝信顺天四川……吴俊卿浙江江苏……

《申报》发布的任命官员栏目中有监知事、县主簿、州吏目、道库大使、巡检、从九品等人员名单，吴昌硕归从九品一栏。“浙江、江苏”即吴昌硕原籍浙江，分发江苏。从九品虽为“九品十八级”官职中最低一级，但已属于有正式品级，光绪六年（一八八〇）吴昌硕时年三十七岁。至此之后的五年间，吴昌硕在苏州各处当差，见于《申报》者有（图一〇）：

《申报》一八八〇年十二月二十九日

苏省抚辕事宜：十一月二十五日……从九吴俊卿禀知粮道委提漕项差。（漕项：漕粮正税之外加征的各项附加杂税。）

《申报》一八八一年十月二十六日

苏省抚辕抄：八月二十八日……从九吴俊卿奉委学辕文巡捕

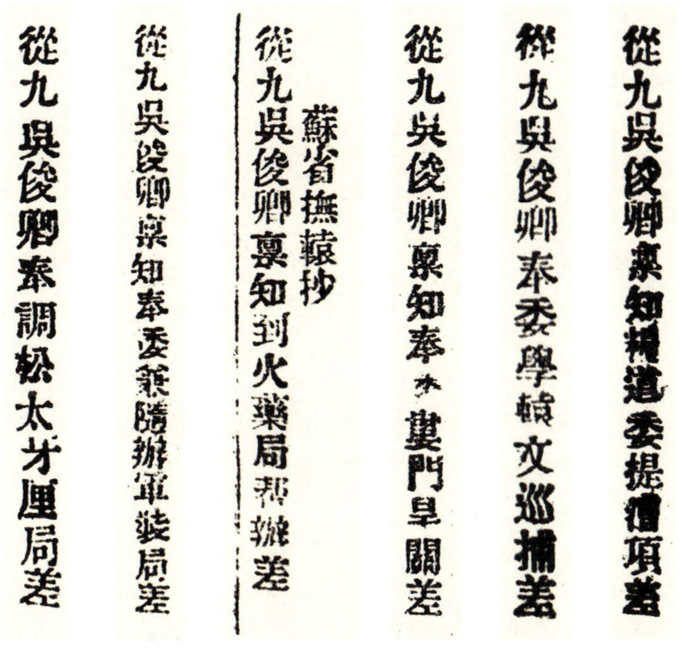
從九吳俊卿稟知糧道委提漕項差

從九吳俊卿奉委學轅文巡捕差

從九吳俊卿稟知奉[illegible]婁門旱關差

蘇省撫轅抄

從九吳俊卿稟知到火藥局帮辦差

從九吳俊卿稟知奉委兼隨辦軍裝局差

從九吳俊卿奉調淞太厘局差

一八八五年九月十八日　一八八五年二月七日　一八八四年八月四日　一八八二年七月八日　一八八一年十月二十六日　一八八〇年十二月二十九日

图一〇　《申报》“苏省抚辕抄”等

差即辞。（学政衙署巡捕）

《申报》一八八二年七月八日

苏省辕门抄：五月二十日……从九吴俊卿禀知奉委娄门旱关差。

《申报》一八八四年八月四日

苏省抚辕抄：六月十一日……从九吴俊卿禀知到火药局帮办差。（苏州火药局时在阊门外十里亭。同年春，吴昌硕移居苏州西亩巷。）

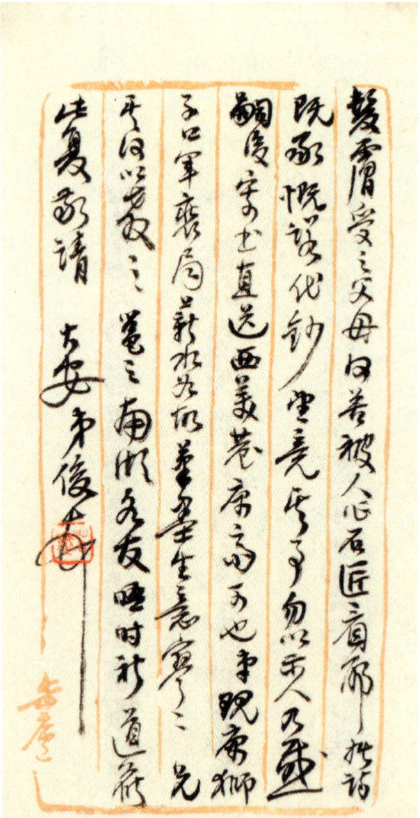

图一一　吴昌硕《致何汝穆札》

《申报》一八八五年二月七日

苏省抚辕抄：十二月二十日……从九吴俊卿禀知奉委兼随办军装局差。

军装局又称军械火药局，位于苏州相门仓街南口。吴昌硕《致何汝穆札》（图一一）中称："弟现寓狮子口军装局，薪水如故，笔墨生意寥寥。"

释文：……发肤受之父母，何苦被人作石匠看耶！拙诗既承慨诺代钞，望竟其事，勿以示人乃感。嗣后寄书直送西美巷寓斋可也。弟现寓狮子口军装局，薪水如故，笔墨生意寥寥。兄其何以教之？邕之、南湖各友晤时祈道候。此复，敬请大安。弟俊顿首。

六、吴昌硕在茸城

“茸城”又称“五茸城”，乃上海松江别称。相传松江西有春秋时吴王之猎场。唐代著名诗人陆龟蒙《奉和袭美吴中书事寄汉南裴尚书》诗存“三泖凉波鱼蕝动，五茸春草雉媒娇”句，诗中三泖、五茸皆指松江。《申报》中有吴昌硕到松江任职的信息：

《申报》一八八五年九月十八日

苏省抚辕抄：八月初六日……从九吴俊卿奉调松太牙厘局差。

牙厘局又称厘捐局、捐厘局、厘金局。厘金为清廷在各水陆要道对货物设立关卡征收的一种捐税，分为活厘（行厘）、板厘（坐厘）。活厘为通过税，抽之于行商；板厘为交易税，抽之于坐商。晚清时各省厘金局关卡林立。吴昌硕于光绪十一年（一八八五）八月初六始任松太牙厘局（松江、太仓）一差，其间“苦铁无恙”“仁和高邕”“仁和高邕邕之”“笔补造化天无功”“与陈留蔡江都李同名”“孙漱石”等印边款皆记录刻于上海、川沙、嘉定等地，有明确刻于茸城的印作有：

“山阴沈庆龄印信长寿”边款：“乙酉（一八八五）十一月，中豫老兄索刻于茸城寓庐。昌石吴俊。”（图一二）

“高邕之”边款：“乙酉（一八八五）十一月廿九日，舟泊茸城西关，章次柯明经要游湛然庵，酒后有诗，附录于此……邕之老友笑笑。仓硕。”（图一三）

图一二　吴昌硕“山阴沈庆龄印信长寿”

图一三　吴昌硕“高邕之”

另据松江府地方志等记载，被吴昌硕尊称为“藐翁吾先师”的杨岘（见山）于光绪十一年（一八八五）八月接任松江知府，至光绪十二年（一八八六）二月因故被议降调。吴昌硕来松江当差时，接任的松江府知府时乃风刚去世，由归安候补知府姚丙吉（枝珊）署理，也为吴昌硕同乡。

七、吴昌硕中年在上海当差

据吴昌硕三子吴东迈回忆，其幼年随家“在浦东烂泥渡居住，全家挤在一间陋屋中，生活非常艰苦”。吴昌硕《缶庐诗》卷四、卷五中存有《海上上巳》《庚寅十一月奉檄赴粥厂给流丐棉衣》《严家桥写望》《晓渡黄浦》《浦东农家》《登芦子城》《浦左莫（暮）归》等诗，《缶庐别存》存有“予欲写吟诗图，谓必极天下枯寂寒瘦之景，方能入妙，苦无稿本。丁亥初冬，寓黄歇浦上，夜漏三下，妻儿俱睡熟，老屋中一灯荧然，光淡欲灭。缺口瓦瓶养经霜残菊，憔悴如病夫。窗外落叶杂雨声潇潇，倏响倏止。可谓极天下枯寂寒瘦之景，才称‘酸寒尉’拥鼻微吟，佳句欲来时也。即景写图，不堪示长安车马客，远寄素心人，共此情况”诗，均为吴昌硕中年在上海为生计奔波最真实的写照，再结合吴昌硕致友人顾潞、潘志万信札与《申报》等，可一探吴昌硕中年在沪宦迹。

《致顾潞札》：“……昨蒙上海道台委办粥厂弹压事宜，每月薪水十六两，事甚烦琐，聊胜于无耳。”（图一四）

《致顾潞札》：“……弟奉差浦左，去年因风大不能摆渡，直至小除日返寓，现拟初八日赴差次，或十数日一返寓，未有定也。”

释文：茶哥尊鉴：昨自嘉善归，接手教，谨悉森兄患疔，曾

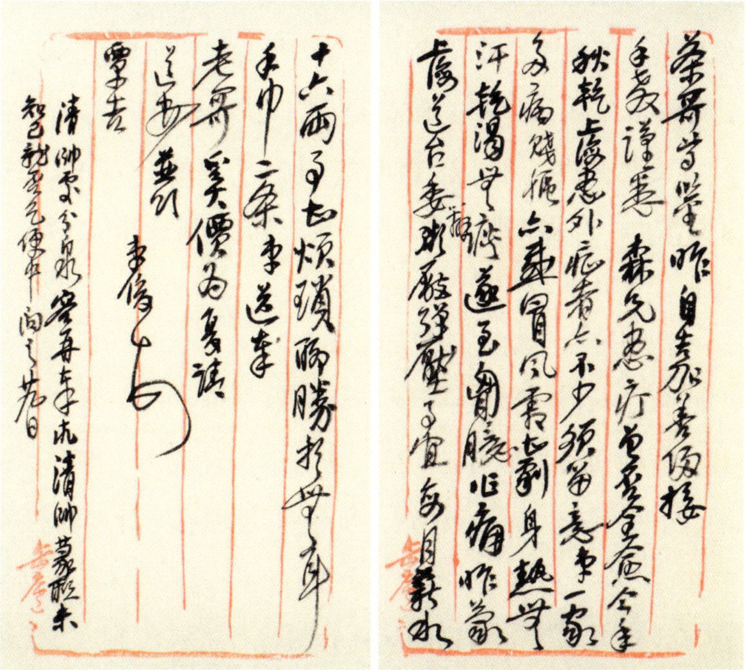

图一四　吴昌硕《致顾潞札》

否全愈？今年秋干，上海患外症者亦不少，须留意。弟一家多病，贱躯亦感冒，风霜甚剧，身热无汗，干渴无痰，遂至胸臆作痛。昨蒙上海道台委办粥厂弹压事宜，每月薪水十六两，事甚烦琐，聊胜于无耳。手巾二条，弟送奉老哥，奚价为？复请道安，并颂覃吉。弟俊顿首。清帅处分泉容再奉，求清帅篆联未知已就否？乞便中问之。廿九日。

据二札内容，可知吴昌硕受上海道台委派在浦东粥厂当弹压差，每月薪水银十六两。时间上与《缶庐诗》中《庚寅十一月奉檄赴粥厂给流丐棉衣》一诗相近。也因黄浦江上风大浪急，吴昌硕常常无法按时渡江回家，甚至要十数日才返家一次。

《致潘志万札》："……俊仍充糖局查验委员，现因改收现捐，更觉忙碌。客腊曾往嘉定、南翔等处巡糖，感冒风霜，至今年人日大发旧病，卧床七八日，幸服药得法，一大汗而愈。"

《致潘志万札》："……俊糖局差于去年五月间销去，直至十一月得委严家桥厘差，差在浦左，来往颇不便。又每月例行巡卡，又甚忙也。郑盦太保作古，俊又少一知己，信乎命之穷也……太保作古，曾开吊否？俊拟送一呢障，约二元之数，吾弟能为代办一送否？望示知。初五日。"（图一五）

《致潘志万札》："……潘文勤公灵柩至沪，俊奉差浦左，不及一拜，徒挥知己之泪而已。读《申报》知已安卜牛眠矣。俊出入风潮，卜昼卜夜，而捐数仍未尝起色，可愧已。廿四日。"

释文：笏庵老弟阁下：客腊接惠书，敬审一切。承赐《谷朗碑》，拓手尚可，略欠黑耳。然俊藏汉碑独阙此种，获之甚乐。无以为报，只写拙诗数首答之，所望吾老弟一解颐也。俊糖局差于去年

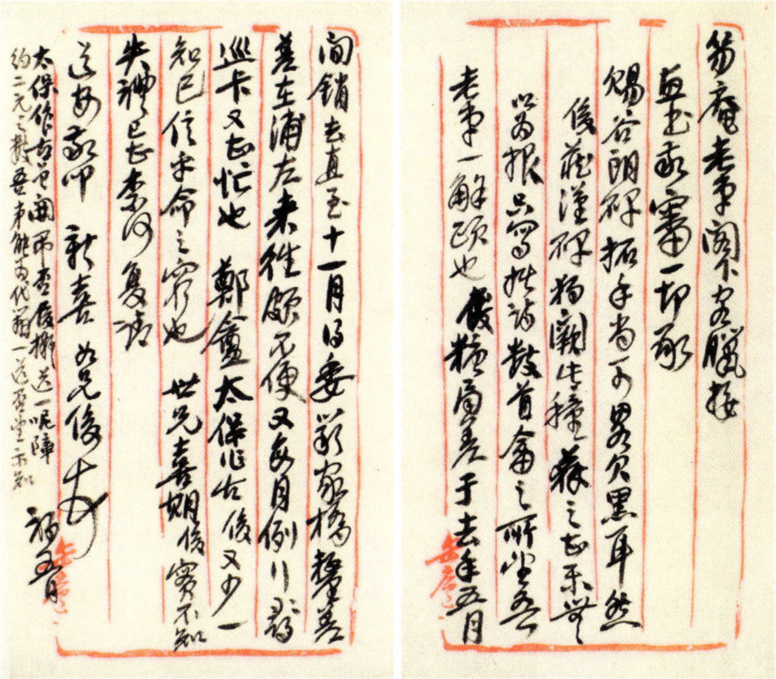

图一五　吴昌硕《致潘志万札》

五月间销去，直至十一月得委严家桥厘差，差在浦左，来往颇不便。又每月例行巡卡，又甚忙也。郑盦太保作古，俊又少一知己，信乎命之穷也。世兄喜期，俊实不知，失礼已甚，奈何！复请道安，敬叩新喜。为兄俊顿首。太保作古，曾开吊否？俊拟送一呢障，约二元之数，吾弟能为代办一送否？望示知。初五日。

“郑盦太保”即清廷重臣、著名金石收藏家潘祖荫（伯寅），于光绪十六年（一八九〇）十月三十日不幸去世。第二札写于潘氏去世不久，吴昌硕委托在苏州的潘志万至潘府代送祭幛，以示哀悼。从诸札中可知吴昌硕于光绪十五年（一八八九）五月前曾任上海糖厘捐局查验委员，后于光绪十六年（一八九〇）十一月被委派至严家桥厘局当差，前后达三年之久。

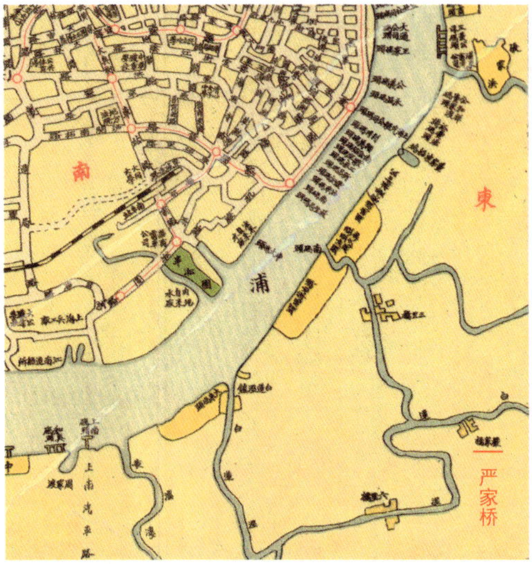

图一六　上海严家桥

严家桥位于浦东严桥镇（今属花木街道）白莲泾（图一六），虽僻处郊县，亦为当时浦东客商往来必经之路。严家桥厘卡查检甚严，无论过往者“有货无货，皆须搜检，倘稍带零物而报纳略迟，即以偷漏议罚，甚至有一罚十倍之多”。吴昌硕每月都要例行巡卡，甚为忙碌，甚至“潘文勤公灵柩至沪，俊奉差浦左，不及一拜”。

八、吴昌硕捐试用知县至海运津通局

光绪十九年（一八九三）十月至十一月末，《申报》刊登吴昌硕捐升试用知县衔，分发海运津通局，辞去严家桥厘卡差事（图一七），称：

《申报》一八九三年十一月二十一日

苏省官报：十月初六日（十一月十三日）……五品顶戴试知县吴俊卿，浙江人，自严家桥厘卡来禀知捐升知县到省。

《申报》一八九三年十二月二十六日

十九年分海运各局总单：津通局总办：候补知府朱宜振、同知王用龢；会办：同知恒坦；差委：同知明瑞、胡秉钰、罗承恩，知州蒋金生，通判陈镐，知县王锡龄、项兆骧、许庆春、李祖寿、陈俊康、华德森、马枚、吴俊卿、陈凤蔚、沈唐、张沐庆。

《申报》一八九四年一月十八日

苏省官报：十一月二十九日吴俊卿销严家桥厘卡差，并禀知奉委津局差。

《申报》一八九四年四月十四日

分发人员验看名单：新海防指省分发……五品顶戴……吴俊卿浙江江苏。

《申报》一八九四年八月七日

苏省官报：七月初一……吴俊卿引见回省并销海运津局差。

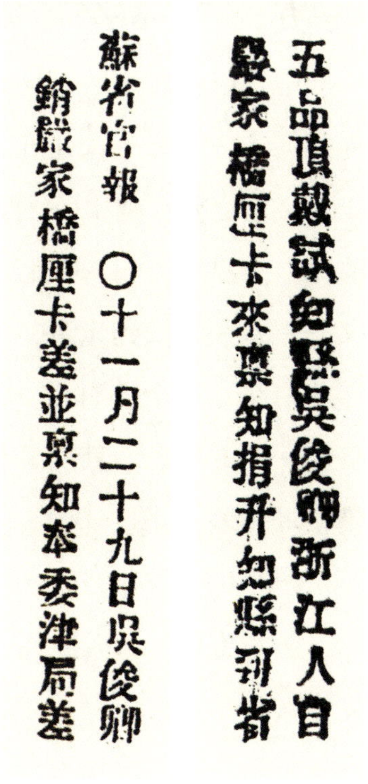
五品頂戴試用知縣吳俊卿浙江人自嚴家橋厘卡來稟知捐升知縣到省

蘇省官報　〇十一月二十九日吳俊卿銷嚴家橋厘卡差並稟知奉委津局差

一八九三年十一月二十一日　　一八九四年一月十八日

图一七　《申报》苏省官报等

光绪十九年（一八九三）十一月二十九日始至二十年（一八九四）七月初一，吴昌硕至天津海运津通局当差，前后七个月。中日甲午战争爆发后吴昌硕受吴大澂（窓斋）之召参佐戎幕，后吴大澂在奏章中称：“江苏试用知县吴俊卿留心营务，处事精详。”据一八九五年四月二十六日《申报》“苏省官报”记载：“吴俊卿由山海关领咨回省销差。”

九、甲午战争后吴昌硕回苏州当差

中日甲午战争后，吴大澂被革职回籍，吴昌硕亦居苏州，于光绪二十一年（一八九五）九月任苏州长洲、元和、吴县三县的丰备义仓之差。越年（一八九六）六月，又谋得苏州南路总巡一差。光绪二十三年（一八九七）三月任弹压差。其中长、元、吴丰备义仓一差一直做到光绪二十四年（一八九八）四月初一，已达两年半有余。七个多月后，《申报》又刊登吴昌硕重回丰备义仓任征租一差的信息。其间吴昌硕还先后在江苏宜兴铺税药局、苏州清讼局当差。（图一八）

《申报》一八九五年十一月十六日

苏省官报：九月十八日……吴俊卿禀知委办长、元、吴三县丰备义仓差。

《申报》一八九六年八月十二日

苏省官报：六月廿三日……知县吴俊卿禀知到南路总巡差。

《申报》一八九七年五月一日

苏垣官报：三月二十二日……吴俊卿、林士菁、李筠、何荣烈均禀知奉首长堪以请弹压差。

《申报》一八九七年十月十六日

苏省官报：九月十三日……吴俊卿禀知奉委长、元、吴三县丰备义仓收租差。

《申报》一八九八年六月五日

苏省官报：四月初六日……吴俊卿禀销查宜兴荆溪铺税药牙差。

《申报》一八九八年八月十三日

苏省官报：六月十一日……知县吴俊卿禀知到清讼局差。

《申报》一八九八年十一月二十二日

苏省官报：十月初二……吴俊卿禀知奉委长、元、吴三县丰备义仓征租，即日到差。

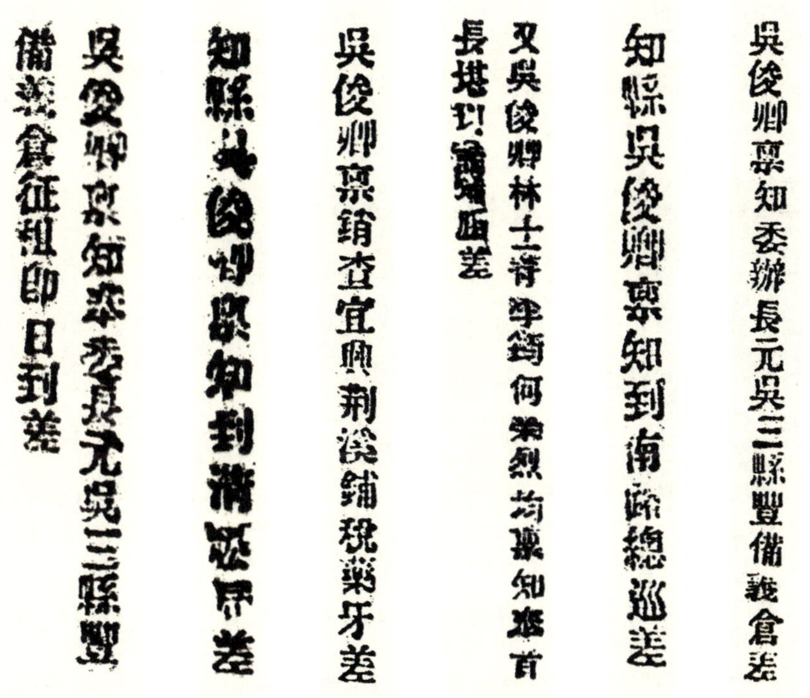

吳俊卿稟知委辦長元吳三縣豐備義倉差

知縣吳俊卿稟知到南路總巡差

又吳俊卿[illegible]

吳俊卿稟銷查宜興荊溪鋪稅藥牙差

知縣吳俊卿稟知到清訟局差

吳俊卿稟知奉委長元吳三縣豐備義倉征租即日到差

一八九八年十一月二十二日　一八九八年八月十三日　一八九八年六月五日　一八九七年五月一日　一八九六年八月十二日　一八九五年十一月十六日

图一八　《申报》“苏省官报”等

吴昌硕在宜兴铺税药牙差任上仅一月有余，公暇扪碑探幽，访《禅国山碑》，游蜀山东坡书院、龙池古刹，赋诗记之，遗有《戊戌闰三月十三日于役阳羡，纡道访禅国山碑》《阳羡舟中》《乌溪晨眺太湖诸山》《留别阳羡》等诗。

十、吴昌硕加四品衔再赴海运津通局

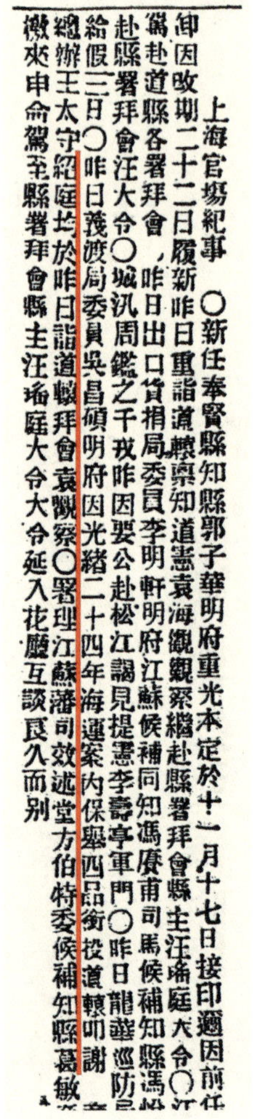
上海官場紀事 ○新任奉賢縣知縣郭子華明府重光本定於十一月十七日接印邇因前任
卸因改期二十二日履新昨日重詣道轅稟知道憲袁海觀觀察繼赴縣署拜會縣主汪瑞庭大令○江
[illegible]赴道縣各署拜會，昨日出口貨捐局委員李明軒明府江蘇候補同知馮賡甫司馬候補知縣馮
赴縣署拜會汪大令○城汛周鑑之千戎昨因要公赴松江謁見提憲李壽亭軍門○昨日龍華巡防局
給假三日○昨日義渡局委員吳昌碩明府因光緒二十四年海運案內保舉四品銜投道轅叩謝
總辦王太守紹庭均於昨日詣道轅拜會袁觀察○署理江蘇藩司效述堂方伯特委候補知縣葛敏
徽來申命駕至縣署拜會縣主汪瑞庭大令大令延入花廳互談良久而別

一九〇四年
一月五日

图一九　《申报》
“上海官场纪事”

吴昌硕于光绪二十四年（一八九八）“海运案内蒙保加四品衔”，在之后的《申报》中有记载：

《申报》一九〇三年十二月十二日

苏省官报：十月十八日……吴俊卿、理问朱之荣均专丁来省，禀谢饬知廿四年分海运案内蒙保加四品衔。

《申报》一九〇四年一月五日（图一九）

上海官场纪事：昨日，义渡局委员吴昌硕明府因光绪二十四年海运案内保举四品衔，投道辕叩谢。

光绪二十五年（一八九九）三月，吴昌硕被丁葆元推举，再次赴天津海运津通局当差。吴昌硕在《致张鸣珂札》中也称：

近署储丁观察补委海运，不日拟欲航海前赴析津，以多病之躯而远涉重洋，不亦苦人太甚乎！饥驱出门，责无旁贷，想先生亦同此襟怀也。

除此之外，吴昌硕还常被临时抽调至苏松常镇太各府县公干。如《申报》一八九五年十二月十一日有“吴俊卿奉藩宪委赴镇江提还息借商款即辞”，一八九八年九月二十四日有“知县吴俊卿赴昭文均知奉首府委查勘荒熟田亩差”，一九〇〇年十月六日“姑苏官报”在闰八月初五下有“吴俊卿禀知奉委赴宜兴查验积谷差即辞”，一九〇二年十一月十二日有“知县吴俊卿禀知奉委运河提工局札委领解河工经费赴扬即辞”，等等。

十一、吴昌硕晚年在上海除义渡局外的其他任职

吴昌硕六十岁后除了任上海委员外，还曾在清道局、会丈局、保甲局、洋务局任职，争取多挣一份收入，多见于《致吴涵札》《申报》。当吴昌硕从清道局被调至会丈局时，并没有得到原先预期知县衔能担任总办之副职的会办，而是更低一级的助手襄办，并需要每日到局，分管丈量土地、设立地界事宜，常随洋人至乡间，徒步六七里路，令吴昌硕深感力不从心，颇为懊恼。在《致吴涵札》中自我调侃称年逾花甲的金石名家，为了区区廿两酬劳，充奔走之役，万一跌跤中风，悔之晚矣。（图二〇）这也是晚清候补冗官过于庞大，无相应实缺差委的真实反映。

释文：父字付涵儿阅：天各一方，怀想不置。汝父老矣，举笔为难，汝母病深，忧心恻恻。现伴其沪上就陈莲老诊，住丁宅，地窄而多秽味，舍此又无他处可居。现已服五剂，仍然咳嗽，夜间尤甚，无可奈何也。我病儿知之，天阴雨我骨节全僵，幸晴日稍松。本有义渡卅余千，清道卅两，刻因清道另欲安顿一人，调我会丈，我初亦以为会办而不知是襄办，襄办共五人，皆佐杂。各人分管地界，我顶之缺系管意、日等国，穷极无聊，且欲每日到局，常欲跟随洋人至乡间，竟有六七里路，并小车无可乘者，

图二〇　吴昌硕《致吴涵札》

跋涉从事。我子细思之，大为恨恨。总办知县，我亦知县，岂有六十余岁之著名金石先生而充奔走之役！倘或一跌，即中风他处，翻被人议论吴昌硕贪此廿两银，以性命搏之，其时悔之晚矣。故决意辞去公路处，说项改派稽查保甲差，可得每月廿四两，调来调去，一月薪水无着，又每月少六两银矣。我为贫而不能尽行辞去，此我之陋也……

吴昌硕辞去会丈局襄办一职后改派稽查保甲差，任职在光绪三十年（一九〇四）五月至三十一年（一九〇五）十一月初六（十二月二日）。今据《致沈石友札》，可知吴昌硕在义渡局月薪三十余两，清道局月薪银三十两，会丈局月薪银二十两，稽查保甲月薪银二十四两。

光绪三十四年（一九〇八）正月，吴昌硕辞去义渡局委员两年后，奉两江总督派遣在上海随办洋务，任洋务局委员，也是吴昌硕在鼎革之前所能见到的最后一次任职记录（图二一）。

《申报》一九〇八年二月十二日

官事：候补知县吴俊卿禀知奉江督札委来沪随办洋务。

《申报》一九〇八年四月二十七日

官事：海运沪局提调知府沈凤韶、同知俞翌宸、洋务局委员吴俊卿、知县王礼垣、巡警教员钱亚栋、知县王铭、宝镇塘工委员周元城，昨均到道禀见。

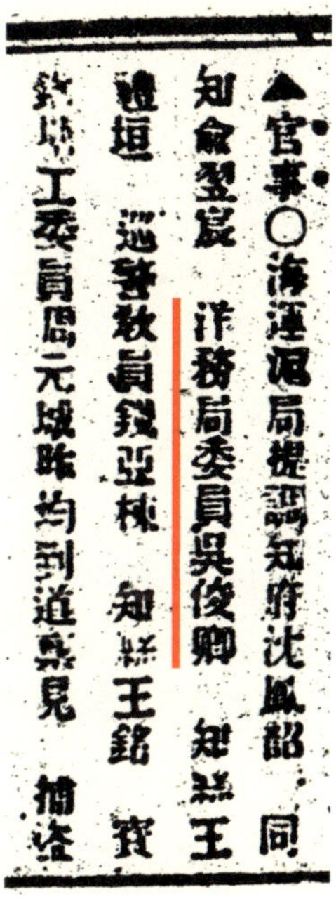

▲官事○海運滬局提調知府沈鳳韶　同知俞翌宸　洋務局委員吳俊卿　知縣王禮垣　巡警教員錢亞棟　知縣王銘　寶鎮塘工委員周元城昨均到道稟見　捕盜

一九〇八年四月二十七日

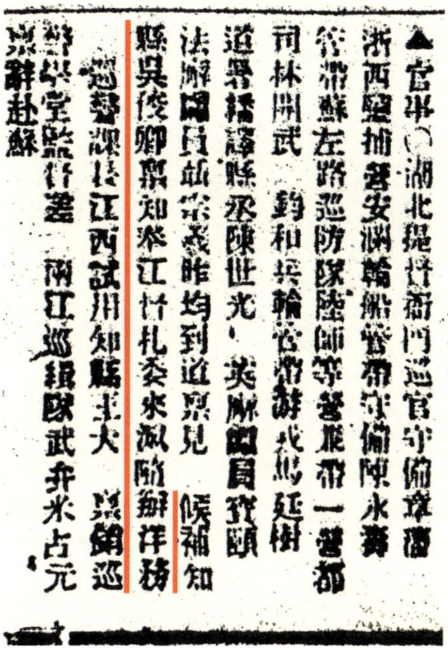

▲官事○湖北提督衙門巡官守備章曾　浙西緝捕營安瀾輪船管帶守備陳永壽　營帶蘇左路巡防隊陸師管帶花翎一等都司林開武　鈞和兵輪管帶游擊戎馬延樹　道署繙譯縣丞陳世光、英廨幫員郅頤　法廨關員姚宗義昨均到道稟見　候補知縣吳俊卿稟知奉江督札委來滬隨辦洋務　巡警課長江西試用知縣王大　蘇省巡警學堂監督壽　兩江巡緝隊武弁米占元稟辭赴蘇

一九〇八年二月十二日

图二一　《申报》“官事”

十二、吴昌硕一八八〇—一九〇八年宦迹汇总

时间	任职情况	背景	居住地	出处
光绪六年（一八八〇）	二月获从九品，分发江苏。		苏州	《申报》一八八〇年四月二十三日
	十一月二十五日，任提漕项差。		苏州	《申报》一八八〇年十二月二十九日
光绪七年（一八八一）	八月二十八日，任学辕文巡捕差。		苏州	《申报》一八八一年十月二十六日
光绪八年（一八八二）	六月初一，任苏州娄门旱关差。		苏州	《申报》一八八二年七月十九日
光绪九年（一八八三）	二月十六日，销苏州娄门旱关差，任期八月有余。		苏州	《申报》一八八三年三月二十七日
光绪十年（一八八四）	六月十一日，任火药局帮办差。	火药局在阊门外十里亭。	苏州	《申报》一八八四年八月四日
	十二月二十日，任军装局差。	军装局在苏州相门仓街南口。	苏州	《申报》一八八五年二月七日
光绪十一年（一八八五）	八月初六日，任松太牙厘局差。	姚丙吉署理松江府知府。	松江	《申报》一八八五年九月十八日
光绪十四年（一八八八）		六月，长子吴育不幸于上海病卒。	上海	朱关田《吴昌硕年谱长编》
光绪十五年（一八八九）	五月前，任上海糖厘捐局查验委员。	客腊曾往嘉定、南翔等处巡糖，感冒风霜。	上海	《致潘志万札》
	十一月，任浦东严家桥厘卡差。		上海	《致潘志万札》
光绪十六年（一八九〇）	十一月前，任粥厂弹压差。	在粥厂赈济流民，发放棉衣。	上海	《缶庐诗》卷四、《致顾潞札》

（续表）

光绪十八年（一八九二）	仍在浦东严家桥厘卡差。	三月，潘祖荫灵柩至沪，奉差浦左，不及一拜。	上海	《致潘志万札》
光绪十九年（一八九三）	十月初六，捐升五品顶戴试用知县衔。		上海	《申报》一八九三年十一月二十一日
	十一月，分发海运津通局。		上海	《申报》一八九三年十二月二十六日
	十一月二十九日，销严家桥厘卡差，任期达三年。任海运津通局差。		上海、天津	《申报》一八九四年一月十八日
光绪二十年（一八九四）	七月初一，销海运津通局差。		天津	《申报》一八九四年八月七日
	九月，受吴大澂之召参佐戎幕。	从军赴榆关，因继母杨氏病，乞假南归。	辽东	朱关田《吴昌硕年谱长编》
光绪二十一年（一八九五）	三月廿七日，由山海关领咨回省销差。		苏州	《申报》一八九五年四月二十六日
	十月初一，任长、元、吴三县丰备义仓差。	丰备义仓在苏州平江路石家角。	苏州	《申报》一八九五年十二月五日
光绪二十二年（一八九六）	六月廿三日，任南路总巡差。		苏州	《申报》一八九六年八月十二日
光绪二十三年（一八九七）	三月二十二日，任弹压差。		苏州	《申报》一八九七年五月一日

（续表）

光绪二十四年（一八九八）	二月底，任宜兴荆溪铺税药牙差。	在宜兴访《禅国山碑》，游蜀山东坡书院、龙池古刹。	宜兴	《缶庐诗补遗》《致沈石友札》
	四月初一，销长、元、吴三县丰备义仓差。任期两年半有余。		苏州	《申报》一八九八年五月三十日
	四月初六日，销查宜兴荆溪铺税药牙差。		宜兴	《申报》一八九八年六月五日
	六月十一日，任清讼局差。		苏州	《申报》一八九八年八月十三日
	九月初十日销清讼局差。		苏州	《申报》一八九八年十月三十一日
	十月初二，任长、元、吴三县丰备义仓征租差。		苏州	《申报》一八九八年十一月二十二日
	因海运案保举四品衔。		苏州	《申报》一九〇三年十二月十二日、一九〇四年一月五日
光绪二十五年（一八九九）	四月初一，销长、元、吴三县丰备义仓征租差。任期为半年。		苏州	《申报》一八九九年五月十九日
	三月初八，任海运津通局差。	丁葆元所委	天津	《申报》一八九九年四月二十二日《致张鸣珂札》
	十一月十六日，以同知直隶州江苏候补县代理安东(今涟水县)县令。十二月十七日卸任。	丁葆元保举	安东	朱关田《吴昌硕年谱长编》

（续表）

光绪二十六年（一九〇〇）	二月，自淮安回沪。		淮安、上海	“苍石”“闵泳翔印”边款
	六月初一，任清江发审局差。		淮安	《申报》一九〇〇年七月二日，《致沈石友札》
光绪二十九年（一九〇三）	二月十八日，任上海义渡局委员。	义渡局位于大东门外郎家桥北堍致思庵。委员月薪卅千文。	寓上海虹口三元宫后严信厚小长芦馆	《申报》一九〇三年三月十七日
	十一月，继母杨氏夫人在苏州病故。			吴长邺撰《年谱简编》
光绪卅年（一九〇四）	五月前，任上海清道局差，后任上海会丈局襄办。五月，改任稽查保甲差。	在会丈局分管意大利、日本等国地界，常与洋人下乡，督人丈地。清道局月薪卅两，会丈局廿两，稽查保甲廿四两。	上海	五月廿五日《致吴涵札》
光绪卅一年（一九〇五）	十一月初六，销稽查保甲差。		寓上海严信厚小长芦馆	《申报》一九〇五年十二月三日
光绪卅二年（一九〇六）	正月末，销义渡局委员。回苏州。	上海道台袁树勋擢升江苏按察使。瑞澂接任上海道。	上海、苏州	《申报》一九〇六年二月二十四日，《致陈仅札》
光绪三十四年（一九〇八）	正月，在上海随办洋务，任洋务局委员。		上海	《申报》一九〇八年二月十二日、四月二十七日

结语

吴昌硕通才挺出，拔萃出群，在近代海派艺坛中享有崇高的地位。然而吴昌硕与旧时代诸多士子一样，青年时刻苦攻读，欲通过科举出仕，实现其经世报国的人生理想与抱负，无可厚非，也并非先前个别学者所说那样“厌弃官场生活，绝意仕进，专心致志从事艺术创作”。恰恰相反，吴昌硕三十多岁始在苏州、上海等地不断谋差，涉及漕项、巡捕、守关、火药、军装、厘卡、糖捐、海运、义仓、总巡、诉讼、发审、义渡、清道、会丈、保甲、洋务等局所机构的事务，当差二十余次，年逾花甲仍出入官场。虽担任过一个月的县令，但大多还是佐杂裨属小吏。谋差与鬻艺已成为吴昌硕维持生活的两大主要经济来源。吴昌硕为贫而仕，虽非其志，实有所赖，其在致友人信札中时常透露出当差的无奈、苦闷与艰辛。如今厘清、还原吴昌硕的游宦经历与生存状况，考察其所处的社会背景，既是对历史的尊重，也使这位金石大师形象更趋丰满、真实。

编者按：此文为二〇二一年十月第五届上海书学讨论会特邀论文，载于上海市书法家协会编：《第五届上海书学讨论会论文集》，上海书画出版社，二〇二二年版，第五九—八九页。

谁知诗字皆忠愤，错被人呼作画师

——吴昌硕诗学渊源及诗史定位小议

钱伟强

吴昌硕一生以诗人自许，在五十余年的创作实践中，取得了较高的艺术成就，他“为诗至老弥勤苦，抒摅胸臆，出入唐宋间健者”[1]，“复耽志于诗歌，奇气坌溢”[2]，为并世诗家所推重。但长期以来，其诗名为书画之名所掩，研究者多将其诗定性为画家之诗。这一视域定势，极大限制了吴昌硕诗歌研究的深入推进。事实上，就诗歌本身而言，缶庐诗完全是当行本色的，陈衍认为“书画家诗句少深造者，缶庐出，前无古人矣”[3]，正是基于吴诗的本位而言。因此笔者尝试从其诗歌渊源、诗史定位等方面加以论述，从而还原吴昌硕历史维度中的诗人身份。

一、卷里精英皆玉屑：吴诗版本源流述略

吴昌硕自称“三十始学诗”，是举其大概而言。据其《石交录（十三）》云：“余与孝廉（施浴升）交最深，自始学诗，从受诗

[1] 陈三立：《安吉吴先生墓志铭》，《散原精舍诗文集（卷十五）》，上海古籍出版社，二〇〇三年版，第一〇六二页。
[2] 诸宗元：《吴昌硕小传》，吴东迈编：《吴昌硕谈艺录（附录）》，浙江人民美术出版社，二〇一七年版，第二七五页。
[3] 陈衍：《近代诗钞》，商务印书馆，一九二三年版，第九一一页。

法。每成一篇，即以就质。同肄业西湖二年，于诗略窥门径。”[1]“肄业西湖”指同治十一年（一八七二）秋，吴昌硕赴杭州诂经精舍受业于俞樾门下之事，时年二十九岁。按上文可知，他在此之前已经开始学诗。由于吴昌硕大量题画诗作散见各地，其中又真伪杂舛，因此其诗的总数尚无法准确统计。但就目前可见之诗集稿本、刊本及书画题识等来看，总数应在三千首左右。其中稿本、刊本多为他自己及诗友选定，比较能反映其诗歌的水平及诗学理念，故先略述其诗集的版本源流情况，以为讨论之文献基础及读吴诗者之一助。

稿本：

（一）《红木瓜馆初草》，吴昌硕首部诗集，有六泉山人朱正初评点，现藏于上海吴昌硕纪念馆。线装一三页手稿，录同治十三年（一八七四）、光绪元年（一八七五）两年之诗凡六十六首，仅少量编入刻本。

（二）《元盖寓庐偶存》，目前可知有四种，其中西泠印社藏两种：其一扉页款题光绪壬午（一八八二），存同治十一年（一八七二）至光绪八年（一八八二）诗凡九十八首；其二序跋最晚为光绪己丑（一八八九），存同治十三年（一八七四）至光绪十三年（一八八七）诗凡二百七十一首。上海图书馆藏一册：为光绪十一年（一八八五）稿本，有章来题跋。另有日本东京国立博物馆藏青山杉雨捐赠的《元盖寓庐偶存》稿本四册。以上是吴昌硕自一八八二年以来自己整理的向友人征评的诗集稿本。

[1] 吴昌硕：《石交录（十三）》，吴东迈编：《吴昌硕谈艺录》，浙江人民美术出版社，二〇一七年版，第二三九页。

（三）《吴昌硕诗手稿》，十一册，浙江省博物馆藏。多为吴昌硕晚年所作，有二千余首，部分选入后来出版的《缶庐集》。

刊本：

（一）《缶庐诗》初刊四卷本，一册，附《缶庐别存》不分卷。是本刊于光绪十九年（一八九三），四卷共收诗二百二十五首，《别存》收题画诗五十五首、《猎碣》集联三十三对、砚铭十九则。

（二）《缶庐诗》增删四卷本，一册。此本原四卷本诗增删合并到前三卷中，又新增九十八首为卷四，共收诗二百八十六首。卷末有“苏城郡庙前谢文翰刻印”牌记。据卷四诗文创作下限，知此本刊于光绪二十六年（一九〇〇）后。

（三）《缶庐诗》七卷本，二册。是本前四卷即增删本四卷，卷五至卷七，为刘承干续刻，全七卷共收诗五百零八首，刊于民国六年（一九一七）。

（四）《缶庐诗》八卷本，二册。是本前七卷即《缶庐诗》七卷本，新增卷八一百零七首，全八卷共收诗六百十五首。据卷八诗文创作下限，知此本刊于民国八年（一九一九）后，此本也是吴昌硕诗流行最广泛的本子。

（五）《缶庐诗》九卷本，三册，附《别存》。是本前八卷即《缶庐诗》八卷本，新增卷九七十九首，全九卷共收诗六百九十四首。此本约刊于民国十二年（一九二三）前，流传较少。

（六）《缶庐集》初刻四卷本，一册。是本为民国十二年（一九二三）吴昌硕自选本。内容是从九卷本中筛选增补而成，共收诗三百四十四首。

（七）《缶庐集》增补五卷本，一册。是本前四卷即《缶庐集》初刻本，卷五为吴昌硕去世后，吴东迈请朱祖谋、诸宗元等人选定增刻一百零七首诗，全五卷共收诗四百五十一首。[1]

以上稿本、刊本，去其重复，得诗二千首左右，尤其是刊本中约一千首诗比较能反映吴昌硕诗歌所达到的水准，本文所论亦以此为主。

二、酌古如同阶以进：缶庐诗学渊源发微

吴昌硕在其《藐翁命题乡先辈严修能先生自写文稿》中谓“一卷娱亲真性在，吴羌山色对舒眉”[2]，又其赠潘天寿联云“天惊地怪见落笔；巷语街谈总入诗”，论者每以为是吴氏对自己诗艺的夫子自道，而强调吴诗独抒性灵、不假雕饰的一面。吴昌硕的诗歌诚然以质朴真率为特色，但绝不是不假经营的冲口而出之作。事实上，吴在诗歌上属于苦吟派，他在《祭诗（其三）》中自述其作诗状态：“乱书堆里费研磨，得句翻从枕上多。只恐苦吟身尽瘦，一杯自酌漫蹉跎。”[3]其诗的质朴真率多是雕肝镂肾、刻意锤炼的结果，这一点从他诗稿的反复密圈涂改中也可以看出。

吴昌硕是极重对诗歌古法的研求的，其《石交录（十三）》云：“余与孝廉（施浴升）交最深，自始学诗，从受诗法。每成一篇，

[1] 以上各版本收诗数量由梅松先生统计，并参考了丁羲元先生《论吴昌硕的诗》。
[2] 吴昌硕：《藐翁命题乡先辈严修能先生自写文稿》，《缶庐诗（卷三）》，光绪十九年（一八九三）刻本，第一六页。
[3] 吴昌硕：《祭诗》其三，《缶庐诗（卷三）》，漓江出版社，二〇一二年版，第三五页。

即以就质。同肄业西湖二年，于诗略窥门径。”[1]施浴升在《元盖寓庐诗集序》中也特别指出：“近人为诗类多师心自是耳，君之奉古为依归，盖不多见。”[2]可见吴昌硕嗜古之深。通过向施浴升、朱正初、杨岘、俞樾、凌霞、谭献、钱国珍、沈汝瑾，以及后来的朱祖谋、沈曾植、郑文焯等师友们的请益交流，吴昌硕不断地吸收参悟古法，由近及远，渐臻诗歌的高境，形成了符合自身特点的艺术风貌。

近代诗人学诗走的大都是由清代名家入手、然后上溯唐宋大家的路径，吴昌硕亦莫能外。近世诗派有宗唐、宗宋之区别，从吴昌硕的家学来看，大体近于唐诗派者[3]，但从其诗学交游及渊源来看，则又明显深受宋诗派的影响。故他的诗能合唐宋于一炉，有唐人的气韵，又有宋人的理法，浑然一体，而出之于清通俊逸，即陈三立所称的“出入唐宋间健者”。

考其诗歌的近世渊源，可以看出他受吴嘉纪、钱载的影响较多。诸宗元《吴昌硕小传》认为：“先生复志于诗歌，奇气坌溢，时以真朴排奡胜。宗元尝以拟杜于皇（濬）、吴野人（嘉纪），论者许为知言。”[4]谭献也认为：“安吉吴昌硕，诗篇峻削，剥落凡语，

[1] 吴昌硕：《石交录（十三）》，吴东迈编：《吴昌硕谈艺录》，浙江人民美术出版社，二〇一七年版，第二三九页。
[2] 施浴升：《元盖寓庐诗集序》，《元盖寓庐偶存》稿本卷首。
[3] 鄣吴吴家素以文学传家，吴昌硕远祖吴维岳是明中叶著名复古派诗人，曾与大诗人王世贞等倡结诗社，为“嘉靖广五子”之一，著有《天目山斋岁编》。其子稼竳著有诗集《元盖副草》，诗学上亦宗法盛唐。吴昌硕祖父吴渊著有《天目山房诗稿》、父亲吴辛甲著有《半日村诗稿》，皆继承家学，以宗唐为主。
[4] 诸宗元：《吴昌硕小传》，吴东迈编：《吴昌硕谈艺录（附录）》，浙江人民美术出版社，二〇一七年版，第二七五页。

有傅青主（山）、吴野人（嘉纪）之遗风。”[1]诚然，吴嘉纪备尝艰辛的生活经历和“幽峭冷逸”“冰霜高洁，刻露清秀”“即事写情，变化汉、魏，痛郁朴远，自为一家之言”的艺术风貌，与吴昌硕的诗歌极为契合，《缶庐诗》中的早期诗如《鄣南道中》《庚辛纪事》《寒食登金麓山》《答六泉山人朱正初》《〈芜园图〉自题》《忆内》《别芜园》等，深情真朴，处处可见吴嘉纪的影子在。

由于吴昌硕诗学交游圈的朋友，多数宗法宋诗，而作为近代宋诗派鼻祖之一的钱载自然也成为吴昌硕的重要师法对象。与他颇有交谊的陈衍就曾指出：“缶庐造句力求奇崛，如其书画篆刻，实如其人，如其貌，殆欲语羞雷同，学其乡冬心（金农）、萚石（钱载）两先生，而益以槎枒者……直欲举东洲（何绍基）、巢经（郑珍）、伏敔（江湜）而各得其所长。”[2]钱载的诗歌“宗（黄）庭坚，险入横出，崭然成一家”，“清真镵刻，神景开阔，体大思精”，将丰富的诗法与奇崛的风貌寓于平实清通的语言中，这与吴昌硕诗“生而不钩棘，古而不灰土，奇而不怪魅，苦而不寒乞”的艺术面貌如出一辙。吴诗如《刻印》《瘦羊赠汪郎亭侍郎鸣銮手拓〈石鼓〉精本》《观清湘白阳画》《风露香榭为胡匊邻》《为诸上人画荷赋长句》《题诸贞壮诗》等作，则显然受到钱载诗的影响。其他如前文提到过的傅山、杜濬、金农、郑珍等也都在不同程度上对吴诗产生过影响，兹不赘述。

唐宋大家中王维、杜甫、韩愈、陆游等，都是吴昌硕主要的师法对象。施浴升说他：“初为诗学王维，深入奥窔……皓月在天，

[1] 谭献：《复堂日记》，光绪十三年丁亥（一八八七），南京图书馆藏稿本。
[2] 陈衍：《近代诗钞》，商务印书馆，一九二三年版，第九一一页。

秋江千里，至忧深思，跃然简编。”[1]“一洗时下庸沓之习，而又不落生硬一派。五律渊然泠然，得右丞神味。”“其沉着亦少陵宗传也。各体诗皆取法唐初盛，不类中晚。”秦微指出：“五言律最为趣诣，得之唐贤三昧为多。”其师杨岘也认为：“大作雄浑苍老，神似少陵，字句再加收拾，一时无两矣。”[2]吴昌硕的古体奇崛雄放，受韩愈影响居多，如其七古《古梅》《观清湘白阳画》等，“长歌激越，庭树栖鸟皆惊起”。而其七律则多师法陆游，秦微所谓“七律颇有佳者，而格调已落宋人一派矣”，“宋人一派”即主要指陆游而言。

吴昌硕很少在自己的诗文中谈起他的诗学渊源，但通过他师友的论述及《缶庐诗》中具体的诗作，不难看出他的渊源所在。理解了这点，更有助于我们对吴昌硕诗歌的真切认知。

三、还先生以诗人：缶庐诗的诗史定位

长期以来，我们习惯把吴昌硕的诗作为他书画的附属物来看，认为吴诗仅仅是画家之诗而已。这种认识无疑是不准确的，会直接影响到我们对吴诗的历史定位。事实上，吴同时代的文学大家们都一致认为缶庐诗是当行本色的，如陈三立就曾在《读吴昌硕老人缶庐诗题句》一诗中感叹：“未坠广陵散，孤追正始音。名为三绝掩，老有一灯深。”而康有为更是叹息道：“谁知诗字皆忠愤，错被人呼作画师。”[3]

[1] 施浴升：《评吴昌硕诗》，吴东迈编：《吴昌硕谈艺录》，浙江人民美术出版社，二〇一七年版，第二六九—二七〇页。

[2] 以上俱见日本东京国立博物馆藏青山杉雨捐赠的《元盖寓庐偶存》稿本题跋。

[3] 康有为：《贺吴昌硕八十》，《康有为全集（第十二集）》，中国人民大学出版社，二〇〇七年版，第三五二页。

吴昌硕在很早时就被时人目为诗家，在《石交录（十九）》中就有一段生动的描述：

丙戌（一八八六）冬，余于役沪上，饮友人吴鞠潭（淦）家，始见徐韵生（维城）大令。年逾七十，须眉皓白，倨坐饮啖，与客无寒暄。既各散去，大令独留。时案上有余诗，大令翻阅，色然问曰："此谁作者？"鞠潭以余告。大令怒曰："吾当询君以诗人，君不诚告，徒举戋戋者以塞责。有如此人，何不早使吾知？"问余所在，即夕促鞠潭同过访。鞠潭请俟明日，大令不听，独携杖见过。时漏三下，闻有叩门声，问之不答。门既启，则有人随余入，昏黑中不辨面目。入室，忽大声曰："若吴某耶？"曰："然。"则拊余背曰："此来正寻汝者。"视之，大令也。谓余曰："顷相见，不知君能诗。今世为诗者夥矣，如君实鲜。"遂抵掌而谈，上下今古，至夜深始去，且约后会。[1]

可见，吴昌硕很早即被当时的诗坛前辈看作真诗人。除陈三立、康有为外，同时还有很多大家都对吴诗称赏不置，如陈诗《江介隽谈录》记载："安吉吴仓石大令俊卿……著有《缶庐诗集》。文道希（廷式）学士素未识面，读其诗叹为'清冷'，盖诗如其人，固自成一家言者也，风调举止似南朝张融。"而陈诗在《寿吴仓石先生八十》中则云："诗吟东野瘦，人是古皇余。"[2]以孟郊之当行目吴诗。对缶庐诗最推崇的莫过于"晚清四大词人"之一的况周颐，他提出吴诗是："诗人之诗，其心则骚，而笔近韩。

[1] 吴昌硕：《石交录（十九）》，吴东迈编：《吴昌硕谈艺录》，浙江人民美术出版社，二〇一七年版，第二四四页。
[2] 陈诗：《寿吴仓石先生八十》，《陈诗诗集》，黄山书社，二〇一〇年版。

似老树着花，枒杈媚妩，奇峰拔地，突兀孱颜。节制之师，懈无可击，当得长城尤无言。论风格，只东阳（乙盦尚书）、高密（太夷方伯），方驾吟坛。”[1]不仅认为缶庐诗是“诗人之诗”，而且强调在当时的诗坛只有沈曾植、郑孝胥可与吴昌硕比肩。而沈曾植《缶庐集序》更是认为吴的书画得益于其诗：“翁顾自喜于诗，惟余亦以为翁书画奇气发于诗，篆刻朴古自金文，其结构之华离杳渺，抑未尝无资于诗者也。”[2]

特别值得一提的是，民国诗论家汪国垣将近代成就较高的一百零八位诗人（附八十四人）编为《光宣诗坛点将录》，其中入选者皆为晚清民初诗坛的重要作者，完全是以诗人的造诣高低作为选取、排序的依据。吴昌硕被点为“地巧星玉臂匠金大坚”的正选，并论其人其诗“风流儒雅亦吾师”“老缶诗笔健举”云云[3]，这也反映出当时学术界对吴昌硕诗人地位的认可。

笔者于吴昌硕诗歌书画夙少研讨，只是在诵习《缶庐诗》及考察近代诗史时发现，吴诗宏博精妙，卓然正宗，但自近世专业分科以后，学者每每视其诗歌为其书画的附庸，不免本末倒置，遂使一代诗学大家失其应有之定位。故不揣愚陋，从其诗学渊源及诗史定位两方面勉作此文，“还先生以诗人”，则深所期于将来。其错谬之处，亦敬希读者为匡不逮！

[1] 况周颐：《沁园春·题缶庐诗存》，《蕙风词》，一九二五年刻本。
[2] 沈曾植：《缶庐集序》，《吴昌硕诗集》，漓江出版社，二〇一二年版，第二四四页。
[3] 汪国垣：《光宣诗坛点将录》，王培军笺证：《〈光宣诗坛点将录〉笺证》卷七，中华书局，二〇〇八年版，第三八八页。

简论吴昌硕绘画对当代的启示

洪亮

中国绘画史由众多优秀画家的优秀作品所构成。这些优秀绘画作品，不仅代表了画家所处的时代的审美理想，同样还会影响到后世人们的审美追求。可以说，一部中国绘画史，也是一部中国绘画审美思想史，一部中国社会审美风尚变迁史，是中国人的绘画审美历程。

将吴昌硕的绘画艺术放入中国绘画史中去考察，我们可以看到他的优秀作品在中国绘画史上占据厚重的一页。他是一位自清末一直影响至今的大画家。被公认为二十世纪中国传统绘画四大家的是：吴昌硕、黄宾虹、齐白石、潘天寿。在四大家中，潘天寿是吴昌硕的学生，齐白石受益于学吴昌硕。齐白石对吴昌硕的崇拜可从他的“青藤雪个远凡胎，老缶衰年别有才。我欲九原为走狗，三家门下转轮来”诗中得知。该诗中之青藤，即明代的著名书画家徐渭，又号天池，是大写意花卉的开拓者，也是中国绘画史上大写意花卉艺术的第一高峰。雪个就是清初的朱耷，又号八大山人。其开创的孤傲清高的画风成为大写意花卉艺术的又一高峰。老缶即吴昌硕，又号苦铁。他是继徐渭、八大山人之后传统中国花卉画的又一高峰。他开创了雄浑高古，熔诗、书、画、印于一炉的新画风。吴昌硕是中国传统绘画之集大成者，其画风于二十世纪初形成，在二十世纪中下叶即产生强大的影响，史称他以雄强之风一扫“四王”纤细枯笔之积习，与波澜壮阔、可歌可泣的二十世纪中国伟大的革命运动相呼应。进入二十一世纪以来，吴昌硕画风之影响越来越大。

吴昌硕（一八四四——一九二七），浙江安吉人。原名俊、俊卿，字苍石，因谐音亦署仓石、昌石、仓硕，六十九岁后以字行，署昌硕，别号缶庐、苦铁、破荷亭长、大聋等。吴昌硕是近代将诗、书、画、印熔于一炉并开宗立派的书画、篆刻艺术宗师，是近代中国最杰出的艺坛巨匠之一。他的诗、书、画、印享誉海内外，对近百年来中国传统书画、篆刻艺术的发展影响深远。

吴昌硕学画比学书法、篆刻要晚一些。他自己所说“吾三十学诗，五十学画”，是谦辞。我们从吴长邺先生所撰的《吴昌硕年谱（简编）》中得知，吴昌硕二十三岁始从同里施旭臣学诗法，三十岁在安吉从画梅名家潘芝畦学画梅。我们今天能看到他的存世作品中，就有西泠印社藏的《墨梅册页》（八开）。当然，他在绘画上出现自己风格的时间，确实是在五十岁以后。

下面我们从吴昌硕一生中的重要经历和其绘画艺术风格形成的几个阶段、绘画艺术的主要特点、对后世的影响三个方面逐一述之。

一、吴昌硕一生中的重要经历和其绘画艺术风格形成的几个阶段

吴昌硕一生中的重要经历，大致可以分为“青少年时期勤

学与十七岁逃难”“芜园岁月与游学生涯”“迁居苏州至一月安东令”“定居上海，名扬天下”四部分。

（一）青少年时期勤学与十七岁逃难生涯，锤炼出吴昌硕坚忍不拔、奋发向上的品质

清道光二十四年农历八月初一，即一八四四年九月十二日，吴昌硕出生在安吉县鄣吴村。父亲吴辛甲，咸丰元年（一八五一）辛亥恩科举人。母亲万氏。吴昌硕五岁在父亲的启蒙下识字，十岁上学塾，勤奋好学。稍长，勤学之余初识稼穑。因父亲喜好写诗和篆刻，耳濡目染，常喜模仿，在其父的鼓励和指导下，十四岁左右即对篆刻产生兴趣。

十七岁那年，即清咸丰十年（一八六〇）春天，时值太平天国运动后期，太平军自安徽广德进军安吉，清军尾随而来，双方在安吉、孝丰一带展开了激战。吴昌硕随父逃难，躲入村南玉华山背后的石苍坞得以幸免于难。他的祖母严氏、生母万氏、弟祥卿均先后在战乱中亡故。他已聘等待婚配的未婚妻章氏也于次年死于饥病。战后，吴昌硕先生为纪念避难地——石苍坞，乃取字“苍石”，同时因谐音也署“昌石”“仓硕”……吴昌硕收录在《缶庐诗（卷一）》中的《庚辛纪事》记载着这段凄惨往事：“夜贼何方至，逢人但举刀。哭声殷风雨，乱走剧波涛。入谷愁无路，攀崖恐未高。桃源更何处，僵卧且蓬蒿。”

吴昌硕逃难期间常以野果、树叶、草根充饥，经年不得一饱。只身漂泊，时赖做长工、打短工度日。二十一岁那年（一八六四）八月中秋，才与父亲回乡。其时家乡已瓦砾遍地，荒无人烟。运动爆发前有四千多人口的鄣吴村，战后仅存二十五人，吴昌硕与其父是其中的幸存者。

这段疲于逃命、饥寒交迫、历时五年艰难困苦磨炼的经历，成为吴昌硕一生最为宝贵的财富，成就了吴昌硕坚忍不拔、不屈不挠、奋发向上的优秀品质，反映在他日后绘画作品中勃勃向上的气势中。

（二）芜园岁月与游学生涯，奠定了吴昌硕诗书画印的坚实基础

吴昌硕二十二岁（一八六五）时，随父自鄣吴村举家迁居安吉县城安城，在城东北买了一块荒地，搭起三间茅屋。父娶继室杨氏（安吉晓墅人）。他们在屋后辟有一园，名曰“芜园”。吴昌硕名其所居小楼为“篆云楼”，名其书房为“朴巢”。在这里他开始了奋发学习的芜园岁月与游学生涯。

经过战乱洗礼的吴昌硕，对宁静的耕读生活倍加珍惜，与“芜园”建立起了特别深厚的感情。我们在《缶庐诗》中读到以“芜园”为题的诗篇有《芜园自题·六首》《别芜园》《芜园梦中作》《梦芜园》《忆芜园》等。

迁住安城的当年秋天，吴昌硕在潘芝畦老师的催促下，勉强应试，即考中了安吉县补考庚申科秀才。二十三岁（一八六六）始从同里施旭臣学写诗，并在书法、篆刻、古文和诗词上狠下功夫。吴昌硕二十五岁那年（一八六八）二月，父亲病逝，享年四十八岁。他化悲痛为力量，用功日勤。次年（一八六九），在继母的支持下，他负笈杭州，进诂经精舍，从名儒俞曲园学小学和辞章，并将所刻印编成《朴巢印存》（现藏于浙江省博物馆）。并利用寒暑假在安吉以给邻人子弟授课、代人写书信等为生，时号芗圃，人称“芗圃先生”。

吴昌硕经老师施浴升做媒，二十九岁（一八七二）在安吉结婚。夫人名施酒，字季仙，浙江省归安县菱湖镇人，小吴昌硕四岁。婚后，施夫人可谓贤妻良母，生下了三个儿子（长子育十六岁殇）和一个女儿，加上丈夫和婆母，一家七口，家务繁重，她一直默默地挑在肩上，毫无怨言。吴昌硕此时仍沉湎艺事，不事治家，她很理解和体谅，并且还鼓励他。吴昌硕每每刻了印或作了画，夫人总是第一位读者和欣赏者，并因此而感到自豪。

吴昌硕三十二岁那年（一八七五）经同乡颜文采介绍结识了湖州陆心源，并应聘在陆家坐馆。陆心源（一八三四—一八九四），字刚甫，号存斋，晚号潜园老人。祖籍临安，世居湖州。清咸丰九年（一八五九）中举人。曾任广东南韶兵备道、福建盐运使，是湖州著名文学家、鉴藏家。因珍藏宋版书二百部，名其斋曰“皕宋楼”。又集古砖千块，筑亭曰“千甓亭”，家富又建庄园曰“潜园”，名其老屋为“恭俭堂”。与同郡姚宗谌、戴望、施补华、俞刚、王宗羲、凌霞共称“苕上七才子”。当时湖州文人学士聚会均在“潜园”。吴昌硕在陆家坐馆，当启蒙老师，课徒之余协助陆氏整理《千甓亭古砖图录》，以及考释古文旧学，并常随潜园主人与诸名家交游，请教诗词学识，才艺猛进。值得一提的是，纵观吴昌硕一生篆刻作品，这一时期的印作取法诸家之长，并吸取古砖文字的朴华笔法入印，是其篆刻艺术走向成熟之开端，其书画中的金石味也来源于此。

吴昌硕先生在陆家坐馆约两年时间，潜园岁月使他终身受益。难怪吴昌硕两度刻“人生只合驻湖州”印。

吴昌硕游学苏州，寄寓大收藏家吴云的两罍轩。吴云（一八一一—一八八三），字少甫，号平斋、榆庭等，晚号退楼主人。浙江归安（今湖州）人。斋号有两罍轩、二百兰亭斋等。咸丰间总理江北大营营务及筹军饷，擢苏州知府。著名收藏家，精鉴别与考据，工书法，通篆刻及绘画。吴昌硕在吴云家遍览其收藏鼎彝、碑帖、名画、古印、宋元书籍等，大开眼界。

吴昌硕游学苏州，恰与杨见山在苏州隔溪为邻，遂常向其请教书法和辞章。其中还有一则拜师的轶事。吴昌硕早在湖州潜园就认识杨见山。因景仰其人品、书品，就有拜师之意。杨见山（一八一九—一八九六），名岘，字见山，号藐翁、庸斋，浙江归安（今湖州）人。咸丰举人，工书法，精经学，擅诗文。特别是他的八分书，七分隶，三分篆，遒劲古朴，别具一格，深为书法后学所推崇。

光绪六年（一八八〇），吴昌硕时年三十七岁。有一天，他慎重地备了一份大红“帖子”，短褂长衫，一身整齐，前往寓庸斋拜师。藐翁是位意气潇洒、为人随和、生活不拘细节的人，一见昌硕这副打扮，而且进门便拱手长揖，以古人见师之仪，有单膝下跪之势，不禁哈哈大笑道：“俊卿兄，你这是干啥呀？”吴昌硕不知所闻，一本正经回答：“我是来拜您为师的。”说着正要掏“帖子”，藐翁连忙说：“快收回，快收回！你我同里同艺，何师之有？”

吴昌硕当面拜师不成，回去又工楷写了一封长信寄呈藐翁，再次要求列于门下。信中敬仰之忱、程门立雪之意，很是感人。藐翁当即复信婉谢，表示愿以换帖兄弟相称。信中写道：“师生尊而不亲，弟兄则尤亲矣，一言为定，白首如新……”从此，吴昌硕客苏州，寓沪上，常有诗书画作寄呈请教。藐翁也时有诗作寄赠，两人诗书来往甚密，桃花潭水情谊深。

但是，在吴昌硕心中，一直尊藐翁为师。他曾在多首诗篇中写有“寓庸斋内老门生”“藐翁吾先师”等表现师生之间情谊的诗句。其尊师重道之忱，实为百世之楷模。

（三）迁居苏州至一月安东令，吴昌硕艺术风格遂渐形成

吴昌硕三十九岁（一八八二）迁居苏州西亩巷之四间楼，地近寒山寺，开始了他的小吏生涯。因小吏薪水不足维持一家生计，时鬻艺补充家用。

吴昌硕四十六岁（一八八九）时，刻有一方“酸寒尉印”白文印。款刻：“酸寒尉自刻印。时已丑十有二月。”是年前后，吴昌硕在苏为任小吏，生活贫寒，请任伯年为之作肖像画“酸寒尉像”。此画先生身着朝服，拱着马蹄式双袖，头戴红缨帽，葵黄色袍子下部还缝着一块大补丁，上罩乌纱马褂，脚穿一双厚底靴，作诚惶诚恐、踌躇不前之尴尬相。画无背景，上有吴昌硕自题小记：“予索伯年画照，题曰‘酸寒尉像’，冠服、端立、拱手，厥状可哂。相识者皆指曰：‘此吴苦铁也。’题句自嘲。”先生还题了一首五言长诗，诗云：“达官处堂皇，小吏走炎暑。束带趋辕门，三伏汗如雨。传呼乃敢入，心气先慑沮。……权作醉尉看，持杯相尔汝。”此诗后收入《缶庐诗（卷三）》。

吴昌硕先生以“酸寒尉”自嘲，请任伯年画像，自己又为之写诗、刻印，这无疑是以自己的切身感受，表达对清末统治阶级的腐败现状的强烈不满。我们在《缶庐诗（卷四）》中读到先生的《苦寒吟》，也属同类诗篇。这些都是吴昌硕当时的真实写照。

光绪二十五年（一八九九）吴昌硕在江苏扬州盐运署当幕僚。那年秋末，署里分到了一个安东（今江苏省涟水县）县令缺，因安东县小，油水不多，大家都不肯去。署里有个运司叫丁葆元，是昌硕同乡，便问吴昌硕去不去。时年五十六岁的吴昌硕，对当时盐运署里“官盐”吃“私盐”、大鱼吃小鱼的时弊深感痛恶，对自己当个二三等的幕僚，每月拿三十多块大洋，每天签到的生活，也感到无聊，便答应到安东去当父母官了。

吴昌硕到任后，既不去拜会同僚，也不去拜访地方士绅，公务之余，便是吟诗作画。因不愿曲意逢迎、颠倒是非，结果跟上司闹翻了，到任仅一个月，就毅然辞官。

吴昌硕任安东令是带着为民办事、施展抱负的美好愿望而去的。“一月安东令”的官场生涯，使他这一愿望彻底幻灭，从此专心致志从事艺术创作。“一月安东令”可谓是吴昌硕一生理想追求上的一次最重大的转折。

吴昌硕曾刻过多方“一月安东令”的纪事印，我们今天尚能看到的有三方。一方是朱文印，款刻：“一月两字合文，见残瓦券。沧石。”一方是白文印，款刻：“汉印浑古中得疏宕之意者。缶记。”看来吴昌硕对此印尤为欣赏。第三方也是白文印，款刻：“旧黄河势抱安东，古木寒潭万影空。卧榻冷悬高士雪，卷茅狂听大王风。诗来淮上秋山里，人在天涯水气中。眼底石头真可拜，傥容袍笏借南宫。安东即目。己亥十一月二日，老缶。”此诗后收入《缶庐诗（卷四）》，题目为《岁己亥十一月摄安东县即目》。

“安东即目”是吴昌硕初到安东所写的。诗中可以看到他上任时的心境，以借米南宫拜石的典故，表白自己不随俗流的态度。

吴昌硕还刻了一方“弃官先彭泽令五十日”朱文印以自慰。

吴昌硕辞官后，一心为艺，鬻艺为生，来往于苏沪之间，艺术风格基本形成。

（四）定居上海，吴昌硕艺术风格全面成熟，名扬天下

吴昌硕六十八岁，辛亥（一九一一）夏，移家上海吴淞。一九一一年，辛亥革命推翻了清朝统治。民国元年岁次壬子（一九一二），吴昌硕时年六十九，定用“昌硕”之字，刻有“吴昌硕壬子岁以字行”。以“昌硕”作为落款署名，一则表示吴昌硕寄希望于民国，但愿从此不要再发生逃难石苍坞之事。他自己曾讲过，希望民国之后过安定日子。二则似自况在艺术上诗、书、画、印全面成熟，进入艺术高峰的晚年丰收期。“昌硕”二字又含有新生命开始繁荣昌盛的意思，正合他的愿望。

一九一三年，由吴隐、叶铭、丁仁、王禔创建的西泠印社成立十周年之际，公推德高望重、时年七十的吴昌硕为首任社长。吴昌硕的艺术进入了鼎盛时期，名望日隆。其沉雄苍浑、老辣俊逸的画风开一代风气，深受世人喜爱，名扬四海。民国十六年丁卯，即一九二七年十一月二十九日，吴昌硕在上海家中病逝，享年八十四岁。

二、吴昌硕绘画艺术的主要特点

吴昌硕的绘画艺术在继承青藤、白阳、八大、石涛以及赵之谦等大写意画风的基础上，开创性地将中国花卉画推向了大写意的又一座高峰。从中国绘画史的角度来观看吴昌硕绘画艺术，他对中国画的贡献主要是强化了画中有诗、以书入画、以印入画、画气不画形、善于用水墨色、大开合大气势的构图六个方面，特别是完成了将诗、书、画、印熔于一炉的中国画艺术的样式。下面简论之。

（一）画中有诗

“画中有诗”是形容画有诗意的美感，给人以无穷的遐想。宋代苏轼在《书摩诘〈蓝田烟雨图〉》中评论唐代王维的作品时指出 :“味摩诘之诗,诗中有画 ;观摩诘之画,画中有诗。”当然,“诗中有画”也就是描写景物的诗，使读者如置身图画当中，给人以优美的意境之感。

南朝齐谢赫在《古画品录》中提出中国画品评的六条标准，也称为“六法”，即“气韵生动、骨法用笔、应物象形、随类赋彩、经营位置、传移模写”。苏轼提出的“诗中有画,画中有诗”是在“六法”的基础上对中国画的品评标准增加了新的要求，或者说是对“六法”中“气韵生动”的诗意化要求。这是苏轼从文艺的本质、主体、创作、作品等方面出发，提出诗画“同律”的文艺理论核心思想。这一思想是在总结唐宋文艺大繁荣的基础上产生的，与他在绘画上提出“士人画”的概念,也就是后来人们普遍所说的“文人画”的概念是一脉相承的。也正是“诗中有画，画中有诗”这个新的要求，指明了宋元以来中国“文人画”的发展方向。

吴昌硕一生最重视的是诗，用功最勤的也是诗。他最早的诗稿《红木瓜馆初草》是其三十六岁所辑，共六十余首，均为早年诗作。之后有《缶庐集》《缶庐诗》《缶庐别存》等多卷本。在吴昌硕的绘画作品中，我们可以看到，他所画物象，往往取其精华特写为之，主次分明，给人以无穷的想象空间，所以也带给读者无穷的诗意美感。吴昌硕的过人之处还在于，其将由画生发出来的诗直接题写在画面上，并且作为画面不可分割的重要构成部分。

人们普遍认同他是诗书画印四绝的开宗立派的艺术大家，并对他的“四绝”排序为“印、书、画、诗”。而他自己排序则是“诗、书、印、画”。当然，他自己的排序也正反映了他对自己的要求。

（二）以书入画

“以书入画”也就是“六法”中所指的“骨法用笔”。由此可知，“以书入画”是中国画之优秀传统。这就要求中国画家，必须要在书法上有所造诣，否则无法达到“骨法用笔”的要求。大凡能成为历史上大画家者，在书法上同样也取得不俗的成就，吴昌硕就是其中之佼佼者。他常说：“我平生得力之处在于能以作书之法作画。”他的楷书取法钟太傅，古朴典雅。他的行草书，承“二王”一脉，较多地吸取米芾、王铎之长，化为己有，以气势胜。他的篆书，在《石鼓文》上可谓沉浸几十年，无论在笔法上还是在字法上，创造性地将“先秦《石鼓文》”写成了“吴昌硕《石鼓文》”。这分明是将自己的审美、性情、学养写进了《石鼓文》之中。特别是吴昌硕长期写《石鼓文》，他的笔端出现了一股雄强的篆籀之气，并将其注入绘画的笔墨之中。我们看吴昌硕成熟期的绘画作品，其所绘的梅花，无论枝干还是花朵，全是《石鼓文》笔法写之，其所绘的紫藤、葡萄、葫芦等分明是以行草笔法写出，无不雄浑朴茂，神采奕奕。

（三）以印入画

“以印入画”不仅是指在画面上盖上印，也是指以印的金石味入画。这是中国画发展到清乾嘉年间以后才出现的现象。

清代乾嘉年间有大量文物出土，书画家们从先秦、汉魏的碑版、鼎彝中感受到了雄浑、朴拙之美。阮元、包世臣等提倡碑学，金石考据学兴起，邓石如、金农、吴让之、赵之谦等大批书画家将金石味运用到绘画上，使人感受到了一种神奇的、雄强的、原始的、朴拙的美感，为之耳目一新，犹如一股清风，极大地激发出书画家们探索与创作的热情。清代碑学的兴起，倡导的是一种雄浑壮美、崇尚精详的美学观念，由此产生了古厚、雄强、奇崛、朴拙的艺术风格。吴昌硕深受时代的影响，他不仅继承了中国花鸟画的优秀传统，而且创造性地将金石气注入绘画的笔墨之中，从而成为那个时代绘画艺术上的杰出代表。

（四）画气不画形

中国画“六法”，其中三法“应物象形、随类赋彩、传移模写”都是对画家绘写物象的相关要求。这里的“应物象形”中的“应物”是指画家所要绘写的物象；“象形”不是对客观物象的直接描摹，而是对所绘物象进行抽象和概括。我们自然会联想到“象形文字”中的“象形”，二者意思是相通的。“随类赋彩”我们放入下面第五点来讲。“传移”是将所要绘写的自然物象移至我们的画面上来，“模写”则是“传移”的两种方法。一种“模”是像模板一样将物象摹下来；另一种“写”是要求“骨法用笔”地“写”，而不是“描”。也就是我们前面第二点所讲的“以书入画”。

吴昌硕深谙古法，其画往往抓着物象之气象、气势，所表现的是物象之精气神。他常说：“作画须凭一股气。”还在《为诸上人画荷赋长句》中写道：“墨池点破秋冥冥，苦铁画气不画形。”

吴昌硕所谓“作画须凭一股气”“画气不画形”并不是指不重形，而是不要计较于形似，要重神似，贵在“似与不似之间”，“气韵生动”才是作画之第一要务。这分明体现了中国传统文化的精神内涵和审美观念。吴昌硕的绘画以气韵、气势胜，正是抓住了中国文化的审美灵魂。

（五）善于用水墨色

中国画以墨色为基调，但历史上也有善用色彩的画家。与吴昌硕同时代的赵之谦、任伯年、虚谷和尚等都是用色彩的高手，但都没有达到吴昌硕之古艳、鲜活、浑厚、活泼。吴昌硕的画，水墨彩交融，相映生辉。首先是他大胆用水，无论浓墨还是淡墨，都十分饱满。同时，也善于用浓淡墨互破，墨与彩交融，并善于发挥枯笔的调节作用。他大胆用西洋红入画，并在其中调入墨，使色彩显得古艳。潘天寿在《回忆吴昌硕先生》一文中说：吴昌硕“大刀阔斧地用大红大绿而能得到古人用色未有的复杂变化，可说是大写意花卉最善于用色的能手”。

（六）大开合大气势的构图

吴昌硕的绘画，在章法布局上，虚实相生，个性鲜明。善用印之章法布白，喜用“之”字、“女”字构图。不论横幅、竖幅，所画花卉常喜取斜势，善用对角呼应取势，墨竹、梅花等布局喜从下角向上方斜出，菊花、牡丹等喜在一侧用赭石加墨的枯枝相配，使整个画面开合有度，气势磅礴，并具有现代构图之美感。而其画紫藤、葫芦、葡萄等藤茎植物又喜从上角向下角展开，结合笔势，画面产生盘龙腾空起舞的气势。其花卉，喜配奇石，画面极讲究层次，有纵深感，并极尽穿插之妙。品赏其画，总感到其作大开大合大气势，在极为简练的横涂竖抹间，通过苍劲雄浑的气势和酣畅淋漓的笔墨，表现出朴茂深邃之意境。

三、吴昌硕绘画艺术对后世的影响

吴昌硕绘画艺术是近现代的一座高峰。他与任伯年、蒲华、虚谷并称为清末“海派四大家”。随着时间的推移，他的艺术的影响力越来越大。吴昌硕绘画艺术对后世的影响主要是两个方面：一是他的艺术创新思想，二是他的作品审美风格。

（一）吴昌硕艺术创新思想对后世的影响

吴昌硕没有专门的艺术理论著作，他的艺术思想在《缶庐诗》、《缶庐集》、《缶庐别存》（题画诗）中随处可见。他在《沈公周书来索画梅》诗中写道：“画之所贵贵存我，若风遇箫鱼脱筌。”在《葡萄》题画诗中写道：“画当出己意，摹仿堕尘垢。即使能似之，已落古人后。”他在《刻印》长诗中将“古人为宾我为主”和“胆敢独造”的创新思想表达得更加充分。诗道：“赝古之病不可药，纷纷陈邓追遗踪。摩挲朝夕若有得，陈邓外古仍无功。天下几人学秦汉，但索形似成疲癃。我性疏阔类野鹤，不受束缚雕镌中。少时学剑未尝试，辄假寸铁驱蛟龙。不知何者为正变，自我作古空群雄。若者切玉若者铜，任尔异说谈齐东。兴来湖海不可遏，冥搜万象游鸿蒙。信刀所至意无必，恢恢游刃殊从容。三更风雨灯焰碧，墙阴蔓草啼鬼工。捐除喜怒去芥蒂，逸气勃勃生襟胸。时作古篆寄遐想，雄浑秀整羞弥缝。山骨凿开浑沌窍，有如雷斧挥丰隆。我闻成周用玺节，门官符契原文公。今人但侈摹古昔，古昔以上谁所宗？诗文书画有真意，贵能深造求其通。刻画金石岂小道，谁得鄙薄嗤雕虫？嗟予学术百无就，古文时效他山攻。蚍蜉岂敢撼大树，要知道艺无终穷。刻成袖手窗纸白，皎皎明月生寒空。”

其中“不知何者为正变,自我作古空群雄”“今人但侈摹古昔，古昔以上谁所宗？诗文书画有真意，贵能深造求其通”是其创新思想之精华。他大声地质问：“古昔以上谁所宗？”打破艺术门派之束缚，只要“贵能深造求其通”，便可“自我作古空群雄”！

在吴昌硕的学生中，潘天寿是最能领会其“胆敢独造”之创新思想的。他独辟蹊径，开创了中国画的另一高峰。

（二）吴昌硕艺术审美风格对后世的影响

吴昌硕艺术创新思想对后世产生了深远的影响，他的艺术审美风格同样对后世影响巨大。齐白石、王个簃、诸乐三、吴茀之等大批当代名画家都深受吴昌硕影响。其中，当数齐白石成就最高。

齐白石学吴昌硕不是一味地学得像，而是化为己有。他不仅在绘画形式上加入了吴昌硕没有的工笔昆虫，而且在气质上有所不同。吴昌硕绘画是传统的文人气质，而齐白石则是平民气质。这就自然拉开了他们俩的艺术风格的区别。吴昌硕的人物是带有传统脸谱式的，山水则是以花卉画笔法大写意为之，对齐白石同样产生了巨大的影响，但在齐白石笔下，同样呈现出气质性不同。当代传统中国画为什么难以超越吴昌硕、黄宾虹、齐白石、潘天寿等高峰？其中原因之一是当代社会分工越来越细，节奏加快，画家们无法达到“诗书画印求其通”的境界。因为诗是画的意境之支撑，书是画的笔墨之支撑，印则是画的金石气之支撑。中国画如果失去了“诗、书、印”的支撑，那就是失去了根本，何谈超越之？吴昌硕是诗书画印四绝的艺术大师，他的绘画不仅影响了近现代中国画的发展，同样推动了当代中国画的发展。

当代传统中国画要有所作为，需要沿着吴昌硕为代表的传统中国画大家的路子奋勇前进。首先要过书法关，因为传统中国画所弘扬的是“写意精神”，中国画贵在有书写性，只有过了书法关，才可以谈笔墨，谈写意精神。第二要过文学关，文学是一切艺术之基础，当然也是中国画之基础，当代新时期创作传统中国画，并不要求一定要画家自写格律诗词在自己创作的作品上，可以自写现代新诗，或者自撰创作体会的短文甚至短句，题于自己创作的画中，使传统中国画特有的形式在我们这一代人手中发扬光大，甚至创造出更好的新的形式，而不至于丧失。第三要过与书画相关的篆刻艺术关。并不要求每位画家都会刻印章，起码的是要看得懂篆刻，分得清篆刻作品的艺术水平的高低。

学习传统的中国画毕竟是修身养性的最佳方式。作为当代学画者，注重自身修养，画得开心，日积月累，自有成果。

二〇二〇年六月于北京大雅堂

参考书目：

［1］刘海粟、王个簃等：《回忆吴昌硕》，上海人民美术出版社，一九八六年版。

［2］陶紫正、洪亮：《吴昌硕》，西泠印社，一九九三年版。

［3］吴长邺：《我的祖父吴昌硕》，上海书店出版社，一九九七年版。

［4］朱关田：《吴昌硕年谱长编》，浙江古籍出版社，二〇一四年版。

［5］《中国近代名家精品集·吴昌硕》，天津人民美术出版社，二〇一二年版。

［6］沈新康：《百年丹青：湖州十家书画精品集》，西泠印社出版社，二〇一一年版。

［7］孔六庆：《中国花鸟画史》，江西美术出版社，二〇一八年版。

编者按：此文收入洪亮编著：《中国历代名家绘画大系·吴昌硕》，湖南美术出版社，二〇二一年版。

吴昌硕先生的书法艺术

洪亮

吴昌硕先生是近代驰名中外的艺术大师。他在诗文、书法、绘画、篆刻上均有极高的造诣，世称“四绝”，影响着中国近百年来的书画艺坛。

一般认为，他出名最早的是篆刻，影响最大的是绘画，而他在篆刻、绘画上的最基本的功夫乃来源于他的书法。他将篆书笔意融入篆刻，使其印作方寸天地，真气弥漫，开一代之印风。他将篆书、行草笔法融入绘画，使其画作浑厚古朴、大气磅礴，开一代之画风。

下面谨谈谈吴昌硕先生的书法艺术。

吴昌硕先生曾在一首《题〈何子贞太史书册〉》中这样自述道：“我书疲苶乌足数，劈所不正吴刚斧。曾读百汉碑，曾抱十石鼓。纵入今人眼，输却万万古。不能自解何肺腑，安得子云参也鲁？强抱篆隶作狂草，素师蕉叶临无稿。”（《缶庐集》）诗中所述“曾读百汉碑，曾抱十石鼓”是他书法艺术之根基。而“强抱篆隶作狂草”正表明了他在书法艺术上的鲜明风格个性。

清乾（隆）嘉（庆）以后，因秦汉文物陆续出土和外来技术的日益影响，我国的文学艺术也起了很大的变化，启悟了不少有识之士起来变革。在书法理论方面，包世臣、康有为竭力倡导的“碑学”，几乎取代了传统“帖学”原有的地位。在书法创作方面，邓石如以篆隶笔法写真书，于姿媚之中寓刚劲古厚之趣；伊秉绶以篆书笔法写隶书，清淳古健，独具风神；吴让之师邓而不泥邓，酣畅凌厉，自出机杼；赵之谦以六朝碑法入书画，吸收汉印之长，别开生面。吴昌硕在书法艺术上所走的道路也受到他们的影响。

然而，吴昌硕绝非人云亦云之辈，贯穿他的艺术的基本思想就是他的创新精神。他曾说：“画当出己意，摹仿堕尘垢。即使能似之，已落古人后。”（《缶庐诗》）画然，书法亦然。“出己意”就是他的创新精神。他反对一味泥古，说：“今人但侈摹古昔，古昔以上谁所宗？”（《刻印》）他主张“古人为宾我为主”（《缶庐诗》）。这说明他一方面重视传统，把传统作为基础，放在“宾”的位置；另一方面，他更重视自我创新意识，把“我”放在“主”的位置来进行艺术创作。其意义之深刻，对于今天每一位文艺者仍然有着教育和指导作用。他曾谆谆教导后学，“只恐荆棘丛中行太速，一跌须防堕深谷”（《读潘阿寿山水障子》），便是提示后学，创新需要一个学传统，了解、掌握传统的过程，不然易误入歧途而不能自拔。

我们从代表吴昌硕书法艺术最高成就的《石鼓》篆书来看，他所走的书法艺术道路，便是他艺术基本思想的生动体现。我们看到吴昌硕先生临《石鼓》的最早作品是他三十三岁为同乡学长晓坡先生所书“临《石鼓》三十二字”。可以说自那时起直到五十岁前后，他一直是谨守古貌，一点一画，无不求其毕肖。其间也受吴让之、杨沂孙、吴大澂等人的影响，个人风格并不明显。

然而，他功力渐深，到了六十岁前后，遗貌取神，基本确立了自家面目。七十岁以后，率真坦荡，不求形似，意境横生，骨力郁勃，恣肆烂漫，达于化境。

吴昌硕先生一生留下的书法作品，以写《石鼓》的最多。最为著名的有四本：第一本是五十九岁临本（一九六〇年，日本平尾孤往发表在第一〇一期《书品》上），第二本是六十五岁临本（一九一〇年，上海求古斋以石印问世），第三本是七十二岁临本（一九一五年，《苦铁碎金》发表，西泠印社出版），第四本是七十五岁临本（上海人民美术出版社出版）。吴昌硕先生在其六十五岁临《石鼓》本自记有“余学篆好临《石鼓》，数十载从事于此，一日有一日之境界”。沙孟海先生对“一日有一日之境界”一句特别重视，说：“这句话大可寻味。我看他四五十岁所临《石鼓》，循守绳墨，点画毕肖，后来功力渐深，熟能生巧，指腕间便不自觉地幻出新的境界来。正如怀素《风废帖》（又称《论书帖》）自己说：‘今所为其颠逸，全胜往年，所颠形诡异，不知从何而来，常自不知耳。’懂得这个道理，才能鉴赏先生晚年所临《石鼓》的高妙。先生有时爱临《散盘》，也是意不在形似，我曾见到他有一次自记，‘愧少郁勃之气’。寻味‘郁勃’二字，就可窥测先生用意所在。《散盘》如此，《石鼓》如此，推而至于隶、真、行、草各体，也无不如此。”（沙孟海《吴昌硕先生的书法》）

吴昌硕先生早年在楷书上曾下过一番扎实的功夫。吴东迈先生说：“他学楷书，起初从颜鲁公入手，后又学钟繇，打下坚实的基础。”（吴东迈《吴昌硕》）所看到他的楷书作品最早的是他三十一岁所书的《鄣吴义冢碑》，用笔、结构都十分讲究，在颜、欧、钟三家之间。《元盖寓庐偶成》未注书写年份，但确系早年之作。全用钟法，作笔形圆意方，颇有古隶木简之意味。横竖落笔直接入锋（或称“空回”），收笔垂中有缩，捺皆藏锋，内涵蕴藉，不求妍而清气自溢。使人看来遒迈稳重，心静气和。三十六岁所书楷书《诗卷》可知其涉猎北碑，楷法为之一变。字体刚劲婀娜，隶法入真，清峭可喜。潘天寿先生说：“昌硕先生曾谈起：‘学钟太傅二十余年。’故他八十高龄的时候，尚喜欢写小楷扇面，严毅精纯，一丝不苟，使吾辈年轻人望而生畏。足以知道昌硕楷书的渊源，及他功力的深至。”（潘天寿《回忆吴昌硕先生》）

“强抱篆隶作狂草”是吴昌硕先生对自己行草书法特点的自我写照。当然也离不开他那扎实的楷书功夫，由楷而行，水到渠成。我们从他的行草书作品中来看，在用笔和结构上得益最多的是王铎、米芾、黄庭坚三家，同时也受到李邕、颜真卿、祝允明、黄道周、倪元璐等人的影响。诸乐三先生说：“至于行草，乃于先生兼学众法而独创性地把篆、隶、楷三种运笔结体之精髓相掺合而成，行书中夹入草篆，而能一气贯通，给人感到富有古拙、生辣、铿锵美妙之奇趣。”（诸乐三《吴昌硕先生艺术及其生平》）

我们从吴昌硕先生的行草作品中可以看到，他最显著的特点是行气。似乎下笔生风，墨气淋漓，运笔直下，先快后慢，一气写成，有润有枯，湿而不媚，枯而不浮，枯湿自然流露，气韵生动，浑然天成。整幅作品一气呵成，可谓气贯长虹。他的行草的另一个特点，便是历代书家所不能企及的将金石篆刻的修养融于其笔墨之中，所以带有浓重的金石气。生辣古拙，气象森严，雄健挺秀，郁勃纵横，笔势奔放，遒劲凝练。沙孟海先生对吴昌硕的行草书有过这样的评价："纯任自然，一无做作，下笔迅疾，虽尺幅小品，便自有排山倒海之势。此法也自先生开之，先生以前似尚未见专门名家。晚年行草，转多藏锋，遒劲凝练，不涩不疾，亦涩亦疾，更得'锥画沙''屋漏痕'的妙趣。"（沙孟海《吴昌硕先生的书法》）

吴昌硕先生同时也是清代隶书大家。吴东迈先生说："隶书方面，他早期以临摹《汉祀三公山碑》为主，后来广泛地观摩了大量的汉碑拓本，又从中选出《嵩山石刻》《石门颂》等数种，经常用功临摹；同时也或多或少受到杨（藐翁）、邓（顽伯）、吴（让之）诸家笔法的影响。"（吴东迈《吴昌硕》）

我们从吴昌硕先生三十五岁为其妻弟振甫六弟所书的"缉裳荷轻，补屋萝密；碧梧秋晚，红杏春深"隶书联来看，形是隶书，笔画间都有篆书意味，工稳而不凝滞，曲折垂缩，心气平和。在字的造型上,可以说是把《褒斜》《裴岑》《大三公山》《太室石阙》等古碑笔法熔为一炉，随意取舍，化扁为长，自具面目。然而，他的晚年隶书风格为之巨变。用笔上大量渗入《石鼓》笔意，作品极为精彩。我们看到其癸亥（一九二三）元旦,八十初度集《曹全碑》阴字的"汉书下酒；秦云炅河"的隶书联，可谓是取诸家之长，秀劲之笔中含雄浑之气。而且结体上较早年之隶书更趋长方形特点，这与他长期浸淫于《石鼓》结下的深厚功力不无关系。而我们看到他八十四岁，即在仙逝前的几个月所书的"华亚鹿车出；潮平鲤翰来"的隶书联，则更为肆意奔放，似有"似隶似篆了不问"之意趣。

写到这里，我禁不住要说：吴昌硕先生晚年所作书，毫无衰老之迹象，而是更加雄浑苍劲，自由自在，进入化境，使我们更加深刻地体会到朱熹在《观书有感》中所道“问渠那得清如许，为有源头活水来”和吴昌硕先生强调的“诗文书画有真意，贵能深造求其通”。我们似乎深刻地领悟到了吴昌硕先生那深厚、博大的文学、书法、绘画、篆刻的底蕴，在他的书作中像长江之水滚滚而来，滔滔不息。

今河北教育出版社出版《二十世纪书法经典·吴昌硕卷》，朱君培尔先生自京来电，嘱我介绍吴昌硕先生书法艺术。我深知国内外专家、学者对吴昌硕先生的书法之研究已有相当深度，限于本人浅薄之学识，只能较多地引用诸位大家之论述，对吴昌硕先生的书法艺术作一简介。不当之处，诚请专家、读者正之。

编者按：此文应朱培尔先生约为《二十世纪书法经典·吴昌硕卷》撰写。河北教育出版社、广东教育出版社，一九九六年版，第一一二——一一五页。

论吴昌硕篆刻刀法的当代意义

洪亮

吴昌硕（一八四四—一九二七），初名俊，又名俊卿，字苍石、昌石、昌硕等，号朴巢、苦铁、缶庐、破荷亭长、大聋等。六十九岁以后以字行。浙江安吉人。他在书法、绘画、篆刻以及诗文诸方面均集古今之长，并融会贯通，独辟蹊径，自成面目，是我国近现代开创一代新风的驰名中外的艺术大师。他的艺术作品和艺术思想，影响了近百年来的中国书画印艺坛，同时也影响到日本、韩国以及东南亚许多国家和地区。

本文就吴昌硕篆刻刀法的当代意义进行讨论。

一、吴昌硕篆刻刀法的基本特点

篆刻刀法是一种技法，这种技法所产生的是一种篆刻艺术特有的语言形式。篆刻作者通过篆刻刀法这种特有的语言形式，来表达自己的思想情感和内心世界。一位成熟的篆刻家必定有其特有的个性风格的篆刻刀法语言。

对吴昌硕篆刻刀法的研究，国内外许多专家、学者多有涉及，有的还有专论和专著。其中，最著名和最具有影响力的是刘江先生所著的《吴昌硕篆刻及其刀法》一书。该书以吴昌硕篆刻的“刀法与笔意”的关系为主线，从基本点画、边界格、残损以及用笔、用刀与结体、章法等方面对吴昌硕篆刻的刀法进行了深入浅出的研究与分析。其方法采用文字说明配以相应的篆刻作品之图例。分析局部刀法时，在相应附图（篆刻作品）旁再用钢笔绘出局部刀法之示意图。这种开创性的研究方法，使我们对吴昌硕的篆刻刀法从直观的认识，上升到了理性的认识，对吴昌硕篆刻刀法的基本特点有了更加清晰的认识。

吴昌硕的篆刻刀法，归纳起来主要有两个基本的特点。[1]

第一是冲切结合的刀法特点。从篆刻史的角度来看，刀法的形成、成熟与发展有一个过程。文彭是篆刻之鼻祖，何震是徽派篆刻之创始人，他们俩一起开创了文人自篆自刻的新纪元，是明清篆刻流派印章之先驱。他们的作品中我们已看到了冲刀和切刀的方法。但谈到冲刀法，我们觉得明代篆刻家汪关更具有代表性。冲刀法在他创作的作品中更具有意境，应该说他使冲刀法走向了更加成熟的时代，并赋予其新意，使其具有俊爽安详、雍容华贵的气象。冲刀法由于冲刀入石，刀锋的偏正角度不一，其表现的线条形质也各异：单刀正入，其锋正而藏；单刀偏入，其锋偏而露；而正偏结合的冲刀，似粗白文中一刀去、一刀来合成一画而成正锋等变化。之后，邓石如、吴让之、赵之谦等不断地将冲刀法加以发展，形成具有各自个性的不同美感的冲刀法。提起切刀法，自然就想到了丁敬创立浙派之典型刀法。由于刀切入印石时，用力有轻重疾徐，刀痕距有长短、偏正，因而线之两侧，有流利、迟涩的众多刀迹变化，其线具有不同程度粗细波折之形，其质具有含蓄之力或不同的节奏感。

吴昌硕在继承前人的冲刀法和切刀法的优秀成果的基础上，融诸家之长，在大量的篆刻创作实践中，不断探索，将冲刀和切刀两种刀法融合在一起，形成了自己的冲切结合的刀法。这种刀法灵活多变，或冲中带切，或切中带冲，甚至切中带削……这种多变的刀法，把冲刀的猛利、挺劲、爽快与切刀的含蓄、浑朴融为一体，将书意和刀意表现得淋漓尽致，使他的篆刻刀法的雄浑朴茂中寓秀逸的个性化特点凸显了出来。

第二是残缺刀法特点。残缺刀法是吴昌硕篆刻创作中的一种常用手法。我们知道，秦汉古印大多因年深日久、水土的浸蚀、自然的风化，印面及文字线条失去了原先的平整和光洁，变得残缺不全。恰恰是这些残缺给我们以古朴、含蓄、浑厚、苍拙等特殊的审美效果，这是自然的造化使然。吴昌硕巧夺天工，在传统的冲、切刀法的基础上，辅之以敲、击、凿、磨或借用砂石、鞋底、钉头等，极大地丰富了篆刻艺术的表现手法，并创造性地将篆刻艺术中刀石效果产生的金石味，上升到残缺美的审美新境界。

二、吴昌硕篆刻刀法开创了现代审美之新纪元

自元末明初篆刻艺术诞生之后，篆刻家们对篆刻的刀法一直孜孜不倦地探索着。到了清末民初的吴昌硕时代，篆刻刀法已相当成熟，并形成了众多的篆刻流派，诞生了一批卓有成就的篆刻大家。篆刻刀法的观念也已经形成。吴昌硕的伟大之处就在于他敢于和善于对传统的和其同时代的篆刻刀法观念进行扬弃。

（一）冲切刀结合法，推动了“印从书出”的篆刻刀法审美的新发展

“印从书出”的篆刻刀法观念，是明清篆刻刀法观念之核心，

即以刀法来表达笔意为指归。正如明代篆刻家、印论家朱简所说：“刀法者，所以传笔法者也。刀笔浑融，无迹可寻，神品也。”（朱简《印经》）在这种观念的支配下，篆刻艺术借鉴和吸收了书法艺术的理论成果和创作经验，得到了极大的发展，出现了明清篆刻流派的辉煌。但细细分析起来，吴昌硕之前和其同代篆刻大家们，在篆刻刀法上多选择了一条可称之为“一无性”的道路，也就是纵向深入拓展之路。即或选择冲刀法或选择切刀法，在刻印过程中对入刀的角度、运刀的速度和力度深入探索，形成既能表达笔意，又能表达自己思想感情和审美理想的刀法语言。

我们知道，浙派的开山祖丁敬早有《论印绝句》：“古人篆刻思离群，舒卷浑同岭上云。看到六朝唐宋妙，何曾墨守汉家文？”[2]明确地提出了要突破当时印人崇尚汉印的审美局限，向更广阔的领域开掘古代印章美的审美取向，客观上体现出不满于宗汉审美的一元认识，而提倡多元的审美趣味。[3]这一“思离群”的篆刻艺术思想蕴藏着巨大的创造力。首先，丁敬身体力行，在他的篆刻创作的刀法实践中，以其个性化的切刀法对汉印进行创新[4]，从而开创了浙派印风。他在刀法上所走的是一条切刀法“一元探索之路”。继丁敬之后，蒋仁、黄易、奚冈、陈豫钟、陈鸿寿、赵之琛、钱松等对切刀法不断发展，严格地讲，他们一直是沿着这条切刀法的“一元之路”不断深入地探索着。

然而，吴昌硕在篆刻创作的刀法上，“信刀所至意无必，恢恢游刃殊从容”“不知何者为正变，自我作古空群雄”（《刻印》，《缶庐集》卷一），不被冲刀、切刀所囿，在“印从书出”的刀法观念下，以刀法表达笔意为指归，不拘泥于前人探索出的，已经相当成熟的、纯粹的冲刀法和切刀法的故有程式，大胆地探索新刀法，成功地将冲、切等刀法熔于一炉，从而开拓了篆刻刀法从“一元时代”迈向“多元时代”的审美新纪元。

（二）残缺刀法，开拓了篆刻的多元刀法的审美新境界

关于印面的残缺，明清以来，印人们有着两种截然不同的看法。明人沈野的《印谈》中谈道：“文国博（文彭）刻石章完，必置之椟中，令童子尽日摇之。”使之达到残缺之效果。何震则主张“极工致而有笔意”，并说：“古印存世，难得皆好，不可以世远文异漫而称佳。”（何震《续学古编》）可见他是反对印面残缺的。或许是文彭对印面残缺美的探索没有找到正确的方法，也没有取得令人满意的效果；而何震崇古印之原貌，反对印面残缺的主张得到诸多赞同。之后，甘旸、杨士修、赵之谦、黄牧甫等都反对印面的残缺。赵之谦曾说：“汉铜印妙处，不在斑驳，而在浑厚。”（见“何传洙印”印边款）黄牧甫赞：“赵益甫（之谦）仿汉，无一印不完整，无一画不光洁，如玉人治玉，绝无断续处，而古气穆然，何其神也。”并批评印面残缺者：“汉印剥蚀，年深使然，西子之颦，即其病也，奈何捧心而效之。”（见“季度长年”印边款）

然而，自文彭之后，对印面的残缺美，印人们一直是探索不止，但总难成气候。吴昌硕在其“不受束缚雕镌中”“贵能深造求其通”（《刻印》，《缶庐集》卷一）和艺术思想的指导下，对篆刻刀法进行了多方面的探索。他不满足于对冲刀或切刀的纵向深入的研究，甚至不满足于将冲、切等刀法熔于一炉所产生的篆刻刀法的新境界。为了印面的审美需要，他对篆刻刀法不断地横向扩展，在刻的基础上，大胆采用敲、击、凿、磨等手法，或借用砂石、鞋底、钉头等，大胆地探索和使用残缺刀法，极大地丰富了篆刻艺术的表现力，进一步开拓了篆刻的多元刀法带来的残缺美的审美新境界。[5] 事实上，吴昌硕在长期的篆刻创作的实践中，成功地探索出的残缺刀法，开创了当代篆刻刀法审美的新纪元。

三、吴昌硕篆刻刀法为当代篆刻理论研究提供了新空间

理论是对实践的总结，同时又是对实践的指导。吴昌硕在篆刻刀法领域里的开拓，不仅突破了明清以来的篆刻审美的习惯，将篆刻的传统审美推向现代审美，同时也突破了明清篆刻理论之框架，为当代篆刻理论研究提供了新空间。

（一）对残缺刀法的理论总结

我们知道，吴昌硕是篆刻残缺刀法的开创者或者说是集大成者，那么刘江先生就是研究残缺刀法理论的开创者，或者说是集大成者。吴昌硕在篆刻实践中探索出众多的残缺刀法，但从未从理论的高度加以总结，甚至从未言及此为何种刀法。刘江先生长期对吴昌硕篆刻刀法进行研究之后提出：我们从吴昌硕的作品中可看出，他多用残损之法，来加强作品的某种意境、意味或意趣。根据笔者的理解，归纳有凿刀、削刀、击刀、刮刀，以及其他的磨、钉、砂、擦等手段，在印石刻制之前、之中或之后，视印面情趣需要而决定其残损面积的大小与多少，增强层次、虚实、藏露的对比，以达到其预想的艺术效果。

那么，明清众多印人对残缺刀法的探索为什么没有成功？而

吴昌硕的成功原因是什么呢？刘江先生娓娓道来：我认为这是明清以来印人对印面的残损，只求表象，而未深求其理，故欲求古而不古。缶翁刻印却不然，他在印面施以残损之法，不仅是为了表象的古意，更是透过残损之表，深入探求一方作品的意境，并使印面每一残损之点，都置于一印整体布局之中，如同一印中的一点一画，不仅与印面文字相谐调、配合，同时每一残画残点，又各具其笔意与刀意，使残缺成为形成他艺术特色的一种手段，一种表现技巧，一种个人风貌。这也是缶翁在篆刻艺术中成功的创造与发展。[6]

刘江先生对残缺刀法进行理论总结时进一步提出：作为吴昌硕篆刻艺术中的一种技巧，尤其是作为他笔法与刀法中的一种新的艺术语言，要从残有笔意、残有刀意、残有变化、残有韵律四个方面进行理解与把握。[7]他还将残缺刀法，从理论总结上升到美学的高度加以论述，从残缺美的高度提出了篆刻艺术中的“残而不残”和“化残为全”等美学命题。[8]

（二）从残缺刀法到做印法

继刘江先生对残缺刀法的理论总结之后，李刚田先生又提出了“做印法”。刘江先生是从篆刻刀法横向扩展的角度，对残缺刀法进行了理论总结；而李刚田先生提出的“做印法”，是把对印面的各种残缺的方法，归纳为独立于刀法之外的又一法。

李刚田先生提出的“做印法”的理论依据是：“刀法观念是明代印人建立的，其核心内容是‘传笔法’。而为制造印面特殊的金石效果采用的其他技法手段就是做印法。”他就做印法与刀法的区别谈道：“做印法与刀法只是概念上的区别，在具体技法、具体作品中有时是相互渗透存在的。”并进一步指出：“此法（做印法）从古代的印章制作到明清以来的系统创作中都普遍用之，但未能进行理论上的梳理。”李刚田先生的“做印法”是当代篆刻技法中的一家之说。[9]随着当代篆刻的进一步繁荣，对刀法以及吴昌硕篆刻刀法的理论研究也将进一步深入。

（三）对当代篆刻刀法理论的思考

当代篆刻家的生存状态与明清时期的篆刻家相比，已经发生了较大的变化；当代人的思想情感的表达方式与明清时期相比，也发生了较大的变化。由于社会发展速度的日益提升，人们的生活节奏也越来越快。篆刻从原来钤拓在印谱上、在书斋里细细品味的艺术，到今天制成印屏，走向展览大厅，展示篆刻家的艺术创作之成果。这一审美方式的变化，促使篆刻刀法发生了相应的变化。相当部分的篆刻作者为了达到展厅审美的视觉效果，不断地强化刀法的视觉冲击力。归纳起来主要表现在三个方面：一是大写意印风之刀法，任情放纵；二是细朱文刀法，走向工细之极致；三是为了达到印面之视觉效果，印面制作可谓费尽心思。总之，当代篆刻刀法的审美，已从传统的内涵美向当代的视觉效果的形式美发生了由内向外的转换。

改革开放以来，西方美学观念的引入，对当代篆刻刀法的审美也产生了很大的影响。主要表现在篆刻家们从传统的篆刻刀法以表现书法的笔意为指归，到当代的篆刻刀法注重印面的形式构成视觉效果的转换。这也是一个当代篆刻理论需要思考的新课题。

当然，从吴昌硕篆刻刀法的当代意义引发出来的对当代篆刻刀法的理论思考，还可以从多方面展开，这里不一一列举。

结语

吴昌硕篆刻刀法的当代意义是深远的，其不仅突破了明清以来的篆刻刀法程式，更重要的是事实上突破了明清以来的篆刻刀法的“一元审美”的观念，开启了当代篆刻刀法“多元审美”的新观念。

当代篆刻的一个显著特征是时代审美趣味的多元性带来的篆刻刀法观念的多元性。一方面篆刻家们沿着刀法的纵向深入和横向扩展之路不息地探索着；另一方面篆刻家们已摆脱了传统篆刻刀法观念的束缚，在自我审美观念的驱使下，自由地选择各种刀法以及各种制作法以达到自我审美效果。我们不必为其是非优劣下定论，需要的是对出现的一些问题进行深入的思考，不断探索篆刻艺术自身发展的规律性。我们相信，一个开放、宽松的社会生活环境和艺术环境、多元的艺术探索，必将带来当代篆刻艺术的大繁荣。

参考书目：

［1］刘江：《吴昌硕篆刻及其刀法》，西泠印社，一九九七年版，前言。

［2］丁敬：《论印绝句》，韩天衡编订：《历代印学论文选（下册）》，西泠印社，一九八五年版，第九九七页。

［3］黄惇：《中国古代印论史》，上海书画出版社，一九九四年版，第二三七页。

［4］叶一苇：《重论浙派》，《西泠印社国际印学研讨会论文集》，西泠印社，一九九九年版，第一四页。

［5］刘江 :《吴昌硕篆刻艺术研究》，西泠印社，一九九五年版，第一七五——一七六页。

［6］刘江 :《吴昌硕篆刻及其刀法》，西泠印社，第七六—九二页。

［7］刘江 :《吴昌硕篆刻艺术研究》，西泠印社，一九九五年版，第一七五—二〇四页。

［8］刘江 :《篆刻美学》，中国美术学院出版社，一九九四年版，第二六二—二七七页。

［9］李刚田 :《论篆刻中的做印法》，《全国首届“篆刻学”暨篆刻发展战略研讨会论文集》，一九九七年，第一三五——一四二页。

吴昌硕年谱（简编）

吴长邺

公元一八四四年（清道光二十四年，甲辰）一岁

农历八月初一日（九月十二日）先生生于浙江省安吉县鄣吴村。

是年父辛甲二十四岁。

是年俞曲园（樾）二十四岁。杨见山（岘）号藐翁二十六岁。任伯年（颐）五岁。虚谷二十一岁。

公元一八四八年（道光二十八年，戊申）五岁

是年农历八月廿八日妻施季仙（酒）生。

自是年始，由其父启蒙识字。

公元一八五三年（咸丰三年，癸丑）十岁

自是年始，先生至邻村学塾中攻读。离家虽远，而能风雨无阻，苦学不倦。

时虚谷已在上年出家为僧。

公元一八五五年（咸丰五年，乙卯）十二岁

先生勤学之余，已能参加稼穑劳动。

公元一八五七年（咸丰七年，丁巳）十四岁

是年始学刻印，其父好金石篆刻，先生幼年耳濡目染，每喜模仿，常在塾中，伺隙奏刀，塾师虑其耽误学业，辄加劝阻。在家受其父诱导指点，先生大为鼓舞，学印刻之志益坚，用功益勤。其后终生乐此不倦，盖由此发轫。

因家贫无力购置刀石，恒以废铁磨成刻刀，每获一石，珍同珙璧，必屡磨屡刻。某次刻石过久，困倦已极，握石不稳，不慎将左手无名指凿伤，乡间缺医少药，竟使无名指烂去半节。晚岁，先生常举此秃指，追述往事，以勉励后辈。其时，先生读经史之外，已爱诗词。

是年朱彊村（孝臧）生。

公元一八六〇年（咸丰十年，庚申）十七岁

是年春间，太平军一部自安徽广德界牌方面进抵浙江，清兵尾随而至，鄣吴村是必经之路，村民仓皇奔逃，先生随父辗转流亡，历尽艰险，途中父子又被乱军冲散，先生只得只身逃亡。其间，弟死于疫，妹死于饥。《夜半有感》诗中“有弟死疫妹死饥”之句。聘妻章氏未婚，居家事姑，一遇情况紧急，即扶老人往山野间暂避。

公元一八六一年（咸丰十一年，辛酉）十八岁

先生当时只身漂泊，经年不得一饱，常以野果、草根、树皮充饥。据手稿《岁寒》诗有云：“担薪汲水一佣工。”盖述其曾在宋姓农家打杂工糊口度日。

是年小除夕，得知其父逃难在孝丰东乡半山地，即奔赴之。

公元一八六二年（同治元年，壬戌）十九岁

是年春三月，乡里稍宁，归家省亲。元配章氏（安吉县过山村人，未及成婚）已先数日病殁，草草掩埋庭中桂树下。

立秋日，母万氏病殁。

公元一八六四年（同治三年，甲子）二十一岁

是年三月杭州为清军攻陷。四月，天京被围，洪秀全殉难。六月，天京陷落，李秀成被俘就义。

昌硕先生至中秋日始会同父亲回乡，见故里荒烟蔓草，瓦砾遍地，骨肉俱死于难中，仅父子两人相依为命。从此先生随父亲苦耕苦读，收拾残书，孜孜读书不倦。

公元一八六五年（同治四年，乙丑）二十二岁

是年父娶继室杨氏（安吉县晓墅村人），举家迁居安吉城内桃花渡畔。先生所居小楼仅堪容膝，题名曰“篆云楼”。屋前有园，名曰“芜园”。所惜“篆云楼”“芜园”俱在抗日战争期间毁于兵燹，遗址仅有界石一块。

秋，安吉县补考庚申科秀才，经老师潘芝畦一再迫促，勉强应试，即于此科入泮。

公元一八六六年（同治五年，丙寅）二十三岁

始从同里施旭臣受诗法，同时广泛深入学习名家书法、篆刻，对金石学特别爱好。

公元一八六七年（同治六年，丁卯）二十四岁

是年仍在安吉，勤习书法、篆刻和诗学。

公元一八六八年（同治七年，戊辰）二十五岁

二月十八日，父病殁于安吉，年四十八岁。先生悲痛之余，用功益勤。

公元一八六九年（同治八年，己巳）二十六岁

先生为求深造，毅然离家，负笈杭州，就学于诂经精舍，从名儒俞曲园习小学（文字训诂学）及辞章。是年编成《朴巢印存》。

公元一八七〇年（同治九年，庚午）二十七岁

仍在杭州求学，与同学陈桂舟交往频繁。

是年冬，回故里度岁。从此在安吉苦读。除勤习书法、篆刻之外，课邻人子弟，代人书写文章等为生，时更名芗圃，人称“芗圃先生”。

公元一八七二年（同治十一年，壬申）二十九岁

在安吉娶施氏夫人，名酒，字季仙（归安县菱湖镇人），小于先生四岁。家贫，夫人主持家计井然有方。

是年曾随友人金杰赴上海，得识画家高邕之。

公元一八七三年（同治十二年，癸酉）三十岁

是年长子育生，乳名福儿。

先生再赴杭投诂经精舍。在杭识画家吴伯滔。

在安吉从潘芝畦师学画梅，潘画梅著名于乡里。

是年何子贞（绍基）卒（一七九九——一八七三）。

公元一八七四年（同治十三年，甲戌）三十一岁

是年秋赴嘉兴，因施旭臣之介，得识金铁老，同客杜筱舫（文澜）曼陀罗斋，又同游苏州，铁老授昌硕先生识古器之法，先生爱缶由是始。铁老与先生相识时年逾花甲，二人谈诗甚相得，成忘年交。先生曾为作诗题《虚舟纵浪图》。集拓印作《苍石斋篆印》。

公元一八七五年（光绪元年，乙亥）三十二岁

赴湖州，馆陆心源家，间协助心源整理文物。

公元一八七六年（光绪二年，丙子）三十三岁

居湖州，馆陆心源家。次子涵农历九月初八生，乳名壶儿（与“湖”字同音），字子茹，号臧龛。

集拓近作假青云之义名之谓《齐云馆印谱》，自署“吴俊昌石著”。

陈师曾生。

公元一八七七年（光绪三年，丁丑）三十四岁

先生早年作画多未保存，现能见到最早之作品于是年始。先生最早之诗稿《红木瓜馆初草》，存六十余首，都是早年作品。

先生婚后常到菱湖岳家小住，爱在青云阁茶楼会友论文，吟诗作赋。

公元一八七八年（光绪四年，戊寅）三十五岁

奔波于湖州、菱湖。

公元一八七九年（光绪五年，己卯）三十六岁

春，曾客苕上（吴兴），宿金杰寓中，刊一印文曰“一孤之白”，其边跋云：“己卯春日，仓石道人作于苕上。”

拓集所作印章，编成《篆云轩印存》，携往杭州，向其师俞曲园求教，曲园极为赞许，欣然为之署耑并题辞。（原件现存杭州西泠印社）

先生论金石篆刻之重要作品《刻印》长古，当作于是年。诗中畅论刻印原理，颇多独到见地，诚为精辟之论。

托友人得任伯年画一幅，爱不忍释。

公元一八八〇年（光绪六年，庚辰）三十七岁

春二月，得杨大瓢（宾）上“铁函”两字，因作“铁函山馆”印。又刻一印，文曰“美意延年”。

在苏州与杨见山订交，常以诗文就正，因钦佩其治学与为人，欲师事之；见山复信固辞，愿以兄弟相称。其后二十余年间过从甚密，始终尊之为师长，敬礼不衰。

先生频年旅居外地，思乡心切，遂作《芜园图》《冷香图》，自题以诗，并征求友人题咏。

友人王复生为作小像，独坐松石间，自题五古两首。

在苏州识两罍轩吴云，以《篆云楼印存》向吴云求教，吴云略为删削，更名为《削觚庐印存》。

秋曾赴京口，十月回苏州，与金铁老重逢，叙谈甚欢。作《与铁老话旧》《坐雨和铁老》。又作一印，文曰“叩盆”。是年友交广泛，识吴秋农、金心兰、顾茶村、胡三桥、方子听等。

公元一八八一年（光绪七年，辛巳）三十八岁

初春至嘉兴，偕杜楚生（连章）、沈养和（涵）泛舟南湖，题诗草暗壁。

返苏州仍寄寓吴云两罍轩，曾为汪鸣銮治印，款云："辛巳长至未一日刻于两罍轩，吴俊。"

是年作客外地，闻故里不靖，忧心如焚，作《辛巳纪事》诗。秋，作《辛巳重阳》诗，以抒乡思；又作《别芜园》诗，追述往事，并寄感慨。

作诗赠苏州县令周陶斋。

为潘钟瑞题诗《香禅精舍图》。

集拓近作名《铁函山馆印存》。

曾到丹阳，作《丹阳道中》诗。

公元一八八二年（光绪八年，壬午）三十九岁

因故里不宁，春携眷宅居苏州西亩巷之四间楼，地近寒山寺，当时鬻艺生涯清淡，不足以赡一家生计，友人荐作佐贰勒小吏以维家计。佐贰指县丞。

四月，书"道在瓦甓"四字以赠金俯将，金因知先生爱，遂以珍藏古缶为报。先生得之爱甚，即以"缶"名其庐，并以"缶庐"为别号。

是年施旭臣过苏州见访，赋诗话别。

至菱湖，与吴瘦绿论篆刻，互以印章相赠答，有《秋绿吟馆印汇》《诗草》等。

五月刻一章，文曰"染于仓"。

与虞山沈石友论交，过从甚密。

冬，跋《石鼓》拓本。（据手稿）

公元一八八三年（光绪九年，癸未）四十岁

元月初，因公去津沽，在沪候轮时经人介绍，识画家任伯年，二人年岁相仿，性格相同，一见如故，遂成莫逆。

三月，任伯年为先生作《芜青亭长像》。现存安吉吴昌硕纪念馆。

同月，先生为张熊刻“张熊之印”，跋云：“癸未三月，病后握管，殊嫌孳弱，安吉吴俊时客沪上。”

是年，《削觚庐印存》版已装成，先生以印章拓成散页以赠亲友，故《削觚庐印存》版本都各有异，相同者极少。曾请徐康题扉页云：“苍石酷嗜《石鼓》，深得蝶扁遗意，今铁书造诣如是，其天分亦不可及矣，兹奉檄航海北征，与其也行也识此。光绪九年二月，窳叟徐康。”但此题并无刻版。

三月在析津（即今之北京市大兴县）识杨香吟。同月刻“湖州安吉县，门与白云齐”印。款云：“癸未三月，仓硕记于析津。”

由析津回沪，与虚谷、任阜长缔交。

是年在苏州因潘瘦羊之介，与著名收藏家潘郑盦（祖荫，字伯寅）纳交，得遍观潘所珍藏历代鼎彝以及古今名家手迹。

是年吴云去世，先生悲痛之至。

公元一八八四年（光绪十年，甲申）四十一岁

是年因友人金道坚（永）之介，延王竹君（璜）在寓中为两子课读。

六月，在苏州市肆中购得《河平四年造署舍记》刻石拓本，见其书法古朴，词意浑雄，信为西京故物，亟予裱装，并题识其下，又请施旭臣跋其后。同时购得者尚有《孝禹碑》拓本一件。（手稿，存浙江省博物馆）

登北寺塔，作诗两首。（《缶庐集》卷一）

得天津杨香吟书，作书寄之。（同上）

长子育书报芜园近景，编成三绝句，寄令读之。（《缶庐诗》卷二）

九月，为沈藻卿治印，文曰“沈翰金石书画章”，边跋云：“沈五之书画，不轻为人作。余与交五年，恒以不得片纸为恨。甲申重九，饮我留有余斋，出佳石索刻，倚醉凿此。如不以为陋，知必有以报我也，仓石吴俊。”

得“元康三年砖”，砖文中有“万年相禅”，因治“禅甓轩”印。

会高邕之于吴下，为之治印一方，“狂心未歇”，其边跋云：“邕之老友别十二年，甲申九月遇于吴下，论心谈艺，依然有古狂者风。所作书画亦超出尘表，咄咄可畏。属刻此石，爰亟成之，以充知己之赏。仓石吴俊并记。”

九月晦，梦元配章氏夫人，作《感梦》长诗并撰小序纪之，后又刻一印，文曰“明月前身”。一边镌有章氏夫人背面像。常钤于梅花画幅上。

手拓年来所刻印成《削觚庐印存》四卷，杨岘为题扉页，并跋一诗。

杨藐翁以玉兰见赠，对花写照答之，并题以诗。（《缶庐别存》）

跋董其昌杂临各家书。（手稿）

跋文氏四世书卷。（同上）

为高邕之跋所藏《敦煌太守裴岑碑》精拓。

跋《石鼓文》与《秦山二十九字》。（现存浙江省博物馆）

是年赵抝叔（之谦）卒（一八二九——一八八四）。

自刻印：“明道若昧”“墙有耳”“终日弄石”等。

又刻“十亩园丁，五湖印丐”“梅花手段”。

公元一八八五年（光绪十一年，乙酉）四十二岁

是年与林海如（福昌）同馆吴平斋寓。

作《怀人诗》，怀念十七位师友，即指：金铁老、杨见山、杨香吟、张乳伯、施旭臣、朱六泉、万东园、毕蕉盦、施石墨、潘瘦羊、汪茶磨、顾茶村、杨南湖、陆廉夫、裴伯谦、潘硕庭、沈藻卿。共十七首。

春，金铁老约游邓尉，不果，诗纪之。

游虎丘，作诗以纪。（《缶庐集》卷一）

寓斋饮招金铁老。（同上）

秋赴嘉定，阻风，骑行十余里宿野寺，赋诗纪事。

编近作诗为《元盖寓庐诗集》，友人崔觯甫作诗题之。诗云：“安吉吴君今奇杰，胸吞岣嵝包岐阳。双目今无邓顽伯，只手古有蔡中郎。使铁如风毫如剑，求者冠盖道相望。”

施旭臣为先生印谱题诗。

十月，王竹君病殁，后事悉由先生斥资料理。

作诗题《公方碑》，跋汉砖拓本。（据手稿）

元宵为沈五治印，文曰“沈翰”。边跋刻四间楼诗。

刻自用印有：“安吉吴俊章”“隅积”“甓禅”“缶庐”“苦铁无恙”“不雄成”“苦铁欢喜”“魁父”“窥生铁”等。又为夫人治印一方“季仙”。

夏为杨藐翁刻“显亭长”。

九月初八为邕之刻“仁和高邕”。又刻“仁和高邕之印”。十一月廿九日刻“高邕之”印。

十月六日于黄渡舟次刻：“与陈留蔡江都李同名”。十二月刻“群众未悬”印。

为高邕之改号刻“乙酉改号孟悔”。

为长子刻“吴育之印”“半仓”。

公元一八八六年（光绪十二年，丙戌）四十三岁

在苏州，正月初五，三子迈（字东迈）生，乳名苏儿。（即笔者之父，上海画院画师，一九六三年九月二十三日去世）

正月作《丙戌人日诗》。（《缶庐集》卷一）

春，沈石友自虞山寄赠象笋，诗以志谢。（《缶庐诗》卷二）

作《十二友诗》，十二友是：吴瘦绿、张子祥、胡公寿、凌病鹤、朱频华、任伯年、吴鞠潭、蒲作英、杨南湖、金瞎牛、金俯将、王竹君。

长子育患天花甚剧，友人金瞎牛悉心为之治疗，得转危为安。（见浙江省博物馆藏《石交录》）

秋日卧病，沈石友以《习射》诗见视，并约游虞山剑门。不果往，诗以酬谢。

九月十二日，与潘瘦羊至虎丘，为倪云称觞，作诗纪之。

潘瘦羊赠《石鼓精拓》诗以答之。（《缶庐集》卷一）

为杨藐翁作诗题《孤松独柏图》。

十一月赴上海，任伯年为作《饥看天图》，自题长古（图勒石留杭州西泠印社及余杭县吴昌硕纪念馆）。为伯年刻“画奴”。

是年金铁老卒，诗以哭之。徐韵生卒，作诗哭之。

花朝后一日为高邕之刻第二十一印，文曰“今朝苦行头陀”。上巳日又刻“仁和高邕章”。三月仿泥封刻“邕之无恙”。又刻“悔盦”为邕之作。

刻自用章：“安吉吴俊昌石”“则藐之”。

伯云以汉唐镜拓本持赠，刻“庆云私印”报之。另又刻“子芹”“庚子吉”“臣印炳太”“抑喜斋藏”“沈祖右印”等。

公元一八八七年（光绪十三年，丁亥）四十四岁

春，沈石友自虞山寄赠赤乌残砖，赋诗言谢。（手稿）

三月，为庸公跋乾字不穿本《曹全碑》。（同上）

二月十四日为石门沈云刻印“石门沈云”。

二月杪为陆廉夫刻“画癖”印。自刻“高阳酒徒”“鹤间亭民”。

四月为吴秋农、冯文蔚刻印。

吴伯滔赠山水幛，索写梅花，应之并题以诗。（手稿）

是年八月廿八日，施氏夫人四十初度，先一日作诗以赠。

六月来沪，任伯年为写《棕荫纳凉图》，并题曰：“罗两峰为金冬心画《午睡图》，饶有古趣，余曾手临数过。今为仓石老友再拟其意。光绪丁亥六月，伯年任颐记。”

为任伯年作《高邕之书匄图小像》题长诗。

在上海移居舟中作诗赠施氏夫人。(《缶庐诗》卷三)

泊南翔，寻檀园旧址不见，作诗至概。

为潘瘦羊、沈石友画梅。题《为沈作梅中诗》有句："蜾扁幻作枝连蜷，圈花着枝白璧圆。是梅是篆了不问，白眼仰看萧寥天。"

初冬，将之沪上，作诗留别藐翁。(《缶庐集》卷二)

在沪作山水一幅，拟石涛笔法而参以己意，自题有"狂奴手段"。此幅为我家藏珍品，惜在"文化大革命"中毁去，痛惜之甚。

冬夜，写《吟诗图》，状枯寂寒瘦之景，并题以长句有："夜漏三下，妻儿俱睡熟。老屋中一灯荧然，光淡欲灭。缺口瓦瓶养经霜残菊，憔悴如病夫。窗外落叶杂雨声潇潇，倏响倏止，可谓极天下枯寂寒瘦之景，才称'酸寒尉'。拥鼻微吟，佳句欲来时也。即景写图，不堪示长安车马客，远寄素心人，共此清况。"

闻施石墨至永康度岁，得来书喜反棹菱湖，作诗寄之。(《缶庐集》卷二)

得任伯年《菊花图》，书以谢之。是年冬，觅屋吴淞移居之。

公元一八八八年（光绪十四年，戊子）四十五岁

春，沈石友寄赠象笋，作画报之，并题以长古。(《缶庐别存》)原诗小序有云："象笋出虞山，莹白如象齿，故名。"

四月，杨藐翁七十寿，作蟠桃大幛，并题长诗以祝。(《缶庐别存》)

夏，上海西郊荷花盛开，蒲作英邀往观，同作五律一首。是年长子育病卒于沪，年十六。施旭臣惜之，为作《吴童子哀辞》。

在《缶庐集》卷二，先生在《己丑寒食》诗小序云："育儿蚤慧，能文辞，读书能索古人意旨。"晚岁在作《丁辅之子八岁殇，索题其小影》一诗中有"诗成我亦滋泪痕，儿亡托客沧海滨"之句。自注云："育儿十六岁病殁，能读《史记》《汉书》，曾记其《出猎》句云：'猿臂一舒格苍虎，马头所向窜群羊'。"（手稿）此前曾刻印一方："吴育半仓"。

三月九日为徐子静刻印，文为"徐士恺"。同月为徐子静刻"士恺之印""徐士恺信印""徐氏欢自得斋珍藏印"。

卫铸生将赴新加坡，书《南游话别图》索题，作诗题之。（《缶庐集》卷二）

作《迟鸿轩诗呈杨藐翁》。（同上）

为诺上人画荷，并赋长句，诗中有句云："离奇作画偏爱我，谓是篆籀非丹青。"（《缶庐别存》）

为万涧民作诗《题〈鹤涧诗龛图〉》。（《缶庐诗》卷三）

八月，女儿丹姮生，字次蟾。

作巨幅红梅，并题以诗曰："苦铁道人梅知己，对花写照是长技。霞高势逐蛟虬舞，本大力驱山石徙。"跋语云："画红梅要得古逸苍冷之趣，否则与夭桃秾李相去几何，一落凡艳，罗浮仙岂不笑人唐突？"先生对梅花之感情深且挚矣。

七月，治印自用，文曰"砖癖"。岁杪作"窳庵"印。

岁暮，口占八律一首。（《缶庐诗》卷三）

公元一八八九年（光绪十五年，己丑）四十六岁

正月，治"归安施为章"，款云："己丑元宵，仓石吴俊记于沪。"

寒食，《己丑寒食》作诗哭育儿。

在苏州，任伯年来访。时先生在县衙任小吏，公毕归来，袍服未卸，伯年即为写《酸寒尉像》，顶凉帽，衣纱褂，端立，拱手，厥状局促，先生题诗寄意，并以自嘲。此诗运用夸张手法，通过具体言行举止，描摹小吏之神态，鞭挞上层统治者，达到刻画入微、力透纸背之境界，极寓以讽刺意。

得《散氏鬲》拓本。《煮石》（《缶庐诗》卷三，诗自注），临摹其中文字集为联语，以应索书者。

九月，闭户养疴为《缶庐印存》成集刊行。陶柳门（甄）属书“蜗寄庵”额。（《缶庐集》卷二）

八月，施旭臣为先生诗集作序。（《缶庐集》卷首）

为谭复堂作诗题《疏柳斜阳填词图》。（《缶庐诗》卷三）

十一月，谭复堂为撰序，并题以诗。（《缶庐集》卷首）

郭晚香（传璞）主讲琼台书院，作诗送别。（《缶庐诗》卷三）

除夕，作《岁朝图》。题诗云：“守岁今宵拼闭门，门外人传鬼聚族。衣冠屠贩握手荣，得肥者分臭者逐。道人作画笔尽秃，冻燕支调墨一斛。画成更写桃符新，爆竹雷鸣起朝旭。”

春治“张之洞印”。又刻“石墨”印和“任和尚”印。

八月廿七刻“肤雨”，十一月十二日为君直刻“己丑对策第九”印。

公元一八九〇年（光绪十六年，庚寅）四十七岁

在上海，正月十七日与好友集徐氏园林，纪念倪云林（瓒）。（手稿）

作诗赠廖养泉（纶）。（《缶庐诗》卷三）

作诗题沈石友画。（据手稿）

画菊寿姚芝生，并题以诗。（《缶庐别存》）

作画赠赵非昔（宗建），并题五律一首。（同上）

为万涧民作诗题《空舲诗思图》。（《缶庐集》卷二）

三月八日，施旭臣病殁北京，归安戴笠青（翊青）集赙归榇，余资谋刻其诗文遗稿。先生闻此噩耗，不胜悲悼，赋长诗哭之，共三首。

效八大山人（朱耷）画，自题古风一首，诗中有云：“出蓝敢谓胜前人？学步反愁失故态。”又云：“古今画理在一贯，精气居然能贯通。”（手稿）

潘瘦羊病殁，作诗哭之。（《缶庐诗》卷三）

六月，应沈石友邀，至虞山小游，在其斋中为归云等作横卷，并题以诗。（《缶庐别存》）

是年始识著名金石文学家吴大澂（愙斋），商讨学术甚相得，先生为刻“愙斋鉴藏书画”印，大澂富收藏好古，使遍观所藏钟鼎、玺印、陶器、货布等古文物，书画之类收藏，尤富，先生如入宝山，博览深究，获益不鲜。其时先生手自摘录笔记多种，惜多已散佚。现仅存《金石考证》与《汉镜铭》各一册。《金石考证》有五十余篇，《汉镜铭》二十八篇。

重阳，偕凌病鹤、施石墨登华秀堂假山，赋五律一首。（手稿）

十一月，奉令赴严家桥粥厂发灾民棉衣。

十二月初三夜，与屠朋、施为谈艺缶庐，并作画助兴，题五言长句。（《缶庐别存》）

友人赠以周夺敦全形墨拓，自补菊水仙，作《岁朝图》。并题七绝二首。（《缶庐别存》）

除夕，寓庐展拜先人遗像，泣赋二首。（《缶庐集》卷二）

是年徐三庚卒，年六十五岁。

公元一八九一年（光绪十七年，辛卯）四十八岁

三月，日本国著名书法家日下部鸣鹤［（一八三八—一九二二）名东，字子旸。日本江州人。曾投入我国著名金石学家杨守敬（字惺吾）之门］来华，与先生纳交，对先生书法钦羡之至，作诗云："海上漫传书圣名，云烟落纸愧天成。浮槎万里求遗椠，千古东吴有笔精。"竟然以草圣张旭暗喻先生。而先生对日下部鸣鹤亦非常尊重。在《题日下部鸣鹤肖像》诗中，称其书法谓"右军书法徒争先"。后来鸣鹤回国，两人书信往来不断，足见翰墨情深。

作诗和杨藐翁韵。（手稿）

金道坚游宦析津，诗以送别。（同上）

初夏，任伯年为先生三儿迈六岁作小影，手携一筐枇杷，憨态可掬。先生作五言长古《书苏儿小影》题其上。（《缶庐集》卷二）

小暑节，偶忆早岁芜园老梅最繁一枝为大雪压折，邻翁摘去瓮水养之，不胜怅然，往事历历，慨然爰以濡笔写梅花一幅，题以长句。（《缶庐别存》）

施石墨寄来小像，为补松树，并题以志念。（《缶庐诗》卷三）

游立雪暗（庵），作诗五首，曰：《题立雪暗（庵）》《促冯大立雪暗（庵）赏菊》《立雪暗（庵）与茶老同作》《立雪暗（庵）

和梓臣韵即示真岑僧》《石点和尚招饮立雪暗（庵）》。（手稿）

在杨藐翁寓中写《醉钟馗》，作诗云："于今鬼成市，白日飞青磷。愿公奋长剑，弗使揶揄人。"

作《钟馗见喜图》，跋云："馗乎！馗乎！曷不奋尔袍袖，砺尔剑锷，入鬼穴，刺鬼母，寝其皮而食其肉，俾四海八荒，纤尘不作，而依草附木之游魂，曾何足以供尔之大嚼？"先生借对当时人少鬼多之社会，发泄无限牢愁。其跋语何等淋漓痛快，使钟馗人格化，以舒愤世嫉俗之心情。（手稿）

作诗赠袁朗夫、冯梓臣，秋日病中，又作诗寄之。（手稿）

作诗题倪墨耕画吹箫仕女。（同上）

杨藐翁命题严修能自写文稿，作诗以应。（《缶庐集》卷二）

为吴秋农作诗题《瓶山画隐图》。（同上）

为杨藐翁写《显亭归老图》并题一诗。（《缶庐诗》卷四）

题徐青藤《春柳游鱼图》。（《缶庐诗》卷四）

任伯年为画《归田图》，戏题五律一首。（《缶庐集》卷二）

为施氏夫人作《采桑图》并题二绝。（《缶庐诗》卷四）

八月初一，写菊自寿，题诗张之。

是年春作山水一幅，笔致苍劲，境界幽邃，画毕自读，颇惬意，题以跋语曰："人谓缶道人画笔，动辄与石涛鏖战，此帧其庶几邪？"

公元一八九二年（光绪十八年，壬辰）四十九岁

在上海，随笔摘记生平交游事迹，得二十余篇，暂定名曰《石交录》。持请杨藐翁斧正，并请谭复堂题序。（现存浙江省博物馆）

五月，集所藏砖砚十余方，拓为屏条四帧，分别题以跋语，寄赠施石墨。（拓原件）

夏，任伯年又为作肖像，题为《蕉荫纳凉图》，连同前作共有五幅肖像。此图写其袒腹持扇，迎风小憩之状，深得神似，精神面貌跃然纸上，诚为难能可贵之妙品，先生深爱之。一九〇四年（甲辰）夏，先生以篆书题长诗其上，不意竟被人窃走，先生痛惜之甚。一九〇七年（丁未）夏，友人郑文焯得之沪上，即以持赠，原璧归主，欢欣之至。文焯作题句云：“此任伯年画师为吾友缶道人写行看子（即肖像）。岁久沦佚，今忽得之海上，当有吉祥云护之者。爰为题记，以识清异。道人题诗其端，奇可玩也。光绪丁未夏始，鹤翁郑文焯。”（原件存浙江省博物馆）

自是年起为郑文焯治印数十方，其中有“小瑕”“文焯私印”“瘦碧暗所藏金石文字印”等二十五方，均经文焯一一加以评语，如“秀劲”“古茂”“雄穆”“沉毅”等。其小序云：“昌硕印谱列于后者，皆廿年来为鹤道人刻者，精绝之作，《印人传》中当推巨擘。”（《吴昌硕先生遗作集》，大东书局，一九三一年版）

为任伯年珍藏“宝鼎砖砚”镂刻铭言云：“画奴凿砚如凿井，画奴下笔如扛鼎，宝珠玉者谁敢请。”

十二月，作山水画八幅，计《漠漠帆来重》《朝雨下》《听松》等。八幅中一幅自题。（《缶庐老人诗书画第一集》）

作《芜园图》以慰乡思。

公元一八九三年（光绪十九年，癸巳）五十岁

二月，在上海编选壬辰以前所作诗，理为三卷，题名《缶庐

诗》，又将题画诗等编为《缶庐别存》，其内容包括题画诗、《石鼓》集联及砚铭等。

是年刊行《缶庐诗》三卷，卷首有施旭臣、谭复堂两序，为先生诗集刊本之最早者。

公元一八九四年（光绪二十年，甲午）五十一岁

为杨香吟作杖铭，铭云："汝长须奴，汝识字夫，寻诗涉趣唯汝扶。"（手稿）

为张辟非（度）诗题《松隐小像》。（《缶庐诗》卷四）

为赵非昔作诗题《宝慈老屋图》。（同上）

为赵非昔作画，并题诗有句云："画图惭笔弱，聊障壁间尘。"（同上）

中日甲午战争爆发，是年八月吴大澂督师北上御日，先生为捍卫国家，毅然参佐戎幕。征途中，得以立马榆关，饱览祖国山川风物，对于后来在艺术上有所造就，有其因依。

春二月，在北京以诗及印谱赠翁同龢。

三月刻"迟云仙馆"印，跋云："甲午三月，薄游京师，下榻倩寓斋，临别刻此。昌硕。"

作《苍松图》一幅。（原件存浙江省博物馆）

此行途中，作《羊河口望秦皇岛》《芦台秋望》及《榆关杂诗》。

作诗之首和吴窓斋韵。（手稿）

榆关军次，为暴方子（式昭）作诗题《山民送米图》。（《缶庐集》卷二）

在山海关写景，作《乱石松树》图幅。

与蒲华合作《岁寒交》图。

是年任伯年病肺颇剧，书慰之。

十一月作山水横披，题曰 ：“甲午十一月与江楼鹿华东郭闲步得此，昌硕记。”

自刻于榆关，文曰“俊卿大利”，时为十一月。

公元一八九五年（光绪二十一年，乙未）五十二岁

一月，日侵略军攻占威海卫，清政府派李鸿章赴日本求和。康有为“公车上书”提出拒签中日和约等主张。

二月，因继母杨氏病重急函催返，遂乞假南归，奉母来上海颐养。《画博古》诗中有“从军赴榆关，未获书露布。母病亟图南，奉母海上寓”之句。（手稿）

为倪墨耕作诗题《璧月庵画图》。

作诗《书〈削觚庐印存〉后》，诗云 ：“裹饭寻碑苦不才，红崖碧落莽青苔。铁书直许秦丞相，陈邓藩篱摆脱来。”由此可见先生之金石篆刻，其时已能摆脱藩篱，独创一格。（《缶庐集》卷二）

为刘光珊作诗题《留云假月庵填词图》。（手稿）

为杨藐翁作《孤松独柏图》并题七绝一首。（同上）

顾鹤逸赠石，作诗以谢，即书《五龟室图》后。（《缶庐诗》卷四）

任伯年为作《棕阴忆旧图》《山海关从军图》。

十一月四日（公历为十二月十九日），任伯年病殁沪上，作诗哭之，先生撰联挽之云 ：“画笔千秋名，汉石隋泥同不朽 ；临风百回哭，水痕墨气失知音。”当时虚谷挽联云 ：“笔无常法，别出新机，君艺称极也 ；天夺斯人，谁能继起，吾道其哀乎！”

十一月十三日，顾若波病殁苏州，诗哭之。

三月刻“破荷亭”。

三月，又刻“缶无咎”，边款云：“藐师隶联为赠曰：缶无咎，石敢当。乙未三月，吴俊卿。”

四月，为邵筱村治“邵押”印。

小暑刻“躬行实践”，边跋曰：“心伯鉴家属。乙未小暑，吴俊卿。”

秋，刻“仓硕”，边款曰：“仓硕自署其字。”

是年，吴伯滔卒。

公元一八九六年（光绪二十二年，丙申）五十三岁

花朝，作巨石一幅，巍然苍浑，落款奇特，并未署名，款题曰：“苍老离奇之态，丙申花朝写意。”印钤以“湖州安吉县”而未用名字章。先生以别出心裁之手法，以款首字“苍”与石，点出苍石所作，其唯自写照乎。

怀念任伯年，拟伯年笔法绘墨猫一帧。题曰：“前朝大内，猫犬皆有官名，食俸，中贵养者常呼猫为老哥。”

作诗《书〈石鼓〉第八后》。（《缶庐集》卷二）

作诗题《司马相如、卓文君印册》。（同上）

读赵子昂画兰卷，题以跋语。（手稿）

得古碑拓数十种，闲窗聚观，深爱古人运笔之妙，作读古碑诗记之。（同上）

方外交密明赠古弥勒佛瓷像，诗以记之。该像至今尚由笔者珍藏。

出旧藏砚，涤去尘垢，如对故人，因作《涤砚》诗。（手稿）

画山水幛子，题诗两首。（《缶庐诗》卷四）

十月，客古长洲作墨荷中堂。

二月，拟封泥之残阙者刻“高密”印。

高邕之得明拓泰山廿九字，因即以名其楼。元宵，先生为其刻“泰山残石楼”印。

二月既望，刻“破荷亭长”印。

五月，刻“破荷”印。

秋仲，自刻“吴俊之印”。

公元一八九七年（光绪二十三年，丁酉）五十四岁

在苏州，元日写《红梅》，并题以长歌。（手稿）

日本国书法篆刻家河井仙郎，受日下部鸣鹤影响，深慕先生书法篆刻，虽未相识，神追不已。是年，竟将作品由日本远寄上海向先生求教，而先生亦乐以纳交，复以长信，大加赞赏，并表示同意会晤交往。

过洪鹭汀新居，作五律一首。（《缶庐集》卷二）

作诗题顾鹤逸临查士标、王翚山水册。（手稿）

洪鹭汀示《即事》诗，作诗和韵。（手稿）

作《流览景光，偶成二绝句》（《缶庐诗》卷四），后又收入《缶庐集》卷二，改题为《绝句》，此二首诗色彩浓郁，形象鲜明，富于情味，近民歌风，在先生诗集中别创一格。

为沈子修作诗题《红灯说剑图》。（手稿）

八月初一生辰，作《自寿》诗。（《缶庐诗》卷四）

八月十七日赴昆山小游。（同上）

八月廿八日，诗祝施氏夫人五十寿。（同上）

冬，去常熟北郭访赵次溪，憩古村野屋，作诗记之。（手稿）

在无锡，泛舟蓉湖，品慧泉，晚泊惠山，赋诗两首。（同上）

入宜兴境，作五律两首。（同上）

去溧阳访孟东野遗迹，作诗一首。（《缶庐诗》卷四）

公元一八九八年（光绪二十四年，戊戌）五十五岁

在苏州。

春，赴宜兴公干，舟中作诗书所见。诗题《东氿舟中》。（《缶庐诗》卷四）

偕程琴溪（嗣徵）、潘亮之（孔时）冒雨游宜兴蜀山东坡书院，诗以纪之。（手稿）

溪晨眺太湖诸山，作七律一首。（同上）

游龙池古刹，作诗两首。（同上）

闰三月十三日，纡道荆溪国山访《禅国山碑》，作长歌志感。

离宜兴境，作诗《别阳羡（即宜兴）》留别。（《缶庐诗》卷四）

七月，作故乡鄣吴村之行，子涵随同。

八月秋夜，与友人玩月沧浪亭作诗。（手稿）

偶读翁松禅赠赵非昔三绝句。末句述及先生，感和原韵。（《缶庐集》卷二）

作诗题《踏青图》。（手稿）

重九，偕友人汪鹭汀、蒋苦壶等，携二子涵、迈登虎丘，作五言三首。（《缶庐集》卷二）

十一月七日，作常熟之行，谒翁松禅不值，以篆刻印章留赠，次日承惠佳肴，而先生已匆匆返棹，诗以谢之。（手稿）

刻竹节砚铭。（同上）

作诗赠曹君直。（《缶庐集》卷四）

诗赠章蛰存。（同上）

华屏周赠诗，以诗酬之。（同上）

诗答蒋香农。（同上）

为潘祥生刻“潘”字印，自谓得封泥遗意。

三月，以切刀法刻“祥生”印。

五月，刻“须曼”印，跋云：“戊戌五月刻竟邮寄诚之观察，俊卿。”

九月，为宾园主人刻“寿潜”印。

秋，自治“苦铁近况”印。

公元一八九九年（光绪二十五年，己亥）五十六岁

在苏州。

方大示以《忆家山图》，题七绝二首。（《缶庐诗》卷四）

为乐陶翁赋诗咏《拱璧》。（《缶庐集》卷二）

五月，在天津遇潘祥生，为刻“吴兴潘氏怡怡室收藏金石书画之印”。

秋，作《竹石图》题云：“湘灵倒拔青鸾尾。光绪己亥新秋写于析津，苦铁。”

三月三日，刻“聋于官”印。

刻“吴昌石”印，自用。

十月，为潘祥生治“绛雪庐”印，其边跋云：“祥生藏名人书画甚富，颜其庐曰绛雪，殆谓有十色五光之象耶？己亥十月，缶道人记。”

八月五日，于高邮舟次，为潘祥生刻“祥生手拓”印。

十一月，得同里丁葆元保举，受任江苏安东（今涟水县）县令。先生原无意仕进，尤不善逢迎，到任一月即辞去。刻二印以明志：“弃官先彭泽令五十日”，其边跋云：“官田种秫不足求，归来三径松菊秋，吾早有语谢督邮。”又刻一印，文曰“一月安东令”。二十四年后（一九二三）作《癸酉元日》诗，有“安东一月惭吾民”之句。在安东时，作《岁己亥十一月摄安东县偶成》诗。

过淮上，友人任小麓招饮，席间有谈淮阴侯事者，赋诗寄慨。（手稿）

方外交秋江鸿来，诗以答之。（同上）

作诗赠姚侃翁画师。（同上）

公元一九〇〇年（光绪二十六年，庚子）五十七岁

在苏州。

五月，如皋冒巢民（辟疆）、裔鹤亭（广生）重游吴下，过访，出示巢民《菊饮倡和诗卷》及自著《栗娘小传》，喜而赋诗两首。又作《书鹤庐》《一峰亭》各一首。鹤亭藏有巢民贻物灵璧石一块，据《一峰亭》诗小序云：“石高不盈尺，岩峦洞壑毕具，质如枯木，叩之有声，奇品也。”此石后为先生所得，即于石背刊铭言云：“山岳精，千年结，前归巢民后苦铁。”石背原刻有“巢民”二字图章一方。（原物已由吴氏后裔捐献在西泠印社“吴昌硕纪念室”）

作诗题沈藻卿（翰）惠画《文官果》。(《缶庐诗》卷四）

是年三月，致沈石友书中述及行踪，曰 :“第二月中已至上海……淮安府委清理清和县积案，弟因月来重听加剧，此差辞去不当，请假南旋。”当时，昌硕先生甫由袁浦归来。

日本人河井仙郎由文求堂主人田中庆太郎伴同来沪，由罗振玉、汪康年介绍，投先生门下，朝夕请诲，执弟子礼甚恭，攻习篆刻。时河井仙郎年三十。

秋，俞曲园为《缶庐诗》作序言。

十二月二日，俞曲园八十寿辰，作长古一首、律句二首以祝。(《缶庐集》卷二)。

自刻“仓石”印，边跋云 :“盐城得仓字砖，兹仿之，缶道人记于袁公路浦。庚子春正月。”

治“藪石亭长”印。

六月八日为丁辅之治印，文曰“丁仁友”。

是年《缶庐印存》三集编成。

是年杨见山卒，先生于一九一三年（癸丑）作《题藐翁遗像》诗中有句云“显亭（藐翁晚号显亭长）归去十三春”，由此推算，杨见山应卒于是年。

是年，沈翰卒。

昌硕先生在是年作画中，有《天竹》一幅，颇自得，此画见一九五九年五月中国古典出版社出版《吴昌硕画集》。

公元一九〇一年（光绪二十七年，辛丑）五十八岁

在苏州。

曾游南京，作《石头城望江》《饮桃叶渡》诗。（《缶庐诗》卷四）

为陈辰田赋诗题其父陈经写竹。（同上）

诗题《石友西泠觅句图》，古律二首。

李季驯得拳石，一手可握，而峰壑明晦无定时，且有宝晋、松雪题字。又见而悦之，题以长歌。（手稿）

夏日，访友归来，避雨废园，遇卖浆者索画，写以贻之。并题五律一首。

作诗示聋婢康玉石，有“我作聋丞尔聋婢，一般都是可怜虫”之句。（手稿）

沈石友因先生有病，寄赠陈米、藤杖，遥劝加餐，作诗记欢。（同上）

作诗答冯小尹、卢茂生。（《缶庐诗》卷四）

七月，治“老苍”印，边跋曰：“老苍臂恙虽剧，刻罢自视，尚得遒劲之致，辛丑秋七月。”

谭复堂卒（一八三二—一九〇一）。

公元一九〇二年（光绪二十八年，壬寅）五十九岁

在苏州。

是年曾赴析津（今北京市大兴区），行前友人林衡甫、洪鹭汀皆以酒饯，记之以诗。（《缶庐诗》卷四）

为胡匊邻作诗题《风露香榭图》。（同上）

作画赠鲍简庐（源濬），并题以诗。（手稿）

作《乞花》诗赠冷香。（同上）

作诗赠周季贶。（《缶庐集》卷二）

作《赠内诗》，五律一首。（同上）

岁暮病臂，作《梅花篝灯图》，颇有苍凉之趣。（原件存笔者处）

吴大澂（清卿）卒，年六十八。

李北溪卒。

是年先生病臂甚剧，很少治印，在所作诗中如“枯坐”“病时赠周同清（祖橙）”，可鉴先生病体概况。（《缶庐诗》卷四）

公元一九〇三年（光绪二十九年，癸卯）六十岁

在苏州。

农历八月初一为先生六十岁生辰，写双桃自祝，并题以诗：“琼玉山桃大如斗，仙人摘之以酿酒。一食可得千万寿，朱颜长如十八九。”（《吴昌硕画集》第一幅，中国古典艺术出版社，一九五九年版）

日本人长尾甲来华，与先生结为师友。

作盆栽梅花一帧，饶具古拙之趣，题为《缶道人自写照》。是年自订润格。

为乐陶翁作《青牙璋》歌。（《缶庐集》卷二）

汇集壬寅以前所作诗，遴选其较惬意者编成《缶庐诗》第四卷，连同前刊三卷，又《别存》一卷，合为一册，于是年铅椠行世。是为先生诗集之第二次刊本，内容较前充实。

是年十一月，继母杨氏卒于苏州，终年七十又七。

作诗题画像，诗云：“挂瓢风已雠双耳，依佛篆难成反身。未是清空未尘土，长裾摇曳尔何人。”此像在一九三二年石刻立于浙江省余杭县超山先生墓前，惜在“文化大革命”中被毁。现

在墓前又建立吴昌硕纪念馆，并新立一尊巨像，颇为壮观。

是年曾到上海严筱舫“小长芦馆”做客。

公元一九〇四年（光绪三十年，甲辰）六十一岁

夏，浙江知名金石篆刻家丁辅之、吴石潜、叶品三、王福庵四人，聚于杭州西湖人倚楼，发起创立研究金石篆刻学术团体，当时先生适游杭城，极表赞同。遂于孤山之麓，柏堂之后，数峰阁之侧，芟除荒秽，拓地若干亩，醵资营建。人以印集，社以地名，定名为“西泠印社。”公推先生为社长，先生再三谦辞，始勉允焉。

赵起（子云）来投入门下，列为弟子，时赵年三十。

张让三索诗，赋五律以赠。（手稿）

作诗题闵园丁写作。（同上）

作诗题石涛山水画，诗题《石涛画》七绝一首，诗云：“新诗题处雁飞翔，重屋孤舟树树僵。毕竟禅心通篆学，几回低首拜清湘。”

作画赠筱坪。（手稿）

作长诗题文小坡指画罗汉像。（同上）

七月，施石墨病殁苏州，先生为之料理后事，并以抚孤恤寡为己任。

秋，病暴泻甚剧，通体浮肿，幸有金瞎牛悉心诊治，始获渐瘥，愈后，感金高谊，为作小传。有云：“今秋予病浮肿暴下，微君几殆，君活我不一，面绝不受一钱。古称独行之士，君当之无愧。”（手稿）

十二月十四日，移居桂和坊十九号（苏州今桂和坊四号）。名其斋曰“癖斯堂”。十日后鲍简庐赠红梅二盆，画以报之。（《缶

庐别存》）

是年，翁同龢卒，年七十五。

四月，为庞芝阁治印，文曰“河间庞氏芝阁鉴藏”印。

刻“雄甲辰”印。

六月，为庞芝阁刻“河间庞芝阁校藏金石书画”印，其边跋曰：“芝阁先生精鉴别，为刻此印。甲辰六月三日，昌硕。”

岁寒作《蔬香图》，题序云：“芋肥菜熟，三秋之食无虞矣，饱饭徐步出与村塾先生信口谈今昔，不知陶唐虞夏去我多远。光绪甲辰岁寒，聋缶偶作。”画风朴素无华，表现出先生恬淡处世之高超品质。（此画被选入一九五九年中国古典艺术出版社出版《吴昌硕画集》）

王幼遐（鹏运）卒。

公元一九〇五年（光绪三十一年，乙巳）六十二岁

是年八月，兴中会与光复会、华兴会联合成立中国同盟会，提出“驱除鞑虏，恢复中华，创立民国，平均地权”之政治纲领。先生对此颇为注意，常与二子谈论此事。

元旦，画菊赠沈石友。（手稿）

春寒病风温，失眠。

二月，西泠印社先建仰贤亭，吴石潜摹刻浙派刻印创始人丁敬身（敬）像嵌于园中壁间，以资瞻仰。先生以诗记之。（手稿）

洪鹭汀将返丹阳，赋诗赠别。（手稿）

是年曾到上海，作诗赠张公束（鸣珂）。（同上）

沈寿康百步，作诗和韵。（同上）

吴待秋持其父伯滔《潇潇庵图》索题，作七绝三首应之。（同上）

作诗赠崔大（适）。（同上）

作诗赠鲍简庐。（同上）

为顾麟士（鹤逸）作《鹤庐印存序》。

赵石农于是年在上海拜识先生。焦山汉陶鼎拓本补梅，作诗题之。（手稿）

作诗赠赵石农。（手稿）

作诗题《寒灯授传图》。（手稿）

诗题《悟到琴心图》。（同上）

十月，治“山阴吴氏竹松堂审定金石文字”印。

为吴石潜刻“石潜大利”印。

是年，作画中有《枇杷凤仙》《墨竹》《晚荷》等。

公元一九〇六年（光绪三十二年，丙午）六十三岁

在苏州。

为峤庵写花草十二种，四时景色，灿然夺目，画毕题以跋语。（手稿）

峤庵以王忘庵作《四时花卉册》索题，为作跋语。（手稿）

乐陶七十寿，写花卉八帧祝之，并题以诗，祝其寿康。（同上）

读董北苑（源）画山松，题以跋语。（手稿）

跋李龙眠（公麟）画《降龙罗汉》。（同上）

九月，顾鹤逸以寿阳祁文端手书“鹤庐”两字见示，求题跋语，应之。（《苦铁碎金》）

秋，沈石友作《北关外菜园村看菊》诗以寄示，先生取其诗意，写图赠之。（手稿）

为陶斋作诗题颜鲁公书《张敬因残碑》。

应陆叔桐属，跋存斋手札。（手稿）

冬，顾鹤逸出其先德艮盦先生《石舫图》属题，作长歌以应。（同上）

为闵园丁治印，文曰“园丁生于梅洞，长于竹洞”。

是年，作画中有《富贵神仙》《破荷》《寒灯梅影》三幅。

俞曲园（樾）于是年十二月二十日卒于杭州，先生为之大恸，撰挽联云：“薄植荷栽培，附公门桃李行，今成松木；名山藏著作，自中兴将相后，别是传人。”（手稿）

公元一九〇七年（光绪三十三年，丁未）六十四岁

在苏州。

闻徐锡麟与秋瑾在安徽、浙江起义，颇为关注，曾函杭城老友询其事之端末。

二月，沈石友为撰《仓公事略》。（手稿）

乐陶以青玉牙璋见示，题以长歌。（《缶庐集》卷二）

玉农属题真夫夔人《月庭寻诗图》，诗以应之。（手稿）

作诗题翁松禅画《斗牛》图卷。（同上）

跋仇十洲画山水。（同上）

跋赵伯骕画《夷齐图》。（同上）

跋周文矩画《伯牙横琴》。（同上）

须曼示《金陵图咏》，为赋四绝句。（同上）

为张公束作《蔬菜》一幅，题曰：“小饮息于瓴缶，大烹香入园蔬。容我东畲结屋，假得南窗读书。”

公元一九〇八年（光绪十四年，戊申）六十五岁

春分节，为丁辅之作诗题《西泠印社图》。(《西泠印社志稿》)

跋李龙眠画佛像。（手稿）

跋钱选青绿山水。（同上）

跋佚名人物古画。（同上）

跋柯九思枯木竹石。（同上）

十月，按沈石友诗意，作《短檠微吟图》。（原件）

跋《淳化阁帖》残本。（手稿）

任渭长画大梅山民（姚燮）诗意，诗以题之。（手稿）

顾鹤逸据张子野、范石湖词意写图，先生作诗题之。（同上）

读史忠正公（可法）家书，即书其后。（同上）史可法以明兵部尚书，督师扬州，清多尔衮致书劝降，拒之，城陷被杀，百姓哀之。

公元一九〇九年（宣统元年，己酉）六十六岁

在苏州。

与诸贞壮相识，论诗极为投契，许为知音，其后过从甚密，诗歌酬唱尤频，在先生晚年友好中交谊称笃。诸贞壮为作《缶庐先生小传》。

是年先生来沪，与高邕之、杨东山等发起成立上海豫园书画善会。

夏，曾赴江西，作《鄱湖舟中》《泊浔阳江》《登滕王阁》《村

农要饮》等诗。（手稿）

二子涵得赵㧑叔《断万氏争葬地朱判》,先生作长歌题之。有：“无闷宰南城，吏才著卓卓。风流文采余，心细能折狱。……乾坤正多事,竞争叹危局。吏隐闭闲门,临风听修竹。”涵转赠弟迈，迈于一九六三年病逝，遗嘱将《断万氏争地朱判》捐献在“吴昌硕纪念室”。现该件在浙江省博物馆。

是年刻“明月前身”印，怀念元配章氏夫人。作诗答俞荆门。（手稿）

作诗赠汪啸谷，即送之官毗陵。（同上）

俞荆门诗谢画梅，和韵寄沈石友。（同上）

为徐仁陵作诗题《云林思亲图》。

公元一九一〇年（宣统二年，庚戌）六十七岁

在苏州。

元旦，展拜先人遗像，赋诗两首。作诗《书〈汉史晨碑〉后》。（手稿）

上巳，杭州戴壶翁发起壶园修褉，与会者十二人，先生未及参与，仅列名焉。见《壶园修褉图》索题诗。（《缶庐集》卷三）

读诸贞壮诗，和韵两首。（手稿）

裴伯谦归自新疆，友人灵椂工具偕来，作诗以纪。（同上）

为诸贞壮作诗题何东君自写诗。（手稿）

商笙伯购得先生画桃，索再题，诗以应之。（手稿）

六月初，大风雨后忽下雪，诗纪之。（同上）

是年始病足，不良于行，作诗志之。据手稿中《有感》诗题

下注云："时病足。"诗中云："生有自来愁漭荡，地无平处足蹣跚。"又《依贞长韵》诗中"着屐矜夔足"句下自注云："病左足甚剧。"

赵古愚刻《云台二十八将印存》，作长古题之。（手稿）

夏，江行至武汉，作《长江与笙伯共饮》《江行入鄂境》《黄鹤楼口号》《游抱冰堂与笙伯、伯平、贞长》等诗。（手稿）

去北京，七月二十二日夜半过黄河铁桥，诗以纪之。抵京后，下榻友人张弁群（查客）家，遍游名胜古迹，极诗酒之雅，诙谐之乐。（见题《画归图》有云："极文酒之雅，诙谐之乐。"）

在北京为朱旭辰作诗题《道光己酉年缙绅录》；应葛词蔚属，作诗题其父毓珊像；为张绍莲作诗题清仪老人致其祖受之手札；又为期仲跋《毛公鼎拓本》。（手稿）

八月初一（农历），先生华诞，俞大赠棱枷画佛，作长歌纪之。（《缶庐集》卷二）

日本人水野疏梅来上海，经王震（一亭）介绍，拜会先生学中国绘艺。疏梅以葫芦相贻，先生以《疏梅赠葫芦》诗相酬。并注称其"长髯过腹，苦心为诗"云。水野疏梅名元直，疏梅为号，日本福冈人。

读唐六如（寅）山水卷，题诗两首。（手稿）

立夏，刻"处其厚"印。

为多竹山作诗题《香海写诗图》。（手稿）

消寒集同人集大鹤处，作诗一首。（同上）

大鹤指画《寒山子》索题，赋七律以应。（同上）

作《楼卧》诗寄沈石友、诸贞壮。（同上）

公元一九一一年（宣统三年，辛亥）六十八岁

在苏州。

正月初二，游植园，作长歌纪事。（手稿）

鲍简庐约同人泛舟山塘，作五律一首。（同上）

诸贞壮谈沪上即景，诗以纪之。（同上）

为蒋子贞作诗题《东麓访砖图》。（同上）

初夏，至无锡小游，作《惠山深处》《新茶怀贞壮》等诗。（《缶庐集》卷二）

诗题徐五画竹。（手稿）

读石涛画，题诗一首。（同上）

为沈大作诗题石田画卷。（同上）

六月二十二日，诸贞壮造访，在癖斯堂中尽读先生两年来所作诗，择其心折者加圈，并在稿本上题句。（原件）

是年夏，移家上海吴淞，赁屋小住。登吴淞面海楼，作七律一首。（手稿）

作诗题六舟僧手拓瓦当。（同上）

作诗寄诸贞壮。（《缶庐集》卷二）

重阳，作诗送别跛翁。（同上）

钱道士赠诗作画梅，诗以答之。（《缶庐集》卷二）

秋，刻“古桃州”印。

是年蒲华（作英）卒，寿八十。先生大恸。蒲华身后无人，先生为之料理后事。

读《散原集》，赋诗以赠。（手稿）

公元一九一二年（中华民国元年，壬子）六十九岁

在上海。

是年始以字行，自刊一印，文曰“吴昌硕壬子岁以字行”。

春日，游徐氏园，赋七绝一首。（《缶庐集》卷二）

日籍友人长尾甲以《长生未央砖》属题，诗以应之。（《缶庐集》卷二）

丁辅之集前贤治印绝句，作《咏西泠印社同人诗》二十首，并系以小传，其中一首为先生作。

日本人田中庆太郎首刊《昌硕画存》问世。

生日，作《自寿》诗。

诸贞壮自登州（今山东省蓬莱县）来诗索画梅，应之，并依原韵作诗寄谊。

十月，至杭州，游西湖，并与西泠诸友宴集。

冬，鲁澄伯（坚）作《西泠印社记》有云：“犹忆十月某日，同人宴集社中，缶老从容谓余曰：‘前辈不生，我辈老矣。倘异日学子谓：悲盦诸老翔步天衢，缶庐辈即不能蹑足，或能为悲盦携拾草履，则此愿毕矣。’念我朋从，当同此旨。”

治“缶老”“吴昌硕壬子以后书”“虚素”等印。

公元一九一三年（民国二年，癸丑）七十岁

在上海。

立春日，作诗赠诸贞壮，诗云：“聋我犹闻一字新，扬尘沧海奈游鳞。病狂懒作孤舟客，意古不随天下春。甲子大书由靖节，笠蓑长物隐元真。卜邻何事添欢喜，好学林宗戴角巾。”是年，

由王一亭介绍，迁北山西路吉庆里九二三号。屋为新落成，石库门，三上三下较宽畅，房东钱姓，与王一亭为姻亲，钱女是王侄媳。唯屋后是一片荒坟，境遇欠佳。两年后，铲平荒坟，又建新弄，名经传里，环境为之一改。

为诸贞壮作诗题诸曦庵画墨竹卷。（《缶庐集》卷三）

作《明季乐府》八首。（《缶庐集》卷三）

立秋日，作七律一首。（《缶庐集》卷三）

七夕，作《七夕禁体》诗。（同上）

作《秋风诗》，有“佳丽层台非所营，秋风茅屋最关情”之句。（同上）

秋，梅兰芳初次来沪献艺，演出于丹桂第一台，先生应友人邀往观演出，盛赞其演技与唱艺。梅兰芳由刘山农陪同，至吉庆里拜会先生，二人一见如故，此后兰芳成为常客。

生日，作《七十自寿》诗。（《缶庐集》卷三）

是年值兰亭雅集第二十六个癸丑年，西泠印社经十年之准备，匠心布置，初具规模，遂选于重九佳节，正式宣告成立，并订立社约，发展社友。（当前声誉已影响及日本及东南亚诸国）先生被推为第一任社长。

是年治“缶翁”“吴押”两面印，“无须吴”印及“七十老翁”印。边跋曰：“七十老翁何所求，工部句也。余行年正七十，刻此纪念。癸丑八月朔，缶翁。”

重订润例。王一亭曾于是年投拜门下称弟子。

作诗题杨藐翁遗像。（《缶庐集》卷三）

读俞光母朱氏《行述》，赋诗一首。（同上）

诗题祝枝山草书《秋世》诗卷。（同上）

读乾隆、嘉庆诸老手札，诗书其后。（同上）

为楚才作诗题《西涧寻诗图》。（手稿）

钱听邠七十寿，作诗和韵。（手稿）

诗题董香光书《天马赋》。（同上）

赋诗寄北京大至（即诸贞壮）。（同上）

诗题明宣德御笔猫。（同上）

诗题椒堂画册。（同上）

诗题袁重黎遗札。（同上）

公元一九一四年（民国三年，甲寅）七十一岁

在上海。

上巳，参与九老会，摄影留念，并作诗纪之。（手稿）

春，为健盦之妻作《冷香吟馆填词图》，并题以诗。（手稿）

四月，门生赵起（子云）购得先生六十二岁所作《桃实》一帧，先生为之题跋。（原件）

五月，撰《西泠印社记》，篆书勒石于社中壁间，供人观瞻。

五月十五日，朝鲜籍友人闵兰匄病殁沪上，作长歌悼之。小序云："匄闵氏，朝鲜人。善写兰，自称东海兰匄。客沪上，交卅余载，嗜余刻印，为之奏刀三百余石。癸丑冬忽患肝肺，甲寅五月十五日病殁。越数日归榇，年五十有五。"（《缶庐集》卷三）

作诗自题七十一岁小影。（《缶庐集》卷三）

重阳，饮于杨信之寓庐，同席者九人，摄影留念。

九月，日本友人白石鹿叟发起，在六三园翦淞楼上为先生举

办个人书画展。

十月，应白石鹿叟之请，撰《六三园记》，勒石于园中。（手稿）

是年长尾甲归国，作山水和墨梅两帧送赠长尾甲归去，并诗以会别。

冬，上海商务印书馆辑集先生所作花卉二十幅，编印《吴昌硕先生花卉画册》行世，卷首刊有诸贞壮撰《缶庐先生小传》。

上海书画协会成立，推先生为会长。

读清道人（李瑞清）画松，作长歌张之。（《缶庐集》卷三）

王一亭出所藏汤雨生（贻汾）与其夫人董琬贞合作之《三百三十有三士亭图》索题，作七绝一首应之。（《缶庐集》卷三）

应张石铭属，作诗题《韫玉楼遗稿》。（同上）

撰《龙华孤儿院启》。（手稿）

为日本友人小栗秋堂撰《秋堂展观社记》。（手稿）

《缶庐印存》三集，由上海西泠印社刊行。

刻“半日村”印，边跋云：“孝丰鄣吴村，一名半日村。甲寅秋，老缶。”

夏至，治“晏庐”印，为葛书徵拟垢道人笔意刻，十月又刻“晏庐”印。

谷雨，为王一亭刻“能事不受相促迫”印。

四月，为王一亭治“人生只合驻湖州”印。

公元一九一五年（民国四年，乙卯）七十二岁

正月二十日为诗人白乐天（居易）诞辰，与友人醵饮以祝，作诗纪之。（手稿）

二月十八日应刘翰怡之邀，参加消寒第九集，诗以纪之。（《缶庐集》卷三）

诸贞壮属题其祖父遗像，诗以应之。（同上）

陈散原持诗见访，赋答。（同上）

春，往杭州游西湖，作《烟霞洞》诗。（同上）

六三园樱花齐放，约诸贞壮、王一亭往游，作长歌纪之。（同上）

四月，访得十二世从祖峻伯公所著《天目山斋岁编》诗集孤本，亟付影印，并作跋语，以记其始末。唯孤本历岁久远，其卷二十五、二十七、二十八卷末均有阙佚，遍求他本钞补未可得，于是付影。

六月，复得从祖蘅皋公《读书楼诗集》，是由东迈先生之内戚至闽中，识李阶荪，许见是集，昌硕先生乃属李拔可（宣龚）书索之，阶荪遂举以见。

读八大山人（朱耷）画，题诗五首。（《缶庐集》卷三）

为沈石友作诗题《洗砚图》。（同上）

吴石潜得古瓷印二方，皆何震手治，书二绝句归之。（《苦铁碎金》）

十一月，吴石潜辑集先生各体书法及绘画作品，编成《苦铁碎金》四册，并作跋语，由上海西泠印社石印行世。卷首刊有《饥看天图》及题咏。《缶庐印存》四集亦同时付印。

上海题襟馆书画会推先生为名誉会长。

题《雪中送炭图》诗云："人情世态不可说，趋势利若江河奔。趋之不足继谄媚，吮痈舐痔言报恩。溺势利者神志昏，目所下视气吐吞。那知白屋寒云屯，雪风猎猎柴为门。米无可炊棉无裈，鼻涕堕地冰一痕……”字字血泪，刻画穷人饥寒交迫之苦境，达于入木三分。

应陶拙存属，作诗题明《陶元晖中丞遗集》。(《缶庐集》卷三)

诗题《桃源图》。(手稿)

作诗二首题吴石潜画像。(同上)

题顾鹤逸画《春风载酒图》。(同上)

为商笙伯铭画砚。(同上)

为跛僧作诗题《松风棋韵图》。(同上)

除夕，作诗题和诸贞壮韵。(同上)

元宵，为王一亭治“震仰盂”印。

秋，为王一亭刻“鲜鲜霜中菊”印，重九为刻“鹤舞”印。

冬，自刻“小名乡阿姐”印。

公元一九一六年（民国五年，丙辰）七十三岁

二月，又访得十一世从祖翁晋公所著《玄盖副草》，即付之影印，并志得书始末于卷尾。

作《西泠印社图》，并题一诗。(原件存西泠印社)

暮春，作《饯春》。(《缶庐集》卷三)

为吴兴朱五楼撰《生圹志》。(原拓本)

作长古题任阜长（薰）画佛。(《缶庐集》卷三)

作诗题《竹林七贤卷》。(同上)

诗题包安吴（世臣）诗册及董乐闲画册。(同上)

为沈石友作砚铭：“丙辰仲秋，石友得此研，口占属老缶书。”云：“丹心照汗青，文正昔年铭。衮职今谁补，归予野史亭。”又《铭

研》句云："吟乐府奇偶，画猎碣杨柳。寄语鬼，无掣肘。"（同上）

为张石铭作《适园杂咏》五首。（手稿）

商笙伯求题其祖母遗像，赋诗应之。（同上）

祁止祥临文天祥画墨梅，作七绝二首，其中一首诗题："难兄难弟成遗老，梅树梅花比素心。今日山河同破碎，更谁泪墨貌山阴。"（同上）

作诗题沈石田（周）画雪景山水卷。（同上）

程瑶笙（璋）出示吴梅村（伟业）画，观摩之余，欣然作诗题句。（同上）

为王一亭诗题余疑庵草书，诗中有云："平生一贫无所累，累在使墨如泥沙。亲朋遗我吃已尽，典衣自买磨横斜。学画未精书更劣，似雪苔纸拌涂鸦。"辞意自谦之至。（同上）

冬，破居士赠元康砖砚，酬以《石鼓》字轴。（原件存浙江省博物馆）

是年治印有："老缊""听有音之音者聋""樾荫草庐""缊庵""稼田眼福""道子""晏庐""凿楹纳书"等甚夥。

公元一九一七年（民国六年，丁巳）七十四岁

元日，作《丁巳元日》诗。（手稿）

二月，为西泠印社撰书联语曰："印讵无源？读书坐风雨晦明，数布衣曾开浙派。社何敢长？识字仅鼎彝瓴甓，一耕夫来自田间。"

闰二月十八日，偕阮暗去六三园看樱花，同作五言长歌。

三月，沈石友赠象笋，作画并题长诗答之。（原件）

五月十五日，施氏夫人病殁沪上，先生哀痛逾恒，竟得大病，病后屡次赋诗悼亡，情辞极为恳挚。其题《夜不成寐》二绝句云：

“桐棺一去隔浮云，来梦轻裾旧布裙。色笑承欢应似昔，缪家窝畔舅姑坟。”“溪堂同赋竹深深，往事低徊思不禁。诗戒已持心是佛，双眸观我当长吟。”除夕作诗亦悼亡意云：“无言别我遽长捐，强作欢颜笑语边。夫妇古稀人仅有，敢云天不假其年。”

七月，沈石友在虞山病故，先生得此噩耗，深为痛绝，数度握管欲写挽诗，悲不能成篇。石友逝后不久，友人肖中孚携其诗稿至沪上，请先生为之点定。先生以诗稿为挚友毕生心血所萃，应以全貌公诸世人，故不忍予以删汰，仅为作序言，并赋诗志慨。

作诗题《岘山十六逸老图》。（《缶庐集》卷四）明嘉靖中，湖州耆老顾箬溪、陈栋塘、董得阳、王怡山、唐一庵、韦南苕、张石川等集岘山逸老堂，拟洛社例，流连觞咏。我吴氏远祖苕溪（麟）、石岐（龙）二公与焉。事见《湖州府志》与《吴氏家乘》。后人作《岘山十六逸老图》，先生追念先德，特作长古题其上。

作诗题王孟津草书卷。（《缶庐集》卷四）

作诗题王仲山草书。（同上）

为刘翰怡先德紫回作诗题《云山入道图》。（同上）

作诗题何子贞书册。（同上）

秋，洪鹭汀卒，作诗挽之。（同上）

吴仲熊持所画山水册求教，作《勖仲熊》诗。吴仲熊，名熊，字幼潜，石潜次子，能刻印镌碑，先生诗以诲之。（同上）

吴石潜得张叔未书“金篆齐”额索题。（同上）

冬，北方直隶、奉天等省水灾严重，被灾者百余县，饥民数百余万，各界人士发起救灾募款，先生为绘《流民图》作序言义卖。（原件）

李祯（苦李）由南通来谒，列为门弟子。

春仲，先生自刻“西泠印社中人”“吴昌硕大聋”“缶翁”印。

公元一九一八年（民国七年，戊午）七十五岁

在上海。

元日，在蒴淞阁作诗和兰史韵。（手稿）

正月，画松、竹、梅《三友图》付次子涵，并题以诗。（手稿）

二月，命子涵、迈葬施氏夫人于故乡鄣吴村附近之凤麟山，并为先生营生圹。

诸贞壮为作《生圹志》诗以谢之。

上巳，游徐园，赋诗和鲁山。（手稿）

八月，写《鄣吴村即景图》，并题以诗，付涵儿家藏。

秋，曾患小恙。（书牍）

是年曾游虞山，于古董家见奚铁生画杏花一帧，借归细读，并拟其意。（手稿）

酒井请王一亭为先生写像，即题七绝二首以酬。（手稿）

秋，为王一亭刻“明道若昧”印。

正月，为葛书徵刻“传朴堂”印。

作诗题王耕烟画册。（手稿）

应商务印书馆之请，绘花卉十二帧，作为《小说月报》封面之用。

公元一九一九年（民国八年，己未）七十六岁

在上海。

正月，重订润格，并题诗句及跋语。题诗云：“衰翁新年

七十六，醉拉龙宾挥虎仆。倚醉狂索买醉钱，聊复尔尔曰从俗。”又跋语云：“旧有润格，锲行略同坊肆书帙，今须再版。余亦衰且甚矣，深违在得之戒。时耶？境耶？不获自已，知我者亮之！”

五月，作设色葡萄一帧，题曰：“草书之幻。”

是年，孙隘堪（德谦）、沈寐叟（曾植）为先生诗集撰序文。（《缶庐集》卷首）

九月，商务印书馆将《小说月报》封面之花卉画，编成单行本出版行世。题名为《吴昌硕花卉十二帧》。

十一月，在古鼎全形拓本补牡丹。

与王一亭合作《流民图》，并题诗以印成石印本，义卖助赈济灾。

立冬日，画竹一帧，题诗云：“一竿寒绿影婆娑，雪后萧萧近水坡。倘遇伶伦制为笛，春风吹出太平歌。”（原件）

为王一亭作诗题文徵明画卷。（《缶庐集》卷四）

为木公作诗题徐天池画册。（同上）

作诗赠阮暗。（同上）

作诗答费龙丁。（同上）

为刘澄如作诗题文徵明《赤壁图》。（同上）

十二月，张弁群集拓先生所刻印百余钮，编成《缶庐印存》八卷，褚德彝作序文。由王仁拓款抑印成之。

是年，诸闻韵、诸乐三兄弟来寓。闻韵才思敏捷，先生深爱之。闻韵、乐三是先生远戚，属孙辈，呼先生为“公公”（即爷爷之意）。

大暑，治“余杭褚德彝吴兴张增熙安吉吴昌硕同时审定印”。

七夕为庞莱臣刻“庞元济印”。

秋，为沈寐叟刻“海日楼”印和“延恩堂三世藏书印记”。

公元一九二〇年（民国九年，庚申）七十七岁

在上海。

元旦，作《庚申元日》及《元日又书》两首。（手稿）

先生于乙丑年（一八六五）补考庚申科入泮，至是年适逢周甲，朋辈以盛事难得，咸设宴以祝，并以诗画、碑拓等见赠，吴待秋为作《重游泮水图》，当时艺苑名流题咏者甚众。先生自作《重游泮水》诗。（《缶庐集》卷四）

张弁群赠唐钟精拓，赋诗以谢。（手稿）

为高吹万作诗题《寒饮图》。（同上）

半淞园看梅，赋七绝二首。（同上）

僧六舟持赠计曦伯藏永安计氏砖，作诗二首以酬。（同上）

寒食，作诗和诸闻韵。（同上）

作诗题陈麋公诗卷。（同上）

端阳佳节，赋诗二首。（同上）

七月，吴兴刘承干为先生诗集撰序言。（《缶庐集》卷首）

八月，梅兰芳再度来沪献艺，由袁寒云陪同拜晤先生，并向先生请教绘艺。先生为画梅花一帧，题诗以赠，诗云：“翾风舞袖翠云翘，嘘气如兰堕碧霄。寄语词仙听仔细，导源乐府试吹箫。画堂崔九依稀认，宝树吴刚约略谙。梅影一枝初写罢，陪君禅语立香南。”此后，梅经常向先生请教，虽不入室而执弟子礼甚恭。

五月十五日，悼念施氏夫人，赋五律一首。（手稿）

九月，孙雪泥搜集先生及其门生赵子云近年所作书画数十幅，

编为《吴昌硕、赵子云合册》作为“时人名画集”。

为沈寐叟画《海日楼图》，并题七绝一首。(《缶庐集》卷四）

应甘君属作诗题《非园图》。(同上）

冯君木（幵）索画梅，应之并题以长诗。(同上）

应养浩属绘《玉茗图》并作七绝三首，以悼石友。其小序中有云：“石友庭中玉茗一株，数百年前物，花时吟啸其下。石友病殁，花亦枯死。佥曰：‘玉茗殉主矣！’养浩书来索图，媵三绝志凄感。”（同上）

日本东京文求堂继刊《吴昌硕画谱》。

日本长崎首次展出吴昌硕先生书画。

日本长崎双树园刊行《吴昌硕画帖》。

是年元旦，先生曾重订润格，题诗云：“衰翁今年七十七，潦草涂鸦惭不律。倚醉狂索买醉钱，酒滴珍珠论贾直。”

苏州顾氏拓成《汉玉钩室印存》，所收印皆为先生治刻。

初春，为晏庐主人刻“书徵”印。

惊蛰后三日，又为书徵刻“舞鹤轩”印。

小暑，又为书徵刻“以成室”印。

为瓠隐刻“瓠隐藏书”印。

为丁珪刻“丁珪之印”。

为冯煦刻“冯煦之印”。大雪为其刻“蒿叟”印。

作诗题李晴江画册。(手稿）

为高野侯作诗题坡公画像。(同上）

诗咏吴氏园林赠吴善庆。(同上）

饮周梦坡宝斯堪，赋七律一首。(同上）

诗题王孟津诗卷。（《缶庐集》卷四）

公元一九二一年（民国十年，辛酉）七十八岁

元旦，赋《辛酉元日诗》。诗云：“只合传觞在笔先，醉书惟十有三年。万言玄草增杨子，两赋奇观续孟坚。潮影奔腾龙宛宛，梦痕萦绕蝶娟娟。情魔斩断谈何易，我欲磨刀试踏天。”

二月，赴杭州西泠印社参与宴饮，散后图其一角，以纪游踪。（《缶庐近墨》）

周梦坡约游灵峰寺，登来鹤亭，作诗赠许狷叟；又作诗和梦坡。（《缶庐集》卷四）

太行上巳坐雨，作七律一首。（手稿）

四月，三子迈自北京归，出梅兰芳所赠花鸟扇面，先生见而悦之，题跋语于其上。跋语云：“客岁春夏间，畹华来沪，有过从之雅，尝作画奉贻，别去匆匆逾年矣。迈儿归自京师，出画扇，则畹华之贻，画尤美妙。当设色写生时，必念及缶庐颓老，重可感也……”

秋日，荀慧生来沪献艺，由刘山农介绍，持所绘册页请益。先生重其才艺，欣然予以启迪，从此慧生执弟子礼甚恭，但未行拜师礼。直至一九二七年三月，终于列入桃李行。

重九，周梦坡招饮层楼，作诗和韵。（《缶庐集》卷五）

浙江省重要文物《汉三老讳字忌日碑》被某日商购去，为赎回祖国文物，与西泠印社同人不辞辛劳，奔走呼吁，终募得巨款八千银圆，将该碑赎回，由西泠印社建石室永久保存。（原物现存西泠印社汉三老碑石室中）

日本国著名雕塑家朝仓文夫慕先生行谊，范铜铸先生胸像以赠，先生不欲自私，转赠杭州西泠印社，藏在石龛中，名曰“缶龛”。

十二月，患头痈，至除夕始痊可，作长古一首，题为《辛酉除夕头疡初平，信笔书之》。（手稿）

作诗题黄仲则手书诗册。（《缶庐集》卷四）

作诗题费龙丁小像。（同上）

水野疏梅将东归日本，诗来言别，依韵和之。（《缶庐集》卷四）

黄宽夫赠诗，和之。（同上）

作诗示门人刘玉庵、吴松林。（同上）

日本东京至敬堂出版田口米舫所编《吴昌硕书画谱》。

日本大阪首次展出先生书画，轰动大阪艺坛，高岛屋据此刊行《缶翁墨戏》问世。

据手稿述及，先生于是年填词四阕，其词牌为 :《木兰花慢》《念奴娇》《渔家傲》《鹊桥仙》。

是年，高邕之卒，先生痛失良友，作诗悼念。

春，以汉碑额遗意，刻“恕堂”印。

四月初八浴佛日，先生以钝刀作印，文曰“我爱宁静”。同月又刻“淡如菊”印。

八月，治“同治童生咸丰秀才”印。

作诗和日本友人田边秋谷。（手稿）

公元一九二二年（民国十一年，壬戌）七十九岁

春，三月十八日赴杭州，西泠诸友置酒为先生寿，诸贞壮作文诗赋纪事。（《西泠印社志稿》）

“缶龛”施工将毕，先生策杖来游，躬为营度。像作跏趺坐状，斜簪散发，形神维肖。趺下携有沈寐叟撰书像赞，诸贞壮为作《缶庐造像记》，王一亭斥资筑“缶亭”于龛上。（同上）

王竹人（云）为画小像，景补西泠印社，诗以酬之。（《缶庐集》卷五）

五月，为王竹人画《雪蕉书屋图》，并题以诗。（原件）

夏，丁辅之辑集先生近年来诗画精品，编成《缶庐近墨》一集，交由上海西泠印社用珂罗版刊行，沈寐叟题端，刊有铜像拓本等。（原件）

观刘玉庵指画，作五律一首。（《缶庐集》卷五）

九月，毛浩甄新得李伯时所书《金刚经》，为作跋语，并题二绝句归之。（原件）

重九，登一览亭，诗以纪事。（《缶庐集》卷五）

作《耦圃》诗赠查客。（手稿）

作诗题吴松檽小照。（同上）

作诗题朱半亭画像。（《缶庐集》卷五）

作诗题吴窓斋画榆关景物。（同上）

秋雪庵祭两浙词人，周梦坡索赋，作五律一首应之。（同上）

为楼邨作诗题画卷。（同上）

治“老夫无味已多时”印。

沈寐叟（曾植）卒，以诗哭之。

公元一九二三年（民国十二年，癸亥）八十岁

元日，赋《癸亥元日》长古一首。（《缶庐集》卷五）

春，丁辅之赠以紫檀手杖，先生自镌铭言于其上。

五月，丁辅之续辑先生近作为《缶庐近墨》第二集成，仍由上海西泠印社刊行。（原件）

是年，潘天寿由诸闻韵引见拜谒先生，并携带书画求教，先生见其英年力学，对之极为器重，欣然予以指导，并撰联以赠，联曰：“天惊地怪见落笔，巷语街谈总入诗。”指出诗材要从生活中去寻找。潘天寿视为座右铭，他在《回忆吴昌硕先生》一文中提道：“回忆联中所写的篆字，用‘如锥画沙’之笔，有‘渴骥奔泉’之势，不论一竖一画，至今尚深深印于脑中而不磨灭。”

饮处有索自寿诗者，四十字示之。（《缶庐集》卷五）

八月初一（农历），先生八旬寿诞，朋辈及门弟子借北山西路海宁路口华商别墅祝嘏，嘉宾云集，盛极一时，亲友纷纷以诗画相赠，当晚演出京剧，由梅兰芳演《拾玉镯》，荀慧生演《麻姑献寿》，并与袁寒云合演《审头刺汤》，戎伯铭演《贵妃醉酒》，画家熊松泉演《华容道》。是日王个簃以所作篆刻请益。

先生赋长歌自寿，又撰联自寿曰：“寿届杖朝，铭并周书期不朽；歌惭奉爵，骚闻屈子独能醒。”另又作自寿诗五言三篇。（《缶庐集》卷五）

诸贞壮自杭州来，撰文以寿，赋诗谢之。（同上）

秋，与友人同游龙华，作诗和韵。（同上）

冬，为梅兰芳画梅一帧。题跋语云：“癸亥腊八日，为畹华拟汪巢林笔意。八十老人吴昌硕大聋。”（此件现在西泠印社“吴昌硕纪念室”）

余杭县超山报慈寺前有宋梅一本，虬枝古干，春来着花。周梦坡筑亭以护，并立石表之，先生为宋梅写照，题以长款，又撰联镌亭柱上，联云："鸣鹤忽来耕，正香雪留春，玉妃舞夜。潜龙何处去？看萝猿挂月，石虎啼秋。"

作诗和裴景福。（《缶庐集》卷五）

诗祝朱匏翁七十寿。（同上）

作诗答陈飞公。（同上）

饮周梦坡处，席间诗赠李审言，并同作一首。（同上）

赋长歌赠孙隘堪。（同上）

朱彊村刻印见赠，文曰"彊公勖"。

冬，陈衡恪卒，陈为先生门弟子。

是年先生寿诞之期，大书篆书巨幅寿字计八十幅，分赠诸亲好友，其中一幅写来尤见精神，请王一亭补鹤于下，相得益彰。（原件）

公元一九二四年（民国十三年，甲子）八十一岁

元旦作《甲子元旦书怀兼呈彊村》，并作《元日又书》。（《缶庐集》卷五）

春日游六三园看樱花，作诗和朱彊村韵。（同上）

朱彊村示近作，依韵和之。（同上）

读沈石友诗稿，书五言长歌一首。（同上）

作诗答梦华。（同上）

酒罢作诗呈朱彊村。（同上）

鲁山索诗，赋七律一首以应。（同上）

蒋香谷（兆兰）赠五律索和，诗以应之。（同上）

因军阀混战，先生益念故乡安危，赋《忆芜园》长古一首寄怀。（同上）

作《兵警》诗和沈醉愚。诗中痛斥频年军阀混战，对外屈辱，愤慨之至。先生之爱国民族气节，表现于字里行间。（同上）

作诗和曹林巢。（同上）

为许苓西赋诗和题《西湖归隐图》。（同上）

数年前，赵石农以虞山特产砂石制砚持赠，砚质厚大而细腻，易发墨，先生置于案头应用。先生用墨极浓，专人磨墨，不意是年砚底竟磨穿一孔，可见先生作书绘画之勤。此砚原由家属保存，惜于抗战时期避难时失去。

先生年逾八旬，仍不失其童心，兴至恒与幼孙撩袍作戏，怡然忘老，有时茶余酒后，高歌一曲《天淡云闲》，情极欢畅，并能自编昆曲，对客高歌。

公元一九二五年（民国十四年，乙丑）八十二岁

在上海。

元日，作《乙丑元日诗》。（《缶庐集》卷五）

正月十五元宵，延王个簃课孙（即笔者长邺）。王个簃敬慕先生艺术，执弟子礼甚恭，师事尤勤。王个簃边教育边刻苦自学，人咸重之。此后，王即列为门弟子。

初春寒甚，大至过寓长谈，作诗送其北行。（《缶庐集》卷五）

为沙文若（孟海）圈选印稿，并题诗鼓励，印稿后由马一浮定名为《兰沙馆印式》。嗣后，沙亦列为门弟子。

五月，乘人力车遭车祸于上海南京路先施公司门口，车被电

车撞翻，先生扑地，一时满面鲜血。经医检查诊治，幸仅伤及皮肉，并无内伤。然情景亦云险矣，作七绝三首自慰，题为《一跌》。（同上）

秋，患肝疾甚剧，失眠达八九宵。朱古薇劝戒善吟，先生不以为然；病愈后作长诗《病愈寄朱彊村》寄之。（同上）

生日，画墨梅一帧，并题七绝二首，有句云："蝶谁梦续疏还补，琴不弦张抚自伤。"有悼亡之意，卓见先生伉俪情笃。（同上）

商务印书馆辑集先生七十以后所作画十六帧，以珂罗版精印问世，题为《吴缶庐画册》，由黄葆戉署耑。（原件）

秋，偕友人共饮半淞园，作五律一首。（《缶庐集》卷五）

日籍友人桥本关雪赠诗，即答之。（同上）

金西崖以自刻扇骨见赠，诗以谢之。（同上）

冬，王个簃回海门度岁，诗以言别。（同上）

作诗题八大山人画鸟石。（同上）

金甸老七十寿，集周梦坡寓，诗以祝之。

公元一九二六年（民国十五年，丙寅）八十三岁

在上海。

元日，作《丙寅元日》诗。（《缶庐集》卷五》

二月，白石鹿叟自龙华移老梅一树至六三园中，先生为植地栽之，赋诗以纪。（同上）

春，至东园看樱花，作长古一首。（同上）

潘天寿持所画山水幛子求教，先生谆谆以示勖勉，作长歌以赠，诗中有云："……只恐荆棘丛中行太速，一跌须防堕深谷。……"

大阪高岛屋第二次展出先生书画，继续刊印出版《缶庐墨戏》

第二集。

大至示车中诗，依韵和之。（《缶庐集》卷五）

诗题金农墨画蔬果。（同上）

门生刘玉庵病殁苏州，作长歌挽之。（《缶庐集》卷五）

重九登高，作诗和友人韵。（同上）

浦左傩乡人招饮，成诗一首。（同上）

九月，上海西泠印社辑集先生作品花果册页十二帧，编成《吴昌硕花果册》影印问世。（原件）

九月二十五日，门生王个簃三十寿辰，作墨菊一帧，并题诗祝之。（原件）

沈醉愚过先生小楼，同赋长古一首。（《缶庐集》卷五）

冬，周梦坡约作消寒之饮，赋七律一首。（同上）

十二月十八日，李伯勤处消寒第三集，赋诗纪事。（同上）

除夕，作诗一首，有“心太平知何日事，拈来孤本读黄庭”之句。（同上）

公元一九二七年（民国十六年，丁卯）八十四岁

正月，周梦坡约饮春霄楼，戏成五律一首。（《缶庐集》卷五）

老梅一树，腾跃如蛟龙然，去岁移植六三园中，是年春初，繁花盛开，鹿叟招饮梅下，诗以张之。（同上）

至普宁寺看牡丹，作诗四首。（同上）

诸贞壮示近作，赋诗和韵。（同上）

闸北兵乱，避居西摩路李全伯勤家，途中作诗四首。（同上）

避兵乱，至余杭县塘栖镇小住，率儿孙辈同游超山，饮宋梅下，

应报慈寺僧请，赋五律两首。(《缶庐集》卷五）

作诗和王个簃韵。(同上）

散步竹林，作画题诗云："琅玕万个写初成，流水潺潺最好听。移得一隅干净土，商量何处着茅亭。"

先生生平以梅花为知己，尤爱超山宋梅，徘徊不忍遽离。遂觅定报慈寺侧，宋梅亭畔坡地为身后长眠之所，嘱儿辈遵之。

夏，住杭州西泠印社"观乐楼"，曾与门人王个簃留影于《汉三老碑》石室前。(原件）

返沪前，作《丁卯夏将返海上留别》诗。(《缶庐集》卷五）

作诗题王个簃印存。(同上）

是年农历六月初九日，次子涵在上海病逝，家人秘不相告，先生自杭返沪，家人以涵去日本为告。

重九，偕诸贞壮、狄楚青、周梦坡、姚虞琴等友人在华安司崇楼登高，赋诗和韵。

作《半日村图》，诗书其后。(原件）

春三月，荀慧生来沪献艺，在一品香向先生补行拜师礼。十月，先生诗赠一额，文曰"仙乐风飘"。至此，慧生正式列为门弟子。

十一月三日，作兰花一帧，并题以诗。翌晨即中风不起，此幅遂成绝笔。(原件）

冯君木为题跋语云："缶庐先生以丁卯十一月六日卒，是帧为其三日前所画，翌日即中风不能语，盖最后之绝笔也。苍劲郁律，意趣横生，将非庄周所谓神全者耶？次君东迈兄属题，谨赋一律：衰腕尤能百屈申，自濡秃笔挽余春。芬芳后土吾将老，窈窕山河若有人。出手花光增惝恍，呕心诗句缣怨辛。绵绵神理应天尽，乞与湘累作后身。已巳十月，冯幵。”

十一月六日（公历为十一月二十九日）先生逝世于沪寓，临终前以四十五岁所作墨梅一轴付予王个簃作为纪念。

先生溘然长逝，艺坛人士闻耗咸奔走相告，无论识与不识皆悼惜不已，门生故旧哀恸尤深，公祭之日各方致送挽诗、挽联极多，备极哀荣。

公元一九二八年（民国十七年，戊辰）卒后一年

三子迈持先生晚岁所作诗篇，请先生生前至交朱彊村、冯君木为之整理，编为一卷，连同先生手编之四卷，定为五卷，题名曰《缶庐集》，铅椠行世，并由朱彊村署耑，及谭复堂、沈寐叟等作序言。

日本大阪高岛屋举办第三次“吴昌硕书画展览”。同时刊出《缶庐遗墨》。

公元一九三〇年（民国十九年，庚午）卒后三年

迈与先生门人王个簃、潘天寿、诸闻韵、诸乐三等创办私立上海昌明艺术专科学校，地址在当时的贝勒路望志路口（即今之黄陂路兴业路口），聘王一亭任校长，吴东迈自任副校长，为发扬吴昌硕先生艺术创造精神。学科有西画、国画、雕塑等，以国画为重点，学生中成绩较优者有刘伯年、冯建吴、邱及等。

公元一九三二年（民国二十一年，壬申）卒后五年

迈谨遵遗命，在超山为先生安窀穸，并将章氏夫人灵主暨施氏夫人灵榇移葬于斯。墓左有白石造像，执卷屹立，栩栩如生。

墓侧立有《缶庐讲艺图》，为门生王个簃、沙孟海等十九人所建图。冯君木为撰墓表，陈散原为撰墓志铭，墓表由于右任书丹，周梅谷镌石。并有昌明艺术专科学校再门生刘伯年、邱及、李宴陶、沈蕴真、薛士芳等三十六人同赠《纪念白玉佛》像镌于石碑。（《吴昌硕先生藏魄志》）

王个簃为撰《缶庐先生事略》，备述先生生平，刊诸报章。

公元一九五七年（丁酉）卒后三十年

新中国成立后，在“百花齐放，推陈出新”的方针指引下，我国文学艺术优秀传统得以发扬。是年秋，上海市美术家协会借文化俱乐部举办先生书画展览会，轰动上海及外地艺术界。

是年九月，中国美术家协会在北京举办“近代画家吴昌硕、任伯年、陈师曾、黄宾虹国画展览”，展出先生各个时期作品数十件。会后，又慎重遴选作品数件送故宫博物院珍藏。

为纪念先生逝世三十周年，浙江省文化局为之设立“吴昌硕纪念室”于杭州西泠印社之“观乐楼”，陈列先生遗物及代表作，以便群众观摩。为充实纪念室内容，昌硕先生之子东迈先生捐献大批先人精品遗作及遗物，受到浙江省人民政府奖状奖励。十一月二十九日，浙江省与外地文化界人士集会纪念先生逝世三十周年，纪念室亦于是日正式开放。此后还决定恢复并发展西泠印社组织，开展学术研究及文艺创作活动，由潘天寿、张宗祥等负责筹备。

公元一九五八年（戊戌）卒后三十一年

东迈先生应浙江省人民出版社之约，撰写《艺术大师吴昌硕》，是年四月刊行。

公元一九五九年（己亥）卒后三十二年

五月，北京古典艺术出版社刊行《吴昌硕画集》，由张谔、吴一舸合编。内容包括先生各个时期所作画八十帧。按创作年代排列，可以概见其画风演进之过程。卷首有肖像、《前言》及王个簃所撰《吴昌硕先生传略》，卷末有《编后记》。

六月，上海人民美术出版社有《吴昌硕画选》印行。卷首有王个簃所撰《前言》。

公元一九六〇年（庚子）卒后三十三年

为充实"吴昌硕纪念室"内容，吴东迈先生又一次捐献大批文物，其中昌硕先生书画篆刻等作品甚多。

公元一九六一年（辛丑）卒后三十四年

一月，上海市美术家协会举办"上海历代书画家作品展览"，其中展出了昌硕先生作品多件。

六月，北京荣宝斋刊行《吴昌硕花果画册》，东迈先生应约撰文介绍。

公元一九六二年（壬寅）卒后三十五年

八月，东迈先生应上海人民美术出版社之约，撰写《吴昌硕》，为《中国画家丛书》之一。

公元一九六三年（癸卯）卒后三十六年

吴东迈先生因病于是年九月二十三日在沪逝世，终年七十八岁。

冬，吴长邺遵父遗命，捐献祖父昌硕先生遗作百余件给“吴昌硕纪念室”。

公元一九六四年（甲辰）卒后三十七年

为纪念吴昌硕先生一百二十周年诞辰，安吉县成立“吴昌硕纪念馆筹委会”，吴长邺再次捐献祖父昌硕先生遗物及遗作。

公元一九八〇年（庚申）卒后五十三年

日本“吴昌硕胸像赠呈友好访中团”在十一月七日，由小林与三次先生为团长，率领团员数十人来杭州“吴昌硕纪念室”，参加胸像赠呈揭幕仪式，又去超山扫墓。

公元一九八一年（辛酉）卒后五十四年

西泠印社和上海人民美术出版社合编《吴昌硕作品集》。

公元一九八三年（癸亥）卒后五十六年

十一月，西泠印社举行成立八十周年，讨论有关“吴昌硕先生第一百四十周年诞辰”纪念活动事宜。

西泠印社出版《吴昌硕扇面画选》。

公元一九八四年（甲子）卒后五十七年

为隆重纪念艺术大师吴昌硕先生一百四十周年诞辰，由中国美术家协会、上海市文化局、上海市文联、中国美术家协会上海分会、中国书法家协会上海分会、上海中国画院六单位联合主办的“吴昌硕书画篆刻艺术展览”，于是年八月二十四日上午九时在黄陂北路二二六号上海美术展览馆开幕，展出先生各个时期作品计画九十四件，书法三十九件，以及篆刻等其他作品，盛极一时。当天上海各报都有文章，吴长邺为《解放日报》撰文以表纪念。上海电台、电视台等都有纪念节目。上海电视台特为编制大型纪念纪录片。

八月二十七日，中华人民共和国邮电部发行纪念邮票八枚，浙江省及上海市邮电部门，分别发行首日封、小型张、纪念币。

浙江省博物馆于八月二十七日举办“吴昌硕作品展览”。西泠印社举办纪念活动。北京中国美术家协会同时举行纪念活动。

公元一九八五年（乙丑）卒后五十八年

安吉县吴昌硕纪念馆落成，于九月十二日揭幕并正式开放，展出昌硕先生遗物遗作，隆重举行纪念会。会上吴长邺捐献祖父遗作墨荷中堂、钟鼎文对联等十件。

公元一九八六年（丙寅）卒后五十九年

二月二十四日，浙江省余杭县召开吴昌硕纪念馆第一期工程竣工会。

八月二十四日，上海市人民政府将昌硕先生故居——山西北路吉庆里一二号定为市级重点文物保护单位。

公元一九八七年（丁卯）卒后六十年

安吉县鄣吴村昌硕先生故居修复。

公元一九八八年（戊辰）卒后六十一年

二月二十八日，余杭县吴昌硕纪念馆第二期工程竣工，计有昌硕先生巨型立像、于右任书墓表石刻、《饥看天图》石刻、《宋梅图》石刻及《讲艺图》石刻，并隆重举行纪念会，会上浙江美术学院院长肖峰发言。举行昌硕先生立像揭幕仪式，由县委书记王国平和吴长邺揭幕。

吴昌硕先生著作目录

徐畅

《朴巢印存》,施旭臣(浴升)作序。共钤印一〇三方,分装二册。一八七〇年（二十七岁）。

《苍石斋篆印》，自题曰："同治十三年甲戌春仲题于芜园逸光。"一八七四年（三十一岁）。

《齐云馆印谱》,自署"吴俊昌石著"。一八七六年(三十三岁)。

《篆云轩印存》，一八七九年（三十六岁）。

《铁函山馆印存》，一八八一年（三十八岁）。

《削觚庐印存》，四卷，一八八四年（四十一岁）刊行。有葛昌楹（书徵）序，吴隐（石潜）题词。

《元盖寓庐诗集》，一八八五年（四十二岁）。

《缶庐印存》,扉页及自记皆木刻版,一八八九年（四十六岁）。

《缶庐诗》三卷，又集题画诗、砚铭等，署曰"别存"。

《缶庐印存》二集编成。一九〇〇年（五十七岁）。

《吴昌硕石鼓临本》，一九〇二年（五十九岁）书，日本平尾孤往一九六〇年发表在《书品》第一〇一期上。

《吴昌硕石鼓文墨迹》，一九〇八年（六十五岁）书，即钱经铭藏本，谭泽闿题册首。上海书画出版社一九七九年出版。

《吴苍石印谱》四册，有正书局一九一一年出版。

《吴昌硕石鼓文》，钱经铭以吴昌硕六十五岁（一九〇八）临本镌刻人石，一九一〇年由上海求古斋印石印本行世。

《缶庐印存》初、二两集，一九一三年（七十岁）上海西泠印社刊行（每集四册，扉页及序文皆石印）。

《吴昌硕先生花卉册》，一九一四年（七十一岁）商务印书馆出版发行。

《缶庐印存》三集，一九一四年（七十一岁）上海西泠印社刊行。有葛昌楹（书徵）序，吴隐（石潜）题词。

《安吉吴昌硕石鼓本》，末题“甲寅（一九一四，七十一岁）六月临阮刻天一阁北宋本石鼓全文”。苏州艺石斋一九一四年印。

《吴昌硕临石鼓文》，上海大众书局一九一四年普及本，钝根题签。

《西泠印社记》，一九一四年吴昌硕撰文并书。

《缶庐印存》四集及《若铁碎金》四册，一九一五年（七十二岁）上海西泠印社石印刊行。其中一册为“石鼓文临本”。

《吴昌硕临石鼓文墨迹》，一九一八年（七十五岁）临本，上海人民美术出版社一九八八年出版。

《缶庐印存》八卷，张弁群集拓先生刻印。一九一九年（七十六岁）。

《缶庐印精拓》一册，一九一九年自辑刊印。

《吴昌硕、赵子云合册》，孙雪泥辑，一九二〇年（七十七岁）。

《汉玉钩室印存》，收吴为顾鹤逸所刻印，一九二〇年（七十七岁）。

《缶庐近墨》第一、二集编成，一九二二年——九二三年。

《吴昌硕石鼓本》，辛壶题签及册首“缶庐石鼓”，上海西泠印社一九二二年印行。

《缶庐集》木刻本，郑孝胥题签，朱孝臧题扉页，王震画缶翁小像。一九二三年版。

《吴昌硕画室》印行，一九二四年（八十一岁）。

《吴昌硕书画册》，商务印书馆一九二五年出版。

《吴昌硕花果册》，上海西泠印社一九二六年出版。

《缶庐老人诗书画》，第一集由上海昌明艺术专科学校一九三二年出版发行。

《吴昌硕画选》，上海人民美术出版社一九五九年出版。

《吴昌硕画集》，中国古典艺术出版社一九五九年出版。

《吴昌硕印集》，马国权编著，香港南通图书公司一九七四年出版。

《吴昌硕金石篆刻集》，台湾文史哲出版社一九七七年出版。

《吴昌硕印谱》，香港博雅斋一九七八年出版。

《吴昌硕画辑》，北京人民美术出版社一九七八年出版。

《吴昌硕篆刻选集》，上海书画出版社一九七八年出版。

《吴昌硕画选》，台北艺术图书公司一九八〇年出版。

《吴昌硕行书字帖》，西泠印社一九八一年出版。

《吴昌硕作品集》（书法篆刻），上海人民美术出版社、西泠印社合编，一九八一年出版。

《吴昌硕彩墨画精选》，台北艺术图书公司一九八二年出版。

《吴昌硕扇面画选》，西泠印社一九八三年出版。

《吴昌硕作品集》（绘画），上海人民美术出版社、西泠印社合编，一九八四年出版。

《吴昌硕作品集》，西泠印社一九八四年出版。

《吴昌硕印谱》，上海书画出版社一九八五年出版。

《苦铁印选》，方节庵辑，台北文史哲出版社一九八〇年出版。

《吴昌硕篆书修震泽许塘记》，上海书店一九八六年出版。

《吴昌硕百印集》，钱君匋编著，中国广播电视出版社一九九〇年出版。

《吴昌硕石交集校补》，沙匡世校补，上海书画出版社一九九二年出版。

《缶庐刻芸楣印集》，韩国篆刻学会编，韩国东方研书会一九九三年出版发行。

《吴昌硕临石鼓文精品选》（四种合编），天津市古籍书店一九九三年出版。

附：研究吴昌硕的著述

《艺术大师吴昌硕》，吴东迈著，浙江人民出版社一九五八年出版。

《画家丛书——吴昌硕》，吴东迈著，上海人民美术出版社一九六三年出版。

《西泠艺丛》“纪念吴昌硕诞生一百四十周年专刊”附，《吴昌硕先生年谱（简表）》，一九八四年（第九期）。

《书法》杂志“纪念吴昌硕诞生一百四十周年专辑”，一九八四年第五期。

《吴昌硕生平及其艺术之研究》，王家诚著，台北艺术家出版社一九八四年出版。

《吴昌硕生平之研究》，苏友泉著，台南供学出版社一九八八年出版。

《吴昌硕画赞》，青山杉雨编著，日本二玄社一九八三年六版。

《一代宗师吴昌硕》，聂征夫著，浙江大学出版社一九九〇年出版。

注：本目录收吴昌硕临石鼓文八个版本。

天津市古籍书店所出《吴昌硕临石鼓文精品选》收四种版本。（一）宣统庚戌（一九一〇）钱经铭刻本；（二）尾跋"亭先生属临阮刻天一阁北宋石鼓全文，乙卯（一九一五）秋仲吴昌硕时年七十二叉"手书本；（三）丙辰（一九一六，七十三岁）初春背临吴让之石鼓篆屏；（四）戊午（一九一八，七十五岁）秋仲临阮刻北宋本（同上海人民美术出版社所用版本）。

后记

本书由：一、有关吴昌硕照片图版，二、生平、家世，三、诗书画印诸方面的艺术成就，四、生活经历、艺术活动，五、从师、交友，六、部分新资料，七、缶庐诗选，八、吴昌硕年谱等部分组成。共计约三十万字，其中二至六部分共选文章五十八篇。作者大部分是书画家、理论家、美术界德高望重的前辈，部分为吴氏后裔和吴昌硕先生的弟子或与先生有过接触者。所写文章内容翔实，感情真挚，泛泛者极少。为使各篇完整起见，内容上或有一些重复，也给予保留，让读者取舍。限于篇幅，还有部分有关吴昌硕及其家乡籍弟子的文章未能收入，有待于以后另出专辑。

本书在征稿、编辑过程中，得到安吉县史志办公室、吴昌硕纪念馆、安吉县图书馆、杭州钱塘书画研究社等单位和吴氏后裔，以及崔锦、李英、章建民、吴仲谋、徐重庆、胡敏强、李航等先生的大力支持。美国加州圣荷西大学艺术学院教授高木森先生，日本日展审查员、山紫社社长师村妙石先生也给予了支持，为我们提供了国外有关吴昌硕的资料。初稿编出后，县政协召开了“《吴昌硕》专辑初稿研讨座谈会”，邀请了上海、杭州、苏州及本地有关人士。其中，吴氏后裔、著名书画家吴长邺、吴志鲁、吴民先、吴超先生，著名书画家秦天孙、王公助、施祖铨先生，著名书画家、书画理论家郑竺三先生及吴昌硕纪念馆、县史志办公室负责同志，会同县政协主席徐序培，副主席黄午山、陶紫正等同志及本届政协文史委员会委员王鸣遥、阮观其、章自立、匡得鳌等同志对初稿进行了审阅和讨论，提出了不少宝贵意见。会后，我们又充实了部分新材料。

本书由洪亮同志组稿、编辑，陶紫正同志审阅。本书的照片图版由周正录、胡根兴等同志负责拍摄，部分为吴昌硕纪念馆提供。

对本书征稿、编辑过程中给予支持、帮助的各单位及各位先生、同志，我们在此表示衷心的感谢。

限于水平，编辑过程中定有许多不妥和错误之处，期待专家、学者、读者指正。

编者

一九九二年九月

《吴昌硕（增补本）》后记

春节前，殷文豹先生来北京参加图书出版发行会议，其间来我家中约稿，希望我的书画理论研究新著由西泠印社出版社出版。并谈及今年是吴昌硕诞辰一百八十周年，西泠印社和吴昌硕纪念馆都将举办系列纪念活动。还谈起我三十多年前在安吉县政协从事文史工作，和分管领导陶紫正副主席一起主编、徐序培主席写序的《吴昌硕》，一九九三年三月由西泠印社出版。一九九六年十月，该书被评为浙江省优秀文史图书一等奖，本人被评为浙江省政协优秀文史工作者。

几天后，殷先生打来电话告知，经向单位领导汇报、讨论，《吴昌硕》一书有再版价值，但毕竟是三十多年前编的书，要做成增补本，将新的研究成果充实进去，希望我能接受这一约稿。我本以为按原书再版是一件比较方便的好事，可是，现在要做增补本，还要将三十多年来的相关研究成果进行搜集、甄选，取其精华，这需要投入大量的时间和精力。当年的政协领导早已退休，现在的政协领导有他们的工作安排，也不好去打扰。好在西泠印社出版社领导很重视，专门安排编辑担任增补本的责任编辑，负责具体编审工作。我感到三十多年前编的书要再版增补本，也是自己的工作经得起时间的考验，并能得到社会的肯定。我乐意挤出时间来完成这项工作。好在吴昌硕是我几十年来一直研究的对象，对吴昌硕研究有价值的成果也比较了解，于是马上开始约稿，得到诸多吴昌硕研究专家的大力支持，较顺利地完成了这一工作。

本书的主编本应陶紫正先生和我同署。陶先生说：当年的署名是工作需要，现在再版增补本他坚决不再署名。我由衷地感谢三十多年前安吉县政协徐序培主席、陶紫正副主席等领导和吴长邺先生对我的关心、支持和帮助，让我能够全身心地投入《吴昌硕》一书的组稿、编辑工作中，才有今天再版增补本的可能。

在本书再版增补本的组稿、编辑过程中，得到了西泠印社名誉社长刘江、韩天衡先生，副社长朱关田、陈振濂、李刚田、童衍方、孙慰祖先生，理事徐畅、张炜羽先生，社兄钱伟强先生等的大力支持，他们或提供了自己的研究文章，或关心指导编辑工作。西泠印社出版社来晓平总经理、洪华志副总编辑、朱晓莉副总编辑，安吉县政协文史和学习委员会潘莉莉主任，吴昌硕纪念馆胡建华馆长等大力支持，徐岫编辑、殷文豹先生为本书付出了大量心血。在此一并表示衷心感谢！

由于本人水平有限，书中不当或错误之处请专家和读者不吝指教。并敬请告知我，以便及时修正，不胜感谢！

洪亮

二〇二四年四月于北京朴雅堂